（第13辑）

当代中国政治
研究报告

深圳大学当代中国政治研究所／编
主编／黄卫平 汪永成
执行主编／陈文

社会科学文献出版社
SOCIAL SCIENCES ACADEMIC PRESS (CHINA)

目　录

国家治理

政府创新

廉政建设

政治发展

港澳台政治

国家治理

治权实体论

——关于党依法治国合法性的新思考

姚文胜*

摘　要："治权实体"理论直面中国政治体制改革的核心问题，在坚持党的领导、人民当家做主、依法治国三者有机统一的前提下，在通过对既往"党政合一"及"党政分开"理论的建设性批判的基础上，提出党政有机联结为国家治理主体的新理念，一方面要求党委与国家机关紧密联系，形成统一的国家治理主体，另一方面要求各方妥善分工，实现良性制衡，形成政党领导国家事务，国家机关监督党内事务的协作局面。依据"治权实体"理论推动党内法规和国家法律的法治协同，可以建立一种符合中国国情、行之有效的全新的党政关系，为党作为合法主体领导各方力量为实现"中国梦"而奋斗提供法理支撑。

关键词：治权实体　党政关系　合法性　党内法规

党政关系的具体现实深刻影响着政治格局的样貌，对党政关系的抉择始终是政治格局进一步变革与创新的中心议题。"在当代中国，任何改革或发展，试图回避或绕开党政关系都是不可能的。"① 党政关系问题本质上是执政党以何种方式掌握国家政权，以何种姿态领导和治理国家的问题。新中国

＊　姚文胜，广东汕头人，深圳大学特约教授，硕士生导师，中国社会科学院法学所博士后。

①　朱光磊、周振超：《党政关系规范化研究》，《政治学研究》2004 年第 3 期。

成立以来，中国共产党在此问题上作了持续不懈的努力和探索，取得伟大成就，为继续探索完善党政关系奠定了坚实基础。十八大报告提出要有"道路自信、理论自信、制度自信"，① 习近平总书记在纪念现行宪法公布施行30 周年大会上讲话强调："要坚持党的领导、人民当家作主、依法治国有机统一……要按照宪法确立的民主集中制原则、国家政权体制和活动准则，实行人民代表大会统一行使国家权力，实行决策权、执行权、监督权既有合理分工又有相互协调，保证国家机关依照法定权限和程序行使职权、履行职责，保证国家机关统一有效组织各项事业。"② 十八届三中全会指出"全面深化改革的总目标是完善和发展中国特色社会主义制度，推进国家治理体系和治理能力现代化"，要"坚持系统治理，加强党委领导，发挥政府主导作用，鼓励和支持社会各方面参与"。③ 这些重要论述，为探索并确立新型党政关系提供了重要的理论支撑，指明了正确的研究方向。

一　我国党政关系的现状及不足

党政关系在不同历史时期的变化所体现的是中国共产党领导方式与执政方式的变化，党政关系实质上是中国共产党通过设定公权力之间的制约与配合结构并以政治经验与价值序列作考量而安排的。在我国，党政关系不应简单地理解为党委和政府的关系，根据我国政治生活的实际，它既包括党与政府的关系，又包括党与人大、政协、法院、检察院的关系，还包括党与军队的关系，在一定时期甚至还包括党与国家元首的关系，这也就是广义的党政关系。党政关系混淆，既不利于国家治理的有序推进也会在社会上造成认知上的混乱，因此，有必要在对过去进行反思以及对新时期进行梳理的基础上，提出促进党政关系改革、完善与发展的新思路。笔者认为新中国成立以来，我国党政关系大体可分为两个明显阶段和一个相对模糊的阶段。

---

① 胡锦涛：《坚定不移沿着中国特色社会主义道路前进　为全面建成小康社会而奋斗——在中国共产党第十八次全国代表大会上的报告》，《人民日报》2012 年 11 月 18 日第 1 版。
② 习近平：《在首都各界纪念现行宪法公布施行三十周年大会上的发言》，《人民日报》2012 年 12 月 5 日第 1 版。
③ 《中共中央关于全面深化改革若干重大问题的决定》，《人民日报》2013 年 11 月 16 日第 1 版。

（一）从"党政合一"到"党政分开"相对明显阶段及相对模糊阶段

1. "党政合一"阶段

从 1953 年中国开始执行发展国民经济的第一个五年计划到"文化大革命"期间，传统的政党关系得以建立并巩固，"苏共模式、孙中山建党思想和中国传统政治文化",[①] 是影响中国共产党成为党政不分、党国不分、以党代政的"全能主义政党"的三大原因，党的领导演变为党组织以组织形式直接参与治理国家事务的形态。这种国情与党情密切结合、用政治手段管理经济的集权政治体制，承接了新民主主义革命时期党政关系的优势，适应了高度集中的指令性计划经济模式，从而确立了中国共产党社会主义事业建设领导者的核心地位，对于当时中国共产党军事胜利成果的保卫、新生政权的巩固、国民经济的迅速恢复和发展，以及国家主权与安全的维护，都起到了不可估量的时代作用，并且也积累了大量建设党政关系的经验。但是这种党政关系毕竟处于初步确立阶段，权力过分集中的体系存在着薄弱环节。

2. "党政分开"阶段

随着发展商品经济的需要，1980 年邓小平发表了《党和国家领导制度的改革》的讲话，拉开了当代中国政治体制改革的序幕，他认为党政关系是中国政治体制改革的核心所在，由此，党政关系从"党政合一"向"党政分开"阶段转变。对"党政分开"的倡导促进了对中国政治体制改革关键的正确认识，开创了政治民主发展的新局面。在"党政分开"的执行过程中，党把主要精力放在了自身的建设上，明确了党的地位和作用，正确践行了"党要管党"的要求，尤其是抓住了党的执政方式是通过领导人民执掌政权，要通过宪法和法律来实现党的领导等执政要点。同时，划分了国家机关的职能权限，取消了部分领导的政府职务，精简了党委职能部门，实行政府首长负责制，这些对国家领导制度、组织设置原则、机构体系职能的摸索都具有开拓性意义。然而，"党政分开"的理论依旧存在许多改进的空间。

3. 党政关系相对模糊阶段

1989 年后，中国共产党发布了《中共中央关于加强党的建设的通知》与《中共中央关于加强党的建设、提高党在改革和建设中的战斗力的意

---

① 王长江：《中国共产党：从革命党向执政党转变》，载俞可平主编《中国的政治发展：中美学者的视角》，中国社会科学出版社，2013，第 70 页。

见》，并且把政治体制改革的任务设定为"建设有中国特色的社会主义民主政治"。"机构改革"和"精兵简政"成为政治体制改革的主要内容，对党政关系梳理的重点也切换到了切实加强党的建设，改进党的领导作风，提高党的领导水平、领导能力和增强党的凝聚力上来。党政关系变化的大致形态是党与政又开始相互渗透，政党行为、国家机关行为呈现某种程度上的一致性，例如各纪委与政府的监察部门合署办公；在《〈中华人民共和国公务员法〉实施方案》中，将中国共产党各级机关、各级人民代表大会及其常务委员会机关、各级行政机关、中国人民政治协商会议各级委员会机关、各级审判机关、各级检察机关、各民主党派和工商联的各级机关都列入了公务员法实施范围；① 实行地方党委书记与人大常委会主任"一肩挑"等。但是前一阶段实行"党政分开"的影响和思潮还继续存在，并且社会多元化的思潮对党政关系发展进行了多维度的设定，这就造成了现时党政关系的相对模糊。

（二）现行党政关系面临一定的困境

党政关系的运作应形成结构合理、配置科学、程序严密的运行机制，保证权力沿着制度化轨道运行，简单的合或分、统一或退出并不能给党政关系带来稳定。改革中并存的不同声音也造成了现行党政关系定位的模糊，目前并没得到很好解决的问题有：政党如何行使国家治理职能？如何具体发挥政党的领导功能，应将哪些具体职能还于国家机关，如何具体构建党政之间权力转化、良性互动的模式？如何有效地对政党权力进行监督？哪些是阻碍党政关系规范化的因素，如何克服这些阻碍因素？等等。

1. 理论层面的挑战：对党领导国家事务存在认识上的混乱

虽然社会各界一致认同中国共产党是国家执政党，是国家全面建设事业的领导力量，但在中国共产党以何种方式行使国家治理功能的问题上，仍存在着争议和讨论，归纳起来主要有三种观点。

第一种观点把党政关系理解为对国家统治关系的安排，国家只是维护阶级统治的机器，国家的职能和活动实质上是统治者的职能和活动，所以无论是共产党的行为还是国家机关的行为都是行使国家统治的方式的表

---

① 参见《〈中华人民共和国公务员法〉实施方案》有关实施范围的规定："根据公务员法的规定，下列机关列入公务员法实施范围：（一）中国共产党各级机关；（二）各级人民代表大会及其常务委员会机关；（三）各级行政机关；（四）中国人民政治协商会议各级委员会机关；（五）各级审判机关；（六）各级检察机关；（七）各民主党派和工商联的各级机关。"

现，中国共产党是中国社会主义事业的领导核心，绝对不能抛开对统治事务的细微处理。中国共产党不仅要具备作为执政党的领导功能、社会协调功能、社会稳定功能、权力监督功能，同时还要承接一般政治组织的利益表达、利益综合、政治录用、信任支持、法律适用、政策效果、政策评价、政策调整等一系列功能，要在原有的贯穿不同政权层级的制度化纽带的基础上，不断强化统治治理的能力，① 在发挥与完善人大作用和改善政府治理能力的同时，加强党在各级国家机关中的领导核心作用。这种思想被较为广泛地运用到实践中，具体表现为在政府等机关中恢复了党组和纪检组，党的纪律检查委员会和政府的监察部门联合办公，中国共产党在中央和地方派出某些机构等。

第二种观点受西方国家党政关系理论的影响，认为政党不能与国家政权机构紧密地结合在一起，呼吁要求继续推进党政职能分开的政治体制改革，认为我国的党政关系不能简单地实行党政的分或合，要求构建权威的国家机构，在深化改革的进程中不断提高国家机关的地位和作用。要求革新党政、党际之间的合作程序，构建对执政党权力运行和监督的有效制度化安排，政党仅在国家机构设定职能目的和行使国家职能明显不合理时发挥纠补、调整作用。政党可以通过人事对国家治理进行参与，但必须充分保证国家立法机关、行政机关和司法机关依照宪法和法律积极主动、独立负责、协调一致地行使各自的职权，完成各自的职责，只有在国家立法机关、行政机关和司法机关明显违背一般国家原理、严重损害国家人民利益的时候，才能以党对国家的治理取向、通过的大政方针、树立的核心价值观为标准，以人事调整权为运作筹码，对明显不合理的立法行为、行政行为或司法行为进行修正，他们对执政党直接参与国家治理持不同立场。

第三种观点主张恢复中国传统政治道统，将"心性儒学"转换为"政治儒学"，主张王道政治、精英政治、圣贤政治，② 认为政党享有最高执政的合法性，理应是间接治理的主体，国家事务只需授权并安排国家机关来予以执行。天道之论、王道之论、王权之论共同构成了"王道政治"的"一体三维的立体化政治理论"，天道之论是"'天下为公'，是对儒家王

---

① 参见刘建军、周建勇、严海兵《创新与修复：政治发展的中国逻辑（1921～2011）》，中国大百科全书出版社，2011，第86页。

② 参见蒋庆《政治儒学：当代儒学的转向、特质与发展》，三联书店，2003，第11～39页。

道政治在天道层面所预定的王道政治精神的准确表述"，其"为王道政治提供正当性基础的论述"；王道之论是"仁政德治，也就成为王道政治的核心建构"，其"为王道政治提供合法性资源的言说"；王权之论是"王道政治之王道的制度取向，即是礼制政治"，其"为王道政治的制度化操作提供设计蓝图"。[①] 受此思潮影响，有关人士认为中国共产党代表最广大人民的根本利益，在人类社会历史发展规律的指导下，追求全人类共产主义的最高理想，由此实现"天下为公"。中国共产党的国家治理不是通过运用行政权力而实现的，而是靠代表人民群众的利益，密切同人民群众联系，得到人民群众的支持和拥护来实现的，由此实现"仁政德治"。政党和国家机关的目的虽然都是治理国家，但功能定位却不相同，政党的角色是指挥者，起的是间接治理的作用，无须事必躬亲，政党制定的路线、方针、政策经过国家机关的法定程序上升为国家意志，成为指导整个国家生活的法律和公共政策。而国家机关的角色是直接的执行者，例如，政府的主要职能是直接地管理公共事务、提供公共服务，党政关系的运行过程是中国古代君权和臣权之间分层的变相延续，由此实现"礼法政治"。最后，按照儒家王道政治的三重合法性标准来对权力运行作出限定，实现中国政治秩序的合法性，从根本上消除致乱的因素，达致党政关系的稳定。

实质上，三者思潮之间的冲突与交合乃是在中国现代化过程中马克思主义、自由主义以及儒学之间交叉并存的格局表现，对三种思潮的分析应以马克思主义的政党国家观为核心。第一种观点可取之处在于使政党制定的路线、方针、政策能够对国家治理起到领导作用，明晰党主导国家治理的基本向度和价值取向。第二种观点认识到国家机关在治理国家事务中的主导作用，政党制定的路线、方针、政策能够对国家的正确治理保驾护航。第三种观点较好地理清了党和国家机关各自在政治生活中的定位，有利于加强党的领导，同时注意到政党治理转化为国家治理的方式，但缺乏对政党权力规制的措施，容易造成政党权力的膨胀与失度，而国家机关则处于相对被动的局面，比如司法机关应有的审判权和监督权难以切实实现。

2. 实践层面的挑战：党政关系难以定型

首先，党的组织在国家政治生活中已经高度国家化和行政化了，我国政

---

① 任剑涛：《天道、王道与王权：王道政治的基本结构及其文明矫正功能》，《中国人民大学学报》2012年第2期。

党和国家机关都具有参与国家政权的相同目标，因此具有相合性，这种合力要求事实上对国家和社会的双层治理行为能够做到统一相衔接，否则就会陷入双重治理的深渊，双重治理带来班子太多、领导太多，制度不畅通，信息不连贯，大量的政治资源都耗费在了平衡与联通各方的活动上等问题。现实中政党、人大、政府、政协等机构主体共同分解行使着国家权力，自我不断扩张的权力难免产生互相冲突，彼此之间尚未有制度化的权力规制和矛盾化解机制。以立法为例，政党立法权与国家立法权在事实上部分冲突，虽然中国共产党要把党的政策上升为国家意志，转换成为法律、规范、解释，但事实上没有及时或者确实不适于转换为法律规范的政策数量不菲。党内法规和国家法律在政治生活实践中都丰富地存在并大量运用，都扮演着十分重要的角色，这难免造成"政出多门"以及"策法并行"，党内法规与国家法律撞车的现象，又缺乏调和与缓解的途径，最终只能是相互削弱对方权威性的结果，影响权力的规制、均衡与共享。

其次，党政分离的时候在具体操作层面上可能会遇到大量实践问题，可能会导致不良结果的发生：一是党、政可能都怕自己管了不该属于自己管的事，都怕搞不好关系，因而在工作中能让一点儿就让一点儿，容易出现推诿扯皮、无人负责的现象；二是党、政可能都怕对方指责自己工作不负责、不主动、不作为，都怕影响自己的政绩和形象，因而在工作中能争一点儿就争一点儿，出现越权越位、争功抢绩的现象；① 三是由于党、政彼此在职权划分上不够清晰，不少工作存在交叉地带。以廉政教育为例，在中国政治生态中具体负责廉政教育的部门既有纪委，也有监察部门以及反贪机关、法院等，同一群工作对象、同一个工作内容不同机关分别部属，其资源浪费可想而知。在党委组织部与政府人事部门以及党委宣传部门以及党委宣传部和政府文化部门之间，这种职能交叉、混淆也十分普遍。

3. 授权不明与权责不明影响党政秩序

各时期党政关系的确立无不以更好地满足社会成员对政治、经济、生活文化等方面的需要为宗旨，这些都离不开现代法治对秩序要素的安排。党政秩序意味着某一时期的党政关系呈现稳定健康的形式结构，"人类试图过一种理性的、有意义的和有目的的生活的所有努力，都会在一个混乱不堪的世

---

① 张荣臣、谢英芬：《分还是不分，这是个问题：30 年党政关系的理论研究和实践探索》，《中国党政干部论坛》2009 年第 4 期。

界里受挫"。① 党政事务对稳定性的诉求，需要各主体在相互关系中遵守规则，建立起秩序规则，以抛离失序混乱；预测党政现象，以避开脱轨异变；行事井然有序，以告别庞杂无章。然而现实中的党政关系，却远远未能达致这样的状态，容易影响到党政秩序的稳定。《宪法》第三条规定："国家行政机关、审判机关、检察机关都由人民代表大会产生，对它负责，受它监督。"国家的公共权力都由人民代表大会所授予，而在政治生活实践中，执政党给人的感觉是成为事实上的"第一政府"，② 公共权力的最重要部分是由政党所掌握，这便导致了中国政治活动中立法规定与政治实践的背离，但政党和人民代表大会之间并没有法律条文上的授权关系。相对而言，国家行政机关所掌握的公共权力，从决策层面上看既低于政党，又低于人民代表大会，当政党和人民代表大会的决策或执行要求发生冲突时，由于二者之间缺乏规范化的关系安排，国家行政机关难免陷入两难的境地。政治实践表明，我国现行公权力运作实践与宪法文本规定还需要进一步作细化规定，人民代表大会制度、政治协商制度等中国特色的政治制度框架尚未能和宪法和法律的条文规定有机对接。归根结底，都是在制度层面上没有处理好党政关系，没有建立起新型的党政关系模式。③

二　"治权实体"：党政关系的定位选择

我国党政关系是在中国共产党的领导下经过长期艰苦卓绝的斗争而形成的，党政关系的发展与中国共产党的正确领导密切联系在一起，"其他政治力量的缺陷、失误、偏执等消极因素激发了中国共产党对其主观能动力的充分发挥和对客观情势的正确把握，从而奠定了其独特的政治优势并将这一优势延续至今"，④ 这既是历史的选择，也是人民的选择，共产党因其意识形

---

① 〔美〕E. 博登海默：《法理学：法律哲学与法律方法》，邓正来译，中国政法大学出版社，2004，第 230 页。
② 党把自己的意志直接变成国家的意志，对政府发号施令，实际上是起着第一政府的作用，而政府成为党支配之下的第二政府，从国家管理的理论和实践分析，当然不需要存在"第一"和"第二"两个政府。参见房慧敏、许耀桐《政党执政文明与党政关系改革》，《理论探讨》2004 年第 3 期。
③ 房慧敏、许耀桐：《政党执政文明与党政关系改革》，《理论探讨》2004 年第 3 期。
④ 刘建军、周建勇、严海兵：《创新与修复：政治发展的中国逻辑（1921～2011）》，中国大百科全书出版社，2011，第141 页。

态的特质以及党在革命中深入中国社会底层而形成的超强的政治动员能力，使得其构建的"政党－国家体系"具有超凡的渗透性、辐射性、内聚性和整合性，① 因此笔者建议，可以在我国党政关系模式构建取得现有成果的基础，以"治权实体"新理论来深化改革执政党和国家机关之间的相互关系，统一安排国家治理的向度和机制，为深化政治体制改革不断开辟空间，提供动力。"治权实体"理论反对权力过分集中，但不是要搞政治多元化，也不是要把党与政并列分庭抗礼，而是始终坚持和改善党的领导的一元论，通过对各方都能接受的"法治"精髓的开发，以"法治"精神为总指引，宪法、法律、党内规章的完善，改变紊乱的授权关系和共事关系，完善领导关系和监督关系，将党的治理与党政关系的后续稳定纳入法治的轨道中。"治权实体"的定位选择，就是在把法律作为调控党政关系确定手段的基础上，对党政关系的运作常态加以理论定型，基于党的利益与国家利益、人民利益一致性的事实，以"法治"思维优化和改善党的执政行为，不断完善党内法规建设，使党内行为合理吸纳宪政、民主、人权、权力制约等国家理论，从而探索完善出有利于加强党和国家治理能力的一套制度机制。

（一）党政关系新理论应当坚持的若干原则

"中国的党政关系不是对等的权力主体之间的关系问题，而是党在国家治理格局中对政府权力的安排和规范方式问题，党在这一关系中处于绝对的主导地位"，② 确立党政关系具体模式的原则应是中国共产党的大政方针中综合的、稳定的指导思想，习近平总书记再三强调"要坚持党的领导、人民当家作主、依法治国有机统一"，③ 体现了三者有机统一原则在我国政治体制改革中的绝对指导作用，"坚持党的领导、人民当家作主、依法治国的有机统一，贯穿于社会主义民主政治建设的全过程和各个方面，无论是推进社会主义民主政治建设，还是推进政治体制改革，无论是扩大社会主义民主，还是健全社会主义法制，都必须坚持这三者的统一"，④ 所以对三者的

---

① 刘建军、周建勇、严海兵：《创新与修复：政治发展的中国逻辑（1921～2011）》，中国大百科全书出版社，2011，第76页。

② 刘杰：《党政关系的历史变迁与国家治理逻辑的变革》，《社会科学》2011年第12期。

③ 习近平：《在首都各界纪念现行宪法公布施行三十周年大会上的发言》，《人民日报》2012年12月5日第1版。

④ 方立：《坚持党的领导、人民当家作主、依法治国有机统一》，《求是》2007年第24期。

遵从与统一是确立党政关系新理论所应当坚持的基本原理和基础准则。

1. 有利于加强和改善党的领导原则

十二大通过的新党章明确规定"中国共产党是中国社会主义事业的领导核心",① 并在之后的历次全国代表大会中继续强调这个原则。"十八大"指出"要更加注重改进党的领导方式和执政方式,保证党领导人民有效治理国家"。② 十八届三中全会指出:要"加强和改善党对全面深化改革的影响……确保改革取得成功"。③ 无论是在"以党代政"还是在"党政分开"的阶段中,都可以得出的共识就是在国家政治生活中决不能忽视党的领导作用。党在我国政治体制的各个方面和各个环节、各个层面,都居于核心的领导地位,既控制着从中央到地方各级政府的权力,也操纵着政治、经济、社会等各个领域的运作与发展,影响着政策的制定、决定着干部的选拔。尽管"治权实体"的改革从某个角度看似乎使党的权力在特定范围上有所收缩,某种程度上有所减弱,但从整体上看,它"总揽全局,协调各方",依旧是国家各个领域的主要权力,依然制定着国家的发展战略,通过强大的政治权威和政治资源整合功能,驾驭着政治生活、经济生活、社会生活的各个方面,所以无论如何推进社会主义民主政治建设,都应当以改革、完善党的领导方式和执政方式为核心进行。这体现了党政关系中不能忽视党的核心领导作用的思路原则。任何试图改变或削弱党在实现"中国梦"过程中的核心领导地位的思路都是与"治权实体"理论背道而驰的。

2. 协商民主原则

建立公共可问责的国家是建立治理现代化的评估标准,党与政之间的权力配置并不能增添民主的因素,民主的本质乃是人民对国家的权力控制,国家治理应从党组织、政府、人大等各个方面加强人民参与,共同辅证治理的正当合法性,一个具备合法性的政权离不开人民参与公共治理的制度化设定,政府通过行政公开、正当程序等方式得以实现,人大通过立法公开、选举民意代表等途径达致合法性,而党组织则需要将党内的行为加以外部化。十八届三中全会决定指出:"协商民主是我国社会主义民主政治的特有形式

---

① 《中国共产党章程》(中国共产党第十二次全国代表大会1982年9月6日通过)。
② 胡锦涛:《坚定不移沿着中国特色社会主义道路前进　为全面建成小康社会而奋斗——在中国共产党第十八次全国代表大会上的报告》,《人民日报》2012年11月18日第1版。
③ 《中共中央关于全面深化改革若干重大问题的决定》,《人民日报》2013年11月16日第1版。

和独特优势，是党的群众路线在政治领域的重要体现。"① 中国共产党是工人阶级的先锋队，同时是中国人民和中华民族的先锋队，代表中国最广大人民的根本利益，然而，"现在需要我们下大力进行研究和论证的是怎么保障我们的党内法规充分反映党意、民意。根据多年来党内决策民主化、法治化的经验，党内决策充分反映党意、民意最重要，最根本的保障是广大党员和人民群众对决策的参与程序"。② 党内行为要坚持民主集中制原则，体现人民的利益和意志，积极推动党内事务程序的公开化与外部化，保障人民对党内活动的广泛协商。这体现了要在党政关系中坚持协商民主的思路原则。与"协商民主"相对的是西方的"选举民主"。某种意义上说，选举民主也是协商民主的一种。西方选举民主每隔几年举行一次，主要客体是人事安排，而中国的协商民主除了没几年一次集中进行，还在平时的政治生活和国家治理中不间断的持续进行，议题除了包含人事安排，还包含了国家管理的方方面面。很多西方论者没有看明白中国的事情，多次攻击中国缺乏"民主"，反复妄断中共政权何时就要解体变色，原因就在于他们看不明白中国的"协商民主"的生命力和高效率，看不明白十八大提出的"自我净化、自我完善、自我革新、自我提高"。因此，民主协商原则应当在构建"治权实体"过程中始终坚持好。当然，要从更加广泛的视角去推进和落实这一原则，防止将其理解为仅仅是各级政协的任务，而应当将其贯彻到国家治理的方方面面。

3. 依法治国原则

宪法是"历史新时期党和国家的中心工作、基本原则、重大方针、重要政策在国家法制上的最高体现"。③ 宪法中所蕴含的权力规制与制衡的法治精神，深深刻画着党关于权力制约的构设。十八大指出要"更加注重发挥法治在国家治理和社会管理中的重要作用，维护国家法制统一、尊严、权威"，"要确保决策权、执行权、监督权既相互制约又相互协调，确保国家机关按照法定权限和程序行使权力"。④ 这些规定为规范政党与各国家机关的关系提供了基本的思路，中国共产党的活动不能游离于宪法和法律之外，

① 《中共中央关于全面深化改革若干重大问题的决定》，《人民日报》2013 年 11 月 16 日第 1 版。
② 姜明安：《论中国共产党党内法规的性质与作用》，《北京大学学报》（哲学社会科学版）2012 年第 3 期。
③ 习近平：《在首都各界纪念现行宪法公布施行三十周年大会上的发言》，《人民日报》2012 年 12 月 5 日第 1 版。
④ 胡锦涛：《坚定不移沿着中国特色社会主义道路前进　为全面建成小康社会而奋斗——在中国共产党第十八次全国代表大会上的报告》，《人民日报》2012 年 11 月 18 日第 1 版。

它与其他国家权力主体之间的关系也不能脱离宪法和法律的调整，无论政党与人大代表大会有无授权关系，无论政党与国家行政机关有无领导关系，都应当在宪法和法律中试着阐述和界定，否则长期的法外空间活动将难以消弭，政党机构、行政机关等其他公权机关要按照一定的法律程序执行公务和履行职责，政党权力、行政权力等其他公权力要受到法律规则的一定限制。这体现了党政关系应当纳入宪法和法律调整范围的思路原则。

（二）"治权实体"的理论基础

"治权实体"的理论基础指的是作出此项关系设定的理论层面依据和指导，"治权实体"的选择既发源于政党与国家之间的一般理论，又基于国家治理和权力制衡的一般原理，是能经受住学理考究的正当抉择。

1. 党的目标和国家目标的高度吻合

政党与国家之间存在着紧密的联系，18 世纪英国的埃德蒙·柏克第一次给"政党"下了定义："政党是人们联合的团体，根据他们一致同意的某些特定原则，以其共同的努力，增进国家的利益。"[①] 以夺取、掌握或参与国家政权为活动目标，是政党区别于其他利益集团和社会性团体的根本性特征。中国共产党是以夺取、掌握、参与政权为目标的，以政治纲领的实施来行使政治权力，更为重要的是，中国共产党从诞生之日就有着不同于一般西方政党的政治使命，那就是要将国家从衰败的政治、经济和社会废墟中拯救出来。中国共产党在社会主义初级阶段的目标就是要把我国建设成为富强、民主、文明、和谐的社会主义现代化国家，共产党的政党逻辑从革命的逻辑转向了国家治理的逻辑和民族复兴的逻辑，与国家自身发展的逻辑一定有部分程度上的重合之处，中国共产党参与国家治理的过程，是其自身存在的价值和意义，也是国家目标实现的必然途径。某些根据西方"宪政"理论提出在中国实行"多党轮流执政"的主张，无视这种高度吻合性，实际上是背离了当代中国政治文化发展的历史传承和内在逻辑。

2. 多元化的主体和多样性的治理方式有利于权力的制衡

绝对的权力产生绝对的腐败，不受监督和制约的权力必将产生腐败，这些不是西方学者的专利，也是我国政治实践所证明的客观原理。"西方的三权分立不适应中国的国情，但是其背后体现的权力制约的原则却是人类政治

---

① 〔美〕萨拜因：《政治学说史》（下），盛葵阳、崔妙因译，商务印书馆，1986，第 684 页。

文明的重要成果。"① 权力垄断的模式不利于在全体公民中树立制衡的法治观念，权力的横向划分、彼此分离、相互制约，是实现国家权力合理分配与使用，防止一权独大的有效途径。国家治理的方式应当朝着多样性的方向进行发展，从社会治理的角度来看，党有党的领导职责，政府有政府的服务作用，人大有人大的利益表达功能，社会组织有层级之间的沟通功能，党组织形式、政府行政、人大立法、社会组织运作都有存在的空间，任一治理方式如果孤立存在，都会存在不同程度上的正当性不足问题。单一的治理结构通常过程都不够开放，普通公民很难有机会参与到公共事务和公共服务的治理过程中，容易缺少公民参与公共治理的制度化安排。②

3. 实现新时期中国国家治理的现实需要

新时期国家治理过程中面临经济社会事务的日益复杂化和专业化，治理过程也变得纷繁复杂，国家治理主体的链条既离不开政党，也离不开政府，同时离不开各类市场力量、社会组织，"系统治理"、"依法治理"、"综合治理"、"源头治理"的切实要求摆在面前。③ 党政关系改革应与社会主义民主政治建设紧密结合起来，以推动国民经济的健康、稳定、快速发展。"政党是国家这座工厂的发电机"，④ 新时期中国国家治理要求克服高度集权与个人专权的弊端，树立中国共产党宏观领导、职权法定的思想认识，以及通过法定程序将党的主张转变为国家意志的治理意识，把政府机构改革、民主法制建设等提到一个新的高度，党政关系改革应立足于最广大人民的根本利益，有利于执政党地位的提高，有利于社会力量的动员，能够集中力量办大事，为全面建设小康社会提供良好的政治基础，共同应对国际环境和国内发展两方面的挑战，以开创社会主义建设的新局面。

（三）"治权实体"理论的主要内容

在现行党政关系中，党与政职能相互交织，要依照"治权实体"理论

---

① 王海军：《中国共产党党政关系的历史发展与现实思考》，《中国特色社会主义研究》2006年第 6 期。

② 单一的结构虽然动员能力强，但吸纳低层诉求的能力却比较弱，这种缺乏公民主动参与和自我利益表达的结构，容易忽视国家权力的来源和公民的国家主体地位，可能会给统治体制带来合法性危机。

③ 《中共中央关于全面深化改革若干重大问题的决定》，《人民日报》2013 年 11 月 16 日第 1版。

④ 刘建军、何俊志、杨建党：《新中国根本政治制度研究》，上海人民出版社，2009，第 187页。

构建政治格局，就是要区别于以高度集权为体系特征的"党政合一"模式，和以西方议会政治为参照而推论出的"党政分开"模式，从而走出将党政视为一个密切合作而又相互制衡的"治权实体"的第三条道路。

1. 有机联结

"治权实体"理论方案首先要求建立合作主义机制，政党领导国家事务，国家机关监督党内事务，重大问题相互协商，使党政体系进一步有机联结与统一，加强系统性、整体性、协同性。这是因为中国已经是一个高度分化的社会了，在党总揽全局、协调各方的基础上，进一步要求治权主体彼此之间要良性互动，功能互补，减少管理环节，提高管理效率并相互协商、相互联结。首先，党政关系要维系在广泛、充分协商的基础之上，要"构建程序合理、环节完整的协商民主体系，拓宽国家政权机关、政协组织、党派团体、基层组织、社会组织的协商渠道"，① 使党政双方都有稳定有效、方便沟通的利益表达渠道，然后"在党的领导下，以经济社会发展重大问题和涉及群众切身利益的实际问题为内容，在全社会开展广泛协商，坚持协商于决策之前和决策实施之中"，② 积极参考和吸纳意见、建议，考虑各方利益，考量各类因素，提升治理能力的科学性与现代化。其次，要求建立健全执政党对国家治理机构和事务的领导机制，建立完善国家监督机关对党内事务的权力制约，党和国家机关都要起好权力中枢的作用，将事务移交给相应的职能部门，由其独立自主地负责解决，形成一个连续畅通的政治过程，相互并存、衔接、配合、补充和监督的政治系统，使各方的合作优势充分发挥，例如，"建立健全执政党的领导执政权力与国家最高权力机关立法决策权力的关联互动机制，建立和完善执政党的领导执政职能与政府的行政管理职能的协调衔接机制，建立完善执政党党员与国家干部双重角色的认同机制"。③

2. 科学分工

"治权实体"理论方案其次要求科学合成并分割党政治理，即依照科学、优化、高效、令人民满意的原则，对政党组织、各个国家权力机构部

① 《中共中央关于全面深化改革若干重大问题的决定》，《人民日报》2013 年 11 月 16 日第 1 版。
② 《中共中央关于全面深化改革若干重大问题的决定》，《人民日报》2013 年 11 月 16 日第 1 版。
③ 郝欣富：《从比较研究中看我国的党政关系》，《中共浙江省委党校学报》2004 年第 5 期。

门的管理范围和权限进行划分，并严格依照权限予以遵守，科学配置部门机构权力和职能，明确清晰稳定的职责定位和工作任务。"各级政党、政府、人大、民主党派和政协可以在人事和政策的提议权、参议权、审议权、执行权、评议权、审查权、调整权等方面进行合理的划分并明确各自的职责，使各种权力之间既相互依赖又相互牵制"，① 宪法和法律要对党的活动作出更加周全、细致的规定，我国宪法除了在序言中提中国共产党长期领导革命和建设之外，对党的性质、职能、领导途径、活动方式等均无详细的规定，要想使得党的治理在法治的轨道中进行，既不能缺少抽象性的原则规定，也不能缺失操作性的具体规定，应当在宪法和相关法律中明确中国共产党的各项权力和义务，将法律规定的权力细化落实，使党的权力在党主导制定的法律法规形成的法制化轨道上有序运行，从而实现习近平总书记提出的"将权力关进制度笼子"的目标，无疑将使党领导和执政的合法性得到极大增强，使党政关系更加健康稳定。区分党内事务与国家事务，党内事务由政党治理，并接受国家机关监督，国家事务由国家机关治理，并接受政党领导。要求党的领导方式、工作方式和活动方式的转变，"统筹党政群机构改革，理顺部门职责关系"，"规范各级党政主要领导干部职责权限，科学配置党政部门及内设机构权力和职能，明确职责定位和工作任务"。② 党政双方在明确各自"权力清单"的基础上，从纵向和横向两个维度明确各自的权力运行边际，有利于党政权责实现定位精准、功能清晰、权责一致、人事相符，从而推动党政双方依照法定权限和程序进行国家治理。

3. 有效制衡

"治权实体"理论方案最后要求对权力运作形成有效制衡，这既包括发展外部程序对党内事务进行制衡，也包括执政党与国家机关之间的良性制衡。从整个国家政治权力框架来说，政党的职能和作用可以依照"总揽全局、协调各方"的原则概括为领导者、协调者，它是通过政策调整和人事调整这两大方式加以领导国家与社会，支持和保障国家机关依法有效地履行治理职能；从党的内部事务来说，党的重大决策应当明确引进"法治"

---

① 何增科：《建构现代国家廉政制度体系：中国的反腐败与权力监督》，载俞可平主编《中国的政治发展：中美学者的视角》，中国社会科学出版社，2013，第 396 页。
② 《中共中央关于全面深化改革若干重大问题的决定》，《人民日报》2013 年 11 月 16 日第 1版。

思维，在现有要深入基层进行调查研究，征求广泛的群众意见的基础上，把法律咨询和公众参与作为必经程序，对于利益争议点应进行充分协商和调解，对于重大的利益调整事项，必须要举行公示或听证，以提高和扩大普通公众的参与热情、参与程度，这与党的宗旨和性质是高度吻合的。因此，应当把党务公开与政务公开同步推进，使党内有关重要事务、党内相关重大决策参照"立法"思路推进，在更大范围内接受群众评议和监督，增加其科学性和严密性。在实现公开的过程中，最需要扭转的观点是肇源于地下革命时期的党内保密观念，那个时期敌众我寡，有必要尽量保密。但在和平建设时期，尽管有各种敌对势力，但国内还是"敌寡我众"，因此，推动党务公开与中国共产党的政党属性一致，因为中国共产党是人民的政党，政党利益与人民利益具有一致性。如果片面强调保密而将广大人民拒之党执政行为的门外，无疑是自我削弱执政基础，自我削减执政合法性。应当看到，推动党外参与与制约的程序模式是对传统西方政党理论的补足与修正，近代政党是在资产阶级革命的过程中逐渐产生的，分为不同的政治派别代表着各阶级各阶层的利益，并通过轮流执政等"两造对抗"的机制来消弭政党的不规范行为所产生的负面影响，从整体上达至均衡与运转。而我国不存在竞争性政党制度，在中国共产党长期合法统治的情况下，对党政联结的"治权实体"的监督无须通过阶段性的多党对抗来实现，而是通过治权实体长期执政过程中的内部合理权力制衡和有效自我净化来实现。

国家行政机关参与国家公共事务，通过对公共事务的管理和公共产品的提供来实现公共权力；作为一种补充与制衡，政协制度起到的是参政作用，"民主党派中央直接向中共中央提出建议"，① 一要对政党所作出的政策和人事安排进行参议，二要对政党的职能履行状况建言献策、审查监督；人民代表大会及其常务委员会是我国的权力机关，根据《宪法》第六十二条的若干规定，立法权、决定权、监督权、任免权等其他权力共同组成了全国人民代表大会及其常务委员会的权力范畴，决定权是决定生活中重大问题、重大事务的权力，表现为授权、决策等事项，任免权是指根据人民代表大会及其常务委员会代表人民的意志，对国家机关领导人员及其组成

① 《中共中央关于全面深化改革若干重大问题的决定》，《人民日报》2013 年 11 月 16 日第 1 版。

人员进行选举、任命、罢免、免职、撤职的权力。可以看出，人民代表大会的国家职责似乎与政党的领导职能存在冲突，这种冲突并不是直接对立的冲突，因为这是党与国家机关在治理国家体制上范畴与职能不同的体现，政党行使的是实质领导职能，而人民代表大会行使的是形式领导职能，人民代表大会所体现的实质意志，从根本上来讲是一种党委意志。①但是人民代表大会还具有更为独立的权力，立法权是关于修改宪法，制定和修改刑事、民事等基本法律，制定和修改基本法律以外的其他法律的权力，在一定意义上，也包括立法解释权，人民代表大会是宪法和法律的制定者和维护者，可以通过对议案、法案的否决来保障政党政策制定的正确性，防止政党权力滥用。因此，应适当赋予其对党内重要法规进行检查、调查、督促、纠正、处理的强制性权力，以监督和纠正党的执政行为，保障宪法、法律的实施。

三　构建"治权实体"理论模式的法律路径

构建党政关系新模式需要在法制轨道上进行。根据中国的实际，笔者建议以更加开阔的视野去界定其内涵，也就是广义上法的范围。笔者认为，通过一定的公开程序，用于调整一定范围公共关系的规则都可以纳入广义法的范畴。《中国共产党党内法规制定条例》中对党内法规作出了界定，是"党的中央组织以及中央纪律检查委员会、中央各部门和省、自治区、直辖市党委制定的规范党组织的工作、活动和党员行为的党内规章制度的总称"。中国共产党的党内法规及相关重要文件，比如党的全国代表大会的报告以及全会的有关全局的重要决定等通过一定的党内程序制定出来，稳定而广泛地调整着社会成员生活，对调整对象的权利义务内容产生了极大的影响，符合现代法治理念对法的定义，所以也应纳入我国广义的法范畴内。构建党政关系的新模式，需要综合运用党内外立法的成果，在"法治"框架内，根据党内外法规的规定，稳妥并合乎理性地推进。

---

①　其一，执政党的干部在人大中兼任重要职务，这无疑有助于党的主张在人大中的贯彻执行；其二，通过人大代表中执政党的多数优势保障决策体现党的意志；其三，通过执政党的党员代表进行解释说服宣传工作，赢得非党代表对执政党的主张和建议的支持和赞同；其四，执政党在党员代表中实现严格的纪律约束，保证全体党员代表的统一行动。参见郭定平《政党与政府》，浙江人民出版社，1998，第 103 ~ 104 页。

（一）"治权实体"理论的宪法规定

宪法在国家生活中具有至高无上的地位，作为国家根本大法的宪法凝聚正义，它是社会中合理分配权利、限制专横权力的工具。宪法注重稳定性、连续性、确定性，它的作用就是建立起某种机制，对价值先后顺序作出安排，意图并尝试通过把规制和秩序引入公权机构的往来和运作中，用权威性渊源，默然指示着公权机构的行为取向，力图增进社会的秩序价值，对相互冲突、对立的政治利益进行调控与调和。宪法是党政秩序的保障性措施，宪法权威中渗透的恰当公权力关系是党政秩序的典型形式，宪法语境描绘规则有序的国家蓝图，通过真实、有效的授权与安排手段，力图缓解政治舞台的混乱，长期、恒远地保护社会制度的稳定。宪法的至上性、程序性、安定性构成了宪法秩序，① 它最根本的成就是强化了权力的预测性与确定性，各公权主体就能够预见到违反规则情形的法律后果，进而能够在相互关系的处理中表现得较为理智，未来行为的确定性也因此增强。宪法秩序决定了现有政治变化的难易程度与变更幅度，与宪法秩序一致的党政关系安排，失序浮动的可能性得以降低。

从实践层面来看，需要在现有的行政机关由人大产生，向人大负责的理论逻辑上，在宪法中明确规定"治权实体"理论，将构建"治权实体"的目标、原则、主体、职能与责任等事项明确下来，再基于宪法规定进一步完善党章、法律法规、党内法规中相应的实体性规定和程序性规定，对公共权力进行合理分工并使之规范化、制度化，以条文规范的形式规范好并保障好政党与人大之间的关系、政党与国家行政机关之间的关系，使宪法所规定的权力授受关系进一步落实，并以政治利益的恰当均衡为议题建立起非权宜、非临时的，有益于长远政治发展的统筹安排。这种在调整党政关系时运用一般性规则、标准和原则的宪法倾向，不仅有利于良性党政秩序向纵深发展，建构制衡与共治的权力体系，也是对宪法秩序的回应与补足，对宪法价值的表达与践行，应当明确为党推进依法治国的基本主题。

---

① 宪法的安定性主要体现为目的的依附性和特别适用性，首先，宪法是关于国家权力行使的指令，为确立一种宪政法律秩序提供价值标准，宪法应当确立立法机关所立之法的形式和价值特征，并向执法机关和司法机关下达具体的指令来保证这种法律的实效。其次，宪法是对国家权力的安排，也是对国家机关的命令，其适用范围是有限的。参见秦前红、叶海波《社会主义宪政研究》，山东人民出版社，2008，第 184~185 页。

（二）党内法规与国家法律的功能衔接

党内法规与国家法律虽然是两种不同的社会调整机制，它们之间有"方法的概略说明"与"行为规范"的区别、"引导为主"与"强制为主"的区别、"部分秘密"与"全部社会公开"的区别、"灵活性适用"与"严格遵守"的区别等，① 与其容忍二者在"上下级关系"、"平行关系"、"包容与被包容的关系"等交错复杂的实践中时有冲突，不如基于两者的共性设定统一规范性要求，作出一致的规范性处理，以方便政治实践的发展。例如《中华人民共和国公务员法》第三条对公务员中的领导成员的产生、任免、监督另有规定，从其规定，而现今的另有规定就是党内的《干部选拔任用条例》、《中国共产党党员纪律处分条例》等。又如，纪检机关在反腐败案件查办过程中运用的"反腐利器"——"双规"，也可以导入更多的法治元素，使其免受一些论者的攻击。事实上，新加坡、中国香港的某些反腐措施对涉案人人身自由的限制程度不亚于"双规"，但其在"法治"框架下行使。"治权实体"理论要求理性地对待党内法规和国家法律，把其中相关重要部分视为我国统一规范性文件的组成部分，按照法治化的标准制定、发布、适用和审查党内重要法规和国家法律，使二者达到和促成现代法治下公平正义、程序主义、人权保障等基本精神的融通。人民代表大会制度、民族区域自治制度与党内基本制度的对接，避免和消除国家法与非正式法之间的冲突，② 建立健全国家法治化规范制度体系，避免出现断层，减少冲突，提升国家规范性文件建设的科学化水平。

（三）党内立法程序的外部交涉与公开

党内立法是一种社会影响极其重要而又容易被学理研究所忽视的党内行为，根据上文所论述的党内行为程序外部化的原理，党内立法程序应当在外部交涉性和公开性两方面进行改进。

1. 外部交涉性

党内法规的民主性离不开制定过程向基层党组织和普通党员开放，但更应当提升外部交涉性，向社会开放，让公众参与、同公众协商。概括来说，

① 参见傅再明《正确处理党的政策与国家法律的关系》，载李逸舟、王仲田主编《党政分开理论探讨》，春秋出版社，1988，第 192～195 页。

② 参见张立伟《法治视野下党内法规与国家法的协调》，《中共中央党校学报》2011 年第 3 期。

目前党内法规的出台，通常可以分为以下四个步骤，一是规划与计划，二是起草，三是审批，四是发布。相比而言，国家法律的出台也可以分为四个步骤，一是提出法律草案，二是审议立法议案，三是表决通过，四是公布法律。党内法规制定的特色是在起草之前有一个规划与计划的阶段，中央党内法规制定工作五年规划，由中央办公厅对包括党内法规名称、制定必要性、报送时间、起草单位等内容的制定建议进行汇总，并广泛征求意见后拟订，经中央书记处办公会议讨论，报中央审定，年度计划由中央办公厅对制定建议进行汇总后拟订，报中央审批。中央纪律检查委员会、中央各部门和省、自治区、直辖市党委可以根据职权和实际需要，编制党内法规制定工作规划和计划，并且在执行过程中，可以根据实际情况进行调整。党内法规制定的规划与计划有利于统筹立法安排，在内容协调的整体规划的设计下，突出重点，对党内法规进行系统的科学编制。但是二者的另一大区别在于党内法规第三步审批的实际效果相当于国家法律制定的审议立法议案步骤加上表决通过步骤，根据党内法规的性质和重要程度，"有的要由党代会来审定，有的则由其他形式的会议来审定"，[①] 其贯彻的是党的民主集中制原则，而国家法律的审议、通过更多体现的是人民民主专政的思想，重视全国人民依据自身的根本利益决定和通过法律。所以在实践中，党内法规制定的主要部门是党内机构，主要参与者是党内领导，遵循的是领导人的判断，这样的立法程序容易导致经验立法和封闭立法，科学程度和开放程度有时令人担忧。立法的过程中需要立法者与公众的交涉，其是以协商合作、妥协宽容的精神为基础的，具备外部交涉性立法活动才能化解利益冲突，整合全局利益，从而提高党内法规的针对性、严密性和效用性。从党内法规议程、议案问题的界定，到具体党内法规的规划与抉择，再到法案的审议、通过，公众基于发表意见、提出建议，将自己的意志通过立法程序融入并转化为根本性的意志的机制仍然比较薄弱。虽然党内法规在起草阶段设定了通过调查研究深入基层的必经环节，又规定了包括书面征求意见、座谈会、论证会和网上征询等征求意见的方式，但是由于普通公民无法通过公众的身份参与党内法规的会议质询和表决通过，缺乏代表自我问责和决断的权力，党主体和公众主体之间的公平意志表达和利益平衡还是难以做到。

2. 公开性

"秘密的程序和秘密的规定，是产生不公正的渊源，公开和公平经常

---

① 侯通山：《党内法规精要8讲》，中国方正出版社，2005，第9页。

不可分离"，① 党内立法活动应该公开进行，立法程序的公开性是公众享有并行使知情权的体现，立法信息应当广泛公布便于公众知晓，作为体现全国人民意志的党内立法活动应当接受公众的监督。十八届三中全会指出"完善党务、政务和各领域办事公开制度，推进决策公开、管理公开、服务公开、结果公开"。② 这就要求党内法规制定的四个步骤都应当公开，这不是单指分时段的阶段性公开，而是更高意义上的过程公开，包括法规议程的选定，法规的规划、起草、提案、讨论、质询、听证、审定、发布等具体活动。除涉密外，党内立法活动应当公布议程、公开进行，并允许新闻媒体对外报道，允许公众自由旁听，立法会议的所有信息都应当被记录在案并公开发表或允许查阅。但是实际的情况却是只有在一些涉及范围广，并且不涉密的党内法规，才可以在互联网或者内部网站上公布草案。《中国共产党党内法规制定条例》规定了"党内法规经批准后一般应当公开发布"，但根据规范法学原理，用"一般"二字进行措辞表述效果意思要远差于"应当"二字。"一般"在通常意义上表示"过半数情况"，而"应当"表示"绝大多数情况"。《条例》又同时规定"实际工作迫切需要但还不够成熟的党内法规，可先试行，在实践中完善后重新发布"，这也给不公开党内法规又留有了极大的操作空间，立法的公开性蒙上了阴影。令人更加遗憾的是，无论是中共中央办公厅，还是各省省委，党内法规的制定主体至今仍未建立或未对外公开其官方网站，与当今信息公开的大时代背景格格不入，公众对其的立法监督不可避免要多走歧路，立法信息公开的折扣性可想而知。这些过于封闭保守的习惯可能肇源于共产党在战争时代的保密传统。其不良后果是群众智慧在党内法规及重大文件制定过程中所应发挥的作用受到限制。

（四）党内立法的权限回收与专业化提升

《中国共产党党内法规制定条例》中规定党的中央组织以及中央纪律检查委员会、中央各部门和省、自治区、直辖市党委行使党内法规的立法权，党的性质和宗旨、路线和纲领、指导思想和奋斗目标、各级组织的产生、组成和职权、党员义务和权利方面的基本制度、党的各方面工作的基本制度、涉及党的重大问题的事项等属于党的中央组织的立法权限范围，剩余的立法主

---

① 王名扬：《美国行政法》（上），中国法制出版社，1995，第553页。
② 《中共中央关于全面深化改革若干重大问题的决定》，《人民日报》2013年11月16日第1版。

体就其职权范围内有关事项拥有立法权限。这虽然成为了部分地方党委制定党内法规的成文依据，但省、自治区、直辖市党委的立法权限行使能力却要受到质疑，党内法规理应在立法专业性和经验的基础上充分反映全体党员意志和人民利益，而地方党委的立法活动在现行党内法规的制定机制下，难免会受到局部利益的限制和立法专业技术性不强、经验不足的制约，不能很好地做到代表全体党员和全国人民。根据《中国共产党党内法规制定条例》第六条规定："党内法规制定工作，其所属负责法规工作的机构承办具体事务。"现行的党内法规制定机制只是粗略地规定将具体的立法事务交给负责法规工作的机构去执行，而实践表明，现实中负责法规工作的机构存在着稳定性不够、专业性不足等特征。以甘肃省委集中清理党内法规制度为例，其"专门成立了由省委办公厅牵头，纪检、组织、宣传、统战、政法、档案、保密等省委部门参加的省党内法规和规范性文件清理工作领导小组，同时省委有关部门、省人大常委会办公厅、省政府法制办抽调精干力量组成工作小组"，①如此多的省一级部门机构参与到法规工作中，既没有稳定的制度协调机制，也缺乏固定的专业法律人才，更不具备一致的法律全局观，地方性负责法规工作机构的法律专业性和经验匮乏。该条例第十三条和第十六条规定，中央党内法规和综合性党内法规的起草主体是中央纪律检查委员会、中央各部门或中央办公厅协调中央纪律检查委员会、中央有关部门起草或者成立专门起草小组。中央纪律检查委员会、中央各部门和省、自治区、直辖市党委制定的党内法规，由其自行组织起草，只是在"必要时"才需要吸收相关专家学者参加或者委托专门机构开展调查研究。反观《中华人民共和国立法法》，在中央立法层级，以全国人民代表大会常务委员会立法为例，其专门的法律机构法律委员会，在法律案的审议、通过阶段其专业性功能发挥着巨大的作用，② 法律委员会是全国人民代表大会中专门负责法律的委员会，是

---

① 徐爱龙：《省委对党内法规制度进行集中清理》，《甘肃日报》2013 年 11 月 1 日第 1 版。
② 如《立法法》第二十七条规定常务委员会会议第二次、第三次审议法律案要听取法律委员会关于法律草案修改情况、主要问题的汇报和法律草案审议结果的报告；第三十一条规定："列入常务委员会会议议程的法律案，由法律委员会根据常务委员会组成人员、有关的专门委员会的审议意见和各方面提出的意见，对法律案进行统一审议，提出修改情况的汇报或者审议结果报告和法律草案修改稿，对重要的不同意见应当在汇报或者审议结果报告中予以说明。对有关的专门委员会的重要审议意见没有采纳的，应当向有关的专门委员会反馈。"第四十条规定："法律草案修改稿经常务委员会会议审议，由法律委员会根据常务委员会组成人员的审议意见进行修改，提出法律草案表决稿。"

对法律案审议中的关键性全局审议机构，弥补了法治程度发展不足、提案方立法专业人才匮乏、经验不足的困难，有利于保障立法的统一性和质量。此外，除了法律委员会，法律专家、学者被赋予了更加稳定的参与制定国家法律的途径，如第三十四条规定："常务委员会工作机构应当将法律草案发送有关机关、组织和专家征求意见，将意见整理后送法律委员会和有关的专门委员会，并根据需要，印发常务委员会会议。"与党内法规的制定相比，法律专家、学者一面是在"必要时"被吸取调查研究，另一面是"应当"被征求意见，可见法律专家、学者在制定国家法律时所起的建议作用机会更大，专业性知识的作用发挥更为常态、更为固定，反之则体现了党内立法在这些方面的差距与不足。因此，党内立法权限应当分级规定，一些涉及全局性的立法权应由党的全国代表大会统一行使，一些重要的党内立法权应当明晰行使的主体，同时，应当专设党内立法机构。在党内专门立法机构没有建立之前，应当规定各级党委中法学专业人员的比例。另外，要大量引进和培养党的立法人才。

（五）党内法规合宪性审查的健全与完善

党在执政过程中应以宪法为依据，"全面贯彻落实宪法的各项规定和基本价值，并运用宪法及其基本理论解决执政过程中的各类问题。运用宪法思维执政，是中国共产党历史方位和执政方式转变的必然要求，符合党的性质和宗旨，是中国特色社会主义政治文明建设的重要内容"。[①] 党内法规既要遵循合规性原则，应以党的章程和上位法规为依据，而不能相互抵触、发生冲突，又要遵循合法性原则，制定党内法规必须要在宪法和法律的范围内活动。但是"在某些领域和地方，党内法规成为部分党员和党组织对抗国家法律执行的工具。尽管党内法规和国家法律在指导思想、根本性质和主要任务方面完全一致，但并不意味着党内法规可以代替国家法律，也不意味着党内法规可以凌驾于国家法律之上"，[②] 这构成了法规审查的客观基础与现实诱因，党内法规可以考虑接受必要的合法性审查。党内法规合法性审查的主要内容应当包括：制定主体是否具备立法权限，立法事项是否超越了制定主体的权限范围，制定的程序是否公开、民主，法规形式是否符合一般意义上

---

① 周叶中：《关于中国共产党运用宪法思维执政的思考》，《中共中央党校学报》2007 年第 5 期。
② 周叶中：《关于中国共产党党内法规建设的思考》，《法学论坛》2011 年第 4 期。

的法的规范要求，法规内容是否同宪法、法律相抵触，涉及面广、影响利益重大的内容是否有公众参与、协商，是否体现了最广大人民的意志，关于党组织、党员的行为规范是否具备比宪法、法律更严格或者至少是相一致的义务设定和责任承担，法规的外在结构体系是否与社会主义法律体系相统一等。

现行的党内法规违宪审查主要是基于《中国共产党党内法规和规范性文件备案规定》对党内法规的备案予以实现的，遵循"有件必备、有备必申、有错必纠的原则"。① 但这毕竟是党内的工作制度，根据"治权实体"的理念，党内法规的合法性审查也应具备外部审查的途径。参照《立法法》对行政法规、地方性法规、自治条例和单行条例的规定，国务院、中央军事委员会、最高人民法院、最高人民检察院和各省、自治区、直辖市的人民代表大会常务委员会、其他国家机关、社会团体，企事业组织以及公民认为党内法规有同宪法或法律相抵触的，可以向党内法规合法性审查的机构提出审查的要求或者建议，由其组织进行审查、提出意见。经过审查后被确认为同宪法或者法律相抵触的，可以向制定机关提出书面审查意见，制定机关应当在两个月内研究提出是否修改的意见，并向其上级党的委员会及审查机构反馈。负责党内法规合法性审查的机构，可以是党内新设的内部审查机构，也可以委托人大的相关组织进行，比如各级人大的党组或法制工作委员会。

---

① 《党内法规小知识》（之十），《秘书工作》2012 年第 9 期。

中国地方人大"票决部门预算"
的过程与逻辑*

徐　枫　朱圣明**

摘　要： 财政预算作为各级人民代表大会审批的一个重要文件，是人大"掌握国库的权力"。表决是人大行使国家权力的一个重要法律程序，表决方式直接关系人大权力和人民民主的实现。温岭的"票决部门预算"以民主恳谈为载体，通过协商民主和代议制民主相结合的方式将预算权的价值问题转换成程序问题，从程序上看，经历了"征询预算—审议预算—修编预算—票决预算"这一系列的过程与步骤。在"治理现代化"的时代背景下，"票决部门预算"见证了表决方式的多样化发展，这对人大监督乃至人大制度建设无疑都具有实质性意义。

关键词： 表决方式　票决部门预算　民主恳谈　协商民主　治理现代化

十八届三中全会将"推进国家治理体系和治理能力现代化"确立为全面深化改革的总目标，并且着重指出："财政是国家治理的基础和重要支柱，科学的财税体制是优化资源配置、维护市场统一、促进社会公平、实现国家长治久安

---

  * 本文系浙江省党校系统中国特色社会主义理论体系研究中心 2014 年第十六批规划课题"中国地方人大'票决部门预算'的过程与逻辑"之最终成果，项目编号 ZX16239。

** 徐枫，浙江省温岭市委党校办公室；朱圣明，浙江省温岭市委党校市情研究室。

的制度保障。"① 在整个国家治理架构中，财政预算是社会运行的主轴和航向标，作为政府收支计划安排的数字表达，不仅反映和规定了政府的工作范围、活动方向以及重点所在，而且作为各级人民代表大会审查与批准的一个重要文件，也是人大代表行使法定权力、监督政府职能的一个重要窗口。

人民代表大会制度是中国的根本政治制度。人大及其常委会作为国家权力机关，拥有立法权、计划和预算的审查和批准权、人事任免权、重大事项决定权和一府两院的监督权，而以上这些法定权力都需要通过表决来实现。在每年例行召开的各级人民代表大会上，其中一项重要的议程就是审查和批准年度财政预算报告。如何审查和批准财政预算报告？表决方式科学与否？直接关系到表决人的意图能否准确表达，并且影响到国家权力机关能否正确决策，人大法定权力能否真正行使。

表决是人大行使国家权力的一个重要法律程序，表决方式直接关系到人大权力和人民民主的实现。密尔认为："投票严格说来是个责任问题，即他（投票人）有责任按照他对公共利益的最好的和出自良心的意见投票。"② 为了更好地贯彻表决人的真实意图，提高财政预算报告的表决质量与效率，促进人大法定职能的实现，温岭市人大 2013 年首开先河，在表决通过整个年度财政预算报告的同时"票决部门预算"，其意义就在于：使人大法定的预算权力真正回归。在"治理现代化"的时代背景下，"票决部门预算"见证了表决方式的多样化发展，这对人大监督乃至人大制度建设无疑都具有实质性意义。人民代表大会制度是国家治理的基本制度，充分发挥人民代表大会制度的政治效应，旨在完善国家治理体系，提升国家治理能力，实现国家治理现代化。

一　表决制度的理论分析

关于表决制度，主要有三种理论。

（一）社会契约理论

在西方政治法律思想史上，社会契约理论可谓源远流长。古希腊的伊壁

---

① 《中共中央关于全面深化改革若干重大问题的决定》（2013 年 11 月 12 日中国共产党第十八届中央委员会第三次全体会议通过），《人民日报》2013 年 11 月 16 日。
② 〔英〕密尔：《代议制政府》，汪宣译，商务印书馆，1982，第 152～153 页。

鸠鲁最早从理论上阐述了这一思想，并直接影响了 17～18 世纪以霍布斯、洛克、孟德斯鸠、卢梭为代表的近代自然法学派关于国家的社会契约论思想。其中，"人民主权"为社会契约理论的基本内核。"人民主权"表达了国家权力来源于人民并服务于人民的政治理念。国家作为政治实体是人们让渡全部或部分自然权利而组成的，是人们订立契约的产物。

在卢梭看来，"公意"与"众意"是有着本质区别的，"公意"只着眼于公共利益，而"众意"则着眼于私人的利益，"众意"只是个别意志的总和。"公意"则是"众意"中正负相抵消后剩余的"共通"部分。投票主要解决人们作为契约的一方如何真实地表达自己的意见，并且投票的结果反映了政治体的健康状态。卢梭认为，由全体公民进行投票表决，由多数人决定，是判断一个意志是否符合公意的最好办法。"每个人在投票时都说出了自己对这个问题的意见，于是从票数的计算里就可以得出公意的宣告。因此，与我相反的意见若是占了上风，那并不证明别的，只是证明我错了，只是证明我所估计是公意的并不是公意。"①

（二）公共选择理论

布坎南的公共选择开创了有关政治家的自利性和非经济力量如何影响政府决策的研究。所谓公共选择，就是通过集体行动和政治过程来决定公共物品的需求、供给和产量，是对资源配置的非市场选择，即政府选择。在布坎南之前，经济学主要关注自利原则如何在私人领域的研究，布坎南最先强调类似的自利原则在公共领域中同样可以得到解释。在他看来，政治学是博弈的规则，而政策则聚焦于决策者在给定一整套规则范畴内所采用的策略。质疑何种博弈规则是好的规则，属于社会哲学范畴，而质疑决策者在给定规则范畴内所采取的策略则属于经济学的范畴，正是规则（社会哲学）与策略（经济学）之间的博弈，构成了被布坎南称为"宪政政治经济学"的内容。

布坎南主张用表决来贯彻和体现民主制度。他认为：无论是少数服从多数的民主决策还是市场选择，本质上都是一个自由选择的过程，有意义的是"过程"或"程序"，研究的核心问题应该是对"投票过程"或集体行动程序的分析。因而，有必要区分两类不同的行为选择："对规则本身的选择"和"规则之下的选择"。当不同的个体之间存在利益冲突，达不成一个包容

---

① 〔法〕卢梭：《社会契约论》，何兆武译，商务印书馆，1996，第 140 页。

所有人利益的一致同意时，首先确认一个规则，这个规则规定了采取集体行动必须满足的条件和程序，如果这个规则能得到个体一致同意的话，那么执行这个规则而形成的任何决议，在此规则之下所采取的行动，逻辑上也就是一致同意的结果。只要规则是公平的，并得到了遵守，那么结果就是可以接受的。

（三）代议制理论

代议制是指公民通过选举代表，组成代议机关行使国家权力的制度，是间接民主的形式。在熊彼得那里，直接民主与间接民主的区别在于：是选民决定政治问题抑或是选举作出政治决定的人，两者孰先孰后？如果把决定政治问题的权力授予全体选民作为最初目标，而把选举作出政治决定的人放在第二位，那么这就是直接民主。反之，"假如我们把这两个要素的作用倒转过来，把选民决定政治问题放在第二位，把选举作出政治决定的人作为最初目标"①，那么这就是间接民主。

议会的表决制度是随着代议制民主政体的发展而呈现简单到复杂、初级到高级的不断发展的态势。在古希腊的政体运行中就有了"多数决"的民主思想与实践。亚里士多德认为："就多数而论，其中每一个别的人常常是无善足述；但当他们合而为一个集体时，却往往可能超过少数贤良的智能。"② 现代国家普遍实行代议制，近代西方发展的代议制民主，将议会作为国家的立法和监督机构。密尔指出："代议制政体就是，全体人民或一大部分人民通过由他们定期选出的代表行使最后的控制权，这种权力在每一种政体都必定存在于某个地方。他们必须完全握有这个最后的权力。无论什么时候只要他们高兴，他们就是支配政府一切行动的主人。"③ 因此，各国宪法无一例外地将表决作为代议制民主运行的一种最基本的技术给予具体规定。

以上表决制度理论阐析的视觉和侧重点有所区别，但都揭示了表决在民主政体中的作用。表决是权力制衡的"公器"和权利行使的"管道"，其制度规定和技术操作在国家整个民主政治生活中不可谓不重要。

---

① 〔美〕熊彼得：《资本主义、社会主义与民主》，吴良健译，商务印书馆，1999，第 395 页。
② 〔古希腊〕亚里士多德：《政治学》，吴寿彭译，商务印书馆，1965，第 143 页。
③ 〔英〕密尔：《代议制政府》，汪宣译，商务印书馆，1982，第 68 页。

二　民主的几种表决方式

表决是民主存在的内在要求和有效运行的技术装置，但在国外的习惯做法与中国的传统方法有所不同。

（一）国外的习惯做法

密尔指出："投票方法的最重要问题就是秘密或公开的问题。"① 秘密投票要求投票人单独写票，公开投票是指投票人向选民、公众公开自己表决时的立场观点。无论是秘密投票还是公开投票，最终都体现在表决方式上。在国外，以下两种表决方式都是按照议事惯例，在表决无法律约束的议案或程序性事项时采用的表决方式，目的是节约时间和议事成本。

1. "呼声表决"

呼声表决，顾名思义就是以声势大小作为表决依据。当议案付诸表决之时，赞成或反对均以呼声表示之，赞成者说"是"，反对者说"不"，会议主持人再依据赞成与反对双方所发出声音之强弱，作出判断而宣告议案通过与否。呼声表决具有一定的不确定性，有时很难分辨，对此有的国家法律规定，如遇有人反对即转而实行其他表决方式，以彰显公允和精确。这种表决方式一般适用于争议不大的程序性事项的表决。

2. "一致同意"

一致同意又称无异议表决，当会议主持人认为无异议的情况下，往往会使用这种表决方式。使用这种表决方式时，只要有一个人反对，决议或动议即告失败。这种表决方式只限用于以程序性事项为主的简单事项的表决。

以下三种表决方式通常在实质性的、具有法律约束力的重大议案表决时使用，投票过程和议员投票立场全部公开，不允许有任何保密措施。

3. "点数投票"

点数投票又称分组或列队表决。在表决时，分设赞成与反对两道门，赞成者与反对者分组列队，分别由这两道特设的门进场通过，专门监票人员负责清点人数，按人数多寡决定议案是否通过。这种表决方式速度快，易于操作，而且记数非常准确，所以常常用于参加人数多的重大事项的表决，如众

---

① 〔英〕密尔：《代议制政府》，汪宣译，商务印书馆，1982，第152页。

议院全体会议。英国与德国是采用点数投票表决的代表国家。

4. "唱名表决"

唱名表决就是点名表决。使用这种表决方式时，不分党派和资历，由会议主持人按议员的姓氏字母为序逐一点名表决，议员被点到名字时，高喊"赞成"或"反对"。一遍点完后，再点一遍未作反应的议员姓名，以确认是否漏点或是否到场。因为人数众多点名耗时太长，美国的众议院全体会议一般不使用唱名表决，而参议院因人数较少，则一直保持着逐一唱名投票的传统。

5. "记录投票"

记录投票是记名投票方式的一种。例如，在美国的众议院会议大厅设有44处电子表决器，表决器上有一个磁卡插口和4个指示灯，即"赞成"、"反对"、"出席"、"表决在进行中"。议员每人持个人投票卡（记载有议员信息），走到任何一个电子表决器前将投票卡插入磁卡插口，再按下自己的选择。投票人姓名和投票立场瞬间显示在滚动的大型电子屏幕上。当闭路电视向公众实时直播时，其投票过程和议员立场看得一清二楚。

下面两种表决方式也必须在"众目睽睽"之下公开地进行，并且投票人要对自己的投票行为负责。

6. "举手表决"

举手表决，即会议主持人将议案付诸表决时，赞成、反对、弃权都分别以举手表示，据此统计其数，比较三方人数，以决定议案通过与否。起立表决方式类同于举手表决方式，只不过以起立代替举手而已。

7. "掷球、记号表决"

掷球、记号表决，也就是依照约定，以小球或某种符号作为议员对法案表示赞成、反对或弃权的标记，根据记号的多少来决定议案是否通过。这种表决方式适用于难以判断赞成者与反对者之间声势大小的情境。

概而言之，在西方代议制国家，一般都采用"对事记名、对人不记名"的表决方式。对无法律约束的议案或程序性事项采用简单易操作的举手、呼声表决，可以节省议事成本；对具有法律约束力的实质性议案则用公开的记名投票方式表决，可以增强议员的责任感，也有利于选民监督议员的投票倾向；而对涉及选举的投票实行匿名，目的是为了让普通选民能更自由地表达其真实意图，从而免受人际关系的干扰。

（二）中国的传统方法

中国的民主投票方式与政治环境、政治气候息息相关。在延安时期，陕甘宁边区农民发明创造了"豆选法"，即用豆子替代选票进行选举。选举时在候选人后面放一口碗，选民根据自己的意愿将豆子投在"意中"候选人的碗里，然后根据碗中豆子颗粒的多少确定最终人选。中华人民共和国成立以后"文化大革命"之前，各级人大曾先后采用过鼓掌、举手和无记名投票的表决方式。"文化大革命"期间则盛行全体"鼓掌"一致通过的表决方式。"文化大革命"结束后，随着国家政治生活的正常化，逐渐恢复了举手和无记名的投票方式，人代会上开始出现反对票，告别了"鼓掌"一致通过的历史。"1990年，七届全国人大三次会议第一次使用电子表决器，电子表决方式由此发端。"①

《中华人民共和国全国人民代表大会议事规则》第53条规定："会议表决议案采用投票方式、举手方式或者其他方式，由主席团决定。宪法的修改，采用投票方式表决。"第36条规定："全国人民代表大会会议选举或者决定任命，采用无记名投票方式。大会全体会议选举或者表决任命案的时候，设秘密写票处。"②

由此来看，全国人大的表决主要有：举手表决、投票表决（基本是无记名投票）和按电子表决器这三种方式。由于电子表决器尚未普及，地方人大目前主要使用的是前两种表决方式。

相比国外公开、记名的投票方式，中国人一般认为：投票表决采用鼓掌、举手等公开方式，很容易演变为走走程序的"秀场"。如果投票以"鼓掌"一致通过，反对者和弃权者的意见很有可能被掌声所淹没；如果投票以举手方式表决，由于"公开化"和"外力"的作用，使投票者的"真实意思"难以体现。所以，更倾向于匿名表决，并且认为这更能尊重和保证代表的"独立性"。

中华人民共和国宪法第99条明文规定："县级以上的地方各级人民代表大会审查和批准本行政区域内的国民经济和社会发展计划、预算以及它们

---

① 刘锦森：《表决方式的改变是民主进步的标志》，《人大研究》2009年第9期。

② 引自《中华人民共和国全国人民代表大会议事规则》（1989年4月4日第七届全国人民代表大会第二次会议通过，1989年4月4日中华人民共和国主席令第十七号公布）。

的执行情况的报告。"① 事实上从中央到地方，各级人大对本行政区域内政府的预算报告都是千篇一律一次通过。这是因为我国预算长期以来一直采取整体审批制，即将一年的全部预算收支集中在一起提交人代会审查与批准，在审查与批准时，人大代表面临着非此即彼的选择：要么全部接受，要么全部否决，而整个预算报告一旦被否决，将会影响到政府全部的工作，其中有的部门和项目即使预算方案十分合理，其合理的预算经费也会受此牵连，所以人大代表一般不会轻易行使预算否决权。这样一来，使得一些对整个预算报告某个方面或环节可能不大满意的代表，在表决时仍不得不无奈地投赞成票。但这样的整体通过却使得人大对预算审批的重要权力被虚置，而不利于对政府的财政收支实施有效的监督。

于是在"治理现代化"的时代背景下，分项审批的表决方式——"票决部门预算"被提到了重要的议事日程。部门预算是关于政府履行职能时所发生的支出结构安排上的测定，"票决部门预算"，即以部门为单位分门别类地进行审查和批准。这种表决方式的好处是：可以使人大代表在不妨碍整个预算报告通过的前提下，只否决他们认为不合理的部门预算，表达其真实的意思，从而使人大对预算的审查和监督权力真正落实到位。

三 部门预算的基本特征与民主恳谈

部门预算是以政府部门为单位编制的预算，从中可以综合反映某一部门及部门所属单位全部财政资金的收支状况，解决的是财政资金在特定部门的分配问题。部门预算呈"空间分布"的特征，首先，部门预算是整个预算的一个组成部分，如果将整个预算看作是一个大池塘，那么部门预算就是在大池塘中舀出其中的一部分水，形成一个小池塘；其次，小池塘形成之后，在它的周围又分布着许多的小水缸，部门预算的任务就是往各个小水缸中供水，在总量既定的前提下，做好"结构优化"的文章。由于要水的多，而小池塘的水有限，这就产生了如何确定水缸的位置、水缸的大小、往哪个水缸加水、加多少水等一系列问题。

---

① 《中华人民共和国宪法》（1982 年 12 月 4 日第五届全国人民代表大会第五次会议通过，2004 年 3 月 14 日第十届全国人民代表大会第二次会议修正），《人民日报》2004 年 3 月 16 日。

从小水缸的分布来看，以农林部门为例，大致上由以下四大类组成：（1）行政运行经费。由日常办公经费、公务人员的薪酬福利开支等组成，其中"三公"经费（公务接待费、公务用车购置及运行费和因公出国或出境经费）是公众聚焦的重点；（2）农业重点建设项目经费。包括：重大农业项目建设资金、现代农业园区项目建设资金、粮食生产功能区建设及管护资金等。基本上可分为简单再生产和扩大再生产两个方面，简单再生产即对已经形成的那部分农田基础设施进行维修保养的经费，扩大再生产则分别由续建项目投资经费和新建项目投资经费组成；（3）政策性补贴项目经费。包括：粮油作物种植直接补贴、水稻病虫统防统治补贴、病死动物无害化处理补贴、后备母牛、母猪补贴、机械作业环节补贴等；（4）农业专项资金项目经费。包括：蔬菜基地建设补助资金、标准农田质量提升工程配套资金等，专项资金预算反映了一定时期政府工作的重点或倾向。

（一）部门预算的基本特征

1. 资源的有限性

在某一时期某一地区的财政收入总是一定的，换言之，池塘里水的容量是既定的，而要办的事情却很多，人类的需求具有多样性和无限性，在大池塘的周边有许多的小池塘，围绕着小池塘又有许多的小水缸，资源的有限性直接导致了资源利用的竞争和冲突。在部门预算安排中，必须要区分轻重缓急，排出优先权。要着重把握两方面的关系：一方面要处理好大池塘与小池塘的关系，即整个预算与部门预算之间的关系；另一方面要处理好小池塘和小水缸的关系，即部门预算内部资源配置中结构的合理与优化。

2. 投资的连续性

扩大再生产有续建与新建之分，续建项目指在报告期之前已开始建设，跨入报告期继续施工的项目，新建项目指从无到有，"平地起家"，新开工建设的项目。对建设周期长、投资额大的投资项目，必须要采取"一时干一事"的方式分阶段进行，这就形成了投资的连续性。在部门预算中，对前几年开工的项目继续追加投资的占到相当大的比重，因此要处理好扩大再生产中续建项目与新建项目之间的关系。

3. 受益的不平衡性

预算安排是系统中心一年一度财政事务在各子系统之间的分布，而系统中心内各子系统之间受益程度是不一样的。就部门预算而言，如果将小池塘比喻为系统中心，将小水缸比喻为子系统，那么在供水的过程中，各个小水缸得到水的容量是有大有小的，这就形成公共物品的"空间特征"。预算就是把握好这一"空间特征"，在总"盘子"中处理好"结构"之间的关系，即在"蛋糕"既定的前提下做好"切割"的文章。在公共资源（财政收入）不断增多，利益日益分化和多元的社会中，当一个系统内部变得越来越复杂的时候，整个社会服从统一行动的过程也更加复杂，成本更高，系统中心对各个子系统的平衡和协调难度就会越来越大，政府的决策难免失之偏颇，为了避免或减少失误，需要建立新的平衡协调机制来整合不同群体的利益诉求。

4. 消费的公共性

公共性的本意在于开放性，消费的公共性即指某一物品一旦生产出来之后，便广泛地向私人领域和一切社会成员开放，任何消费者都可以直接获得或接受服务。消费的公共性是由税收的公共性决定的，公共税收课征的目的就是为了供给公共物品。消费的公共性同时也表明，公共物品要按照消费者的意愿来供给，政府支出的内容、规模、项目和范围要符合公众的需求。所以，从根本上说政府的财政资金是"众人之财"，预算就是政府用"众人之财"满足"众人之需"，怎样才能保证"众人之财"用于"众人之需"，那就得征求"众人之见"，这也正是预算民主产生的根本原因之所在。

财政预算是国家治理的基本制度，正如库伊曼所说："治理意味着国家与社会还有市场以新方式互动，以应付日益增长的社会及其政策议题或问题的复杂性、多样性和动态性。"① 希克进而指出："一个国家的治理能力在很大程度上取决于它的预算能力。"② 预算能力说到底就是在财政总盘子既定的约束条件下，如何将稀缺的资源科学合理地配置到各个领域与部门，以更好地满足社会和公众的需求。年度预算安排反映了系统中心一年一度财政供给在各子系统之间的分布，在部门预算中存在着大池塘与小池塘、小池塘和小水缸、简单再生产与扩大再生产、续建项目与新建项目等诸多的关系，处理好系统中心与子系统之间的关系，在"众口难调"的情况下，需要建立一种均衡机制来协调有限财政资金在各个支出领域的取舍，从而提高预算能力。在温岭，这种均衡机制是通过预算民主恳谈来进行的。

---

① J. Kooiman, "Social-politidal Governance: Overview, Reflection and Design," *Public Management*, 1999 (1): 92.

② Allen Schick, *Capacity to Budget*, Washington, D. C.: The Urban Institute Press, 1990: 1.

（二）预算民主恳谈

温岭的民主恳谈是基于问题导向，于 1999 年 6 月在干群面对面沟通交流中创生的，这一中国特色的基层民主政治创新以相似的对话形式，通过千差万别的议题，解决了不少老百姓身边的"难事"。民主恳谈是一个通过自己及他人的见解来培养公共理性和形成共识的过程，"'恳谈'两字准确地表达了有意见需要沟通，有想法需要交流，有问题需要协商，有分歧需要博弈等丰富的意思"。① 2005 年又创造性地将民主恳谈与预算的"公共话题"有机地衔接起来，在同一母体——民主恳谈中孪生出泽国和新河两种参与式预算模式。

1. 泽国模式

泽国模式发生在 2005 年 4 月 9 日，其基本程序为：代表的随机抽样—预算信息的充分公开—中立主持人制度—小会分组讨论—大会集中交流—独立专家的作用（质询与回应）—两次调查问卷设计—将定性的评价转化为各种"数字"。这一模式有两个显著的特征：其一是突出公众参与，实行抽样民主与代议民主的结合，让非选举产生（人大代表之外）的公民参与到公共政策的制定中来。即参与预算的民意代表通过随机抽样的方式产生，随机抽样能最大限度地体现民意代表的真实性、广泛性与公正性；其二为通过设计精良的民意问卷调查设计，定性分析定量表达。前后两次的问卷调查数据不仅起到统计分析的作用，可以用来准确掌握民意代表的选择情况、偏好转换，而且其结果能够直接用于决策。"科学的随机抽样能最大限度地体现政策的包容性；决策信息的充分公开旨在解决信息不对称问题，中立主持人制度能够保证协商过程的公正性，独立专家的作用是一种知识性的分工，小会分组讨论，大会集中交流是知情权和偏好的表达机制，两次问卷调查设计最大价值在于能反映出偏好的转换，以上这些严格的程序设计和民主对话机制保证了决策的集体深思熟虑性。"②

2. 新河模式

新河模式始于 2005 年 7 月 27 日，其操作过程为：增加会次和会期—会前培训—细化审议预算草案—设立财经小组—代表修正议案—预算执行监

---

① 朱圣明：《基层民主协商的实践与探索——以浙江温岭民主恳谈为例》，《中国特色社会主义研究》2014 年第 2 期。

② 朱圣明：《论协商民意测验在预算民主中的作用——以浙江温岭市泽国镇为例》，《西部法学评论》2010 年第 1 期。

督。新河镇的预算改革使民主恳谈的双方变成了人大代表和政府之间的对话。"增加会次和会期"是落实乡镇人大职权的有益探索；"会前培训"是提高人大代表参政议政能力的重要环节；"细化审议预算草案"是乡镇人大由虚转实的有效途径，"设立财经小组"是乡镇人大闭会期间代表履职的一大创举；"代表修正议案"赋予了基层人大代表议案的新内涵；"预算执行监督"其意义更在于权力制约理念的演进。整个过程由前后紧密相连的两个阶段组成，第一阶段发生在人代会之前，在预算初审民主恳谈会上，通过细化预算—分组恳谈—集中意见，起到了"利益表达机制"的作用；第二阶段发生在人代会期间，通过大会互动—代表质询—政府回应—政府主动修改预算—提出预算修正议案—人大主席团审查修正议案—票决修正议案—政府修改预算报告—表决政府预算报告—财政小组监督等一系列程序的设计，实际上发挥了"权利表决机制"的作用。

（三）部门预算民主恳谈

预算民主恳谈 2008 年开始向上延伸到市级部门预算。部门预算民主恳谈，其本意是在预算编制过程中，让公众参与进来，听听老百姓对政府的预算安排有何看法？如果能通过恳谈中的理性沟通协商，使多元利益主体在平等对话中达成对财政资源配置的共识，那么预算的民主性就得以彰显。2008 年，温岭市人大常委会率先在交通部门探索实施部门预算民主恳谈，2009 年，增加了水利部门，至 2014 年扩大到交通、水利、建设规划、教育、城管、环保和城市新区七个部门，其主管事务均与市民的日常生活密切相关。根据 2011 年 12 月 30 日在温岭市第十四届人民代表大会常务委员会第四十一次会议上通过的《温岭市市级预算审查监督办法》第 12 条的规定："部门预算民主恳谈会采取听取汇报和分组恳谈、集中恳谈相结合的方法进行。"①

1. 听取汇报

首先大会集中，分别听取发改部门关于上一年度计划执行和本年度重点建设计划安排情况的汇报、财政部门关于上一年度预算执行和本年度预

---

① 引自《温岭市市级预算审查监督办法》（2011 年 12 月 30 日温岭市第十四届人民代表大会第四十一次会议上通过，2012 年 1 月 18 日起施行），《温岭市人大及其常委会制度汇编》（2014 年 2 月），第 184 页。

算编制情况的汇报、相关部门关于上一年度工作进展和本年度工作安排情况的汇报。

2. 分组恳谈

分若干小组和专家组开展恳谈，有关部门负责人在恳谈中听取市人大代表、社会公众意见并回答询问。

3. 集中恳谈

大会再次集中，由各小组组长分别汇报分组恳谈意见和建议，市政府及有关部门负责人与市人大代表、社会公众进行恳谈对话，回答询问，并就恳谈中提出的意见和建议作表态性发言。

部门预算民主恳谈会结束后，市人大常委会办公室会同财经工委，将市人大代表、社会公众的意见进行归纳整理，及时反馈给政府相关部门研究处理。

四　"票决部门预算"的过程与步骤

在部门预算民主恳谈的基础上，2013 年温岭市人大又开全国之先河，首次尝试"票决部门预算"。"票决部门预算"是指："市人民代表大会会议期间，市人民政府将部门年度预算草案提交全体人大代表审查并作修编后，由全体人大代表对部门年度预算草案进行无记名投票表决，决定部门年度预算的一种预算审批方式。"① 2013 年 3 月 9 日，在人代会期间，温岭市人大结合部门预算专题审议，对科技局和农林局两个部门的预算经全体代表无记名投票表决，两个部门预算草案均获得通过。其中，科技局预算草案得赞成票 295 票，反对票 50 票，弃权票 15 票；农林局预算草案得赞成票 295 票，反对票 53 票，弃权票 12 票。2014 年的票决，在原有科技和农林的基础上，又增加了经信和科协两个部门。

在现代预算中，代议机构应该是预算的审批者和监督者，尽管我国的宪法和预算法均明确赋予了人大审批和监督财政资源的权力。但是长期以来形成的"行政预算"模式并没有得到根本改变。在"行政预算"模式中，人

---

① 引自《温岭市人民代表大会票决部门预算工作规程》（2014 年 2 月 23 日温岭市十五届人大三次会议预备会议上通过），《温岭市人大及其常委会制度汇编》（2014 年 2 月），第 204 页。

大的"只决不议"使财政预算的表决只剩下"一致通过"的形式主义符号。
"票决部门预算"其价值就在于：避免了非此即彼的选择，有利于在不妨碍
整个财政预算报告通过的前提下作内部结构的调整；同时这也意味着人大作
为权力机关对"否决权"的行使，部门预算有被否决的可能，这会促使政
府部门精心编制预算，真正把钱花在刀刃上。

温岭"票决部门预算"的程序设计，不是简单地拿某一部门的预算进
行票决了事，以 2014 年经信、科技、农林和科协这四个部门的票决为例，
要经历"征询预算—审议预算—修编预算—票决预算"这一系列的过程与
步骤。

（一）征询预算

征询恳谈这一环节发生在预算编制阶段，人代会召开一个月之前。2011
年，为了进一步扩大公众的参与范围，温岭市人大常委会将审查部门预算的
阵线前移，以人大代表工作站为载体，就国土资源局、环境保护局、科学技
术局、广播电视台、农业林业局 5 个部门的预算草案，在基层（箬横贯庄、
温峤江厦、泽国丹山、新河塘下和滨海岱石）直接与选民进行面对面征询
恳谈，广泛征集选民的意见和建议。2014 年发展到 32 个部门的预算都通过
基层人大代表工作站与选民直接面对面，譬如实施票决的经信、科技、农林
的部门预算就分别在（大溪北城、泽国中片和滨海滨西）征询恳谈。

在预算编制阶段，通过人大代表工作站对部门预算进行征询恳谈，其意
义在于：（1）提前公开预算信息和扩大公开范围，让人大代表提前一个月
拿到预算草案，以便在会前进行充分调研；（2）让代表深入选区广泛听取
选民的建议和意见，为人代会审查部门预算提供参考；（3）使人大代表与选
民之间原来看不清的权力"授受"关系变得更加清晰起来，因为人大代表是
选民选出来的，他不仅要表达自己的意志，更应该表达选民的意志；（4）使
政府的部门预算安排得更加科学合理，在广泛听取民意的基础上充分考虑公
众的诉求，并从中可以对预算草案进行初步的调整和修改。

（二）审议预算

审议预算发生在人代会期间，分别由听取汇报和专题审议这两个环节组成。

1. 听取汇报

2014 年 2 月 24 日，在温岭市第十五届人民代表大会第三次会议第一

次全体会议上，继市长作政府工作报告、财政局长作市级的预算报告之后，专门听取科技、农林、经信和科协四个部门的主要负责人分别作关于"2013年预算执行情况和2014年预算草案"的汇报。内容主要包括：2013年部门预算收支执行情况、"三公"经费执行情况、项目绩效评估情况及存在的主要问题，2014年预算编制情况、项目安排情况、"三公"经费安排情况及绩效评估计划情况等，四部门票决预算总额达25407.6万元（参见表1、表2、表3）。

表1 四部门2013年预算执行、2014年预算编制基本情况

单位：万元

部门	2013年						2014年	
	年初预算	省补追加	本级追加	结转结余	全年预算	执行率(%)	年初安排	增减%
经信局	8130.2	1424.5	3647	3875.5	17077.2	97	8665.9	+6.6%
科技局	4310.4	357	46	350.9	6289.3	94.8	4446	+3.1%
农林局	8074.4	3676.8	2482.9	1954.8	16188.6	81.5	11891.2	+47%
科 协	370.6	50	57.7	20.6	498.9	94.6	404.5	+9.1%
合 计	20885.6	5508.3	6233.6	6201.8	40054		25407.6	

资料来源：根据温岭市十五届人大三次会议主席团会议文件（27）、（28）、（29）、（30）整理。

注：①全年预算等于＝年初预算＋省补预算＋本级追加＋结转结余。

②科技局全年预算6289.3万元含"科技重大支持项目回收资金"1225.0万元。其中主要包括全额收回2010年度科技重大支持项目资金。根据温岭市科技重大支持项目管理办法规定，科技重大支持项目资金由当年科技经费专项安排及往年科技重大支持项目回收资金组成，重点支持企业实施高新技术产业化项目，实行无息借款两年，到期归还后对项目进行绩效考评，实行不超过50%的奖励。

表2 四部门2013年、2014年"三公"经费基本情况

单位：万元

部门	2013年			2014年	
	年初预算	实际执行	执行率(%)	年初安排	增减%
经信局	53.8	48.1	89.4	41.34	-23.2%
科技局	45	23.22	51.6	23.96	-46.8%
农林局	241.2	179.54	74.4	175.86	-27.1%
科 协	16	16.91	105.7	15	-6.3%
合 计	356	266.77		256.16	

资料来源：根据温岭市十五届人大三次会议主席团会议文件（27）、（28）、（29）、（30）整理。

表3 四部门2013年、2014年绩效评估及主要问题基本情况

部门	2013年		2014年
	绩效评估情况	主要问题	绩效评估计划
经信局	1. "技术改造资助资金",优秀 2. "节能降耗专项资金",良好 3. "企业家人才队伍建设经费",合格	1. 政策补助资金超预算部分,未能按时到位 2. 个人和家庭补助支出经费,存在一定缺口 3. 专项资金使用监管有待加强,企业扶持政策有待进一步完善	同2013年
科技局	1. "科技政策奖励",自评:96分 2. "科技重大支持",自评:92分 3. "农业科技",中介机构评估:87.63分	1. 科技扶持政策有待完善 2. 部分科技项目完成后成效体现不明显 3. 需完善有效的绩效跟踪评价体系 4. 由于资金重复使用,回收资金未列入年初预算 5. 需进一步完善加强对初创型、创新型、小微型企业的技术创新支持	同2013年
农林局	1. 水稻产业提升项目,中介机构评估:95分	1. 预算执行率低,其中五个项目执行率为零;用款计划准确性、均衡性有所欠缺 2. 由于上级政策性资金的增加和突发性疫情的不可预测,只能年中追加,造成年初预算不能准确进行安排 3. 个人和家庭补助支出的压力很大,经费未能及时得到保障 4. 部分项目测算不够准确,绩效评估体系不够完善	1. 粮食生产功能区建设及管护 2. 省重大农业项目建设 3. 现代农业园区项目建设 4. 林业有害生物防治 5. 规模猪场病死动物无害化处理及监管经费
科协	无	1. 临时受领任务出国境,经费年初没有安排,致"三公"经费超支 2. 春节科普下乡、春季科普经费一般在五月份下拨,经费要靠上年度经费计划结余使用,导致上年度经费执行率低,账面有少量结余 3. 部分项目在年底评审立项,项目经费在年底下拨,经费使用均衡性不高	无

资料来源:根据温岭市十五届人大三次会议主席团会议文件 (27)、(28)、(29)、(30) 整理。

2. 专题审议

密尔认为:"讨论财政案前必须接受诉苦。"[①] 专题审议是"诉苦"的

---

① Michael Rush, *Parliament Today*, Manchester:Manchester University Press, 2005, p. 62.

重要武器，因为专题审议具有议题明确、重点突出的特点，可以直奔主题，加上人大代表提前一个月就拿到了预算草案，事先经过广泛调研和深思熟虑，有了比较充分的准备，这些都将大大提高了"诉苦"的针对性。

《温岭市人民代表大会票决部门预算工作规程》第七条明确规定：市人民代表大会会议期间，大会主席团应当安排时间，组织各代表团对票决的部门预算草案开展专题审议。专题审议会由各代表团团长主持，市人大代表充分发言并提出询问，部门负责人回答询问并作表态发言。专题审议会后，主席团会议听取各代表团审议情况汇报。各代表团及时将代表意见书面提交大会秘书处，大会秘书处梳理汇总后及时反馈给政府各有关部门。

2014 年 2 月 26 日上午，温岭市十五届人大三次会议 12 个代表团，分别对将要进行票决的经信、科技、农林和科协这四个部门 2014 年预算草案进行专题审议。

（三）修编预算

根据专题审议会上人大代表所提的 121 条建议意见，市政府及相关四个部门据此连夜修编调整预算，共调减 11 个项目，调增 12 个项目，优化整合 1 个项目，调整资金总额 361.95 万元（参见表 4），并对代表所提的问题关切作了相应的呼应和说明。至此，政府部门在原来征询预算的基础上对草案进行了再次的调整和修改。

表 4　四部门 2014 年专题审议意见及预算修编调整基本情况

部门	专题审议意见	预算修编调整				增减总额（万元）
		调减	调增	整合	说明	
经信局	39	4	3	1	9	63
科技局	34	2	1		6	135
农林局	32	2	4		16	35
科　协	16	3	4		10	128.95
合　计	121	11	12	1	41	361.95

资料来源：根据温岭市十五届人大三次会议主席团会议文件（40）、（41）、（42）、（43）整理。

接着，大会主席团会议专门听取四个部门关于预算草案修编方案的说明汇报，主席团会议通过后再提交大会全体会议票决。

（四）票决预算

2014 年 2 月 23 日，在温岭市十五届人大三次会议预备会议上通过了《温岭市人民代表大会票决部门预算工作规程》，该规程对票决预算的程序、时间和要求作了明确的规定。

1. 提出票决年度预算的部门建议名单

第四条规定：在市人民代表大会会议举行的三十日前，市人大常委会财政经济工作委员会根据部门预算草案编制情况，向市人大常委会主任会议提出提交市人民代表大会票决年度预算的部门建议名单。经市人大常委会主任会议研究后，提交市人大常委会会议审议确定。

2. 票决部门报送预算草案

第五条规定：市人民代表大会票决年度预算的部门，应当在市人民代表大会会议举行的二十日前，将上一年度部门预算执行情况和本年度部门预算草案报送市人大常委会。市人大常委会办公室及时将资料送达市人大代表。部门提供的资料包括：（一）预算编制的依据及说明；（二）预算收支总表、预算收支明细表；（三）上一年度预算执行总表、预算执行明细表；（四）上一年度预算绩效评价情况；（五）当年拟新建的政府性投资重点项目的安排情况及说明；（六）审查预算草案所需的其他资料。

3. 票决方式

第十二条规定：召开大会全体会议，在表决通过市级预算草案后，以无记名投票的方式，表决票决的部门预算草案。代表对部门预算草案，可以投赞成票，可以投反对票，也可以弃权。部门预算草案以得全体代表的过半数赞成票为通过。

先表决通过年度整个预算，后票决部门预算，有利于预算的结构调整。这好比在一筐苹果中有几个烂苹果，只需要把这几个烂苹果拣了就是，而不必要将整筐苹果倒掉或让其继续留在筐里。这样就在非全部接受即全部否决之间，增加了结构调整这一选项。

4. "未通过"及其处置

票决意味着部门预算有被否决的可能，这是人大作为权力机关对"否决权"的一种行使。在传统政治思维中，人大对财政预算的表决充满了"政治色彩"，"一致通过"成了表决的代名词，从没有考虑过"未通过"及其处置。而"未通过"及其处置的跟进，则是"否决权"行使的关键。

第十四条规定：票决的部门预算草案未获通过时，市财政及相关部门要认真吸收代表意见，对部门预算草案作进一步修编，并在十五日内将重新编制的部门预算草案报送市人大常委会。市人民代表大会授权市人大常委会对重新编制的部门预算草案进行审查批准，并由市财政局在法定期限内批复部门预算。

2013 年，农林局首次被列入预算票决，该局 2012 年"三公"经费预算为 347.5 万元，而 2013 年却增加到 370.5 万元。代表们在专题审议时提出质疑："在中央倡导削减'三公'经费的情况下，预算不减反增？"经过连夜修编调整，农林局"三公"经费预算削减为 241.2 万元（实际执行结果为：179.54 万元），比之前减少将近 130 万元，此后才被票决通过（参见表 2）。

2014 年，对经修编调整后的四个部门预算票决结果为：经信局以 325 票赞成、18 票反对、10 票弃权；科技局以 326 票赞成、18 票反对、9 票弃权；农林局以 325 票赞成、20 票反对、8 票弃权；科协以 332 票赞成、8 票反对、13 票弃权，均顺利获得通过。

2014 年 6 月 10 日，四个部门预算在《温岭日报》以专版的形式全文公布。内容包括：2014 年收支预算总表、支出预算表、"三公"经费预算表、主要职责、现有机关工作人员、离退休人员、全年工作思路、工作重点和工作目标等。

五　问题与思考

（一）"二次供水"

在部门预算中，"年初预算"与"全年预算"是两个不同的量，票决的四个部门 2013 年"全年预算"合计达 40054 万元，比"年初预算"的 20885.6 万元高出近 20000 万元（见表 1）。究其原因在于：除了"年初预算"的"一次供水"之外，中途的"省补追加"、"本级追加"及"结转结余"形成了"二次供水"。

"省补追加"可分为一般转移支付和专项转移支付两大类，一般转移支付，主要对下级的财力补助，一般不指定用途，地方可自主安排支出；而对于专项转移支付，主要服务于上级某一特定的政策目标，地方必须要按照上级的规定用途使用资金。本级财政如果在执行过程中收入充裕（特别是临近年终时）的话，也会向各部门"分摊"，于是就形成"本级追加"。而"二次供水"是一个不确定的因素，在年初确定预算时是难以体现的。

譬如《关于温岭市农业林业局2014年预算草案的专题审议意见》中就提到：2013年省补助3676.47万元，2014年省补助只有300万元，相差过于悬殊。

对此在《温岭市农林局部门预算草案修编方案及说明》中作了如下的回答：2014年省补助300万元为省一般转移支付资金，2013年省补助3676.47万元均为专项性补助资金，由于具有不可预测性，所以未列入当年预算。

"年初预算"的设定具有目标指向、资源配置和作业操作等多重功能，无疑很重要，但由于"二次供水"的不确定性，会造成"全年预算"与"年初预算"的巨额差距。这样一来，即使"年初预算"做到最好也"无济于事"。

（二）"结转结余"

部门预算主要依靠部门自己来编制，财政部门只是在部门上报预算的基础上，根据财力状况统筹安排。由于财政与部门之间信息不对称，致使财政难以准确把握部门资金的真实需求，而部门从自身利益出发，往往"放大"需求，于是就形成了数额庞大的"结转结余"，票决的四个部门2013年"结转结余"合计达6201.8万元（见表1）。

譬如《关于温岭市经济与信息化局2014年预算草案的专题审议意见》中就提到：年初编制部门预算时要进行充分预测，减少结转数，避免年中追加。建议政府科学编制预算，提高预算执行的准确性。经信局预算上年结转380万元，在2014年的预算中如何体现？上年没完成就结转到下一年，是无限循环还是对于结转的工作有时间限制？

对此在《温岭市经信局部门预算草案修编方案及说明》中作了如下的回答：2013年结转到2014年的指标是项目未完成需在2014年继续使用的指标，如省信息化服务业发展专项资金需在省项目验收合格后再全额发放，省补循环经济资金在2014年用于铸造行业节能降耗项目，待项目验收后再发放。

"结转结余"形成了一池庞大的"蓄水池"，究其原因在于：预算编制原则上要求实行"零基预算"，但科技、教育、农业等有法定支出增长幅度的要求，要同财政收支增幅或生产总值挂钩，经费必然年年增加，这与"零基预算"的原则相矛盾；从部门预算编制的实际来看，在很大程度上仍沿用传统的"基数加增长"预算法，这也导致了部门预算每年的"水涨船高"，溢出来的部分就注入"蓄水池"。

（三）"专项资金"

"专项资金"预算是部门预算的一个重要组成部分，反映一定时期政府工作的重点或倾向。"专项资金"涉及范围较广，弹性较大，占财政总支出比例较高。

譬如《关于温岭市科学技术局2014年预算草案的专题审议意见》中就提到：科技重大支持项目1200万元，这些项目是如何确定的？是否存在与其他部门的重复奖励？建议有关部门，比如农林局、科技局、海洋局等进行部门联审，并对科技政策奖励等项目实行'回头看'，对企业激励不大的政策可以进行调整，确实有实效的奖励政策加大投入力度，确保奖励资金有实效。

对此在《温岭市科技局部门预算草案修编方案及说明》中作了如下的回答：2013年，工业科技重大支持项目共受理40项，经形式审查、专家评审、财政审查、媒体公示等相关程序，按得分高低确定了高压变频器、全降解餐具、系列防冻智能花园泵等16个项目，承担单位分别为富凌电器、富岭塑胶、利欧股份、大元泵业、华龙机械、恒大刀刃具、鱼童新材料、神能电器、飞旋泵业、上优刀具、伟博环保、星星机械、康多利、兴益风机、兴坤动力、瑞丰五福。2013年度及以前项目均在温岭科技信息网（http：//www. wlkj. gov. cn）公开。

由于"专项资金"预算是部门自主安排的，因此不仅随意性大，也是各部门利益关注的焦点，是部门预算各项支出中最难控制管理的一项支出。在使用过程中，一些"专项资金"一旦安排后，容易形成"路径依赖"，在今后每年都会安排，尽管有些项目已经完成了或发生变化了，但仍然巧立名目让它继续存在，这样一来，科学合理的"专项资金"预算就难以测定。

（四）"执行率"

部门预算"执行率"偏低，规范的预算执行机制难以形成，是人大代表在专题审议时热议的话题。

譬如《关于温岭市农业林业局 2014 年预算草案的专题审议意见》中就提到：农林局预算执行率整体不高，预算执行率 60% 以下的有 26 项，涉及资金达 1761.67 万元。这就意味着 2013 年有 1760 多万元资金没有发挥作用，而恰恰有些群众急需的民生工程因为没有资金得不到实施。建议农林局务必提高预算执行率。

对此在《温岭市农林局部门预算草案修编方案及说明》中作了如下的回答：农林部门项目多，而且比较小、比较散，有些项目实施受季节影响，有些省、部级项目在下半年批复，需跨年度实施，导致执行率比较低。今年我局将加大预算执行力度，进一步提高预算执行率。

部门预算"执行率"偏低的一个重要原因在于：预算拨款与使用时间上的"错位"。现行《预算法》第一章第十条规定：预算年度自公历 1 月 1 日起，至 12 月 31 日止。而每年的财政年度预算一般要在当年 3 月召开的人代会上批准，预算批准之后其资金要等到 6 月以后才能逐步到位，这样一来，在预算使用和预算拨款之间存在着一段"时间差"。上半年要执行项目时，预算资金还没有到位，项目执行很困难。等到下半年预算资金到位了，但已经快到年底了，执行项目的时间又不多了。还有一些工程项目要待验收合格后才予以支付，这也会形成一段"时间差"。

六　结论与讨论

财政预算作为各级人民代表大会审批的一个重要文件，是人大"掌握国库的权力"。正如美国开国元勋之一、第一任财政部部长汉密尔顿所言："这种掌握国库的权力可以被认为是最完善和有效的武器，任何宪法利用这种武器，就能把人民的直接代表武装起来，纠正一切偏差，实行一切正当有益的措施。"① 审查与批准财政预算报告也是人大行使国家权力的一个重要

---

① 〔英〕汉密尔顿、杰伊、麦迪逊：《联邦党人文集》，程逢如等译，商务印书馆，1980，第297~298。

法律程序，表决方式直接关系到表决的质量和效率，关系到人大权力和人民民主的实现。表决同时又是一门议事技术，是民主制度存在的内在要求和有效运行的"操作程序"。记名投票还是匿名投票？公开投票还是秘密投票？在不同文化背景、民主习惯的国家，有着不同的理解和各自的特点，但其背后所体现的问题实质却是相同的，即保障表决人的真实意图，提高表决的质量与效率。在中国的语境下，无记名投票其用意在于为投票者消除后顾之忧，创造良好的外部环境。

温岭的"票决部门预算"以民主恳谈为载体，通过协商民主的方式将预算权的价值问题转换成程序问题，从程序上看，经历了"征询预算—审议预算—修编预算—票决预算"这一系列的过程与步骤。伊斯顿指出："公共政策是政治系统对全社会的价值作权威性分配。"①其中包含着一系列价值分配的决定和行动，这种决定和行动由"要求"和"支持"构成的"输入"，经"权威机构"过滤与论证后，形成了作为政策产品的"输出"，并"反馈"到"输入"那里，从而形成了一个系统循环的政治过程，财政预算具有典型的"权威性分配"特征。在温岭"票决部门预算"的设计中，"征询预算"这一环节"输入"了选民的"要求"和"支持"，其间政府部门对预算有了第一次的修改；"审议预算"这一环节"输入"了人大代表的"要求"和"支持"，其间政府部门对预算有了再次的修改；"修编预算"这一环节反映了政府部门最后的过滤与论证；"票决预算"这一环节完成了对政府部门"修编预算"的表决，并最终"输出"了公共政策。

表决与政治制度、政治环境、政治气氛紧密相关，表决的实际效能，不仅取决于自身方法的改进以及对政治生态环境所产生的影响，而且还取决于整个人大制度的完善以及人大与政府之间关系的规范化和制度化。法国著名学者费埃德伯格曾经说过："局部秩序依赖于诸种更大范围的社会规则机制，这类规则机制在任何既定的时刻都体现社会的特征，并且对社会进行着建构。但是，这些局部秩序同样也在始终不断地超越由那些规则所强加的资源与限制。通过局部秩序，人们能够发现和选择新的资源，选择诸种新的从事冲突性合作游戏的方法；这样一来，人们便可创立出建构环境的诸种新技能与新方法，与此同时，这既是其不可还原的特定性基础，也是社会革新的

---

① 〔美〕伊斯顿：《政治生活的系统分析》，王浦劬译，华夏出版社，1999，第26页。

源泉。"① 借鉴这一理论,在"治理现代化"的时代背景下,如果人大能够通过表决制度的改进,对政府活动进行实质性的审查与监督,那么,人大就能将"掌握国库的权力"的角色和功能演绎到位,为推动人民代表大会制度的与时俱进创造一个非常坚定的制度平台,并对中国的治理现代化建设产生重大的影响。

---

① 〔法〕费埃德伯格:《权力与规则——组织行动的动力》,张月等译,上海人民出版社,2005,第179~180页。

政府创新

国际因素、合法化机制与地方治理创新

杨雪冬[*]

摘　要： 随着中国与世界联系的日益紧密全面，国际因素已经成为推动国内治理变革的不可忽视因素。本文扩展了合法化概念，提出了国际因素介入地方治理的三种基本机制，即国家合法化机制、地方合法化机制和社会合法化机制。借助三个案例分析了利益、制度和知识三种类型国际因素介入地方治理创新的过程、产生的影响。不同类型的因素进入地方治理过程所依赖的合法化机制组合是不同的，但是都需要在介入之前或者介入过程中从国家获得合法性。随着地方和社会自主性的提高，地方合法化机制和社会合法化机制对于国际因素产生的实际效果影响更大，也会与国家合法化机制产生矛盾。提高国家合法化机制的开放性和包容度有助于减少合法化机制之间的矛盾和冲突。

关键词： 国际因素　合法化　机制　地方治理

改革开放使得中国与世界的关系发生了历史性变化。[①]在这个过程中，地方的国际化水平也在提升，即使偏远的地方也不再封闭孤立，[②]通过人员

---

　* 杨雪冬，政治学博士，中共中央编译局世界发展战略研究部副主任，《中国治理评论》杂志副主编。

① 《中共十七大报告》。

② 中国决定加快沿边开放。中国与14个国家毗邻，沿边139各县级行政区，国土面积约200万平方公里。汪洋：《构建开放型经济新体制》，《〈中共中央关于全面深化改革若干重大问题的决定〉辅导读本》，人民出版社，2013，第45页。

流动、经济联系、信息传播等多种方式与外部世界不断扩大和加深联系，形成了开放的地方治理状态。来自国外的利益、制度和知识信息等多种因素通过各种渠道影响或者直接参与到地方治理过程中，并且成为推动地方治理创新发生和持续的重要变量。

本文将在国内国际互动研究的基础上，借助合法化理论，分析国际因素如何在地方治理过程中实现"内化"的主要机制，即如何被地方党政机构接受和承认。在中国的制度背景下，这种内化过程也就是合法化过程。因为，尽管中国在不断扩大深化对外开放，但是在制度上依然强调中国特色社会主义的特征，在理念上潜在地将来主要自西方社会的国际因素视为"异己"。国际因素要被地方党政机构接受必须进行政治脱敏，脱掉西方色彩，增加可共享性。

这里，我把地方治理创新作了狭义化处理，指的是地方党政机构为了解决当地经济社会发展中的问题，而采取的具有治理取向的新机制、新方法、新手段。① 国际因素介入地方治理，是以利益、制度、信息等多种形式出现的，通常以两种方式推动地方治理创新：一是在结构上，国际因素的介入和参与，提高了地方治理主体的多样性，有可能形成新治理力量；而在运行上，国际因素会给本地治理问题的解决带来可供参考和借鉴的新治理理念、机制、方法和手段，推动地方治理创新的实践。

一　国内国际互动的双向合法化

国内政治与国际政治存在联系，这虽然是一个常识，但是并没有得到足够的理论重视。国际关系学者在这方面的探索为这个问题的理论化作出了突出的贡献。冷战后期，随着意识形态对抗的弱化，不同性质国家间联系的发展，一些学者开始关注国内国际互动问题，并将其作为"国际政治经济学"（IPE）中的一个重要命题，不断给予论证和完善。②

---

① 关于治理的定义，有关评论可参见 Christian Arndt and Charles Oman, *Uses and Abuses of Governance Indicators*。国内中译本为《政府治理指标》，杨永恒译，清华大学出版社，2007；俞可平主编《国家治理评估——中国与世界》，中央编译出版社，2009。

② Jeffry Frieden and Lisa Martin, "International Political Economy: Global And Domestic Interactions," in Ira Katznelson & Milner, eds., *Political Science: The State of The Discipline*, Helen V. New York: W. W. Norton, 2003.

Peter Gourevitch 指出国家的行为并非独立进行的，还受到国际体系的影响，从经济关系到军事压力制约着从国内决策以及政治形态等一系列国内行为。"国际关系与国内政治如此紧密地联系在一起，因此应该作为整体进行同步分析"① (international relations and domestic politics are therefore so interrelated that they should be analyzed simultaneously, as wholes)。在这篇开创性文章中，Gourevitch 提出四类影响国内行为的因素：国家体系、国际经济、观念和意识形态。② 为了更好地从动态角度分析国内国际的互动关系，Robert Putnam 提出了一个"双层博弈"分析路向。在他看来，外交达成的协议要通过两个层次的博弈在国内发挥影响。第一个层次是各国代表之间的博弈，第二个层次是各国代表将外交达成的协议带回国内，与国内民众讨论，以获得"确认"（ratification）。这两个层次的博弈既可能是先后进行的，也可能是同步进行的。③

冷战结束后，特别是随着全球化进程的加速，各国之间的联系更加广泛深入，国内政治与国际政治的边界被打破，成为不可分割的一体。④ 更多的学者意识到，不清楚国内经济与世界经济之间的联系以及这些联系的变化，就难以理解国内政治。⑤ 并且对于全球化带来的国际影响的方式和结果展开了热烈讨论。⑥ 在 Jeffry Frieden 和 Lisa L. Martin 看来，国内 - 国际互动的核心问题是国内制度和利益对国际互动的影响，以及国际制度、利益对于国内关系的影响。⑦ 在方法论上，国内 - 国际互动研究不再将国家视为单一的理

① Peter Gourevitch, "The Second Image Reversed: The International Sources of Domestic Politics," *International Organization* 32 (autumn 1978), pp. 881 – 911.

② Peter Gourevitch, "The Second Image Reversed: The International Sources of Domestic Politics," *International Organization* 32 (autumn 1978), pp. 881 – 991.

③ Robert D. Putnam, "Diplomacy and Domestic Politics: The Logic of Two-Level Games," *International Organization* 42, 3, Summer 1988, pp. 427 – 460.

④ Peter J. Katzenstein, et al., "International Organization and the Study of World Politics," *International Organization*, Vol. 52, No. 3, 1998, pp. 16 – 70.

⑤ Helen V. Milner and Robert O. Keohane, "Internationalization and Domestic Politics: An Introduction," In Robert O. Keohane Helen V. Milner, eds, *Internationalization and Domestic Politics*, Cambridge University Press, 1996, p. 3.

⑥ Xun Cao, "Global Networks and Domestic PolicyConvergence: A Network Explanation of Policy Changes," *World Politics*, 64, No. 3 (July 2012), pp. 375 – 425.

⑦ Jeffry Frieden and Lisa Martin, "International Political Economy: Global And Domestic Interactions," in Ira Katznelson, Helen V. Milner, eds., *Political Science: The State of the Discipline*, New York: W. W. Norton, 2003, p. 120.

性行为者，而是可以分解的单位，进而讨论国内不同群体、制度受到的国际影响，以及它们对于国家的国际行为的影响。①

因此，国内国际互动也是在两个层次展开的。在国际层面上国家作为整体与多元化的国际主体之间的互动；在国内层面上多样的国际因素与国内多元主体之间的互动。这两个层次的互动过程都涉及合法化。对于合法性有着多种定义，但是基本定义可以归纳为就是国家存在的正当性，② 正当性不仅来自于某种理念，还来自国家服从自己制定的规则，国家的法律和政策符合社会价值判断以及社会成员对国家行为的认同等具体行为。③ 从广义上说，合法化对象并不局限为国家或者主权政府，还包括了各级政府、领导人、政策等不同的政治实体。④ 在国际层面上，国家要从国际社会中获得承认，并且这种承认会反射到国内，对国家在具体政策领域的合法性产生影响。在国内层面，来自外部的国际因素要获得国家权威的允许或默认，得到社会其他主体的承认或赞同。⑤ 当然，国际因素也会对国家权威的合法性提出挑战。⑥

国际因素通常被区分为利益、制度、信息三种基本类型，⑦ 跨国利益集团、国际制度、国际组织、非政府组织、知识群体等都是国际因素的具体体现者。⑧ 许多研究显示，许多国家，尤其是对于那些国际体系的新参与者以及综合实力较弱的国家来说，都更愿意通过参与国际社会活动获得认可和更

① Helen Milner, "Rationalizing Politics: The Emerging Synthesis of International, American, and Comparative Politics," *International Organization*, Vol. 52, No. 4, 1998, p. 769. 关于这些研究的进展，请参考李巍、王勇《国际关系研究层次的回落》，《国际政治科学》2006 年第 3 期（总第 7 期），第 112～142 页。

② John H. Schaar, "Legitimacy in the Modern State," in William Connolly ed., *Legitimacy and the State*, Oxford: Baisil Blackwell Publisher, 1984, p. 108.

③ David Beetham, *The Legitimation of Power*, London: Macmillan, 1991, pp. 15–16.

④ Lynn T., White, "Introduction – Dimensions of Legitimacy," in Lynn White ed., *Legitimacy: Ambiguities of Political Success or Failure in East and Southeast Asia*, Singapore: World Scientific Publishing Co., 2005, p. 2.

⑤ 苏长和：《世界中的中国与中国中的世界——多边国际制度对中国的影响》，陈志敏、崔大伟（David Zweig）主编《国际政治经济学与中国的全球化》，上海三联书店，2006，121～139 页。

⑥ 江忆恩（Alastair Iain Johnston）：《中国参与国际体制的思考》，《世界经济与政治》1999 年第 7 期，第 4～10 页。

⑦ Helen V. Milner, *Interests, Institutions, and Information: Domestic Politics and International Relations*, Princeton: Princeton University Press, 1997.

⑧ Thomas Risse Kappen, ed., *Bringing Transnational Relations Back In: Non-state Actors, Domestic Structure and International Institutions*, Cambridge: Cambridge University Press, 1995.

多的支持，因此内部政治受到国际因素的影响更加明显。① 国家组织可以通过施加压力（pressure）、利用成为其成员后国家的承诺（credible committement）或者社会化过程（socialization）等三种机制对国内问题产生影响。② Andrew Cortell 和 James Davis 把国际制度影响国内政治的过程分为三个阶段：第一阶段是在国际制度在国内政治话语中出现。第二阶段是影响国家制度（national institutions），比如根据国际制度对国内制度进行的修正。第三阶段是国家根据国际制度的要求对相关政策进行调整。③ 他们指出，文化匹配程度（cultural match）、话语（rhetoric）、国内利益集团以及社会化力量（socializing forces）等因素会制约国际制度的国内影响程度。Thomas Risse Kappen 等人的研究发现，国家与社会的关系会对跨国行为体和跨国联盟的国内影响起到制约作用。④ Martha Finnemore 认为国际规范会通过国家的接受和承认进入国内，但要通过具体的实践才能实现内化。⑤

与多样化的国际因素相对应，国内因素也是多样的，而地方是其中重要的因素之一。地方既是国际社会中的活跃主体⑥，也是国际因素与国内其他因素产生互动关系的具体场所。虽然作为国家内部的次级单位，地方与国际因素的互动是在国家权威设置的意识形态和制度框架下进行的，但是在全球化条件下，随着国家的分权和解除管制，地方的自主性也在不断提高，这为国际因素进入地方治理过程提供了有利条件。

二 国际因素介入地方治理的合法性机制

中国的改革开放为国际因素介入地方治理提供了基本前提：一方面中国

---

① 田野：《国际制度对国内政治的影响机制：来自理性选择制度主义的解释》，《世界经济与政治》2011 年第 1 期，第 135~155 页。

② Jon C. Pevehouse, "Democracy from the Outside-In? International Organizations and Democratization," *International Organization*, Volume 56, Number 3, Summer 2002, pp. 515 – 549.

③ Andrew P. Cortell, James W. Davis, Jr. "Understanding the Domestic Impact of International Norms: A Research Agenda," *International Studies Review*, Vol. E, No. 1 (spring, 2000), pp. 65 – 87.

④ Thomas Risse Kappen, ed., *Bringing Transnational Relations Back In: Non-State Actors, Domestic Structure and International Institutions*, Cambridge: Cambridge University Press, 1995.

⑤ Martha Finnemore, *National Interests in International Society*, Ithaca: Cornell University Press, 1996.

⑥ 陈志敏：《次国家政府与对外事务》，长征出版社，2001。

对于国际社会的开放度越来越大，这导致了大量国际制度、规则、价值等被中国接受并实践，[①] 另一方面中国参与国际活动更加主动，领域更加广泛，主体更加多样。[②] 这两种变化与市场经济发展所推动的国家与社会关系的转变，同步进行，相互影响，形成复杂的国内国际相互转型。[③] 这种转变的国际国内互动的场所不仅停留在国家层面，也扩展到地方和社会层面，因此也让更多的主体参与进来。国家对这种转变的直接回应就是提出了"统筹国内国际两个大局"的思想，[④] 包括地方在内的其他国内主体的反应更为复杂。

尽管如此，大部分学者的研究单位还是国家，并且重点放在国际制度如何影响国家层面的制度、政策以及中国如何参与国际制度、规则的修改和制订。[⑤] 而对于地方与国际互动的研究主要集中在经济领域，以及地方如何在国家外交中发挥作用。[⑥]

近年来兴起的地方治理创新研究虽然也看到了国际因素的影响，但是基本上是将其作为创新发生的背景条件处理的，并没有将其作为创新过程中的内在因素进行。这体现在两个方面：一是没有对于国际因素进行分类，多以全球化、对外经济开放度、地方官员的开明态度等一般性描述加以概括；二是即便重视到不同地区的开放度对于治理创新的影响，没有进一步探讨哪些具体因素。[⑦]

国际因素介入地方治理，不单单是文化意义上的"本土化"过程，首

① 江忆恩（Alastair Iain Johnston）：《中国参与国际体制的思考》，《世界经济与政治》1999 年第 7 期，第 4 ~ 10 页。
② 陈志敏、崔大伟（David Zweig）主编《国际政治经济学与中国的全球化》，上海三联书店，2006。
③ 苏长和：《国内 - 国际相互转型的政治经济学——兼论中国国内变迁与国际体系的关系 (1978 ~ 2007)》，《世界经济与政治》2007 年第 11 期。
④ 令计划：《统筹国内国际两个大局》，中国共产党新闻网，2008 年 1 月 28 日。
⑤ 关于中国的"国际社会化"研究，可以参考谢喆平《国际社会化》，景跃进、张小劲、余逊达主编《理解中国政治——关键词的方法》，中国社会科学出版社，2011，第 297 ~ 308 页。
⑥ 陈志敏：《沿海省份与中国外交政策》，载郝雨凡、林甦主编《中国外交决策：开放与多元的社会因素分析》，社会科学文献出版社，2006，第 246 ~ 267 页。《国际关系的次国家层面：地方政府与东亚合作》，载陈玉刚、袁建华主编《超越威斯特伐利亚》，时事出版社，2004，第 243 ~ 266 页。
⑦ 关于这些文献，参考俞可平主编《政府创新的中国经验：基于"中国地方政府创新奖"的研究》，中央编译出版社，2010。

先更是一个得到其他社会主体，尤其是政治权威同意、承认或者默许的合法化过程。对于主权国家来说，来自外部的国际因素需要通过影响偏好、传授价值、塑造利益、约束行为来获得承认。[①] 至于国际因素对于地方治理的介入，则有更复杂的机制。

在中国，国际因素的合法化首先要解决的是被中央权威的承认。一方面，中国在社会政治制度和意识形态上坚持社会主义特征，[②] 这使得许多国际因素必须去"资本主义化"、"去西方化"，进行政治脱敏，才能更容易进入中国的官方话语讨论、政策制定以及制度建设过程之中。另一方面，中国的体制具有很强的集中化特征，地方的对外交往受到来自上级，尤其是中央的较为严格的管制，使得进入地方治理过程中的国际因素是有限制的、有选择的。

因此，获得上级尤其是中央权威的同意、承认或默认无疑是国际因素介入地方治理合法化的首要机制。这种自上而下由中央给予国际因素合法化的垂直机制通常有三种形式：一是意识形态上禁令的解除；二是国家法律、政策的允许或提倡；三是中央领导人的肯定、重视或倡议。然而，国际因素是多样而具体的，并且由于国家在意识形态和其他领域中管制的放松，领导人个人行为特点的变化，许多国际因素无法从国家层面直接找到合法性依据，这就需要发现其他的合法性来源。而拥有较大自由裁量权的地方领导人和话语权不断增强的社会群体是合法性的另外两个来源。

在中国现有体制下，地方的自主性主要是通过地方领导人在本地决策以及执行上级政策中的决定性作用体现出来的。因此，如果国际因素能够获得地方官员的任何和支持，就很容易直接参与到地方治理过程中。这是地方的合法化机制。经验证明，主要官员的国际化素质（比如思想观念的开明程度，对国际因素的了解程度、认可程度等）会影响到地方决策过程的对外开放程度。[③] 他们会根据本地的实际情况，来为国际因素的介入创造条件。这种地方化的合法化机制主要体现在三个方面：一是领导人出于

[①] Martha Finnemore, *National Interests in International Society*, Ithaca: Cornell University Press, 1996.

[②] 楚树龙：《世界与中国、中国与世界：过去 30 年，未来 30 年》，《现代国际关系》2008 年第 9 期。

[③] 杨雪冬：《过去 10 年的中国地方政府改革：基于中国地方政府创新奖的评价》，《公共管理学报》2011 年第 1 期。

加快本地经济社会发展或者改善地方形象的考虑，对于国际因素持开放的态度；二是为了解决当地的实际问题或者应对危机，在内部资源不足的情况下，将国际因素纳入考虑范围，给予重视；三是对国家政策关于国际因素的规定给予地方化的理解，或者在具体执行过程中采取更为宽松的态度。地方的合法化机制由于深受主要官员个人行为的影响，所以带有很强的不确定性。一些地方官员会出于个人原因，为国际因素的介入设置各种障碍，甚至不顾国家的意图和倡导。这尤其体现在地方公共事件发生过程中。

随着对外部世界了解的深入，社会公众的国际化水平也在提高。他们对于国际因素的态度和行动成为国际因素合法化的另一种机制。从本质上说，获得社会公众的承认，更接近现代意义的合法化。但是社会是多元化的，因此社会的合法化是通过社会群体的行为实现的。这种社会合法化机制通常是通过三种方式发挥作用的：一是社会公众对于国际因素的态度、认知的普遍性变化，为国际因素的介入提供了观念和舆论的支持。二是具有更高国际化水平的社会群体或者社会组织，会成为某种国际因素的积极倡导者。通过他们的努力，说服其他社会成员及地方权威认可这种国际因素。三是社会公众的抗议行为，也会成为某些国际因素公开介入地方治理过程的正当依据。在推动国际因素合法化的社会力量中，许多活跃的社会组织和社会舆论平台并不是本地产生的，而是来自其他地方的，并且能够形成互动有力的社会组织网络。随着互联网的发展，社会合法化机制的网络化特点更加明显。

比较而言，垂直的合法化机制在权威上要高于个人化和社会的合法化机制。这也是许多地方治理创新中积极寻求获得上级，尤其是中央公开支持的重要原因。但是，在地方治理中，大量的问题都是政策执行层面上的，政治性较弱，所以个人化和社会的合法化机制发挥作用的机会更多。而个人化的合法化机制，由于其直接由地方权威掌握着，所以发挥作用的场合更多，并且也会积极寻求获得垂直机制和社会化机制的支持，起码要减少后两者的制约。而社会的合法化机制，也随着社会开放度的提高和公共参与的扩大，不断提高着其影响力。

在地方治理过程中，海外资本、国际制度和治理的知识可以视为利益、制度和知识这三种国际因素的各自典型代表。

海外资本是各地追求经济增长目标竞相追逐的对象，除了会带来可能的

表1　三种合法化机制

合法化机制	表现形式
国家（垂直）机制	意识形态包容
	制度和政策上的承认
	领导人的肯定或建议
地方机制（或个人化机制）	领导人的开放态度
	成为解决地方问题的资源
	政策执行者的宽松或变通
社会机制	被社会公众接受
	被特定社会群体或组织倡导
	通过社会抗议争取

经济利益外，还是地方开放度的象征。海外资本投资在改革开放之初就获得国家意识形态的初步认可，并且逐渐得到了国家政策法律的保障，在地方实践中享受到大量的政策优惠。只是由于国家转变经济增长方式战略的调整以及社会公众权利意识和生态意识的增强，其优越地位才受到质疑。

国际制度包括规则和组织两种形式，既是中国与国际社会发生联系的重要渠道和平台，并且许多还具有资源集聚和提供的功能，可为地方发展提供智力、财政、国际舞台等支援，[①] 从中央到地方，对于联合国体系下的各类国际组织给予更大的信任，[②] 而对于大量国外非政府组织的态度和做法存在着较大的差别，这种差别还体现在不同的政府部门之间。[③] 比较而言，非政府组织从社会公众那里获得的认同度更高。[④]

治理的知识是一个复杂的集合，既包括治理的理念，也包括治理的方法技术，并且有不同的制度实现形式。总体而言，治理知识的重要性得到了国家、地方、社会的基本认同，并且越具有可模仿性和可操作性，就越容易被广泛接受。但是中央权威出于意识形态的考虑，对于其中的一些价值理念持

---

① 陈志敏：《全球多层治理中地方政府与国际组织的相互关系研究》，《国际观察》2008 年第6 期，第 13 ~ 14 页。

② 谢喆平：《中国与联合国教科文组织的关系演进：关于国际组织对会员国影响的一项经验研究》，教育科学出版社，2010。

③ 朱健刚：《国际 NGO 与中国地方治理创新：以珠三角为例》，《开放时代》2007 年第 5 期，第 34 ~ 49 页。

④ Michael M. Gunter, Jr. & Ariane C. Rosen, "Two-Level Games of International Environmental NGOs in China," *William & Mary Policy Review*, 2012, Vol. 3, pp. 270 – 294.

谨慎，甚至反对的态度。因此中央、地方和社会公众之间在治理理念上的接受程度和方式上不时会产生分歧。

任何一种国际因素要成功地介入地方治理并在其中发挥作用，不能只依赖一种合法化机制，必须依赖不同的合法化机制组合，这是由地方治理的多元主体特点决定的。针对三种形式的国际因素，本文提出合法化机制的三种组合类型。

第一种是针对利益介入的"允许－回应"型。利益的介入主要依靠的是垂直合法化机制和地方合法化机制的组合。以国际资本为代表的利益必须获得权威的许可，才可以落地投资，而它们的利益诉求也主要由政府权威给予回应和解决。对于广大社会公众来说，他们一般不能直接从国际资本投资中获益。

第二种是针对制度介入的"接受－实践－参与"型。制度的介入主要依靠的是垂直合法化机制、地方合法化以及社会合法化机制三者的协调。国际制度、国际规则、国外的组织以及其他国家构建的制度只有获得国家权威的同意，才可能在国内得到实践和运行。在地方层面的实践，需要符合当地的实际情况和需求，并且能得到本地组织化支持，或者能够为社会公众提供参与的机会和相关的利益，才能取得地方和社会的基础。①

第三种是针对信息介入的"共同学习"型。信息的介入主要依靠地方合法化机制和社会合法化机制的组合。来自国际社会的信息是水平传播的，虽然受国家权威的干扰和限制，但是地方官员和社会公众有更大的自由度和自主性来了解和运用这些信息，并且这些信息会在地方实践和社会公众参与的过程中得到分享。有的还会进一步理论化，以与国家的意识形态或者制度形成更好的对接，并且获得后者的确认，从而获得国家赋予的合法性。

三　对三个案例的比较

下面，本文将通过三个案例来讨论三种合法化机制的具体运行以及它们对于不同类型国际因素介入地方治理的影响。

---

① 马秋莎：《全球化、国际非政府组织与中国民间组织的发展》，《开放时代》2006 年第 2 期，第 119～138 页；朱健刚、景燕春：《国际慈善组织的嵌入：以狮子会为例》，《中山大学学报》2013 年第 4 期，第 118～132 页。

1. 海外投资与行政审批改革

对于中国来说，改革开放的目的之一，就是利用外国的资金、技术和管理经验，来弥补本国相应的资源不足，实现尽快发展。国家在意识形态上率先解除了对它们的禁忌，[①] 并不断在吸引投资方面加大制度创新。1993 年《中共中央关于建设社会主义市场经济体制若干问题的决定》出台，中央与地方的分税制改革开始实施，地方之间在吸引外来投资之间的竞争开始出现。行政审批改革也随之成为地方政府之间投资环境和政策优惠条件竞争的重要内容。

1997 年，中共十五大在谈到政府职能转变的时候，开始把"服务"作为改革的目标，各地加快了行政服务改革，陆续建立了各个层级的行政服务中心。1993 年中纪委和监察部合署办公后，明确提出了"效能监察"[②]，而对行政审批的监督成为效能监察的重点之一。为了尽快加入 WTO，中央政府积极推动行政审批制度改革，从 2001 年开始到目前已经进行了八次大规模的取消和下放政审批项目的改革，最近一次是 2014 年 2 月。[③] 加入 WTO后，推动行政审批制度改革，成为了国家的一种国际承诺。2003 年，《行政许可法》通过，为地方政府在审批制度改革上发挥主动性提供了法律支持。[④] 随着改革开放的深入，尤其是中央与地方事权关系的调整，行政审批制度改革成为了转变政府职能的突破口。中央提出要最大限度地取消和下放行政审批。[⑤]

国家的推动以及本地发展的需要，成为地方政府加快行政审批改革的重要因素。许多地方将招商引资列为首要工作，成立招商局，制订招商激励制度，打造"招商、亲商、安商、富商"政府。[⑥] 各地政府一方面通过建立经济开发区、产业园区等方式减少行政层级的约束，积极争取上级下放更多的审批项目，获得更大的审批权力，另一方面创造性地制定本地政策，运用网

---

① 邓小平:《在全国科学大会开幕式上的讲话》,《邓小平文选》第 2 卷, 人民出版社, 1994, 第 91 页。

② 何勇:《努力做好效能监察工作》,《中国监察》2000 年第 6 期。

③ 《国务院关于取消和下放一批行政审批项目的决定》(国发〔2014〕5 号)。

④ 朱维究:《行政许可法的实施与行政审批改革》,《国家行政学院学报》2004 年第 3 期, 第 26～29 页。

⑤ 李克强:《在地方政府职能转变和机构改革工作电视电话会议上的讲话》,《人民日报》2013 年 11 月 8 日。

⑥ 《招商、亲商、安商、富商——访阜阳市政府孙云飞市长》,《中国对外贸易》2006 年第 7 期。

络技术优化审批流程，① 创新招商方式，以给外来投资者提供法律之外的更多政策优惠和服务，赢得投资者的青睐。

由于对资本的需要，投资领域的审批效率无疑是政府各职能履行中效率最高的。这种效率的提升主要来自三个方面：一是按照上级法律政策采取的行政审批环节的减少，这是法定的行为；二是在法律政策没有明确禁止的领域，进行的地方性探索，比如合并审批事项和环节、联合审批、模拟审批等；三是对于重点投资采取领导人专人负责、现场办公等"保姆式"服务，提供"绿色通道"。各地建立的行政服务中心成为推动各种形式行政审批改革的组织化力量。②

外来投资的活动也从经济领域扩大到地方的治理领域。它们参与地方治理主要有三种形式：一是依据自己在当地经济增长的地位，争取更好的投资环境条件和土地、贷款、劳动力提供等方面的多种优惠；二是投资者或者投资企业的管理者以政府顾问、当选地方政协委员等方式，参与到地方的决策过程之中；三是参与当地的社会生活。比如提供慈善捐款、参与社区建设等。外资的进入也使来源地的生活方式、文化习俗、社会组织等进入到投资地，丰富了地方的国际化内容，也在一些大中城市产生了如何将大规模的外国人纳入地方管理，融入当地社会的新问题。③

由于投资的来源不同，接受地政府也在强化与资本来源国家或地区的关系，形成了地区间国际化方向的差异。比如广东、福建而与台湾有着密切联系，山东、辽宁等省因为韩资、日资企业众多而与韩国、日本有着密切联系。随着外资在内地投资自由度的不断放宽，各地都通过多种方式来扩大本地的国际联系网络，争取更多的外来投资。江苏在 20 世纪 90 年代末期，依据台资"西进北移"趋势，加强对台资的吸引，做到"月月有团去台湾"。进入 21 世纪后，则将引资的战略重心转向"重攻日韩，拓展欧美"。在日韩举办不同形式和规模的招商活动，并且在美国、英国、日本、德国、法国、新加坡等多个国家和地区派驻了招商代表。山东省建立中日韩新的城市经贸合作交流机制，创立"山东 - 韩国城市经贸合作联合委员会"，发挥山

---

① 包雅钧：《从天津市南开区"超时默许"机制看行政审批创新》，俞可平主编《中国地方政府创新案例研究报告（2005～2006）》，北京大学出版社，2007，第 36～45 页。

② 朱新力、黄玉寅：《"行政服务中心"模式的实践、正当性与时代出路》，《浙江社会科学》2013 年第 5 期，第 145～153 页。

③ 华峰：《国际化社区的出现与应对》，《学海》2013 年第 1 期，第 40～45 页。

东驻日韩代表机构及"山东－日本经贸交流中心"和"山东－韩国经贸交流中心"的作用。①

当然,海外投资只是推动地方行政审批制度改革的力量之一,并且其影响力存在着明显的地区差别。比较而言,东南部沿海地区的外来投资规模更大,对当地治理的影响也更大。但是随着产业的专业,一些外资也向中西部转移,这对当地治理必然会产生较大的影响。②

一些地方为了争取获得投资,也会降低环境、劳动力保护等方面的管制,偏袒海外投资,造成不同类型资本之间的不公平待遇等问题,并产生了环境污染、劳动者权利保护缺失等新的问题,导致当地社会的抗议和反对。一些地方将招商引资作为"政绩工程",形成地方之间、政府部门之间的恶性竞争。③ 这些也会影响到地方治理的改进。

2. 立法听证的地方实践④

20 世纪 80 年代以来,如何提高决策的科学化、民主化就一直是中国政治、行政改革的重点之一。⑤ 进入90 年代以后,建立和完善决策科学化民主化的机制和制度在党的重要文件以及历届国务院政府工作报告中被反复强调。1997 年,党的第十五次代表大会工作报告明确提出建设"社会主义法治国家","加强立法工作,提高立法质量"。官方意识形态的这种变化无疑推动了一系列新的制度、机制的建立。而学习和借鉴国外先进的制度是建立这些新制度、新机制的重要途径。立法听证就是在这种大的制度改革背景下,作为一种提高立法和决策质量的手段或程序被引进中国的。

1993 年,深圳在全国率先实行价格审价制度,这是中国听证制度的雏形。1996 年《中华人民共和国行政处罚法》通过,在第五章第三节专门规定了"听证程序"。1999 年 9 月 9 日,广东省人大常委会举行了《广东省建

---

① 查志强:《招商引资竞争激烈,浙江怎么办?——江苏、山东招商引资模式创新的启示》,《浙江经济》2006 年第 1 期,第 38～40 页。

② 钟培武:《产业转移与中部地区招商引资模式转换分析》,《河南社会科学》2008 年第 6 期,第 156～159 页。

③ 王洛忠、刘京发:《招商引资过程中地方政府行为失范及其治理》,《中国行政管理》2007年第 2 期,第 72～75 页。

④ 本部分主要依据杨雪冬的文章《制度移植与本土实践:以立法听证的演进为例》(《华中师范大学学报》2005 年第 6 期,第 29～37 页)改写。

⑤ 邓小平:《党和国家领导制度的改革》,《邓小平文选》第 2 卷,人民出版社,1994。

设工程招投标管理条例》听证会，是听证首次在立法领域中的应用。随着听证被写入一些法律并在某些领域中得到实践，它也开始进入《立法法》起草者的视野，并最终写入了 2000 年通过的《立法法》中，可以用于包括法律和行政法规等的制定过程。

在《立法法》通过之后，大部分省份和一些有立法权的市先后举行了各种听证会。2001 年 10 月，深圳市人大通过了《深圳市人民代表大会常务委员会听证条例》。这是第一个地方性的听证条例。此后，上海、浙江、安徽、江西、河南、四川、郑州、广州等地的人大常委会也制订了本地的立法听证条例。但是全国性的条例一直没有制订，在 2003 年和 2005 年的全国人大会议上，都有代表提出要尽快制订"听证法"。①

各地在制订不同法律效力的听证规则或条例的同时，也开始对新出台的法律举行听证。根据全国人大法工委的不完全调查，截至 2001 年 10 月底，先后有 20 个省、市举行立法听证活动 27 次，共听证了 28 个法规、规章草案。② 2004 年底对北京、上海、天津、重庆、辽宁、山东、山西、河北、江苏、浙江、江西、湖北、广东、海南、甘肃、青海以及广州、沈阳、西安、贵阳等 19 个地方的调查显示，2001 年 11 月以来，越来越多的地方人大常委会在地方性法规制定过程中，运用了听证会的方式，且听证会的次数呈逐年增长的趋势。2002 年 4 次，2003 年 7 次，2004 年 10 次。③

包括立法听证在内的听证活动的举行符合中国政府改革所强调的民主、公开原则，因此得到了执政党的充分肯定，写入党的文件中，并提倡大力推广。2002 年，中国共产党第十六次代表大会的报告提出，要改革和完善决策机制，"建立与群众利益密切相关"的"社会听证制度"。2004 年，《中共中央关于加强党的执政能力建设的决定》再次强调要实行"听证"等制度，扩大群众的参与度，提高决策的科学化和民主化水平。听证作为一种引进的制度在 10 年多的时间中得到了全面确认。

全国人大常委会，尤其是其法制工作委员会在推动听证规则制订上起到积极的作用，尽管全国人大常委会至今还没有在立法过程中采取过"听证"。法制工作委员会依靠其了解国外立法情况的信息优势以及对地方人大

① 2003 年重庆代表金烈，2005 年湖南代表王填都曾经提出"制订立法听证法"的提案。
② 陈斯喜、蔡定剑、吴国舫：《地方立法听证调查报告》，2002。
③ 武增：《地方立法听证的有关情况》，"立法听证理论研讨会"论文，2004 年 12 月 2～3 日。

工作的影响力，主要通过三种方式来直接鼓励和帮助地方人大制订立法听证规则。（1）通过举行有国外立法专家参加的研讨会来介绍国外经验和做法；（2）通过举行工作交流会等为地方人大相互交流学习提供平台和机会；（3）起草《立法听证规则（示范稿）》为各地人大提供蓝本。

除了这三种直接方式外，全国人大所具有的权威性也使得"听证"开始被各地人大所接受。在中国的政治运行中，上级通过法律、政策提出的任何新的观点、意见都会在下级得到实践的可能。而且，在高扬创新旗帜的意识形态背景下，听证这样一个技术性制度实行起来并不会带来太多的风险。地方人大也乐意尝试。这正是 2000 年后许多地方都把举行听证列入年度工作计划的根本原因。

一些国际非政府组织，也加入到推动听证发展的行列中。在它们的支持和帮助下，2000 年之后，不同规模的国际研讨会得以举行，一些国内学者也把关注点转移到听证制度研究上，并且产生了一定数量的研究成果。立法机关之外的力量的参与加快了听证知识的传播和普及，有利于听证程序的规范化。

2000 年以来，各地人大陆续举行了一些听证活动，特别是对一些社会公众非常关注的法律法规的听证，比如 2004 年北京市人大对《北京市实施〈中华人民共和国道路交通安全法〉办法（征求意见稿）》举行的听证，使得听证逐渐成为社会关注的热点。许多媒体也把听证作为新闻焦点进行了大量而且深入的报道。随着听证次数的增加以及社会关注的加强，如何提高听证质量，实现听证目的，加快听证与现有立法制度的耦合，成为完善这项移植来的制度的重点。

各地人大为了尽快适应听证这种新的制度，提高社会公众对听证的熟悉程度，采取了各种措施。其中主要有：（1）在每年的立法计划中，根据所要制定或修改的法律法规的情况，尽量安排一次或若干次听证。有的地方人大还提出，今后制定新的法律法规都要采取听证。（2）对于每次听证都精心准备。尽管法制委员会通常是听证的组织者，但实际上每次听证基本上都动员人大常委会各个部门的力量，以保障听证各个环节严密，取得好的效果。（3）积极发挥新闻媒体的作用。一方面通过媒体发布消息，提高公众的参与度，另一方面利用媒体宣传听证过程，公布听证法案，增强立法过程的公开化。必须强调的是，媒体的宣传对于听证的推广和听证知识的普及发挥了重要作用。而网络这种新兴媒体对听证的介入则扩大了听证过程的空间，使听证会场之外的公众也可以就听证主题发表意见，有利于收集更全面的意见、建议。（4）利用各种机会相互学习。除了参加由全国人大法工委以及一些研究机构举行的研讨会外，还利用相互之间的工作往来、各地人大常委会举办的杂志来了解彼此的做法，借鉴好的经验。

一项制度只有运行起来，其如何有效地发挥作用所遇到的问题才会显现出来。尽管听证是一个技术性很强的制度，与既有的制度环境没有根本性的不适合或矛盾，但依然在实践过程中遇到了一些问题，并且在各地的实践效果差异明显。造成这种情况的主要原因：一是听证会的组织者对其的重视程度和工作的可持续性；二是当地公众对听证会的参与和参与效果。[①]

这些问题的存在制约了听证这个新兴制度效力的发挥，削弱了立法者以及社会公众对其的认同。虽然它已经被写入了党的文件中，获得了意识形态上的合法性，写入了中央和地方的法律中，获得了法律上的合法性，但是立法者和社会公众似乎都不满意听证现有的效果。对于一些立法者以及听证的实际操作者来说，经历了几次听证后，当初的热情正在被疑惑和怀疑取代，甚至陷入了某些认识误区。对于公众来说，他们对于听证这种民主立法的程序寄予了很高的期望，而媒体的一些宣传进一步推动了这种期望的提高。而一旦发现听证无法达到自己的期望时，就马上陷入失望，甚至产生不满。

3. 绩效评估在杭州的实践

绩效管理是 20 世纪 70、80 年代在西方兴起的新公共管理运动的重要内容。在中国的出现几乎与西方国家同步。有学者认为，中国的绩效管理改革受到西方国家的相关理论和实践的启发，属于外援输入型的，也有的学者认为这是中国古代官员考核、现代干部考核的进一步发展，还有学者认为它是西方理论与中国实践的综合。[②] 从地方政府进行的绩效评估实践来看，国外的理论和实践作为一种知识供给无疑发挥了重要作用。之所以这样讲，一是因为中国在市场经济建设过程推进的政府改革与西方的新公共管理运动有着诸多的相通之处，为知识的共享提供了基本前提；二是西方的公共管理理论通过以 MPA 教育为代表的系统培训方式，直接影响到各级官员的思维和

---

① 杨雪冬：《中国地方立法听证中的参与困境》，载杨雪冬、陈家刚主编《立法听证与地方治理改革》，中央编译出版社，2004。

② 高小平、盛明科、刘杰：《中国绩效管理的实践与理论》，《中国社会科学》2011 年第 6 期，第 4~14 页。

判断。①

　　绩效评估在中国没有统一的模式，不同的地方以及政府部门都根据自己的实际情况进行了探索，并形成了一些有代表性的模式。② 以公民导向的"综合考评"为主要内容的"杭州模式"就是其中之一。这项改革可以追溯到1992年后开始的目标管理责任制。尽管这种制度考核的主要内容是经济增长，采取的是自上而下的评价方法，但是在完善的过程中，"基本上参照了当时国际流行的'目标管理'（MBO）方式，在做法上有一定的变通"。③

　　进入21世纪后，浙江省委希望杭州"在全省现代化建设中发挥龙头作用"，杭州也面临着浙江省内以及长三角其他市快速发展产生的竞争压力，当时的市领导提出了一系列发展战略，要落实这些战略，就需要改变对整个干部队伍的激励和评价方式。为此，从2000年开始，杭州市开始对市直单位进行"满意评选"，评选主体分为四类：市党代会代表、市人大代表和政协委员；企业；市民；市直机关。根据满意度对市直部门进行奖励和惩罚。这种评估方式突破了由上级部门采取的自上而下的内部评估模式，扩大了评估主体和评估的开放度、参与度，使社会公众直接参与到对党政部门的评价过程中。"满意评选"对于改变机关的工作作风起到了明显的效果。为了进一步完善这项工作，2003年，杭州市委委托浙江大学的专家学者开展课题研究，最终形成了《2003年度市直单位满意度单位不满意单位评选办法（征求意见稿）》，提高了满意度调查过程以及调查结果使用的合理性。④

　　2003年10月，中共十六届三中全会提出了"科学发展观"，围绕如何树立正确的政绩观，实现全面、协调、可持续的发展，各地开始在干部考核制度方面进行更多的探索，绩效考评作为考核的方式之一引起了中央决策者的重视，并写入了有关文件。⑤ 杭州的经验引起了中组部的兴趣，不仅到杭州调研，而且邀请杭州市相关部门到中组部介绍基本做法。这既肯定了杭州

① 中国MPA教育的培养方式和教学内容具有"输入式"特点，即以吸引、吸收和消化西方发达国家MPA教育经验为主（沈勇、程文浩：《中国MPA教育：十年总结与未来展望》，《清华大学教育研究》2009年第3期，第59～65页）。

② 高小平、盛明科、刘杰：《中国绩效管理的实践与理论》，《中国社会科学》2011年第6期，第4～14页。

③ 伍彬主编《综合考评与绩效管理：杭州的实践与探索》，人民出版社，2012，第31页。

④ 具体修改内容请参考伍彬主编《综合考评与绩效管理：杭州的实践与探索》，人民出版社，2012，第39～41页。

⑤ 参考周志忍《我国政府绩效管理研究的回顾与反思》，《公共行政评论》2009年第1期，第34～57页。

市的探索，也激励了其进一步创新。

针对目标责任制与"满意评选"双轨并行产生的问题，杭州市提出将二者整合起来，形成综合考核评价体系。2005年3月，杭州市委与浙江大学联合成立专题课题组，通过调研讨论，提出将目标考核、领导考评和社会评价结合起来的综合考核方法，并出台了《关于对市直单位实施综合考核评价办法的意见》。为了更好地执行新的综合考核办法，2006年，杭州市将原来的目标办、满意办、效能办整合为"综合考评委员会办公室"，专门负责市直单位以及区（县）综合考评工作。这是国内首个专门负责党政机关绩效考评的职能部门。

在实践的过程中，杭州市的综合考评形成了"3＋1"模式，即以社会评价、目标考核、领导考评为主体，辅以创新创优作补充的评价体系。其中社会评价占50分，目标考核45分，领导考评5分，创新创优3分。在社会评价中，不断调整参与者结构，提高参与者的代表性，比如2007年增加了非杭州市户籍的外来工，2010年增加了农村居民代表比例。在每年发出的1.5万份社会评价表中，市民代表始终保持在1万份。这种社会评价表起到了民意发现的功能，并对相关部门的工作直接起到了监督作用。这些社会评价意见从2008年开始以《市直单位社会评价意见报告》的形式向社会公布。社会的持续参与，提升了这项工作的社会影响力。

在杭州市绩效评估改革中，来自浙江大学等机构的公共管理专家学者是重要的参与者。这个群体的参与主要有三种方式：一是一些学者作为学术顾问直接参与了各个阶段的改革，作为专家参与到考评过程中。从2006年开始，为了增强被考评部门的创新意识和能力，综合考评增设了创新项目，由专家进行评价。参与的专家除了浙江省的外，还有来自北京、上海等机构的。二是杭州市考评办主动与国内研究机构合作，通过设立课题，举办研讨会等方式，来研究杭州市的经验做法，既可以改进工作，也能扩大宣传。2007年7月，杭州市考评办与浙江大学、OECD亚洲公共治理中心联合举办了"绩效评估和政府创新国际研讨会"，在介绍杭州经验的同时，也获得国际学者专家的评论、建议。三是通过研究杭州案例，进行理论分析和探讨。对CNKI上发表的以"杭州综合考评"为主题、篇名、全文进行的分类统计显示，杭州案例在逐渐吸引着更多人的注意。这些研究既扩大了杭州经验的影响，也成为杭州市考评办改进工作的参考。

表 2　关于杭州综合考评的文章数量（篇数）

检索词 ＼年度	2013	2012	2011	2010	2009	2008	2007	2006	2005	2003	2000
主　题	13	11	12	16	13	7	7	8	8	2	2
篇　名	12	7	8	10	11	4	4	8	7	2	2
全　文	95	109	100	124	113	125	95	72	62	43	31

数据来源：2014 年 2 月 23 日对 CNKI 的检索。

　　对知识群体的开放，固然和杭州市的人文传统、党委政府提出的"以民主促民生"战略、"开放式决策"举措等有着密切关系①，但也得益于考评办整个团队的开放性和学习性。考评办的主要领导人任职稳定，具有很高的专业素质和学习动力，整个团队的主要工作人员受过良好的高等教育，并且多人在浙江大学接受过公共管理方面的培训。因此，他们有愿望和能力将学习到的知识与本地的实际较好地结合起来，形成一套具有理论基础和实践效果的绩效考评体系。2011 年美国罗格斯大学公共事务和管理学院院长，前美国公共管理学会主席 Marc Holzer 一行访问了杭州市考评办，了解到杭州市的绩效考核后，称赞其有"世界水平"。同年，杭州市被国务院确定为政府绩效管理试点。

4. 比较与讨论

　　这里讨论的三个案例分别涉及海外资本、制度、知识三种不同类型的国际因素。它们进入地方治理的合法化机制和依托的具体载体是不同的（见表 3）。比较而言，资本、制度更需要首先获得国家的同意才能成为地方治理过程中的要素。资本的具体载体是企业，除了要得到东道国政府的允许，也会获得母国以及推动投资自由化的国际组织（如 WTO）的支持。而一项新的制度形式尤其需要首先成为国家层面的制度规定，然后才可能在地方实践。承担立法听证规则制度的人大法工委成为推广该制度最活跃的主体，而国际组织也通过听证这种新的制度形式获得了参与的机会。而知识的传播相对自由，主要依靠的是知识群体。高等教育的普及、浙江大学学者对本地决策的积极参与为相关专业知识的进入提供了有利的条件。在实际中，制度与知识有着密切的联系，甚至有许多重合之处，但是一种知识要在地方治理中发挥更大的作用，还需要找到具体制度的载体。

　　在三个案例中，国际因素的影响力在很大程度上受地方权威的需要决

---

① 孙颖：《知识界参与城市治理的杭州实践》，未刊稿。

定。地方权威将经济增长作为中心工作，就会通过主动加快行政审批改革，以获得更多的外来投资。地方权威为了提高各个部门的运行效率，解决面临的各类紧迫问题，也会重视绩效评估。而立法听证之所以受到普遍的冷遇，除了与主导该工作的法工委的影响力、地方人大工作重心的转移等有关外，还在于它产生的决策科学化民主化效果在很大程度上是间接的或者短期无法展现的。如果对地方权威作进一步分析，会发现地方领导人的态度和决定直接影响到国际因素的介入和发挥更大作用。

三个案例分别来自政府、人大和党委三个系统，也从一定程度上反映了它们各自在地方治理中的地位。党委与政府作为中国政治实际运作中最重要的两个系统，在创新方面也是最活跃的。而人大系统作为法定的最高权力机关，也在利用有力的机会和条件，来展示自己的存在。虽然这是三个不同的系统，但是它们的创新行为，最终都要从党的决定中寻求明确的支持，以解决意识形态合法性问题，其次才是国家具体的法律政策给予的制度规定。

表 3　三个案例的合法化机制

地方治理	国际因素的类型	国家合法化机制	地方合法化机制	社会合法化机制	国际因素的具体载体（能动者）
行政审批改革	资本	国家加入 WTO 和加快政府改革的需要	与招商引资、加快经济发展这项中心工作联系在一起	社会公众获得了审批减少、行政效率提高的溢出效应	私人企业、WTO
立法听证	制度	提高决策、立法科学化民主化的需要	作为展示本地决策科学化民主化的例证	相关利益群体的关注和参与	全国和地方人大法工委、国际组织
绩效考评	知识	中央的决定对地方实践的间接肯定，上级部门确定为试点给予的直接肯定	作为改进本地党政机关绩效的方法	社会公众的参与和从解决问题中获益	相关学者和科研机构

四　结论

随着中国对外开放水平的提高，"以开放促改革"已经成为整个国家发展的重要战略。① 这在意识形态意义上解决了国际因素参与国内治理的合法

---

① 《中共中央关于全面深化改革若干重大问题的决定》。

性问题，并为国际因素进入更多治理领域提供了可能性。然而，在地方治理中，由于地方在整个政治行政体系中所处的次级地位，缺乏对外联系的独立性，所以国际因素的进入和参与依然需要获得国家赋予的合法性。这也决定了在三种合法化机制中，国家合法化机制在权威性上依然高于地方合法化机制和社会合法化机制。

尽管如此，国际因素不能单纯依靠国家的合法化机制进入地方治理，还需要依靠地方合法化机制和社会合法化机制。在改革开放的过程中，地方权威的自主性和社会的自主性都在提升，它们会更加主动地接触国际因素，这增大了国际因素进入地方治理的空间和选择，打破了国家垄断的国际因素自上而下进入地方的单一模式。同时，国际因素在开放水平提高的地方治理过程中，也有了发挥更大主动性的空间，这尤其体现在国际资本通过各种方式影响地方决策，知识的广泛传播以及各类国际组织在具体治理领域中的活跃。因此，在许多情况下，国家合法化机制是对结果的确认，带有仪式性，国际因素的进入方式及其影响主要取决于地方合法化机制和社会合法化机制。这对国家合法化机制的包容性和弹性是巨大的挑战。

不同的国际因素会在参与地方治理的具体领域时，也会面临三种合法化机制之间的矛盾，乃至冲突，这是因为国家、地方与社会在判断和对待国际因素时所持的立场和考虑的利益等存在着差异。在发生矛盾或冲突的情况下，国家、地方依靠掌握的公共权力和公共资源通常能取得优势，获得对国际因素进入的允许权或否定权，但也会因为与社会要求的对立，而削弱自身的合法性，而国际因素也会成为社会挑战国家和地方的支持性因素。

论引起群体性"抗争政治"
的变量与博弈关系

—— 以韩国"龙山惨案"和中国"乌坎事件"的比较为例

朴柄久　冯秀成*

摘　要： 韩国与中国的共同现象是虽然经济发展，但是社会矛盾与群体性事件越来越多。引起"抗争政治"的变量为争论的特征；政治信赖程度；政府的利害调整能力。"龙山惨案"发生的原因是韩国民众政治信赖程度很低；"商铺转让金"；第三者介入导致事态恶化。"乌坎事件"发生的原因是基层政府长期的行政失误；市场化改革不彻底不完善的弊端；企业家与地方官员互相利用非正式"关系"。龙山惨案和乌坎事件产生的共同原因是"相对剥夺感"；每个自由而平等的个人享有的利益，其性质表现为私利；威权主义和民众的暴力行动间发生社会冲突。龙山惨案和乌坎事件的差别点是龙山惨案是递减型相对剥夺感的结果，乌坎事件是递减型相对剥夺感和发展型相对剥夺感的结合；妥协和协商文化的差别；龙山惨案和政治参与没有太大的关系，但是乌坎事件发展到基层政治民主。就群体性事件发生的必然性来讲，基层民众利益表达的方法不均衡。民意是多元性民意，能诉求的机关多样化是关键。

关键词： 龙山惨案　乌坎事件　囚徒困境　猎鹿博弈

---

* 朴柄久，韩国籍，江苏大学马克思主义学院客座教授，主要研究方向为中国政治思想、东亚国际关系；冯秀成，东莞理工学院工商管理学院助教。

一　问题的提出

现代化是一个复杂过程，内容不是单一的，它包含众多的因素；它是一个"体系"的变化过程，一个因素变化为另外一个因素、相互依存的过程。现代化在很大程度上会引起社会上各种社会势力的集聚化和多样化。[①] 现代化是在政治侧面上在大众政治参与扩大的基础上在决策层与大众之间构建认同。经济发展与社会稳定是双刃剑。经济增长带来了多种变化，比如，政治发展、政治秩序变化等。但是发展中国家的政治过程和变化是结构上的"不平衡"。韩国和中国的经济成长促进了社会成员的要求、欲望出现涌喷，集团性的政治抗争事件不断爆发、土地和房地产价格猛涨等韩国与中国的共同现象表明，虽然经济发展了，但是社会矛盾与群体性事件越来越多。本文在分析韩国"龙山惨案"和中国"乌坎事件"两个案例的基础上提出两个问题。一是龙山事件与乌坎事件的共同点和差别点是什么？二是龙山事件与乌坎事件的博弈关系是什么？

二　引起"抗争政治"的变量

一是争论的特征。在利益关系中，利益争取的现实目标和感情心理上的因素是互补的，因此，人民和政府之间利益矛盾的根源问题是维持现有利益和争取新的利益而进行的斗争。经济激励不是唯一的激励；人们有时候还是希望去获得声望、尊敬、友谊以及其他社会和心理目标。[②] 城市贫困阶层对政府的反抗不仅有经济原因，而且有对政治不信任等政治、社会上的原因。社会的分化程度越来越高的话，社会阶层、集团对政治过程的作用也就越来越大。

二是政治信赖程度。政治信赖是个人对政府，政治家或政治体制个人的信赖程度。[③] 测定政治信赖的指标是政治人信赖、政策信赖和政府能力信

---

① 参见〔美〕亨廷顿《变化社会中的政治秩序》，王冠华等译，上海人民出版社，2008，第7页。

② 〔美〕奥尔森：《集体行动的逻辑》，陈郁、郭宇峰、李崇新译，格致出版社，2011，第70页。

③ W. Gamson, *Power and Discontent* (Homewood：Dorsey, 1968), p. 49. 转引自〔韩〕安秉万《韩国政府论》，茶山出版社，2008，第483页。

赖。政治规范与实际的差距造成政治不信任和政治不稳定。不平等给威权国家带来的第一个颠覆性因素是紧张的社会关系，精英—民众、国家—社会之间的对立在社会或国家遭遇危机的时候，会将把政治推向分裂的边缘。①

三是政府的利害调整能力。按照行动者的行动分析原理来分析，时代背景是不可变的常量。行动者是可变化的变量。这两个量中间有中间变量。政策决定过程中决策者为什么作这样的决定是关键的。政策决定者在当面问题前面怎么做是重要的因素。分析决策者的当时的心理状态是重要的。政治参与是政治主体之间博弈的过程，在这一活动中，各政治主体为了利益进行表达、维护，希望通过政治参与能够合理、有效地配置政治资源，最大限度地满足社会各方的利益要求。可见，政治资源的配置并不是个自然过程，而是多个政治主体博弈的结果，在这个过程之中，利益诉求与利益表达无疑不可或缺。②

三 "龙山惨案" 和 "乌坎事件" 发生的原因

（一）龙山惨案

一是韩国民众政治信赖（political trust）的程度很低。1986 年在韩国无许可不良住宅地区进行的调查显示，城市贫困阶层对政府、企业的不信任情绪上升。关于政治信赖，"在政府里工作的人只注重自身的利益"、"政府没有能力使工人等贫困阶层富裕起来" 等议题方面，城市贫困阶层 66.1% 显示低的信赖感，31.3% 显示高度信赖感。在政治效能方面，对于"政府里运作的事情太复杂，我这种人不太了解"、"我这种人对政府提出意见，政府也不会听"、"政治是靠大众力量，不然怎么做" 等议题，23.0% 表示高度效能感，57% 表示低的效能感。就 20 世纪 70 年代韩国城市贫困阶层的政治意识而言，对政治家没有太大的否定性。就"政治家关心的是否对国家的奉献或国民利益"提问时，42% 回答肯定，提问 "政治家追求的是否自身的利益或政

---

① 谢岳：《社会抗争与民主转型：20 世纪 70 年代以来的威权主义政治》，上海人民出版社，2008，第 38 页。

② 魏星河：《当代中国公民有序政治参与研究》，人民出版社，2007，第 112 页。

党利益"时，38%认为是自身利益，12%认为是政党利益。[1] 较少人认为全体社会不信任和阶层之间的矛盾很严重。当时80%的城市贫困阶层认为自身贫困的原因在于自己，只有10%抱怨社会。但是进入80年代以后，56%的受访者认为自己贫困的原因在于自己。1987年6月市民抗争成功后，在对政治的不信任加深的情况下，城市贫困阶层等被异化集团通过政治议题化来解决问题的欲望更严重。[2] 1987年的调查显示认为贫困的责任在于自己的人占58%，认为是社会责任的占39%。根据1987年对于城市贫困阶层的调查，"许多的居民强烈地抗议、游行的话，您认为政府能否接受居民的要求?"，对于这个提问74%的人回答政府肯定接受，20%的人认为政府不接受。[3] 这与受以往的社会秩序崩溃，道德规范不被信任的社会气氛影响有关系。

二是韩国的"商铺转让金"。在再开发事业政策决定主体的利益调整过程中出现许多问题。在再开发事业的预算安排过程中，特定集团要反映自身利益，开发商和一些居民也都希望得到一定的经济回报，因此支持再开发事业。再开发事业受到特定团体、市民委员的保护，而排斥原来租房子的居民。"龙山惨案"是施工公司和租房商人间的冲突，而不是国家和商人间的矛盾。"龙山惨案"的主要原因是被拆迁居民和再开发事业组织之间的"商铺转让金"补偿问题。在城市里再开发事业中一般的住房和商铺的补偿金不一样，一些拆迁建筑的房东可以得到暴利。但租房的商人对龙山开发公司的补偿政策不满意。

三是第三者介入导致事态恶化。在被拆迁居民、被拆迁商人和拆迁劳务公司、再开发组合的力量对比中，被拆迁商人是弱者。为了得到比法定补偿金更多的补偿，拉入外部势力造成了暴力事件。乌坎事件的参与主体是乌坎村民自己。而在龙山事件发生过程中，龙山区域租房者和"全国拆迁民联合会"会员一起抗拒警察的镇压。"全国拆迁民联合会"是通过无数的游行积累了斗争方法的游行专家。城市拆迁事业对"全国拆迁联合会"而言是一桩好生意。"全国拆迁联合会"的介入直接导致暴力事件升级。龙山地区是大干线，往来的车辆很多，游行者在这里向警察投火焰瓶，并发射玻璃球、高尔

① 〔韩〕李洪九:《韩国的政治文化和政治发展》,《韩国政治学会报》第11辑 (1977),第114~134页。
② 〔韩〕安秉万:《韩国政府论》,茶山出版社,2008,第503页。
③ 〔韩〕金秉准:《对于城市再开发市民的反应:以租赁者为中心》,《韩国行政学报》第22辑第一号 (1988),第33~47页。

夫球等造成破坏。他们的目的不是为了实现社会正义，而是抓住机会获得经济利益，专门游行者认为游行越过激越会得到大量市民、媒体的关注。尽管有时公民的抗拒行为情有可原，但一些弱势群体的社会处境更令人同情，而且在不少抗拒行为发生和结束以后，社会舆论往往倒向抗拒主体，给予他们的同情大大多于对行政执法主体的支持。① 韩国在野党和民主党也已认识到"全国拆迁联合会"的过激性，但是在野党为了民粹主义而默认他们的活动。

（二） 乌坎事件

乌坎事件的原因，一是基层政府长期的行政失误。② 2005 年 1 月 5 日国务院第 76 次常务会议通过，自 2005 年 5 月 1 日起施行的新的《信访条例》第 16 条也规定："信访人采用走访形式提出信访事项，信访人在规定期限内向受理、办理机关的上级机关再提出同一信访，该上级机关不予受理。"这就是说，国家一直提倡公民"逐级上访"，而不提倡"越级上访"。公民上访从本质上说，是希望以更大的权力来纠正较小的权力，这是法治不健全时期的过渡办法。③ 乌坎村民从 2009 年起就开始持续向各级政府上访（共计赴广东省信访局 6 次，赴汕尾市信访局 1 次，赴陆丰市信访局 1 次，赴东海镇政府 1 次），却没有得到政府的有效重视，长期拖延和相互推诿的结果，导致了村民对政府的不满情绪逐步升级、官民矛盾日积月累的事实，却往往被基层政府所刻意回避。④

二是市场化改革不彻底不完善的弊端。由于作为村集体土地的共同所有者的全体村民维护和保障自己利益的经济权利和政治权利不清，市场交易行为不能有效地在相关权益者之间公开和透明的制度平台上运作，村干部既不经过全体村民选出，又不经过多数村民同意就能把集体的资源变卖，恰恰表明在市场改革的进程中，中国农村土地制度的产权不清，市场与公权力的关系暧昧，由此造成严重的农村治理危机。⑤ 土地问题是中国历史上革命的根源。农民一旦在城里找不到工作，土地仍然是流动人口的依靠；因此，有几

---

① 袭志宏：《和谐社会与公民政治参与》，河南人民出版社，2009，第 235 页。
② 黄卫平、冯秀成、陈文：《关于"乌坎事件"的调查报告——中国地方政府创新的特殊案例》，《中国治理评论》（第四辑），2013，第 187 页。
③ 袭志宏：《和谐社会与公民政治参与》，河南人民出版社，2009，第 228 ~ 229 页。
④ 黄卫平、冯秀成、陈文：《关于"乌坎事件"的调查报告——中国地方政府创新的特殊案例》，《中国治理评论》（第四辑），2013，第 187 页。
⑤ 黄卫平、冯秀成、陈文：《关于"乌坎事件"的调查报告——中国地方政府创新的特殊案例》，《中国治理评论》（第四辑），2013，第 189 页。

次国家经济政策导致城市工作岗位减少，很多农村打工者就返回老家。在改革时期，中国流动人口仍然保持着与农村老家的联系，至少有部分原因归结到国家制定的政策上，更为显著的是，80年代在集体化运动中，每个农户分配到的土地除了具有维持生计的价值之外，还体现出一种符号价值；土地远不只是农民生计和收入的保障——在他们被排斥在城市户口之外的情况下——更赋予农民一种精神上的安全感。加上户口继续发挥的影响，这意味着中国进城打工的农民比起其他国家的同行，更倾向于重返老家。①

三是企业家与地方官员互相利用非正式"关系"。伴随市场经济的发展，虽然政府官员个人所享有的福利正在逐步降低和贬低，政治资本相对降低，但是地方政府所控制的资源，如土地、借贷、水、电等却开始迅速升值，从而也使掌握这些资源的官员权力迅速膨胀。这些官员凭借所掌握的公共权力来决定着这些资源的分配和流向，从而为他们利用对这些资源的分配权而寻租提供了可能。② 1992年以来，在市场化改革的大潮中，由于乌坎村党支部和村委员会在兴办集体企业"陆丰市乌坎港实业开发公司"，以及将该企业与港商陈文清的合作经营中，长期罔顾村民利益，未经规范程序，在多数村民并不知情和未予同意的情况下，大量转让土地，引发村民极度不满。原乌坎村党支部和村委员会的主要领导近四十年连续任职，长期把持村企业的经营、管理、分配能力，与港商和基层官员的利益关系扑朔迷离，从而使该村企业的集体产权被事实上虚置，多年来村民从中获利微乎其微，村集体企业事实上成为村党支部和村委员会主要负责人的私人企业，大量的村集体土地被转让，并履行了法定的转让手段。③

四　龙山惨案和乌坎事件的博弈关系

（一）龙山惨案与囚徒困境

对于龙山事件过程而言，2006年首尔市政府认可龙山地区再开发计

---

① 〔美〕苏黛瑞：《在中国城市中争取公民权》，王春光、单丽卿译，浙江人民出版社，2009，第200～201页。
② 陈家喜：《改革时期中国民营企业家的政治影响》，重庆出版社，2007，第176页。
③ 黄卫平、冯秀成、陈文：《关于"乌坎事件"的调查报告——中国地方政府创新的特殊案例》，《中国治理评论》（第四辑），2013，第189页。

划；2007 年 12 月设立（株）龙山开发公司；区政府树立再开发计划，听取居民意见，居民自发组成组合；龙山开发公司确定组合事业施行规划。龙山再开发事业的目的是为了恢复城市功能，改善不良地区的环境，改良建筑，要提高城市居住环境、居民生活质量等。通过城市再开发大家都愿意获得利益。再开发建设公司获得开发利益，拆迁公司通过拆迁获得工作利益，行政官僚获得行政业绩，龙山再开发事业地区附近的居民获得开发辐射利益。

表 1　囚徒困境（Prisoner's Dilemma）

A（开发商 3，被拆迁居民 3）	C（开发商 1，被拆迁居民 4）
B（开发商 4，被拆迁居民 1）	D（开发商 2，被拆迁居民 2）

注：A（开发商 3，被拆迁居民 3）是开发商和被拆迁居民都没有了解对方的战术，双方都自己设定单独立场。

B（开发商 4，被拆迁居民 1）是被拆迁居民完全考虑开发商的决策后决定战术，对开发商有利，而对被拆迁居民不利。

C（开发商 1，被拆迁居民 4）是开发商完全考虑被拆迁居民的决定后决定战术，对被拆迁居民有利，而对开发商不利。

D（开发商 2，被拆迁居民 2）是相互不信的原因，双方都放弃协助，终于，双方没有达到互利的状态。[①]

　　龙山第 4 区域再开发事业是根据《城市及居住环境整顿法》指定城市环境整顿。龙山第 4 区域开发组合、拆迁劳务公司和施工社签订的"建筑物解体合同书"明示了到 2008 年 6 月 30 日拆迁劳务公司一定要拆迁再开发地区内的所有的建筑物。如果期限之内不能完成的话，拆迁劳务公司应该给组合延误赔偿金，每天赔偿合同金额的 1/1000（510 万韩元）。在相互不信任的情况下双方都不让步，强行拆迁，野蛮拆迁，违法拆迁，甚至动用黑社会拆迁[②]和警察无理镇压被拆迁居民。龙山事件的结果是警察特工队 1 人死亡，被强拆居民 2 人死亡，全国拆迁联合会（全国被强拆居民团体）4 人死亡，23 人受伤（其中警察 17 人，抗议者 6 人），警察镇压过程中全国拆迁联合会游行者自己投火焰瓶引发火灾造成了上述 7 人死亡。囚徒困境（prisoner's dilemma）的结果 D 是：两个博弈者从各自的最大利益出发选择自己的行为，结果是既没有实现两人总体的最大利益，也没有真正实现自身

---

① 朱鸣雄：《整体利益论：关于国家为主体的利益关系研究》，复旦大学出版社，2006，第196 页。

② 孙立平：《博弈：断裂社会的利益冲突与和谐》，社会科学文献出版社，2006，第 158 页。

个体的最大利益。这个博弈既揭示了个体理性与团体理性之间的矛盾——从个体最大利益出发的行为往往不能实现整体的最大利益，同时也揭示了个体理性本身的内在矛盾——从个体最大利益出发的行为最终也不一定能真正实现个体的最大利益，甚至会得到更差的结果。①

（二）乌坎事件与猎鹿博弈

广东省地方政府在 2011 年 12 月 10 日宣布"乌坎村村民临时代表理事会"、"乌坎村妇女代表联合会"为非法组织，予以取缔，公布通缉名单，并拘捕到其中五人。有意识地将事件的性质往部分村民"勾结境外敌对势力"的阶级斗争传统套路引导。中共广东省副委书记朱明国率工作组到陆丰市，在 12 月 20 日在陆丰市干部群众大会上，朱明国首次明确表示乌坎村群众的主要诉求合理。政府承认"乌坎村村民临时代表理事会"的村民代表地位。②

根据各方的利益，双方能设定的协商战术有 4 个种类。猎鹿博弈（Stag Hunt Game）理论说明如果双方不协助，自己单方面行动的话，终于自己亏损。相互竞争激烈的情况下，单方主动的协助行为减少自身的利益。

A：（广东省政府和乌坎村村民相互协助）对双方都有利。

B：（广东省政府非协助；乌坎村村民协助）对广东省有利，而对乌坎村村民不利。

C：（广东省政府协助；乌坎村村民非协助）对广东省不利，而对乌坎村村民有利。

D：（广东省政府和乌坎村村民互相非协助）对双方无利也无损。

表 2　猎鹿博弈（Stag Hunt Game）

A(广东省政府 4,乌坎村村民 4)	C(广东省政府 1,乌坎村村民 3)
B(广东省政府 3,乌坎村村民 1)	D(广东省政府 2,乌坎村村民 2)

注：4：对双方都有利；3：对单方有利；2：双方都没有利益和损失；1：单方有亏损。

---

① 朱鸣雄：《整体利益论：关于国家为主体的利益关系研究》，复旦大学出版社，2006，第 196 页。

② 冯秀成：《当代中国农民的维权抗争——基于"乌坎事件"的个案研究》，硕士学位论文，深圳大学，2013，第 21 页。

A（4，4）：对广东省政府和乌坎村村民都有利。

B（3，1）：对广东省政府有利，而对乌坎村村民不利，只有广东省单方得到利益。

C（1，3）：对广东省政府不利，而对乌坎村村民有利，只有乌坎村村民有利。

D（2，2）：双方都非协助，双方都没有任何利益和亏损。

A（4，4）是对双方都有利，因此双方不得不协助。A（4，4）是广东省政府的基层政策和乌坎村村民的土地经济利益带来相互利益。B（3，1）是广东省政府不依据乌坎村村民的抗争政治制定基层政策。而省政府自己单独设定基层政策。乌坎村村民依据广东省政府基层政策跟着广东省政府的组合。猎鹿博弈（Stag Hunt Game）理论说明A（4，4）是对双方都有利的，但是A（4，4）是理想状态，在现实上双方都要利益的极大化。广东省政府从自己的利益出发按B＞A＞D＞C顺序决策。在具有重大的多边外部性或陈旧的法律阻碍情况下，积极的政治干预常常可以使普通公民受益，而通常的市场交易在这种背景下无法做到这一点。因为政策决策是不可避免的，所以即使在广泛依赖私有产权来解决资源配置问题的政体中，普遍性仍然是提高多数主义努力改善外部性问题的可能途径。①

五　"龙山惨案"和"乌坎事件"比较

（一）共同点

一是龙山惨案和乌坎事件产生的原因是"相对剥夺感"。格尔（Gurr）认为，每个人都有某种价值期望，而社会则有某种价值能力，即使大众的价值期望获得满足的能力。当社会变迁导致社会的价值能力小于个人的价值期望时，人们就会产生相对剥夺感。相对剥夺感越大，人们造反的可能性就越大，造反行为的破坏性也越强。他把这个过程称为"挫折—反抗机制"。②在对有可能发生的集体行动或局部地区发生的对抗性矛盾进行阐释时，社会

① 〔美〕詹姆斯·M. 布坎南、罗杰·D. 康格尔顿：《原则政治，而非利益政治》，张定淮、何志平译，社会科学文献出版社，2008，第82页。

② 赵鼎新：《社会与政治运动讲义》，社会科学文献出版社，2012，第78页。

学家梯利说：集体行动主要有"竞争型"、"反应型"和"先发型"。龙山惨案和乌坎事件是属于"反应型"集体行动。"反应型"集体行动，是指一个集体的生存资源受到另外一个群体的占有威胁时作出的本能反应。①

二是每个自由而平等的个人享有的利益，其性质表现为私利。② 个人利益是个体在社会生活中最核心的考虑因素。利益冲突是一个中性概念，如自然资源的有限性以及实质上的不平等都会在个人、社会组织之间引起冲突与竞争。③ 私有制不仅应被直接地理解为具体个人对某物的占有，而且更多地应被理解为具体个人通过从事生产将特定对象转化为产品在实践上的排他性。由于对生产成果的占有与如何生产是紧密相连的，因而就时序角度而言，私有制又成为互补性利益关系得以持续进行的条件。这意味着，互补性利益关系要成为特定人类群体生存的特定基础，也就必须使私有制成为人们普遍遵守的行为规范前提。即是说，不管某个特定家庭是否拥有自己的私有财产，私有制都必须成为普遍遵守的规范，只有这样，整个社会才能持续发展下去。否则，社会生产就返回到自愿的互补性利益关系中，并最终退回到原始的统一性利益关系中。④

三是威权主义和民众的暴力行动间发生社会冲突。威权主义政治文化的特点是领导人对决策权的垄断。群体性事件目标一致，动作协调，更要有相同的或相似的目的、要求。一旦参与人有了共同关心的问题和共同的意愿，就会自觉地凝聚在一起，形成一股强大的力量，并外化为共同的社会行为。⑤ 现代意义上的阶级行动，或者各个客观阶级对自己利益的诉求，有时可能借助于组织起来的阶级，在一个相对庞大的社会范围内爆发。⑥ 利益主体组织化的动因是多元的，龙山惨案和乌坎事件主体的经济利益需求是社会个体自发组织起来的最基本的动因。实现私人利益要求的主观性与实现途径的社会性之间有着内在的矛盾，即个人利益必须在一定的社会关系中经由特

① 李培林等：《社会冲突与阶级意识：当代中国社会矛盾问题研究》，社会科学文献出版社，2005，第126~127页。
② 彭诚信：《主体性与私权制度研究——以财产、契约的历史考察为基础》，中国人民大学出版社，2005，第125页。
③ 彭诚信：《主体性与私权制度研究——以财产、契约的历史考察为基础》，中国人民大学出版社，2005，第131页。
④ 高鹏程：《政治利益分析》，社会科学文献出版社，2009，第197页。
⑤ 裴志宏：《和谐社会与公民政治参与》，河南人民出版社，2009，第231页。
⑥ 李培林等：《社会冲突与阶级意识：当代中国社会矛盾问题研究》，社会科学文献出版社，2005，第126页。

定路径得以实现。由于个体与社会组织之间的关系是基本的社会关系之一，人们在社会交往中必然会组成各种各样的利益组织，因此利益个体必须通过多种方式参与组织生活以实现其利益诉求。在现代社会中，为了维护和捍卫人身自由、平等生活等基本权利，反对官僚主义的专制统治，也是促使公民自发组织起来的重要动因之一。[①] 在社会矛盾的处理上出现了阶级意识，社会阶层、地域、长幼、男女之间的矛盾常常发生，而且在处理矛盾中出现暴力行为。实际协商过程中政府还会显示威权主义。民众也还没有形成人民民主意识，他们认为越暴力越受到瞩目。

（二）差别点

一是相对剥夺感的差异。龙山惨案是递减型相对剥夺感的结果，乌坎事件是递减型相对剥夺感和发展型相对剥夺感的结合。当一个社会的价值能力和人们的价值期望均在提高，但社会的价值能力由于某种原因而有所跌落，从而导致价值期望和价值能力之间的落差扩大时，就会产生发展型相对剥夺感。发展型相对剥夺感常见于发展中的或处于改革中的社会。[②] 如果一个社会中人们的价值预期没有变化，但社会提供某种资源的价值能力降低了，就会产生递减型相对剥夺感。[③] 根据博弈论的制度论，制度是"N"人博弈的均衡解。法律和制度是一种博弈均衡的结果。[④] 龙山地区商铺的转让金非常高，装修商铺费用巨大，拆迁的时候租商铺的商人没有得到充分的转让金和装修费赔偿。按一般韩国拆迁补偿标准，住宅租房者：租赁人居住权＋居住搬家费用4个月（4人家族基准：1400万韩元）；商铺租房者：休业补偿费用3个月（40平方米食堂基准1亿韩元），没有权利金补偿。

二是妥协和协商文化的差别。龙山惨案和乌坎事件是同样的群体性事件，但是龙山事件造成7个人死亡，而乌坎事件没有发生那么严重的结果。社会协商对话制度，就是围绕公众关心的重大问题，由政府有关机构的负责人出面，与有关的公众群体或团体进行平等的、直接的、公开的对

---

① 汪永成、陈文等：《利益主体组织化、利益组织政治化趋势与政府能力建设》，重庆出版社，2009，第35～36页。

② 赵鼎新：《社会与政治运动讲义》，社会科学文献出版社，2012，第80页。

③ 赵鼎新：《社会与政治运动讲义》，社会科学文献出版社，2012，第78页。

④ 肖顺武：《公共利益研究：一种分析范式及其在土地征收中的运用》，法律出版社，2010，第38页。

话，面对面地听取公众的意见，回答公众的问题，以便正确处理和协调各种不同的社会利益和矛盾。① 韩国已经实现了直接民主主义（总统选举、国会议员选举、地方议会选举等），但是政府的威权主义价值观和人民基础民主意识薄弱导致对话渠道堵塞。城市贫困阶层对政府的反抗不仅是经济原因，而且包括对政治不信任等社会上的原因。一个社会所达到的政治共同体水平反映着其政治制度和构成这种制度的社会势力之间的关系。② 目前韩国社会是与纠葛展览会场相似。韩国社会问题猛涨甚至日常化，但是调整、管理社会问题的能力是非常落后的。过去韩国经济开发初期注重速度和效率，而管理社会问题放在后面。韩国历史文化上看待妥协就似是而非。韩国民众还没有完全形成民主人民意识，他们认为越暴力越受到瞩目。初期示威阶段，警察暴力介入导致了被拆迁人的过激游行，从而导致生命、财产损失，造成社会混乱。韩国人民认为让步就是失败、死亡，这样的非合理性的对应并不是民主方式。反而西方社会高度评价妥协，因为妥协和协商之外合理解决问题的方案是没有的。面临政府的对策，韩国社会运动还是使用武力，依靠力量。社会运动一方面解决问题，但是另一方面在社会问题日常化、结构化的时代仍然依靠暴力，则有很大局限性。③ 龙山惨案的游行者是针对再开发组合，但最终责任仍然归属于国家。龙山事件引发了社会震动，反对政府者又开始找理由批评政府，损害政府权威。但是韩国政府的社会协商能力没有有效地发挥。民主政治并不是诉诸武力，而是通过法律与协商维持社会秩序。龙山地区再开发事业项目变成惨案的原因之一是政府缺乏民主政治意识。

　　三是龙山惨案和政治参与没有太大的关系，但是乌坎事件发展到涉及基层政治民主。参与的本质是公民权利。公民参与体现为选举代言人，以及在决策的制定、执行等整个过程中，受决策影响的利益相关者能够有效地将意见表达到决策过程中，尤其是当这些利益相关者属于边缘人群和弱势人群时。可见，参与是一个体现公民权利和赋权公民的过程。公民的意志和利益表达是社区的基本条件，参与必定是决策参与和利益分享过程。④ 2012 年 1

① 袭志宏：《和谐社会与公民政治参与》，河南人民出版社，2009，第 168 页。
② 〔美〕亨廷顿：《变化社会中的政治秩序》，王冠华等译，上海人民出版社，2008，第 7 页。
③ 《韩国社会是纠葛展览会场——不知什么时候暴发的时限炸弹》，《朝鲜日报》2013 年 7 月 19 日。
④ 贾西津：《中国公民参与：案例与模式》，中国社会科学出版社，2008，第 97 页。

月 15 日，中共广东省委组织部宣布正式成立乌坎村党总支，由林祖銮担任总支书记和村委员会重新选举筹备小组组长，领导村委会的重新选举工作，原党支部自行解散。此后的一个月左右时间内，乌坎村民在乌坎学校前所未有地进行了四场较为规范的"选举民主"的洗礼。① 从中国政治发展的历史与现实环境来看，当代中国公民政治参与最适宜的模式是以协商为基本途径，突出政治参与的"协商性"。中国协商民主的主体将进一步扩大。"协商者"不仅包括政治、经济、文化的精英，各民主党派、社会团体，还扩展到普通的老百姓。在协商民主下，将允许公民充分将自己的利益诉求表达出来，为弱势群体的利益表达创造了条件。② 从"法治权威性"来分析，法治正当性包括内涵性与外延性，内涵性包括自发性顺应、强制性顺应、非顺应的比率。因此，社会结构与政治权威结构之间的差距缩小是稳定的政治。政治体系的最难题是政治理想与实际情况的不一致，即政治规范与实际的差距。这差距造成了政治不信任和政治不稳定。在韩国，情理部分占据了法理，出现了民众的"人民情绪法"、"要赖法"。"要赖法"意味着没有成熟的民主市民意识的人民为了得到更多的政治、经济利益，反对政府主义者。无论是哪个政党执政，他们都会通过游行、集会等形式盲目地批评政府。政府获得统治正当性的形态是人民按照时间、场所给予统治者"正当性"的方法不一样。政治体制的正当性和正当性的程度多少是更重要的现实。

六　结论

在封建时代君主垄断权力与资源，而现代国家的主权在人民手里，所以人民的利益成为决策的关键变量。国家要达成目标的时间越短，政府的作用、要求、压力越大。因此，发展中国家群体性政治抗争事件数量越来越多。政治发展意味着解决政治问题的能力的提高，政治发展是提高政府公正、合理的分配能力，如果国家不能解决社会冲突，将导致个人不满和群体事件。执政方式问题的核心是怎么提高执政水准，顺利构建国家权力的运行

① 黄卫平、冯秀成、陈文：《关于"乌坎事件"的调查报告——中国地方政府创新的特殊案例》，《中国治理评论》（第四辑），2013，第 184 页。

② 赵刚印：《现代化进程的公民政治参与：一项对中国与印度的比较研究》，上海人民出版社，2010，第 184 页。

机制。国政的"常识"是政府和人民都能接受的共同认识。龙山惨案与乌坎事件发生的根本原因是公民政治信赖的丧失。问题解决的渠道没有多元化，导致了群体性事件的必然发生。基层民众利益表达方法的不均衡也导致群体性事件必然发生。民意是多元性的，因此，民意诉求机关的多样化是解决群体性事件的关键。

省会城市"中心分离"现象研究

——以江苏省为例

汤明磊　赵　岩　安园园[*]

摘　要：计划经济时代，省会城市一直是中国的政治、经济、文化中心，是各个省的经济、人才、信息等资源的集散地。改革开放以来，随着政治经济非对称性、发展策略的非均衡性以及多经济中心的干涉，省会城市逐渐出现了"中心分离"的现象。以江苏省为例，南京在以经济指标为主的中心性指数测量中，明显低于苏州和无锡等城市，而以文化、教育指标为主的中心性指数测量中则高于其他城市，这说明江苏省明显存在"中心分离"现象，属于典型的离析模式。研究"中心分离"现象将对下一步区域结构调整、省以下行政管理体制改革有积极的借鉴意义，同时为京津冀一体化进程中的职能分配提供有益的参考。

关键词：中心性程度　江苏省　中心分离　省会城市

一　中国省会城市中心功能变迁

（一）省会城市功能历史考察

中国以行政中心建立城市系统的思想，可以追溯到秦代①。当前中国，

---

*　汤明磊，南开大学周恩来政府管理学院博士候选人；赵岩，南开大学周恩来政府管理学院博士候选人；安园园，南开大学周恩来政府管理学院硕士研究生。

①　秦代国家政治上实行中央集权和郡县制度，以行政中心为主的中心城市开始出现。详见顾朝林《中国城镇体系：历史·现状·展望》，商务印书馆，1992。

行政中心对城市发展的影响力最大，是一个城市发展的中心所在。省会城市作为省域范围内政治资源最为集中的地区，具备吸引大量社会投资的良好条件。在中国环境下，靠近政治资源的企业，可以获得资金、土地等有形资源和政策利好、企业声誉、政府部门关系等无形资源，因而，省会城市在建政后能够迅速成为稳定的经济增长点，它们多具有良好的地理位置且交通便利，经济的集聚效应带来人力、物力等社会经济要素的空间集聚。各类城市功能附着产生，形成单中心"大饼式"的扩散发展①。20世纪中后期，城市化进程加快，中国社会经济快速发展，东部沿海城市发展尤为迅速。省会城市作为省域内多个中心的重合，长期处于超载状态，交通拥堵、人口膨胀、房价居高、公共资源挤占、人均基础公共设施不足等问题逐渐暴露出来。②

随着经济体制改革逐步深入，人们的思想观念也发生了巨大的变化。转变政府职能的诉求似乎只是前奏，随之而来的是对城市组织结构和空间布局调整的期待。区域经济学认为，当区域中产业过度集聚产生集聚经济时，就会产生扩散③。省会城市过度膨胀导致人地矛盾激增，单位产品价格提高使得位于省会城市的企业生产成本增加，当成本的增加量超过其接近行政中心带来的收益时，企业会选择迁移。生产要素的流动可缓解压力，实现城市内部空间结构的调整④。伴随着这样空间与组织结构调整的进程，不少省会城市的中心性指数都有所下降，省域内不同程度地出现了"中心分离"现象。

---

① 国内城市化模式主要有两种：一是城市建设发展采用围绕一个核心，以同心圆的方式不断向外扩张；二是小城镇围在大城市四周，吸纳能力不断增强，形成各具风格的卫星型城市带。前者即是"大饼式"，几乎所有大城市和特大城市都是通过这种方式来扩张的。这种发展模式集聚力强，推动城市产业结构不断升级，迅速提升城市形象，同时也带来诸多发展问题，后文将会涉及。吴玉麟、李玉江：《组群式与单核心城市地域农业人口转移对比研究——以淄博、济南两市为例》，《人口与经济》1997年第3期，第42～46页。

② 以上问题皆由于城市结构与布局不合理，且无限制地扩展城市规模所致。"单一中心＋城市交通环线"致使城市交通压力大；无限制的扩展城市规模导致人口过度拥挤，资源紧张。

③ 郝寿义、安虎森：《区域经济学》，经济科学出版社，2004，第15～29页。

④ 一般认为，"利润空间"对企业十分重要，受到区域客观特征和集群经济双重因素的影响。企业和环境都处于不断变化之中，要素价格、外部效应等外部因素的变化可能导致企业收益边界变化，使其不再位于固定的利润空间。因此，有理性的企业会从当前区位移到新的区位，即能够产生利润回报的区位。

（二）"中心分离"：地方竞合视域下的新现象

"中心分离"是指在省域范围内，由计划经济时代下政治、经济、文化、交通中心共同汇聚在省会城市，向政治、经济、文化、交通各要素逐渐向省域内各个城市分离、转移、扩散的现象。从国家层面上，2014 年 3 月拟定的《河北省新型城镇化规划》强调"将打造京津保三角核心区，做大保定城市规模，以保定、廊坊为首都功能疏解的集中承载地和京津产业转移的重要承载地，与京津形成京津冀城市群的核心区"，行政中心的功能优化成为大势所趋。从省级行政单位的层面上，行政中心的有机分离也是一个城市不断良好生长的以江苏、福建、广东、山东、辽宁等大批具有良好生长趋势的省份①，均展现出省会城市中心分离的趋势。利用政府与市场的特性，逐步疏解省会城市功能，缓和人地矛盾，有助于中心城市的人口、交通、环境压力的疏解。

广义的"中心分离"现象一般有离析、扩散、裂变和溶解四种表现形式。其中离析模式是指单纯的政治、经济、文化等中心在省域范围内独立出现，这样在一定程度上避开了一个政治经济文化多中心合一的城市与多个经济中心无法对应的局面，这是"中心分离"现象中最常见的模式，也指狭义的"中心分离"，多个省域均不同程度地形成了"离析"的趋势。扩散模式是指作为政治中心的省会城市慢慢向周边区域扩散，即把省会行政机构的一部分迁移至卫星城②，如京津冀一体化进程中，有望出现政治副中心，北京的部分机关也有望迁移至周边地带，这就是"中心分离"中典型的扩散模式。裂变模式是指按照经济要素在省域范围内的分离设立多个次级的政治准中心，享有副省级级别的计划单列市的设立即是裂变模式的体现。溶解模式即"虚省"③，是指由于行政区划与经济区域的不对称性，省域内经济中心综合职能逐步淡化，真正符合经济区域划分的跨省都市经济圈协调机构履行超省域的经济协调职能，各省域的中心城市成为协调分工后的经济中心，近年来京津冀、长三角、成渝、中原等跨省经济体的崛起即是溶解模式的体现。

---

① 崔功豪主编《中国城镇发展研究》，中国建筑工业出版社，1992，第 27～30 页；周一星、孟延春：《中国大城市的郊区化趋势》，《城市规划汇刊》1998 年第 2 期，第 22 页。

② 杨龙：《中国区域经济发展的政治分析》，黑龙江人民出版社，2004，第 268 页。

③ 华伟等：《我国行政区划改革的初步构想》，《战略与管理》1997 年第 6 期，第 1 页。

表1　中心分离模式分类

模式名称	主要特点	具体案例
离析模式	单纯的政治、经济、文化等中心在省域范围内独立出现	江苏省地区、长株潭地区和中原地区
扩散模式	作为政治中心的省会城市慢慢向周边区域扩散	政治副中心
裂变模式	按照经济要素在省域范围内的分离设立多个次级的政治准中心	计划单列市、较大的市、国家级新区
溶解模式	符合经济区域划分的跨省都市经济圈协调机构履行超省域的经济协调职能	京津冀、长三角、成渝等跨省经济体

二　省会城市"中心分离"的现实成因

"行政区经济"是中国区域经济发展的特殊现象，然而随着市场化程度不断加强，行政区经济已经逐渐被打破，这为区域间协同治理与政府合作提供了契机，也为省域间的"中心分离"埋下伏笔。虽然弗农的梯度转移理论、佩鲁的增长极理论、迪格里尼的竞合理论都能在一定程度上解释"中心分离"的成因，但考虑到中国区划体系的特殊情况，仍有一些不得不提的因素。

每个城市都是一个波源，向外源源不断地输出人力、资本和信息，原本作为省内唯一中心的省会城市由于受到城市化进程与经济快速发展的影响，单一中心逐渐分离扩散，导致其省域辐射强度逐渐减弱。总体说来，在中国，这样的减弱来自三个方面的现实影响：政治经济的非对称性、发展策略的非均衡性和经济上的多中心干涉。

（一）政治经济非对称性

在传统计划经济体制下，由于社会主义制度的特殊性以及超大规模的社会构架的存在，国家在经济、文化、社会发展等各个方面，都把政治建构放在突出的位置。在这种以政治建构为第一目的、具有高度同质性的社会结构中，经济区域的发展受到了政治因素的限制。政府无可争议地拥有绝对管理经济的垄断权，集中掌握了全社会的人力、物力、财力，直接经营并以指令性计划来组织整个社会的经济运行，这种计划经济体制不可避免地造成了省域内政治中心、经济中心、文化中心和交通中心的长期重合。①

然而，划分行政区的重要出发点在于统治和管理，真正地理上的经济区域与政治区划并不是对应的。以行政划分替代自然的经济划分不仅会中断原材料和产品的流动或增加流动成本，导致过度的库存，有时还会切断合理的经济协作，人为地造成经济分割和封闭，妨碍商品流通和物资分配，影响正常的经济发展。②

随着经济市场化进程的不断推进，多中心长期重合下的不合理性逐渐暴露，特别是政治中心所携带的"吸附效应"和经济中心所携带的"辐射效应"的对冲使得省会城市的压力日益增大。③ 作为政治中心，因为拥有省域内最高的行政区划级别，省会城市需要凭借政治地位上的优势，在其扩张和增长的过程中，通过从周边地区吸引净人口流入、资本流入和贸易活动，从而加快发展来维持政治规划建设成本的支付与政府系统运转，形成"吸附效应"；而作为经济中心，在经济对外开放、资源自由流动的条件下，省会城市又需要以经济发展为基点，以经济、文化、科技、教育等资源优势，通过对资本、信息、人才和技术的传导与输出带动周边地区的经济发展，形成"辐射效应"。

如果城市被确立为政治中心，则它的吸附效应会先于和大于辐射效应，周边地带更倾向于不断向省会输送大量的资本、劳动力和廉价自然资源，却很难获得梯度转移和扩散的好处，省会城市的吸附能力越强，就越发导致周边地带的削弱。两种效应产生的冲突随着市场化程度的提高而日益明显，两种效应的综合作用往往导致省会城市城区扩张、人口膨胀、基础设施和经济管理不堪重负，这是省域"中心分离"现象的内在原因。

（二）发展策略的非均衡性

"中心分离"现象的另一个原因是国家设置省会初期时造成的非均衡性。省会城市在设置初期被赋予政治、经济、文化和交通中心的职能，然而目前中国的一些省会城市在设置初期并不是该省域范围内实际的中心，由于多方面的复杂原因，它们才被赋予了省会城市的地位，这就导致省域内资源与区划级别的非均衡，也为以后的"中心分离"埋下了伏笔。归纳起来，因为发

① 杨龙：《中国区域经济发展的政治分析》，黑龙江人民出版社，2004，第83页。
② 胡乔木：《按照经济规律办事，加快实现四个现代化》，《中国经济年鉴1981》，经济管理出版社，1981，第5～38页。
③ "吸附效应"与"辐射效应"源自冈纳·缪尔达尔提出的区域经济增长极理论中的"回波效应"与"扩散效应"。

展策略的非均衡性而出现"中心分离"的省会城市大致可以分为以下四类。

第一，交通技术因素。经济发展要求便利的交通和居中的地理位置，这一类的省会城市包括哈尔滨、长春、石家庄、郑州等。以郑州为例，郑州在清末只是一座小县城，河南省的中心始终由开封和洛阳占据，然而平汉铁路和陇海铁路在郑州的交汇使得郑州在新中国成立初具备了优于开封和洛阳的区位优势，成为了河南省的省会。同理，曾经只是农村的石家庄由于处于石太线、石德线和京汉线的交汇处，占据了有利的交通区位，最终超越保定、邯郸，成为河北省的省会。①

第二，治理便利性。省域几何形状对区域路网的布置起着决定性作用，区位居中带来的治理便利性，也是省会城市设置的重要因素之一。以合肥为例，当时从安徽的政治中心安庆和经济中心徽州中夺取省会地位的重要原因之一，就是合肥在安徽省地理位置的居中性②，具有相同情况的还有太原、南昌、贵阳等。

第三，军事安全需求。新中国成立初期，安定边疆、防御外敌、加强对外联络成为当时中国政府的首要治国思路，南宁的军事战略地位高于桂林，这是南宁成为广西省会的重要原因。③ 同理，合肥位于山区向平原过渡的丘陵地带，地形较有利于缓冲进攻，并且易于展开军事反攻和物资推进；而兰州被设立为甘肃省会也是因为优于张掖和武威的民族聚居地理优势。④

以往省会城市的发展更多的是来自一种体制内的力量，但这种路径依赖是不牢靠的，取得的优势地位也是不可持续的，并不具有天然的合理性。随着权力对资源配置能力逐渐弱化，市场对资源配置能力的逐渐强化，城市的产品功能将成为城市发展的最终决定要素，一些曾经被"钦点"的省会城市的中心要素势必在市场配置下得到部分程度的"分离"。

（三）经济上的多中心干涉

除了政治经济的非对称性和发展策略的非均衡性，经济上的多中心干涉也是导致"中心分离"现象的重要原因。改革开放以来的全球化、市场化进程，使得中国城市区域的空间发展日益呈现功能多中心趋势。随着资源配

---

① 李永君：《河北省会变迁记》，《档案天地》2009 年第 10 期。
② 张亮：《安徽省会选址的变迁》，《江淮文史》2008 年第 2 期。
③ 李德汉：《毛主席主张广西省会在南宁》，《传承》2013 年第 7 期。
④ 党瑜：《试论兰州市地理环境与城址的历史变迁》，《中国历史地理论丛》2000 年第 2 期。

置市场化程度的不断提高，特别是改革开放后经济能力成为地方政府绩效考核的核心指标，经济上多中心的形成在一定程度上势必导致省会城市在省域范围内的中心性下降，省会城市受到的干涉主要来自于三类辐射源：外省强中心（直辖市）、计划单列市以及省域新中心。

外省强中心一般是具有全国性经济影响力的直辖市，临近的省会城市容易受到直辖市的全面影响，在很大程度上削弱省会城市在省域范围内的中心性，并且容易通过"磁场"作用造成省域内的中心分离。例如南京和杭州作为江浙两省的省会，却只能成为长三角经济圈的副中心，长三角地区的优质资源由集中正中心上海获取。

计划单列市是中国 20 世纪 80 年代初期对条块分割和政经分离的一次尝试，由于其超然的区划地位、雄厚的工商业基础和科技力量，目前存在的五个计划单列市（大连、青岛、宁波、厦门、深圳）均对所在省域的省会城市中心性产生了极大的冲击，在政治、经济、文化等各方面均有持平、超越甚至取代省会城市中心地位的趋势。

省域新中心则是指由于重大工程、特色经济、文化旅游等契机，在改革开放后发展迅速的地级市和县级市，它们在一定程度上更加彻底地打散了省会城市的中心性。以浙江为例，温州市以家庭工业和专业化市场的方式发展非农产业，从而形成小商品、大市场的发展格局，成为浙江省的新中心。另外，省直管县模式也使得浙江诸多县级市发展迅速，慈溪、义乌、余姚、诸暨、萧山（现已并入杭州市）、海宁等均跻身省域经济小中心[1]，成为分散省域经济单极中心、多中心扩散的积极要素。

三 省会城市"中心分离"的实证研究：以江苏省为例

测量省会城市中心性程度的一个重要指标是中心性指数，经典的中心性指数所包含的指标包括城市非农人口数量、城市高等教育在校学生数量、第三产业比重、GDP、邮电业务总量、社会消费品总额[2]，测量用于比较大城

---

[1] 袁涌波：《从县域经济到都市圈经济：浙江县域经济转型研究》，《中共浙江省委党校学报》2013 年第 1 期。

[2] 张志斌、靳美娟：《中国西部省会城市中心性分析》，《人文地理》2005 年第 1 期；刘耀、张安军：《江西省城市中心性测度及其中心城市选取分析》，《商业研究》2009 年第 7 期。

市之间的影响程度,指数越高表示这个城市在区域内处于中心地位,是区域内的资源集散中心,辐射范围大于其他城市,是区域内的经济增长中心,一般用于对比分析省会城市之间的竞争力、省会城市发展历史衰变的测量。

省会城市"中心分离"的测量是省内地级市的比对,涉及全省基础性数据的测量,故一些指标在省内地级市的比对中会失去意义,选取人才、资金、信息、物流的相关指标用于测量省会城市的中心性程度是一种较好的改变。人均地区生产总值、第二产业所占比重、第三产业所占比重,人均邮电业务量,非农人口数量,"实际外商直接投资/GDP",财政自给率,新增固定资产投资/固定资产投资,人均电话数量,城市居民人均可支配收入,城市居民人均消费性支出中交通、通信支出是较为合理的指标。这些指标中人均地区生产总值、财政自给率,第二产业所占比重、第三产业所占比重城市居民、人均可支配收入用于反映经济发展水平,其中"实际外商直接投资/GDP",新增固定资产投资/固定资产投资,用于反映资本的集中程度非农人口数量用于反映城市结构,人均邮电业务量,人均电话数量,城市居民人均消费性支出中交通、通信支出用于反映信息流动。

江苏省具有良好的样本特征,位于苏南地区的南京市作为江苏省省会、长三角北翼的副中心城市,在全省经济发展过程中发挥领头羊的作用。苏南、苏北、苏中三地区人均国内生产总值曾一度由 1978 年的 2.8∶1.6∶1 扩大到 1993 年的 5.4∶2.1∶1。① 然而,随着高速城市化进程,省域单中心的弊端逐渐呈现。南京发展长期受到"严格控制大城市"规模的思想束缚,构成"城乡二元结构",高中心度造成县域经济总体薄弱②。南京的中心性程度呈下降趋势,据 1993~2003 年南京、徐州、无锡、常州和苏州五市经济发展数据,地区生产总值占全省 GDP 比重,第一、二、三产业所占比重四项指标中,南京市各项指标均退后至第三位,而四项指标的第一位并不是相同城市,可以看出江苏省"单中心"的发展模式被打破,开始出现"中心分离"的迹象,对此可以进行下一步的研究。

本文寄希望于选取 2005~2012 年数据测量江苏省 13 个地级市的中心性

<hr />

① 王桂涛等:《江苏产业结构对经济增长贡献的区域差异研究》,《价值工程》2010 年第 28 期。

② 靳道强:《WTO 与南京经济——新世纪南京经济和社会发展报告》,东南大学出版社,2001,第 117~122 页。

第三产业比重（%）

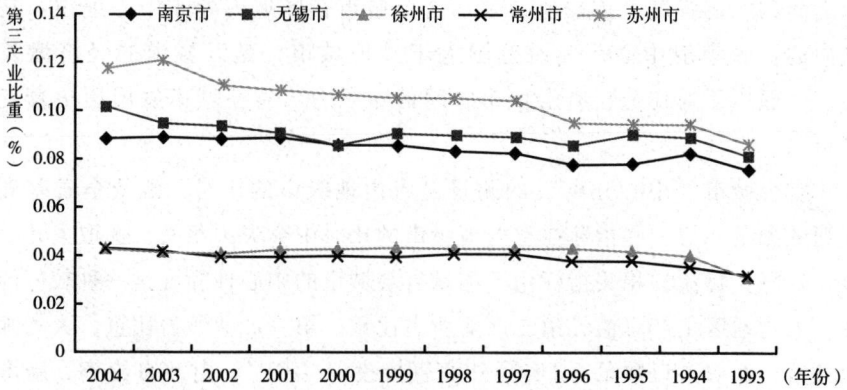

图1　地区第三产业比重

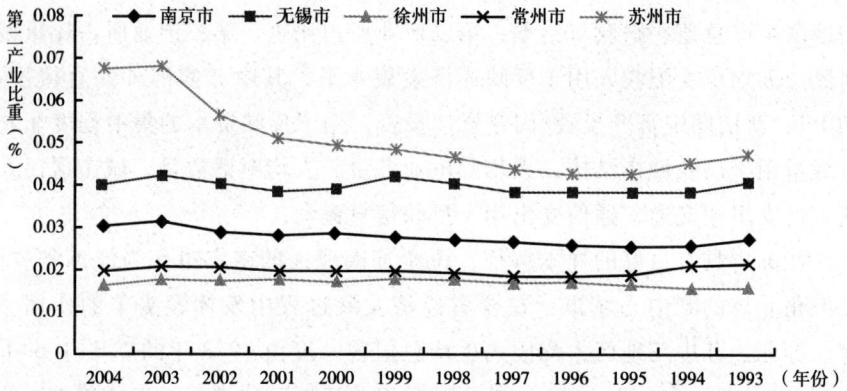

第二产业比重（%）

图2　地区第二产业比重

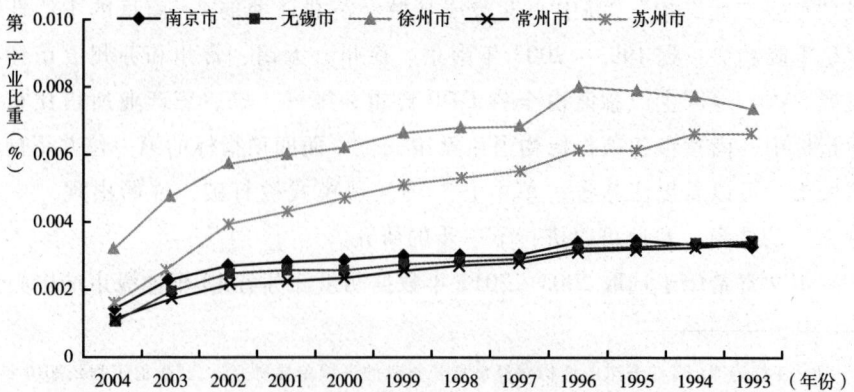

第一产业比重（%）

图3　地区第一产业比重

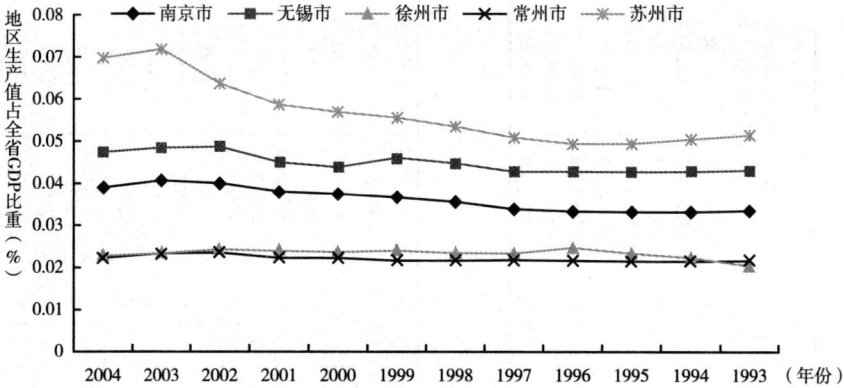

图 4　地区总产值占全省 GDP 比值

注：数据引自 1993～2003 年《江苏省统计年鉴》。

指数，用来反映近年来城市"中心分离"的现象。江苏省南京市 2005 年到 2012 年 11 个指标数值、江苏省各地级市 2012 年各项指标数值如表 2、表 3 所示。

　　中心性指数测量的方法是通过方差标准化模型进行测量，将江苏省域内 13 个地级市 11 项指标组成矩阵 X_{ij}（其中 $i = 1$，2，…，13，$j = 1$，2，…，12），公式为 $C_{ij} = \dfrac{X_{ij} - \overline{X}}{\sigma_j}$，数据来源为江苏省历年统计年鉴，以确保数据的连续性和可比性，最后运用简单加权模型计算各城市的中心性指数，权重计算方法为三位专家的均值，最后重复计算各年的中心性指数，其中评价指标的信度为 0.903，效度为 0.1526。关于信度和效度，本文采取的是准则效度，又称为实证效度，在统计上，准则效度是指借助于有效的测量标准（效标）对测量的有效性进行评价。首先我们有 1 个指标，分别为 C_1，C_2，…，C_k；然后我们把三位专家的评分建立一个评分集，评分集为 $X_j = （X_{1j}$，X_{2j}，…，$X_{kj}）$，评价指标的实证效度的衡量标准是 β，其公式是 $\beta = \dfrac{\sum\limits_{i=1}^{k} \beta_i}{k}$，其中 $\beta_i = \sum\limits_{i=1}^{k} \dfrac{|（\overline{x}_i - x_{ij}）|}{n \times F}$，$\overline{x}_i = \dfrac{\sum\limits_{i=1}^{k} x_{ij}}{n}$，评估指标信度是指评估指标数值在观测中测量结果的可靠性程度。高信度的指标体系应该建立在指标之间独立、内部结构良好、指标关系一致的基础之上，常用的测量信度的公式为 $a = \dfrac{k}{k-1}\left| 1 - \dfrac{\sum\limits_{i=1}^{k} S_i^2}{S^2} \right|$。

表 2　江苏省南京市 2005～2012 年各项指标数值

	人均GDP（元）	第二产业比重	第三产业比重	人均邮电业务总量（元）	非农人口数量（万人）	实际外商直接投资/GDP	财政自给率	新增固定资产投资/固定资产投资	人均电话台数（台）	城市人均可支配收入（元）	城市可支配收入中消费、通讯支出（元）
2005 年	44058.00	0.50	0.48	1173.36	513.39	0.012	0.0004	0.79	1.41	14997.47	1332.80
2006 年	41053.64	0.49	0.49	1381.31	549.22	0.011	0.0004	0.56	1.47	17537.72	1468.51
2007 年	56953.00	0.48	0.50	1414.32	569.47	0.011	0.0538	0.61	1.63	20317.17	1635.49
2008 年	64096.24	0.46	0.52	1562.61	583.97	0.010	0.0071	0.61	1.67	23123.00	1767.00
2009 年	56183.00	0.44	0.53	1628.29	595.14	0.009	0.9648	0.69	1.87	25504.00	2158.00
2010 年	65273.00	0.45	0.52	2199.02	623.82	0.004	0.9569	0.61	1.93	27383.00	2388.75
2011 年	76724.00	0.43	0.55	1491.04	646.54	0.008	0.9747	0.56	2.18	32200.03	2619.50
2012 年	88625.00	0.43	0.55	1984.61	655.00	0.008	0.9699	0.63	2.54	36321.60	2918.86

表 3　江苏省各地级市 2012 年各数数值

	人均GDP（元）	第二产业比重	第三产业比重	人均邮电业务总量（元）	非农人口数量（万人）	实际外商直接投资/GDP	财政自给率	新增固定资产投资/固定资产投资	人均电话台数（台）	城市人均可支配收入（元）	城市可支配收入中消费、通讯支出（元）
南京	88625	0.43	0.55	1985	655	0.008	0.97	0.63	2.5	36322	2919
无锡	110164	0.50	0.49	2690	471	0.006	1.00	0.65	2.8	34740	3634
徐州	76923	0.54	0.43	945	486	0.002	0.81	0.73	1.6	26818	1810
常州	90108	0.54	0.44	2267	310	0.006	1.01	0.71	2.2	33587	3253
苏州	111628	0.53	0.46	4148	763	0.010	1.10	0.74	3.1	37531	3690
南通	76058	0.52	0.44	1396	428	0.002	0.89	0.63	1.9	30206	2768
连云港	52392	0.51	0.44	1425	240	0.001	0.79	0.97	1.8	24342	2124
淮安	44250	0.49	0.41	583	257	0.002	0.77	0.54	0.8	22995	1582
盐城	53039	0.60	0.31	1198	403	0.001	0.82	0.63	1.3	25867	3181
扬州	80824	0.55	0.41	1272	263	0.003	0.86	0.75	1.7	28001	1667
镇江	94880	0.52	0.45	1295	203	0.002	0.98	0.86	2.0	29454	2216
泰州	84093	0.60	0.38	1310	268	0.001	0.86	0.79	1.6	27460	2165
宿迁	37491	0.52	0.38	537	245	0.000	0.63	0.76	1.0	18311	1951

借助 MachCAD 软件，通过方差标准化模型得出各城市 8 年中心性指数变化，如图 5 所示。

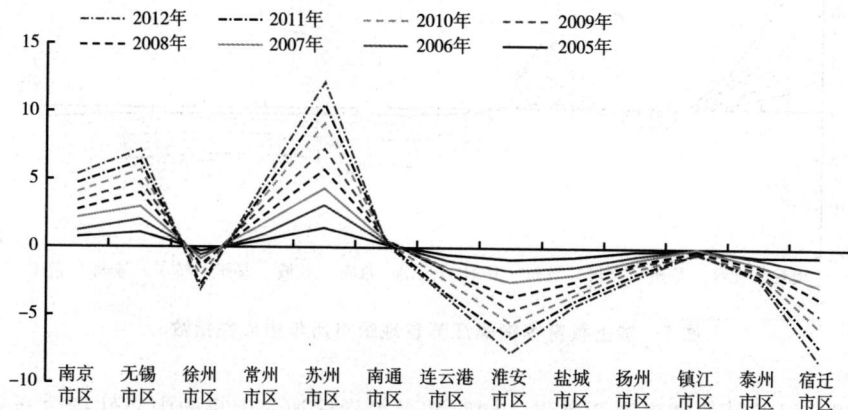

图 5　2005～2012 年江苏省地级市中心性指数分布（城市横轴）

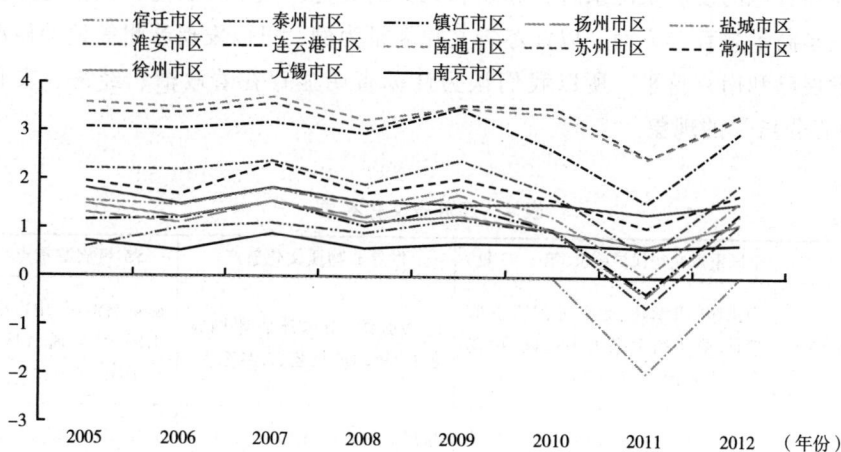

图 6　2005～2012 年江苏省地级市中心性指数分布（年份横轴）

我们可以发现南京的中心性指数一直相对小于无锡和苏州，尤其是其中反映资本流动的指标，这说明苏州和无锡等地是江苏省内资本的集散地与信息和消费的集中地。然而加上教育等指标，这一现象不复存在，如图 7 所示。

这说明单单从经济发展角度来讲，南京的中心性指数逐年减少，苏州和

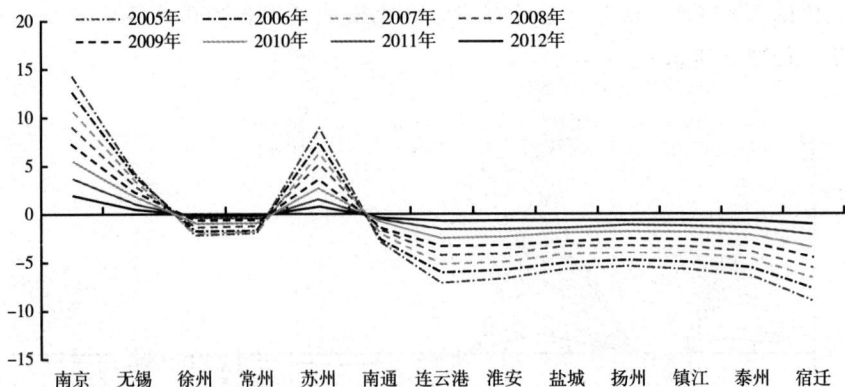

图7　加上教育等指标江苏省地级市历年中心性指数

无锡，以及其他城市逐渐增强，同时教育等指标加入南京的中心性指数会显著提高，这说明苏州、无锡等地分割着江苏的经济中心，而南京依然保持着教育中心的位置。就政治和文化而言，很难找到具体的测量指标，但可以从访谈和各地的发展状况来看，苏州和无锡的文化发展十分迅捷，无论是旅游业还是高等教育等方面，以江苏省文化名录为例，可以发现苏州等地的旅游业发展已和南京持平。所以我们认为江苏省明显存在着政治、经济、文化"中心分离"的现象。

表4　江苏省文化名录

城市名称	全国重点文物保护单位（第1~3批）	世界非物质文化遗产	5A级旅游景点
南京	中山陵、明孝陵、太平天国天王府遗址、堂子街太平天国壁画、雨花台烈士陵园、南京古城墙	南京剪纸、中国雕版印刷技艺、云锦织造技艺、古琴艺术	南京秦淮河、中山陵景区、钟山风景区、夫子庙
苏州	太平天国忠王府、云岩寺塔、拙政园、留园、苏州文庙及石刻、保圣寺罗汉像、玄妙观三清殿、网师园	苏州端午习俗、中国传统木结构营造技艺、中国传统桑蚕丝织技艺、昆曲	周庄、拙政园、虎丘山留园、同里古镇、金鸡湖
无锡	寄畅园	宜兴紫砂陶制作技艺、惠山泥人、吴歌、锡剧、梁祝传说	太湖鼋头渚、三国水浒城、灵山大佛景区、太湖湿地公园
扬州	何园、个园	中国雕版印刷技艺、古琴艺术	瘦西湖
常州	淹城遗址	傩舞、留青竹刻	环球恐龙城

四　"中心分离"的行政学启示

（一）从"单中心"到"城市链"

城市是社会生产力和科学文化历史发展的产物，当跨省域范围内政治、经济、文化中心重叠程度较高时，城市组织结构倾向于形成集中型城市圈，形成单中心"大饼式"的发展，以长三角地区（沪单核）、湖北中部地区（汉单核）为代表；当跨省域范围内双中心城市趋势明显时，城市组织结构倾向于形成双核型城市圈，在一定程度上的集中型城市圈的衍变形式，以京津冀地区（京津双核）、四川盆地地区（成渝双核）、胶东半岛地区（青济双核）为代表；当政治、经济、文化要素分散程度较高时，城市组织结构倾向于形成分散型或交通轴线型城市圈，形成"串珠式"城市链结构，以江苏省地区、长株潭地区和中原地区为代表。①

中国国土面积广大，各省的自然、资源、经济与集聚的条件不同，形成的文化习惯与文明程度也有很大的区别，很难简单地判定四种模式的优劣。然而，在城市组织结构的四种模式中，单中心和城市链位于城市群演进模式光谱的两端，代表着两种发展趋势。其中单中心会催生过度的"吸附效应"，而"城市链"则能有效地实现跨区域协同治理。从长远看，适度"城市链"模式是省域城市发展必然、必要和可为的选择。

（二）从"市管县"到"省直管县"

中心分离现象代表着区域内的经济结构调整，也说明区域内的经济重心发生改变，同时省与市、市与市、市与县之间的经济联系在改变，而经济联系决定了区域内的劳动分工和要素流动方向，城市间的经济联系可以概括成经济集聚、经济离散、经济均衡、经济辐散四种模式，不同的经济联系影响省直管县的试点改革效果。

市管县在一定程度上可以加强市的经济实力，扩大其经济影响，在数据上也会使得中心性指数变大，而省直管县带来的市县分治趋势则代表着均衡

---

① 姚士谋、朱英明、陈振光：《中国城市群》，中国科学技术大学出版社，2001，第510～520页。

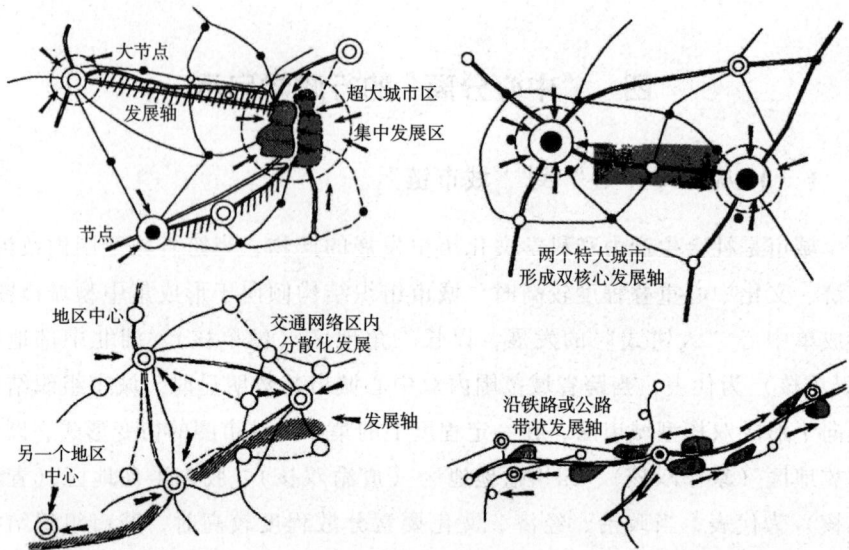

图 8　城市组织结构四模式

资料来源：据姚士谋、朱英明、陈振光《中国城市群》（中国科学技术大学出版社，2001）第 510~520 页内容整理而成。

化的发展方向，地级市的中心性程度将不断降低，中国发展的不同时期对应不同的区划管理模式。一般认为，省域内经济环境离散，更适合市管县，这样可以在集聚资源的时候增加地市级管辖责任，从而均衡经济状况；省域内经济环境均衡，则更适合省直管县，这样可以发挥县域优势，形成多中心局面。中心分离现象和省直管县、市管县之间选择是一种相互影响的关系，一定程度上有助于模式的优化与选择。从中国整体区划体系看，除部分省市外，市管县模式普遍存在，可以在省域内经济均衡地区选择性地设置省直管县试点，有助于经济环境的改善和协同治理的加强。

回应型改革：关于 M 直辖市
大部制改革的实证分析

申剑敏*

摘　要： 目前国内对地方大部制改革的研究多侧重于县市一级，这就无法回答以下问题：在 2008 年和 2013 年的国家大部制改革中，中央反复强调地方改革没有时间表、可以因目前大部制制宜，但是地方特别是省级政府为什么仍然倾向选择与国务院大部制改革类似的方案？本文通过对中国直辖市 M 市大部制改革的实证分析发现，倾向于采取"回应型"的机构改革模式，以最大程度与中央的政策和机构相衔接，并由此降低机构改革的成本。这就区别于市县一级"创新型"的大部制改革。回应型改革的特点是：根据国家机构改革部署开展地方机构改革，机构改革在职能界定、机构设置、政策重心等方面基本与国家对应。其结果体现为职能的有限统一、地方政策的被动变迁以及行政机构面临长期整合三个方面。

关键词： 大部制　地方　回应型改革

2008 年和 2013 年，按照建立职能有机统一的大部门体制原则，国务院先后进行了两轮俗称"大部制"的国家行政机构改革，重点是将一些职能相近或相同的部委合并，进行职能整合与人员配置。在国务院大部制改革的

---

* 申剑敏，上海政法学院国际事务与公共管理学院讲师。

背景下，各级地方政府也陆续开展相应改革，合并和调整所辖区划内的政府机构。但地方政府大部制改革是否具有一定的自主性，又是否能较好地实现改革预期？针对这些问题，本文将地方行政改革置于中央和地方关系的分析框架内，以 M 市大部制改革为个案，描述地方大部制改革的过程与结果，分析我国省级行政机构改革当前所面临的困境及其对策。

一　我国大部制改革的实践和研究概况

一般认为，大部制起源于市场化程度较高的发达国家行政改革实践，具有一些基本特征，如政府决策、执行与监督权的分离；通过改革建立一批履行综合宏观职能的大部门，尽可能地减少职能交叉，提高行政效率。[①] 一些研究指出，完整的大部门体系包括三个要素：一是核心化的行政决策中枢，履行对政府战略决策的领导权；二是综合化的政府组成部门，覆盖政府基本职能；三是专门化的执行机构，旨在提高行政执行效能。[②] 2008 年我国启动大部制改革之前，有研究根据国际经验提出了相应的行政改革建议，如中国行政管理学会行政改革课题组提出，政府部门设置要逐步向"宽职能、少机构"方向发展，国务院所属机构根据职能向大部制转变，并提出了大交通、大文化、大农业、大环保的思路。[③]

在我国历次行政实践中，早在 1982 年的一轮改革中已尝试过类似方案，把一些职能相近的部门组成大部机构，如当时把水利部和电力部合并成水利电力部等。[④] 2008 年开始的国务院机构改革，首次在正式文件中提出"大部门体制"的改革目标。2008 年底国务院完成机构改革后，共设机构 47 个（减少 4 个），含 27 个组成部门（减少 1 个）、1 个直属特设机构（未变动）、15 个直属机构（减少 3 个）、4 个办事机构（未变动）。[⑤] 2013 年底完成第二轮的机构改革后，国务院共设机构 46 个，含 25 个组成部门，直属特

① 汪玉凯：《中国行政体制改革 30 年回顾与展望》，人民出版社，2008；石杰琳：《西方国家政府机构"大部制"改革的实践和启示》，《郑州大学学报》2010 年第 6 期。

② 宋世明：《论大部制体制的基本构成要素》，《中国行政管理》2009 年第 2 期。

③ 高小平、沈荣华等：《推进行政管理体制改革：回顾总结与前瞻思路》，《中国行政管理》2006 年第 1 期。

④ 竺乾威：《大部制改革：问题与前景》，《中国行政管理》2008 年第 10 期。

⑤ 根据《国务院关于机构设置的通知》（国发〔2008〕11 号）与《国务院关于机构设置的通知》（国发〔2003〕8 号）综合整理而得。

设、直属、办事机构等未变动；与 2008 年相比，2013 年改革主要对铁路管理、卫生和计划生育、食品药品、新闻出版和广播电影电视、海洋、能源管理机构等进行了职能整合与机构撤并。

在中央集权的单一制下，中央进行机构改革后必然要求地方各级政府进行"对口"改革。2008 年中办、国办联合下发《关于地方政府机构改革的意见》，要求地方抓紧制订各地机构改革方案，"在中央确定的限额内，需要统一设置的机构应当上下对口，其他机构因地制宜设置"。在此背景下，地方政府陆续进行了回应。截至 2009 年年中，除四川因汶川地震未完成大部制改革外，其余 30 个省级政府机构改革方案均获中央批准并进入实施阶段。各省呈现一些共同特点：省级政府部门规模总体微缩，组成部门基本保持在 40 ~ 50 个以内，较改革前略为缩减；部门设置与中央政府基本对应，均组建了新的工业和信息化、交通运输、人力资源和社会保障等履行综合职能的大部门，并重新调整了环境保护、能源管理等重要部门的名称和部门属性；在上下衔接的前提下，各省级政府也进行了小范围的创新，如福建组建的省海洋与渔业厅、山西的省煤炭工业厅等。2013 年 3 月国务院宣布启动新的机构改革后，各省级政府陆续在一年左右出台了省级政府职能转变和机构改革的总体方案，或是单个部门改革的政策性文件，改革内容也呈现与中央衔接对应的特征。

2008 年前后，国内涌现大量关于大部制的内涵、界定及改革模式的研究，特别是把其置于历史背景下，比较大部制与之前历次机构改革的异同，探讨大部制改革前景。关于地方大部制改革的研究则存在两种视角。第一种视角是单一个案研究，如国家行政学院课题组对成都市大部制改革实践的研究，黄冬娅等对广东佛山顺德区大部制改革的研究等，通过深入个案的调查，描述地方大部制改革的过程、经验以及问题，探讨"地方经验"对顶层设计的反作用机制。

第二种视角是少数个案比较研究。例如，傅金鹏、陈晓原根据各地改革侧重，归纳了以成都为代表的职能统合型、以重庆为代表的规划协调型、以广东顺德为代表的党政合署型三种地方大部制形态。[1] 王宏波提出了合并同类项的湖北随州模式、行政三分的深圳模式、城乡统筹管理的成都模式、专

---

① 傅金鹏、陈晓原：《大部制改革的形态与前景——一项比较研究》，《南京社会科学》2010 年第 7 期。

委会管理的浙江富阳模式，以及党政机构联动的顺德模式。[①] 石亚军对 12 个省市的大部制改革案例作了比较研究，认为在现有的中央与地方权力结构之下，当前开展的地方机构改革存在理论准备不足、政府职能转变不够、阶段性特征不明显、能动创新性缺乏等特征。[②] 上述研究总结了地方大部制改革中的典型经验，并进行了初步的类型分析。

总体而言，上述研究提供了分析地方大部制改革的丰富视角，在个案选择上多以市或县作为研究对象，甚少关注省级层面的大部制改革。同时，这些研究侧重描述区划内的大部制改革过程与问题，关于中央机构改革对地方改革的作用机制没有过多涉及。对于这一问题，一个普遍观点是，尽管在单一制下地方政府应当与中央政府保持一定的对应性，但上下层级之间的"职责同构"恰恰是我国行政体制改革容易反复的重要原因，即机构改革不能够与条块关系的调整相互协调，纵向政府之间的职责、职能与机构设置高度一致，呈现"上下对口、左右对齐"的特征，导致了机构改革的"集分反复"和效能不佳。[③] 但"职责同构"的特征如何影响和作用于地方，特别是影响作为中间行政层级的省级政府机构呢？鉴于对上述问题的思考，以及对目前研究的总结，本文以直辖市 M 市为例，描述该市政府的大部制改革过程，分析在单一制下中央政府机构改革对省级政府机构改革的影响，探讨发生影响的作用机制。

二　M 市大部制改革的过程与特征

M 市是我国 4 个直辖市之一，在市场化改革、经济发展方面的成效位居全国前列，由于人口众多，在政府治理方面不断探索特大型城市管理模式，形成了较为典型的"两级政府、三级管理"行政管理格局。M 市在行政体制改革方面实施了不少领先全国的创新举措，如行政审批制度改革、电子政务建设等领域，均形成了一些在国家层面推广和宣传的改革经验。2003 年国务院机构改革后，M 市机构改革方案率先获批。国务院大部制改革不到半年后，2008 年 9 月 28 日中共 M 市九届委员会五次会议通过《M 市政府机

---

① 王宏波：《我国地方政府大部制改革模式选择》，《商业时代》2010 年第 29 期。
② 石亚军：《以地方政府行政改革创新论行政管理体制改革》，《北京行政学院学报》2010 年第 1 期。
③ 朱光磊、张志红：《职责同构批判》，《北京大学学报》2005 年第 1 期。

构改革方案》与市委工作党委的体制调整方案，10 月在国家率先获批，在机构改革步伐上再次领先全国。

概括起来，2008 年《M 市政府机构改革方案》的基本原则是：（1）上下基本对应、探索大部门体制，中央要求地方政府加强的部门和强化的职能，要对应落实，与国务院机构改革相衔接；（2）从实际出发、因地制宜，根据经济社会发展需要和特大型城市功能特点，构建符合城市发展要求、具有城市特点的行政管理体制；（3）统筹兼顾、突出重点，处理好改革发展稳定的关系。按照大部制"职能有机统一"的机构设置原则，M 市行政机构改革包括撤销部分机构（简称为"撤"）、整合相应机构职责和并入新设机构（简称为"并"）、调整转换部分机构的法定地位（简称为"转"）等内容。①

所谓撤，是指不再保留市经济委员会、市信息化委员会、市对外经济贸易委员会、市外国投资工作委员会、市人事局、市劳动和社会保障局、市建设和交通管理委员会、市市政工程管理局、市城市交通管理局、市港口管理局、市房屋土地资源管理局、市城市规划管理局、市绿化管理局、市市容环境卫生管理局、市社会服务局等机构。

所谓并，是指组建市经济和信息化委员会，承担原市经济委员会工业行业管理职责、市国防科技工业办公室和市信息化委员会的职责。组建市商务委员会，承担原市对外经济贸易委员会、市经济委员会的内贸管理职责。组建市人力资源和社会保障局，承担原市人事局、市劳动和社会保障局、市医疗局的职责。组建市城乡建设和交通委员会，承担原市建设和交通委员会职责、市农业委员会的参与指导郊区城镇规划建设职责、市市政工程管理局的重大工程规划建设和资金安排等职责。组建市交通运输和港口管理局，承担原市城市交通管理局、市港口管理局、市市政工程管理局路政管理等职责。组建市住房保障和房屋管理局，承担原市房屋土地资源管理局的住房建设管理和房地产市场调控、物业行业管理等职责，以及市建设和交通委员会的动拆迁管理职责。组建市规划和国土资源管理局，承担原市城市规划管理局、市房屋土地资源管理局的土地和矿产资源管理等职责。组建市绿化和市容管理局，承担原市绿化管理局、市市容环境卫生管理局等职责。

所谓转，是指市财政局、市地方税务局由合署办公调整为分别设置，市

---

① M 市政府机构改革方案以及"撤"、"并"、"转"的内容根据 M 市政府门户网站信息整理而成。

地方税务局与市国家税务局继续合署办公；组建市公务员局，由市人力资源
和社会保障局管理；市食品药品监督管理局由市政府直属机构调整为部门管
理机构，由市卫生局管理；市海洋局与市水务局合署办公；市环境保护局由
市政府直属机构调整为市政府组成部门；市劳动教养工作管理局调整为市司
法局的内设机构；市监察委员会更名为市监察局，M市口岸工作领导小组
办公室更名为市口岸服务办公室，市旅游事业管理委员会更名为市旅游局。

　　2008年大部制改革后，全市共设置44个工作部门（减少1个）。其
中，市政府办公厅和组成部门23个、直属机构21个，另设置部门管理机构
6个，总体上机构设置与国务院基本形成衔接的上下级关系，但也有部分机
构没有完全与国务院衔接，如2008年后国务院设交通运输部承担交通综合
管理职责，M市的相关职责仍分设在新组建的交通运输和港口管理局、城
乡建设和交通委员会两个部门。2013年国务院大部制改革后，M市相应启
动方案编制，2014年初获国务院批复后发布《M市人民政府职能转变和机
构改革方案》。此轮改革根据国务院发文，重点调整了卫生与计划生育、食
品药品监管等机构，新组建M市卫生和计划生育委员会、城乡建设和管理
委员会、交通委员会、食品药品监督管理局等机构，特别是通过设立M市
交通委员会，接受国务院交通运输部的业务指导。① 目前，M市共设45个
部门，其中市政府办公厅和组成部门23个，直属机构22个。M市两轮大部
制改革中新建机构与国务院机构的对应关系见表1。

表1　M市政府大部制改革后的新设机构情况（含组成部门和直属机构）

M市政府新设机构 （2008～2009年）	M市政府新设机构 （2013～2014年）	两轮大部制后的国务院机构 （2008年迄今）
市经济和信息化委员会		国家工业和信息化部
市商务委员会		国家商务部
市人力资源和社会保障局		国家人力资源和社会保障部
	市卫生和计划生育委员会	国家卫生和计划生育委员会
市城乡建设和交通委员会 市住房保障和房屋管理局	市城乡建设和管理委员会	国家住房和城乡建设部
市交通运输和港口管理局	市交通委员会	国家交通运输部
市规划和国土资源管理局		国家国土资源部

---

① 根据《中共中央办公厅国务院办公厅关于印发〈M市人民政府职能转变和机构改革方案〉
的通知》（厅字〔2014〕20号）等文件整理。

M 市政府新设机构 （2008～2009 年）	M 市政府新设机构 （2013～2014 年）	两轮大部制后的国务院机构 （2008 年迄今）
市环境保护局 （调整为市政府组成部门）		国家环境保护部 （调整为国务院组成部门）
市食品药品监督管理局 （由市卫生局主管）	市食品药品监督管理局 （调整为市政府直属机构）	国家食品药品监督管理总局 （调整为国务院直属机构）

资料来源：笔者经综合整理 M 市政府门户网站信息后自制。

　　与 2000 年、2003 年的市政府机构改革比较，2008 年 M 市大部制改革的原则并无不同，均强调与国务院对应，以上下对口、因地制宜为基本特征。当年改革未与国务院对应的交通等部门，M 市也于 2013 年改革中进行了再次调整。

　　由于工业和信息化部门是 2008 年国务院大部制改革中率先组建的部门，以下将以该部门为例，深入探讨国家层面大部制改革对于省级政府的影响。

　　对应于国家工业和信息化部（简称国家工信部），M 市经济和信息化委员会（简称 M 市经济信息化委）组建于 2008 年 10 月，是该市大部制改革中成立最早的部门，由 M 市原经济委员会（简称市经委）、信息化委员会（简称市信息委）两个部门合并组建。M 市经济信息化委的组建大致分为三阶段。第一阶段是 2008 年 10 月至次年 2 月，在撤销原部门基础上组建新部门的试运作阶段，原两个部门的综合处室开始合并办公，专业处室因场所条件受限分开办公，同时各自抽调人员和 M 市编制管理部门一道拟订新机构的三定方案。第二阶段是 2009 年 2 月至次年 6 月，以 2009 年 2 月 M 市经济信息化委下发《内设机构主要职责》为标志，新机构进入整体运行阶段，逐步形成针对新部门的综合管理制度，实施与国家相关部署衔接的工作计划。第三阶段是 2010 年 6 月迄今，以下发《内设机构主要职责调整方案》为标志，以大部制为特征的机构改革告一段落。

　　在 M 市政府机构改革方案正式出台前，市领导和有关部门曾就"M 市经济和信息化委员会"一名赴北京听取中央编制办、国家工信部领导的意见。命名的依据是，M 市经济正向以服务经济为主的产业结构转型发展，新部门命名为"经济和信息化委员会"更能体现全市经济发展的总体格局。这一说法获得了国家层面的认可，虽然在职能配置方面与工信部并无太大区别，但仍把新部门名字视为 M 市大部制改革的一大特色。在 M 市经济信息化委成立后不到半年，相继有 20 多个省采纳类似做法，把本省工业和信息化部门命名为经济和信息化委员会。

在参与拟订三定方案的过程中，M 市经济信息化委强调委的职能设置要遵循"与新职责履行相对应，与大部制探索相对应，与市委和市政府要求相对应"的"三个对应"要求，强调与工信部司局、国防科工局相关司局在职能与内设机构上尽量一致，三定方案编制组作了详尽的国家与地方职能机构对照表，作为拟订三定方案的主要依据（见表 2、表 3）。按照 M 市经济信息化委"三定"规定，内设机构由改革前原市经济工作党委、原市经委和原市信息委的 40 个处室缩减到 28 个，减少 30%，分别由 14 个综合性处室、14 个专业性处室组成；两委人员编制数定为 345 名，减少了 80名①。2010 年经过一年运行之后，人事部门对内设机构职责作了调整，除继续整合内部处室之间相互交叉的一些职责外，根据国家对技术创新和产业发展新的部署，把"跟踪推进战略性新兴产业"增设为技术进步处的职责，以保持与国家发展战略性新型产业战略的一致性②。

表 2　M 市经济信息化委与国家工信部的职能设置比较

M 市经济信息化委	国家工信部
相似职责： (1)组织实施有关法律规章与政策 (2)拟订实施本市工业、信息化规划及标准 (3)监测分析行业分析态势 (4)工业与信息化重大投资项目规划与管理 (5)指导提出行业技术创新 (6)组织实施工业与信息化的资源综合利用和节约能源工作 (7)组织实施城乡工业布局管理 (10)负责全市煤炭、电力与石油运行监控 (11)指导信息资源开发利用与信息化推进 (12)负责本市信息基础设施规划、建设管理 (13)组织协调建立信息安全保障 (16)无线电管理工作 (17)行政复议受理与行政诉讼应诉工作 (18)市政府交办的其他事项。	相似职责： (1)组织实施工业、通信业的规划战略 (2)制定和组织实施工业与通信业的规划、计划与标准 (3)监测分析行业发展态势 (4)提出固定资产投资规模与方向,进行核准审批 (5)拟订高技术产业中相关行业发展规划与标准,推动技术创新与进步 (6)协调推动装备制造业发展 (7)拟订和组织实施工业、通信业的能源节约与资源开发利用 (10)统筹推进国家信息化工作 (11)统筹推进公用通信网、专用通信网与互联网发展 (12)无线电管理 (13)信息安全管理 (15)国务院交办的其他事项

---

① 编制减少并不能完全说明本次机构改革在人员精简方面的成效，部分人员随原经委的内贸管理职责划出转到了市商务委，也有部分人员离职或调任至其他政府工作部门、下属事业单位。

② M 市经济信息化委文档资料：关于机构设置有关情况的说明。

续表

M 市经济信息化委	国家工信部
相异职责：	相异职责：
（8）建立服务全社会企业的工作体系	（6）协调推动装备制造业发展
（9）推进生产性服务业发展	（8）推动工业与通信业的体制改革与管理创新
（14）组织协调推进智能卡产业发展	（9）负责中小企业的宏观指导
（15）推动建立社会诚信体系	（14）工业、通信业与信息化的对外合作交流

注：表 2 中职能设置的序号（1）（2）（3），分别对应于该部门三定方案中法定职责的序号（一）（二）（三），以此类推。

资料来源：根据国家工信部、M 市经济信息委的机构三定方案自制。

表 3　市经济信息化委与国家工信部的内设机构比较

序号	国家工信部内设机构	M 市经济信息化委内设机构
1	办公厅	办公室
2	政策法规司	研究室（政策法规处）
3	规划司	综合规划处（结构调整推进处）、产业投资处
4	财务司	办公室、综合规划处
5	产业政策司	综合规划处
6	科技司	技术进步处（航空产业处）
7	运行监测协调局	经济运行处
8	中小企业司	中小企业服务办
9	节能与综合利用司	节能与综合利用处
10	安全生产司	经济运行处
11	原材料工业司	重化产业处
12	装备工业司	装备产业处、技术进步处、高新工程处（船舶产业处）
13	消费品工业司	都市产业处
14	军民结合推进司	高新工程处
15	电子信息司	电子信息产业处
16	软件和服务业司	软件和信息服务业处、信息安全处
17	通信发展司	信息基础设施管理处
18	电信管理局、通信保障局	由上海市通信管理局承担（部直属机构）
19	无线电管理局	市无线电管理局（委直属副局级单位）
20	信息化推进司	信息化推进处（智能卡管理处）
21	信息安全协调司	信息安全处
22	国际合作司	外经处
23	人事教育司	人事教育处
24	离退休干部局	老干部处（工作党委序列）

资料来源：根据国家工信部、M 市经济信息化委门户网站公开信息自制。

对比 M 市经济信息化委与国家工信部的职能与机构设置，有以下特点。

一是职能范围的高度对应。从表 2 内容看，M 市经济信息化委与国家工信部的职责几乎完全对应。根据与国家职责的相似程度划分，把"三定"后 M 市经济信息化委的职能分为三类，第一类是"执行"职能，主要是贯彻实施国家政策法规，如职能第（1）条；第二类是"对应"职能，如（2）～（7）、（10）～（13）等，这部分职能在 M 市经济信息化委的机构职能中占了主要比例，与工信部职能在内容和表述上高度一致，只是管理对象所在的行政区划不同。第三类可称为地方"特色"职能，如（8）、（9）、（14）、（15）等。其中第 8 条职能是建立覆盖全市的服务企业工作体系，由内设的经济运行处承担；第 9 条职能"推进生产性服务业发展"尽管在工信部的整体三定方案中没有体现，实际上是设置在工信部内设的产业政策司职责中；第 14 条与第 15 条职能延续了原 M 市信息化委员会两个挂牌机构的职能内容，即原市金卡工程办公室、银行卡产业发展领导小组办公室和原市征信管理办公室。由于在 2008 年国家大部制改革中，仍未明确智能卡管理、信用管理对口主管的管理部门，M 市相关领导小组、联席会议及其办公室没有明文撤销，因此只能保留在新的市经济信息化委中。

二是机构设置的基本同构。根据职能规定，市经济信息化委在拟订三定方案时，所设机构考虑与国家工信部对口衔接，工信部 24 个内设司局的职责，应当能在 M 市经济信息化委内设机构中找到省级对口部门。从表 3 内容看，工信部大部分内设司局均可在 M 市经济信息化委员找到下级对口部门，但由于省级政府部门的编制所限，对航空、船舶产业发展等工信部工作，M 市经济信息化委没有设置相应对口机构，大多通过内部处室加挂牌子的办法予以解决，如内设的技术进步处加挂航空产业处，高新工程处加挂船舶产业处牌子，以对应国家工信部装备工业司的职责。此外，根据三定方案中有关地方特色的部分职能规定，M 市经济信息化委还设置了信用管理处、生产性服务业处、智能卡管理处（信息化推进处挂牌）等处室，承担被撤销的两个机构之前的部分职责，但这些处室在新部门中总体机构的设置中占相当小的比例。

三是政策重心的实际调整。在市经济信息化委运作的三年期间，M 市原经委、信息化委的政策重心在大部制运行后发生了实际的转变。新机构的工作体系分为三类：第一类是常规工作，如内部综合管理、人事教育、财务、规划等。第二类是延续性工作，如企业技术改造、工业系统固定资产投资项目管理、经济运行监测（特别是制造业领域）等，此类工作历经多次国家行政机构改革，在工作体系和运作模式上没有发生较大改变，因此随着旧部门撤销而划入了新组建的国家工信部，地方对口的业务部门也就相应保留和延续下来。第三类是拓展性工作。国家工信部组建以后，把推进信息化与工业化融合（简称"两化融合"）、新型工业化等作为新的工作重点。M市经济信息化委也随之将两化融合、建设新型工业化产业基地等作为年度和长期重点工作，在新机构成立一年中，积极向工信部申报方案，2009 年 9月 M 市成为八个国家级两化融合试验区之一，同时推动市内四个产业基地成为国家级新型工业化产业示范基地。M 市经济信息化委在改革步伐及跟进国家战略方面的举措，使其在大部制实施过程中屡次成为国家工信部经验交流会上的典型，代表 M 市向全国各省市介绍机构改革成效。但组建前的一些重点工作，如原 M 市信息委承担的社会信用体系建设、政府信息公开等，曾被认为是全国范围内极具地方创新精神的工作，在国家层次会议上作过多次交流，在新机构组建后的格局都有了较大调整。比如，电子政务和政府信息公开在 2008 年以前是纳入全市信息化建设整体规划中予以推动的，但大部制改革后该项职责转由 M 市政府办公厅承担，M 市经济信息化委负责协调推动。

三 M 市大部制改革的结果与评价

在 2008 年和 2013 年的国家大部制改革中，为何在中央反复强调地方改革没有时间表、可以因地制宜的情况下，地方特别是省级政府仍然倾向选择与国务院大部制改革类似的方案呢？现有文献中对此有几种解释。一是根据"职能同构"的观点，由于我国宪法与地方政府组织法并未对政府纵向间职能配置、机构设置等作出根本性的修改，仍然强调上下一致性，省级政府与国务院在职能内容上没有明确区分，限制了地方政府在职能与机构设置上的作为空间[1]。二是根据"压力型体制"的观点，下级政府必须完成上级政府的各项指标和任务，上下级间长期存在压力状态[2]，因而地方政府倾向于在

---

① 朱光磊、张志红：《职责同构批判》，《北京大学学报》2005 年第 1 期。
② 荣敬本：《变"零和博弈"为"双赢机制"——如何改变"压力型"体制》，《人民论坛·政论双周刊 1（B）》。

政策方面与中央保持高度一致，以获得政治升迁的资本。此外，政策过程理论也可以提供一个解释的视角，地方政府组成部门是政策过程中的具体行动者。在机构改革中，省级政府作为中央在地方的直接代理者，在参与制订新机构改革方案时，通过与国家保持一致，可以体现对中央大政方针的支持和拥护，获取在全国行政改革中的优先和示范地位，也更有可能获得国家新组建部门的各种政策试点优先权。例如，M市经济信息化委在组建后积极争取成为两化融合与新型工业化产业示范基地的全国试点城市，在向M市政府领导汇报机构改革工作时，屡次因此得到肯定。

基于上述原因，可把M市政府大部制改革称为"回应型"的地方机构改革。地方回应型改革的特点是：根据国家机构改革部署开展的地方机构改革，在职能界定、机构设置、政策重心等方面基本与国家对应。从目前各省大部制机构改革的进展看，省级政府大多属于此类回应型改革。市县一级的大部制改革却更多属于地方"创新型"机构改革，形成了一些省域内的地方创新路径，如广东顺德、浙江富阳等被称为2008年以来全国大部制改革的地方创新典范。与回应型改革相比，创新型改革选择大部制中某个核心要素进行突破，如顺德推行党政机构合署办公，深圳实施行政权三分，富阳设立专委会解决部门之间的协调问题等。同时，选择试点或突破的市县大都获得了省级政府的大力支持，是该省每次机构改革的先行者和"排头兵"，具有一定的创新和试点基础。

省级政府的回应型机构改革能否实现国家预期的大部制改革目标？仍以M市经济信息化委为例，对地方回应型机构改革的结果进行初步分析。

第一，职能的有限统一。大部制改革目标是政府职能的有机统一。把工业与信息化部门合并后，统一的仅是工业行业原先分散在国家发改委、国防科工局的管理职能，以及工业领域的信息化应用推进职能，如企业信息化推广、传统产业信息化改造等，但信息化职能难以得到完全覆盖。M市信息化发展水平在全国位居前列，大部制改革前设立信息化委员会，正是为了顺应信息化发展趋势，在全国率先设置了专职部门，以行使信息化推进的统一规划和管理职能。大部制改革后，与信息化相关的部分职能，如电子政务、信息资源整合与共享等，在新部门中的地位和重心都有变化，必然影响相关工作的延续开展。同时，大部门仍未解决一些跨领域或新兴业务的管理职责交叉问题，如电子商务、生产性服务业、信用服务等新业态的管理，在国家层面尚未明确主管部门的情况下，省级政府也难以在自身的机构改革中作出突破。

　　第二，地方政策的被动变迁。根据西方政策变迁理论，组织变革是政策变迁的影响因素之一，组织在结构、人员、层级、资源等方面的变革，构成了政策过程的次级系统，从而导致了政策执行的失效或是停止①。以回应中央改革为特征的地方机构改革，由于被撤并机构在内设部门、领导者、人力资源等方面的变动，原先执行的部分政策难以延续，或是被转移到其他部门。但机构改革对政策执行造成的影响和成本尚未被纳入目前的相关研究中。以信息化建设中的信息资源开发利用为例，2004 年，中办、国办联合下发《关于加强信息资源开发利用工作的若干意见》（中办发【2004】34号），各地政府积极响应，M 市政府于次年下发了贯彻实施中央意见的实施意见，把信息资源开发利用作为信息化工作的重点内容和主线，提出分别发展政务信息资源、公益性信息资源开发利用、繁荣信息资源市场的规划及政策。大部制改革后，此项工作虽被列入 M 市经济信息化委的法定职能，但密切相关的电子政务和政务信息公开工作被转入 M 市市政府办公厅，意味着非政务类的信息资源开发在新的部门较难以得到延续和深化。

　　第三，行政机构面临长期整合。由于从组建到正式运作的时间很短，新机构面临着内部与外部在管理模式、运行机制、组织文化等诸多方面的协调与整合。从内部整合来看，M 市经济信息化委从原先两委 40 个处室合并为28 个处室，大部分人员保留在原先处室和部门中，一些处级领导和科员根据岗位需要进行了调整。合并过程中，把原先两委的人员放到一个处室中。但在调查中发现，由于原来两个机关在工作方法上有一些差别，短时间内融合到一起，对工作开展有一定的负面影响，小到公文行文的风格，大至整个部门的综合管理制度，都在经历明显的融合与变化。从与外部的协调关系来看，对上与国家工信部建立了较为顺畅的工作关系，对下却遭遇了来自 M市区县机构改革的障碍。由于区县改革滞后于市，在 M 市全部区县中，1 个区设立了经济信息化委，1 个区设立了区经委（信息委），其余郊区县均设立了区或县的经委（商委），中心区由于商业比重较大，设立了区商委（经委），大部分区县原先的信息委都设置在了科委，与市级部门的对口关系非常复杂，出现了"区下面没脚，工作没法开展"的局面。

----

　　① 金登（Kingdon）提出的多源流政策分析框架，政策过程是问题流、政策流与政治流分离或汇合的复杂过程，而组织变迁则构成了具体的背景；萨巴蒂尔（Sabatier）提出的倡导联盟框架，指出组织变迁是政策过程中稳定的系统参数，对政策次级系统中的行动者提供了资源或者限制。

四 总结和建议

从大部制改革实践来看，省级政府倾向于采取回应型的机构改革模式，以最大程度与中央的政策和机构相衔接，并由此降低机构改革的成本。但一味采取回应型的作法，也可能导致机构难以整合、政策被动变迁等现实问题，从而难以实现预期的机构改革目标。无论如何，行政机构改革是提高政府效率和效能的有效途径，周期性的机构改革也将是地方政府面临的常态，因此今后的研究需要更加关注的问题是，如何在单一制架构下选择地方机构改革模式？如何系统评估地方机构改革实践。以 M 市政府大部制改革为案例，同时结合现有文献成果，对改进回应型为主的省级政府机构改革提出如下建议。

第一，从政策过程的角度来看，应改变自上而下的机构改革模式。根据我国宪法、现行地方政府组织法、地方政府机构编制条例规定，地方机构改革需要上报上级政府部门审核批准，县级以上地方政府机构调整还要报本级人大常委会备案。在实际操作过程中，省级政府的改革通常在国务院改革方案确定之后再行制订，且制订过程在实施前由于怕引起人事动荡被视为秘密，整个方案拟订和实施的透明度并不很高，在方案公布后反而引起了所涉部门的内部讨论或不安情绪。事实上，政府机构改革涉及政策过程中的多个行动者，如地方党委、编制部门、市领导、撤并机构、地方人大等，需要拟订方案的有关部门进一步放开整个方案编制的过程，在透明决策的基础上形成更能反映多元行动者的机构改革方案。

第二，从政策评估的角度来看，需要在实施前对多个备选方案进行选择性评估。迄今，省级政府机构经历的改革，都未能从职能转变过程作一比较评判。在官方总结性文件中，均把历次改革视作行政管理体制发展和政府职能转变的科学历程；在现有研究中，则偏向于从机构规模缩减、人员精简等方面进行评述，虽然越来越多的学者开始研究政府职能进退和纵向间职能配置，但在以案例为基础的实证研究方面仍有不足。

在正式出台省级政府机构改革方案前，应对所拟的多个备选方案，基于三组变量进行综合评估。其一，政策执行变量，需要考量地方现有政策体系在机构改革实施后的延续性和执行情况，包括中央与地方政策的差异性、地方政策变动、新旧政策的接续性等因素。其二，政府职能变量，需要对相关方案涉及的政府职能，进行纵向（中央与地方、省级与市或区县）、横向（拟组建的新部门之间）的配置比较，明确可以界别和需要建立协调机制的不同职能类别，尽可能地达到职能有机统一的预期目标。其三，改革成本变量，探索运用成本 – 效益等评估方法，对不同改革方案的预期成本效益比进行估摸，相关的成本支出应包括：人员分流与整合、办公场所变动、改革动员、新机关内部建设等；相关的效益所得包括：同一职能在改革前后的执行效率、服务对象满意度、行政开支增减等。

　　相比中央部门的机构改革，地方机构呈现出一种更加多元而复杂的特点，并由此导致了地方治理的多元化形态，地方政府机构改革的好坏将直接影响地方治理的成效。因此，实施经过慎重研究和综合评估后的改革方案，比实施一种强调与中央对应、最新最快的改革更为重要。此外，省级政府机构如能在比较评估基础上找到适当的改革方案，也将有利于指导和推进区划内的市县政府机构改革。

廉政建设

官员腐败现象的分析与启示：基于广州市的 43 个样本

董建新　程　龙[*]

董建新　程　龙[*]

摘　要： 本文抽样选出 1979～2014 年广州市的腐败官员案例进行分析。研究表明，在所选取的 43 个样本中，腐败行为以受贿罪为主；受贿案件中，行贿者主动行贿居多，行贿目的集中在国有资产买卖领域，其次是人事领域；市政府和国企最易发生腐败，正职领导比副职领导更容易做出腐败行为；从初犯年龄看，50 岁以上的腐败官员最多；官员作案后，平均需要 7.2 年事发；腐败案件发生的频繁程度随社会经济条件改善逐渐上升。针对上述情况，在今后的反腐工作中应配置专业人员重点防范受贿类犯罪；改变权力带来利益的旧有格局；建立多元化晋升结构；建立超部门的独立反腐机构；收紧职位带来利益的弹性空间。

关键词： 腐败　寻租　官员

广州作为走在改革开放时代前列的珠三角地区核心城市，其经济发展经验一直为内地各大城市学习和效仿。在高速发展的经济环境下，广州市的官员腐败问题也日益凸显且具有一定的代表性。习近平总书记在十八届中央纪

---

* 董建新，暨南大学教授，研究生导师，经济学、哲学博士，主要研究方向为公共经济学、公共管理、教育经济学、政治的经济分析、经济哲学；程龙，暨南大学硕士研究生助教，主要从事公共经济学研究。

委二次全会上的讲话中指出，党风廉政建设和反腐败斗争是一项长期的、复杂的、艰巨的任务。从维持良好的党政廉政风貌和地方长远发展角度出发，有必要对改革开放以来的广州市腐败案例进行深入剖析，并总结出有针对性的反腐措施，以在日后供其他地方参考和借鉴。

一　资料收集方法

文章截取了广州市（含下辖县级市）1979～2014 年的 43 个官员腐败案例进行研究。根据 Yin（2003）的建议，为确保各案例具有同等维度下的可比性，笔者确立了一套统一的案例遴选标准，具体如下：案例出自《广州日报》或中纪委监察部官方网站等媒体的公开报道，资料较完整；广州市中级人民法院历史、最高人民检察院工作报告、《中国反腐倡廉大事记（1978～2010）》的记录；官员的行政级别至少为处级（市政府官员），或至少为局级（区政府、县级市政府官员）；官员已经法定程序确认为有罪，并已在 2014 年 9 月 10 日前宣判。收集的案件资料如表 1 所示。

表 1　官员腐败罪名统计

序号	姓名	原职务	所涉罪名	刑罚方式	案发时涉案金额
1	吕英明	广东省国土资源厅副厅长	受贿罪、滥用职权罪	无期徒刑，剥夺政治权利终身	受贿 1900 多万元；滥用职权造成公共财产损失 5750 万元
2	谷文耀	广州市人大常委会教育科学文化卫生工作委员会主任	受贿罪	有期徒刑 11 年 6 个月	人民币 229.405 万元、港币 13 万元、英镑 1.44 万镑、价值人民币 100 万元的"干股"
3	赵必强	广州市荔湾区科技和信息化局局长	受贿罪	有期徒刑 3 年缓刑 4 年	人民币 7.1 万元
4	郭清和	从化市委副书记、市长	受贿罪	有期徒刑 6 年 6 个月	人民币 250.7 万元、购物卡 30 万元
5	许千里	广州市民政局副局长、正局级巡视员	受贿罪、行贿罪、挪用公款罪	有期徒刑 14 年	受贿人民币 129 万元；挪用人民币 280 万元；行贿人民币 99 万元、美元 2 万元；贪污 99 万元
6	李治臻	广州市民政局局长	受贿罪	有期徒刑 13 年	人民币 400 万元、美元 5000 元
7	何靖	广州市公安局党委副书记、副局长	受贿罪	无期徒刑、剥夺政治权利终身	人民币 626 万元、港币 67.4 万元、美元 1 万元

续表

序号	姓名	原职务	所涉罪名	刑罚方式	案发时涉案金额
8	易 鑫	广州市医疗保险服务局监督检查审计处处长	受贿罪	有期徒刑 6 年	人民币 57 万元
9	潘 潇	花都区区委记兼区人大主任	受贿罪	有期徒刑 12 年	人民币 82 万元、港币 11 万元、美元 5000 元
10	唐儒平	广州市交通工作委员会副书记、广州市交通委员会常务副主任	贪污罪	有期徒刑 12 年	人民币 102 万元、澳币 1 万元
11	马必友	广州市政园林局党委书记	受贿罪	有期徒刑 9 年	人民币 316.7476 万元、港币 3 万元
12	陈绍基	广东省政协十届委员会主席	受贿罪	死刑, 缓期两年执行, 剥夺政治权利终身	人民币 29595067 元
13	马 云	广东省物价局副局长	贪污罪	有期徒刑 10 年	人民币 70 万元
14	沈志强	广东省广盐集团有限公司董事长兼广东省盐务局局长	受贿罪	有期徒刑 4 年	人民币 65.9 万元
15	万年保	广州市南沙围垦开发公司党委书记、广州南沙国际物流有限公司总经理	受贿罪	无期徒刑, 剥夺政治权利终身	人民币 630 万元、美金 4500 元、价值人民币 3.78 万元的四方联邮票四套
16	欧秉昌	广州市交通委员会主任、越秀集团公司董事长、总经理	受贿罪	有期徒刑 11 年	人民币 2046659.91 元、港币 505000 元、美元 3000 元
17	许 智	广东国际信托投资公司董事长兼总经理、党组书记	受贿罪、玩忽职守罪	有期徒刑 5 年	受贿港币 14 万元；玩忽职守导致 2000 万元国有资产流失
18	蔡志祥	广州医药集团有限公司党委书记、董事长，广州市红十字会常务理事、副主席，广东省医药工商联合会名誉副会长	受贿罪	有期徒刑 3 年 6 个月	人民币 90000 元、港币 81000 元、美元 11000 元
19	李益民	广州医药集团副董事长、总经理，广州药业股份有限公司副董事长，广州白云山制药股份有限公司董事长	受贿罪	无期徒刑、剥夺政治权利终身	人民币 20.9 万元、港币 329 万元、美元 2.5 万元

续表

序号	姓名	原职务	所涉罪名	刑罚方式	案发时涉案金额
20	李维宇	广州市环保局局长	受贿罪	有期徒刑7年	人民币 64.3 万元、美元 4000 元
21	徐裕年	广东省委统战部副部长、广东海联公司董事长兼总经理	贪污罪	无期徒刑	人民币 373 万元、美元 7 万元
22	梁柏楠	番禺区区委书记、政协主席	受贿罪	有期徒刑12年	人民币 139 万余元、港币 21 万元、美元 2.88 万元
23	薛长春	广东省扶贫经济开发总公司法定代表人,总经理兼广东省蓝天金卡发行中心法定代表人、主任	贪污罪、挪用公款罪、国有公司人员失职罪	死刑,剥夺政治权利终身	贪污人民币 1098 万元;挪用公款人民币 302.5 万元;失职造成国有公司损失共计人民币 750 万元
24	牛和恩	广东省交通厅厅长	受贿罪、玩忽职守罪	有期徒刑13年	受贿人民币 250 余万元;玩忽职守造成国家损失人民币 1.1 亿元
25	沈华林	广州市航道局副局长、工会主席	受贿罪、挪用公款罪、挪用资金罪	有期徒刑20年	受贿港币 36 万元;挪用公款人民币 90 万元;挪用资金人民币 100 万元
26	王志仁	广东省交通集团有限公司副总经理	受贿罪	有期徒刑7年	人民币 56.32 万元
27	邓以铭	广州市国土房管局副局长	受贿罪	有期徒刑15年	人民币 54 万元、港币 29 万元、美元 8.22 万元
28	麦崇楷	省委政法委副书记、省高级人民法院院长、第九届全国政协委员、省人大代表、省法官协会会长	受贿罪	有期徒刑15年	人民币 28 万元、港币 73.2 万元
29	黄荫初	中国银行广东省分行行长	挪用公款罪	无期徒刑,剥夺政治权利终身	港币 1900 万元
30	詹敏	广州市政府驻北京办事处副主任、北京广州大厦筹建办副主任	受贿罪	有期徒刑5年	人民币 20 万元
31	李金叶	广州市司法局副局长	受贿罪	有期徒刑2年,缓期2年	人民币 7 万元

续表

序号	姓名	原职务	所涉罪名	刑罚方式	案发时涉案金额
32	李向雷	广东省交通厅副厅长	受贿罪	有期徒刑13年	人民币 62 万元、美元 1 万元
33	叶荣达	广州市市政管理局、市园林局副局长	受贿罪	无期徒刑	人民币 124.8 万元、美元 11.8 万元
34	丁振武	广州市公用事业管理局局长	受贿罪、巨额财产来源不明罪	无期徒刑，剥夺政治权利终身	人民币 152.78 万元、港币 302.27 万元、美金 3.33 万元
35	邵汝材	广州市财政局党委书记，广州市财政局、地税局和国资局局长、广州市第十一届人民代表大会代表	受贿罪、贪污罪	有期徒刑18年	人民币 38 万元、港币 9.5 万元、非法所得 92 万元；挪用公款 1000 万元
36	李军	广东进出口商品检验局党组书记、副局长	受贿罪	有期徒刑12年	各种财物共计人民币 276275.60 万元
37	陈清泉	广州市人民政府副秘书长、广州市地铁公司总经理、广州地铁实业有限公司董事长	受贿罪	有期徒刑15年	人民币 55 万元、港币 3.8 万元
38	黄炎田	广东国际信托投资公司法定代表人兼总经理、党组书记	非法吸收公众存款罪、玩忽职守罪	有期徒刑14年	非法吸收公众存款人民币 7.62 亿元、港币 2.25 亿元、美元 1498.78 万元，最终无法归还款项为人民币 3.54 亿元、港币 3838.45 万元、美元 193.45 万元；省国投损失人民币 18143.200124 万元
39	苏凤娟	广东省民政厅副厅长	受贿罪	有期徒刑15年，剥夺政治权利5年	人民币 128 万元、港币 10 余万元，大批珠宝首饰等
40	谢鹤亭	广东省天龙集团公司总经理兼党委书记	贪污罪	死刑，剥夺政治权利终身	人民币 15 万元、港币 262 万元、美元 2 万元；挪用公款人民币 404 万元、港币 3221804 元
41	董虎臣	中国建设银行广东省分行行长	受贿罪、玩忽职守罪	有期徒刑13年	受贿港币 30 万元；玩忽职守造成国有公司损失港币 1.06 亿元
42	杨献庭	广州市旅游局副局长、广州东方宾馆党委书记兼总经理	受贿罪	有期徒刑7年	人民币 2.84 万元
43	王维经	广州市电信局党委书记、局长	投机倒把罪	有期徒刑2年	投机倒把牟利 4000 多元

二　官员罪名分析

如图 1 所示，从 43 起案件的罪名分布不难看出，受贿罪是广州市官员的主要罪名，共有 35 人因涉及受贿罪而获刑，约占总人数的 81%。贪污罪的数量占第二位，共有 6 人因涉及贪污罪而获刑，接下来是挪用公款罪，有 4 人涉及。其他罪名还包括玩忽职守罪、挪用资金罪、国有公司人员失职罪、滥用职权罪、投机倒把罪、巨额财产来源不明罪。

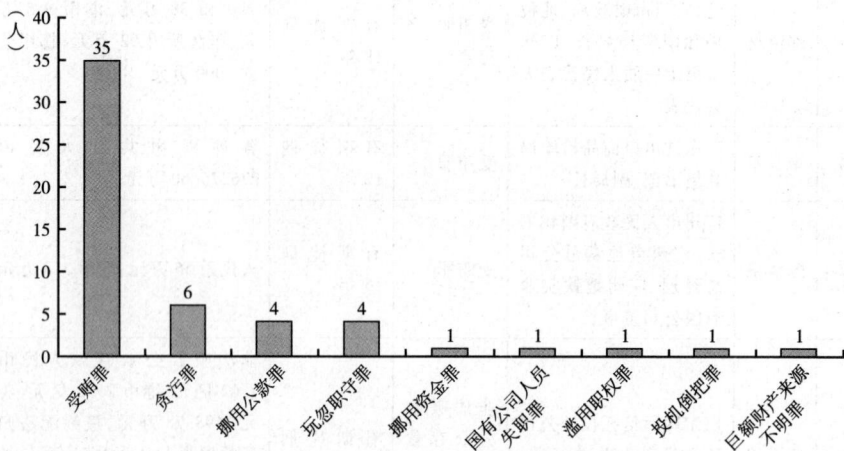

图 1　广州市腐败官员罪名

在涉及受贿罪的 35 个案例中，广东省政协十届委员会主席陈绍基受贿人民币 29595067 元，是 43 个案例中受贿额度最高的官员，受贿额度上千万的官员还有广东省国土资源厅副厅长吕英明，受贿达 1900 多万元。受贿金额在人民币 100 万～500 万元的涉案人数最多，共有 13 人，这一数量在 35 名涉及受贿罪的案件中占 37%，其次是小于 50 万元人民币以下的涉案人数，共有 10 人，约占所有含受贿罪罪名案例的 29%。

官员的受贿方式除了传统的现金、实物外，还出现了奢侈品。如南沙围垦开发公司党委书记万年保曾收受价值人民币 3.87 万元的四方联邮票四套。受贿币种多样，除人民币之外，还有港币、英镑、美元、澳元。在李益民、麦崇楷、丁振武三人的案件中，港币更是取代人民币成为最主要的行贿币种。

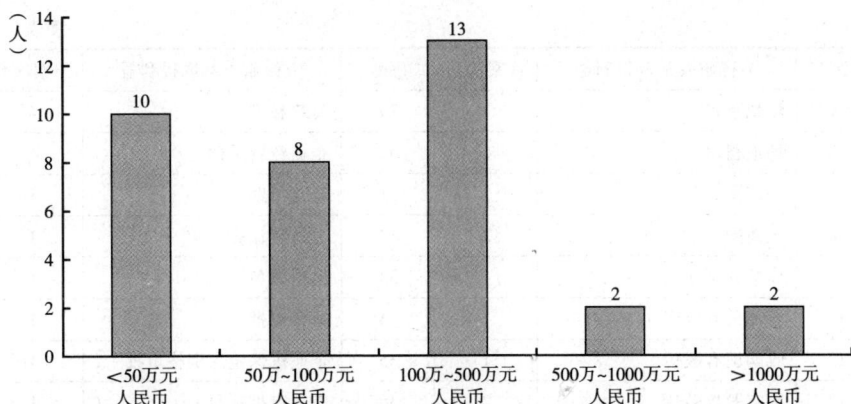

图 2　涉案官员受贿金额及人数

三　谋利种类分析

尽管为租用权力所需支付的代价巨大，受贿案件仍多是以行贿人主动拜访官员而发生。如表 2 所示，在对 35 起行贿受贿案件中的 45 种违法行为的共计 90 个涉案次数进行分类后，笔者发现其中 51 次涉及国有资产买卖（表 2 中序号 1～21 的次数）。18 次涉及岗位安排（表 2 中序号 22～27 的次数）。9 次涉及政府关照私人经营（表 2 中序号 28～33 的次数）。5 次涉及官方审批（表 2 中序号 34～38 的次数）。5 次涉及妨碍司法公正（表 2 中序号 39～43 的次数）。2 次涉及违规使用特种证照（表 2 中序号 44～45 的次数）。总体看来，大部分属于行贿人租用官员的政府垄断权力，攫取超额利润的行为。

表 2　官员为行贿者谋取利益统计

序号	为行贿人某取得利益	涉案次数	序号	为行贿人某取得利益	涉案次数
1	工程承包	17	24	人事调动	3
2	工程建设审批	1	25	人事提拔	4
3	工程进度、工程质量、工程款结算牟利	1	26	工作关照	7
4	款项尽快拨付	1	27	工作调动	1
5	工程量和工程投资不减少	1	28	追回货款	1

续表

序号	为行贿人某取得利益	涉案次数	序号	为行贿人某取得利益	涉案次数
6	场地承租	2	29	公款私借	4
7	场地租用	1	30	企业经营关照	1
8	房产购买	1	31	经营帮助	1
9	土地购买	2	32	土地转让金减免	1
10	商标许可使用	1	33	房租减免	1
11	收购国有资产	1	34	项目审批	1
12	收购国有股份	1	35	企业医保定点资格审批	1
13	国有股权转让	2	36	违规审批项目	1
14	原料采购	2	37	公司审批	1
15	低价购入国有资产	1	38	特种行业审批关照	1
16	购买国有资产	1	39	涉案人员免受公安机关处罚	1
17	政府购楼项目	1	40	免受纪检监察机关调查	1
18	政府采购	2	41	司法申诉帮助	1
19	公款投资	1	42	查扣物免于收缴	1
20	项目承揽	3	43	变更公安机关对有关人员的强制措施、干预案件审理	1
21	业务承揽	8	44	违规使用警车牌照	1
22	竞选帮助	1	45	违规办理证件	1
23	人员招录	2			

　　涉及国有资产买卖的案件最多，约占全部涉案次数的57%，交易范围既涵盖有形的工程承包、场地租售、不动产买卖、原料采购，也包括无形的服务购买、知识产权许可、股份认购。参与这一类寻租交易的行贿方多为商人，他们追逐利润最大化，或是希望能在投标中以较低的资质内定中标，或是希望政府出资大于实际成本，或是希望能以低于市场行情的价格购买公共物品的使用权。为了达到这种目的，行贿商人会许诺官员在事后的经营中分成，或者事先以各种钱物和官员达成寻租意向。如梁柏楠一案中，包工头莫某经由梁的指定，获得了南沙大部分市政工程的经营权并且很快就收回工程款。当然，"租金"绝不会超过商人在租用权力的过程中获得的利润额，在官员要求过高时，商人们或是停止交易或是主动向检察机关检举揭发。

　　同以权谋利相比，以利谋权则显得不那么突出。为岗位安排而行贿的次数占全部涉案次数的20%。参与这类行为的行贿人多是政府内的基层工作人员，当前我国政府仍然在各行各业有着深远的社会影响力，行贿者希望经由关系疏通，更轻松地进入政府部门，在工作中受到领导的重视和关照，在仕途上快速晋升，进而攫取更高的权力和利益，买官卖官现象从而得以存在。如广州市公安局副局长何靖一案中，行贿人王某在贿赂直属上级何靖后，快速从白云区龙桂派出所所长晋升为白云区太和镇党委副书记。

四　官员职级、部门分布分析

租售权力谋利只是腐败行为的一种，与其说行贿人购买的是官员的权力，倒不如说行贿人购买的是官员所在职位的价值。如图 3 所示，从涉案官员的职能和层级角度看，市政府和国企的案件最多，均为 11 起。案件数最高的单个职位也出现在这两个职能部门中，分别是市政府的副局长级（由于广州市属于副省级市，广州市驻京办副主任也属于这一级别），以及国企的总经理级。正厅级、正局级、国企"一把手"官员有 25 人，约占官员总数的 58%。其他副职官员有 18 人，约占官员总数的 42%。政治官员案发率要稍多于副职官员。

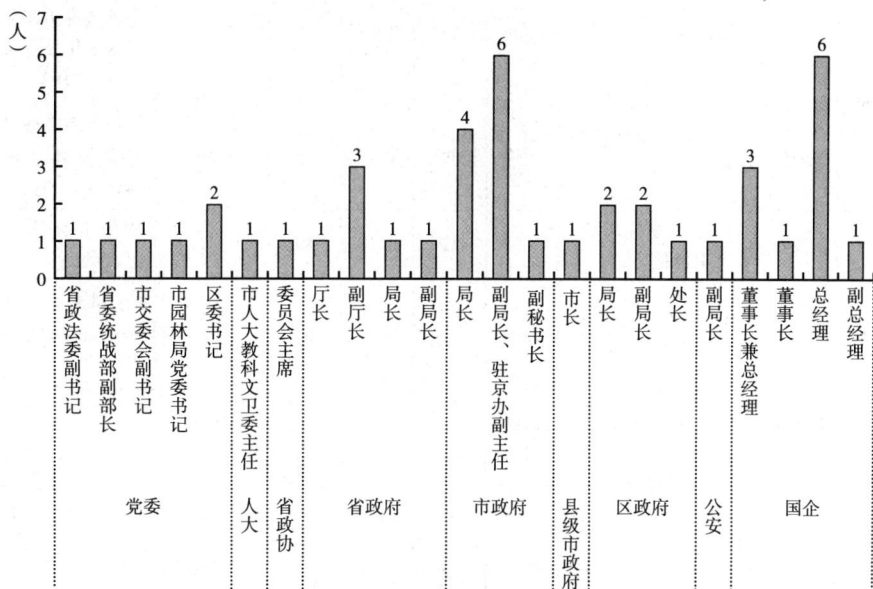

图 3　腐败案件官员职能、等级分布

五 年龄及时间跨度分析

用于租借的行政权力越大，层级越高，越需要官员在资历和任职时间上的积累。如表3所示，除去资料不详，没有公开说明官员年龄的数据。笔者发现，在38名公开了年龄和案情时间跨度的官员中，年龄为50或50以上的有22人，年龄在40～49岁的有10人，年龄在30～39岁的有6人。50岁以上的广州官员发生的贪腐事件最多，年龄最大的为广东省委统战部副部长、广东海联公司董事长兼总经理徐裕年，初次作案时已63岁。广州官员的"59岁现象"并不明显，只有2人在59岁时开始犯案。

表3 官员初次犯案及查处时间、职务表

序号	姓名	初次犯案时最高职务	初次犯案时间（年）	初次犯案年龄（岁）	查处初始时间（年）	查处时年龄（岁）	初次犯案至查处时间跨度（年）	获刑前最高职务
1	吕英明	广东省水利水电第三工程局副局长	1994	32	2013	51	19	广东省国土资源厅副厅长
2	谷文耀	白云区委书记	2006	53	2013	60	7	广州市人大常委会教育科学文化卫生工作委员会主任（转任）
3	赵必强	广州市荔湾区科技和信息化局局长	2010	46	2013	49	3	广州市荔湾区科技和信息化局局长
4	郭清和	广州市林业局局长、党委副书记	2006	42	2013	49	7	从化市委副书记、市长
5	许千里	广州市民政局副局长、正局级巡视员	2002	50	2012	60	10	广州市民政局副局长、正局级巡视员
6	李治臻	广州宾馆总经理	1995	43	2012	60	17	广州市民政局局长
7	何靖	花都市委常委、政法委书记，花都公安局党委书记、局长	1996	39	2012	55	16	广州市公安局党委副书记、副局长
8	易鑫	广州市白云医疗保险服务局监督检查审计处处长	2009		2011		2	广州市白云医疗保险服务局监督检查审计处处长

续表

序号	姓名	初次犯案时最高职务	初次犯案时间（年）	初次犯案年龄（岁）	查处初始时间（年）	查处时年龄（岁）	初次犯案至查处时间跨度（年）	获刑前最高职务
9	潘潇	花都区委书记、区人大主任	2005	48	2011	54	6	花都区委书记、区人大主任
10	唐儒平	广州市交通工作委员会副书记、广州市交通委员会常务副主任	1999	36	2011	48	12	广州市交通工作委员会副书记、广州市交通委员会常务副主任
11	马必友	市政管理局与园林局党委书记（2001 年市政管理局与园林局改称广州市政园林局，其继续担任党委书记）	1999	53	2009	63	10	广州市政园林局原党委书记
12	陈绍基	广东省委政法委副书记、广东省公安厅厅长、广东省公安厅党委书记	1992	47	2009	64	17	广东省政协十届委员会主席
13	马云	广东省物价局办公室主任	2000		2009		9	广东省物价局副局长
14	沈志强	广东省盐业总公司总经理、党委书记	2003	55	2008	60	5	广东省广盐集团有限公司董事长兼广东省盐务局局长
15	万年保	广州南沙国际物流有限公司总经理、广州南沙围垦开发公司党委书记	2003	49	2008	54	5	广州南沙国际物流有限公司总经理、广州南沙围垦开发公司党委书记
16	欧秉昌	广州市交通委员会主任，越秀集团公司董事长、总经理	2002	56	2008 年退休2009 年被刑拘	63	7	广州市交通委员会主任，越秀集团公司董事长、总经理
17	许智	广东国际信托投资公司董事长兼总经理、党组书记	1993	58	2005	70	12	广东国际信托投资公司董事长兼总经理、党组书记

续表

序号	姓名	初次犯案时最高职务	初次犯案时间（年）	初次犯案年龄（岁）	查处初始时间（年）	查处时年龄（岁）	初次犯案至查处时间跨度(年)	获刑前最高职务
18	蔡志祥	广州医药集团有限公司党委书记、董事长，广州市红十字会常务理事、副主席，广东省医药工商联合会名誉副会长	1999	50	2004	55	5	广州医药集团有限公司党委书记、董事长，广州市红十字会常务理事、副主席，广东省医药工商联合会名誉副会长
19	李益民	广州医药集团有限公司副董事长、总经理	2000	49	2004	53	4	广州医药集团副董事长、总经理，广州药业股份有限公司副董事长，广州白云山制药股份有限公司董事长
20	李维宇	广州市环保局副局长	1996	50	2004	58	8	广州市环保局局长
21	徐裕年	广东省委统战部副部长、广东海联公司董事长兼总经理	1994	63	1998年退休2003年被羁押	72	9	广东省委统战部副部长、广东海联公司董事长兼总经理
22	梁柏楠	番禺市委常委、番禺市副市长、南沙开发区党委书记、南沙管委会主任	1993	47	2003	57	10	番禺区区委书记、政协主席
23	薛长春	广东省扶贫总公司法定代表人及蓝天卡中心法定代表人、主任	1996	42	2003	49	7	广东省扶贫经济开发总公司法定代表人，总经理兼广东省蓝天金卡发行中心法定代表人、主任
24	牛和恩	广东省交通厅副厅长	1994		2003		9	广东省交通厅厅长
25	沈华林	广州市航道局副局长、工会主席	1998	52	2002	56	4	广州市航道局副局长、工会主席
26	王志仁	广东省公路工程总公司第二分公司经理	1994	32	2002	40	8	广东省交通集团有限公司副总经理

续表

序号	姓名	初次犯案时最高职务	初次犯案时间（年）	初次犯案年龄（岁）	查处初始时间（年）	查处时年龄（岁）	初次犯案至查处时间跨度（年）	获刑前最高职务
27	邓以铭	广州市国土房管局副局长	1993	50	2002	59	9	广州市国土房管局副局长
28	麦崇楷	广东省委政法委副书记、广东省高级人民法院院长，当时是否任其他职位不详	1993	59	2002	68	9	广东省委政法委副书记、广东省高级人民法院院长、第九届全国政协委员、广东省人大代表、广东省法官协会会长
29	黄荫初	中国银行广东省分行行长	1992	59	1992年59岁退休2001年受审	68	9	中国银行广东省分行行长
30	詹敏	广州市政府驻北京办事处副主任	1999	56	2001	58	2	广州市政府驻北京办事处副主任、北京广州大厦筹建办副主任
31	李金叶	广州市司法局副局长	1998	53	2001	56	3	广州市司法局副局长
32	李向雷	广东省公路管理局局长	1997	35	2001	39	4	广东省交通厅副厅长
33	叶荣达	大坦沙污水处理厂厂长、党支部书记	1988	39	2001	52	13	广州市市政管理局、市园林局副局长
34	丁振武	广州市公用事业管理局局长	1995	51	2000	56	5	广州市公用事业管理局局长
35	邵汝材	广州市财政局副局长	1994		1999		5	广州市财政局党委书记，广州市财政局、地税局和国资局局长，广州市第十一届人民代表大会代表
36	李军	广东进出口商品检验局党组书记、副局长	1996	50	1999	53	3	广东进出口商品检验局党组书记、副局长

续表

序号	姓名	初次犯案时最高职务	初次犯案时间（年）	初次犯案年龄（岁）	查处初始时间（年）	查处时年龄（岁）	初次犯案至查处时间跨度（年）	获刑前最高职务
37	陈清泉	广州市人民政府副秘书长、广州市地铁总公司总经理、广州地铁实业有限公司董事长	1997	50	1999	52	2	广州市人民政府副秘书长、广州市地铁总公司总经理、广州地铁实业有限公司董事长
38	黄炎田	广东国际信托投资公司法定代表人兼总经理、党组书记	1993	53	1998	58	5	广东国际信托投资公司法定代表人兼总经理、党组书记
39	苏凤娟	湛江市徐闻县县委书记	1990	43	1996	49	6	广东省民政厅副厅长
40	谢鹤亭	广东天龙集团公司总经理兼党委书记	1994	54	1995	55	1	广东天龙集团公司总经理兼党委书记
41	董虎臣	中国建设银行广东省分行行长	1993	55	1995	57	2	中国建设银行广东省分行行长
42	杨献庭	广州市旅游局副局长、东方宾馆党委书记兼总经理	1981	55	1983	57	2	广州市旅游局副局长、广州东方宾馆党委书记兼总经理
43	王维经	广州市电信局党委书记、局长	1979		1981		2	广州市电信局党委书记、局长

初次感受到权力"隐含价值"的官员们往往会继续作案。从 43 名官员初次犯案至查处的时间跨度看，最长的达 19 年，最短的也有 2 年。案件发生后，平均需要 7.2 年才能被发现，有一些甚至是在官员退休之后才被发现，如广州市交通委员会主任、越秀集团公司董事长总经理欧秉昌 2008 年退休，2009 年被刑拘；广东省委统战部副部长、广东海联公司董事长兼总经理徐裕年 1998 年退休，2003 年被羁押；中国银行广东省分行行长黄荫初 1992 年退休，2001 年受审。上述 43 起案件中的官员没有一人在作案一年内即被发现，广州市的纪检侦察工作仍需尽快缩短时间上的滞后性。在 2000 年以前没有作案 10 年或 10 年以上才被查处的官员，而到了 2000 年以后，

作案 10 年或 10 年以上的官员则被查处 9 名。2004 年以后的 10 年间案发 20 起，而自 1979～2003 年的 24 年间共查处 23 起，后 10 年的案件数量几乎等同于前 24 年的案件数量，广州市的贪污腐败案件数量有日益上升的态势。随着我国经济环境的改善，反腐败斗争工作日趋紧迫，亟须加强腐败审查，争取早发现，以减少国民财产损失。

经历了从初犯至案发的时间段后，43 名官员中依然有 18 名（约占总数 42%）获得了晋升。更高的职位为官员的寻租行为带来了更多的优势和便利。例如，官员叶荣达在 1988 年还只是大坦沙污水处理厂厂长，当时他收受了澳口泵站的包工头吴某 7 万元为其提供泵站工程承包、民房复建和租用泵站征地拆迁房等便利。2000 年，叶荣达的职位已升至广州市市政管理局、市园林局副局长，权力租金也由于其升职而水涨船高，市政工程有限公司的承建商李某为获取工程承包上的利益，担负了叶荣达家人一行共 20 多人在西安旅游的全部开销，李某不辞辛苦全程陪同，并在旅途中提供 5 万元作为叶氏家族旅行的"零花钱"。

六　结论与讨论

广州市改革开放以来的官员腐败案件经整理，汇总出如下特点。

其一，腐败行为以受贿罪为主，受贿人数最多的额度为 100 万元～500 万元，最高近 3000 万元，币种多样。

其二，受贿案件中，行贿者主动行贿居多，行贿目的集中在国有资产买卖领域，其次是人事领域。两类违法行为共占全部违法行为数量的约 77%。

其三，市政府和国企的腐败案件发生地最多，正职领导比副职领导更容易做出腐败行为。

其四，从初犯年龄看，50 岁以上的腐败官员最多，年纪最大的官员有 63 岁。初犯至查处的时间跨度从 2 年到 19 年不等，官员作案后，平均计算需要 7.2 年事发。腐败案件的发生日趋隐蔽化，查处难度加大。对于其中 42% 在初犯后依然获得升职的官员来说，查处的越晚寻租带来的损失越大。

其五，腐败案件发生的频繁程度逐渐上升。

官员腐败之所以会呈现出上述特点，原因在于我国正处在由传统社会向现代社会转型的过渡时期，虽然市场经济正在形成，然而社会经济并未完全实现商品化，无论是商品价格、行政职位的授予还是各行业报酬的界定都受到许多非经济因素的影响。政治的、社会的、宗教的、家族势力以及个人地位仍强烈影响着经济行为。社会的政治权利与行政权力尚未完全分离。

首先，在一个既看到了美好的经济前景，又存在着大量尚不富足的成员的社会，道德的腐蚀是会出现的。若不是需求难以得到满足，权力的供应方不会加价，权力的购买方也不会想尽办法寻找"寻租"门路。由于权力"供不应求"，受贿案件中自然是行贿者主动与官员建立联系。基于经济蓬勃发展的背景，权力租金也会逐年上升。

其次，在社会转型期，官员和行政官员具有极大的影响力，并且权力和威信在客观上的确有助于挣钱，官员作出的决定涉及大多数人的日常生活乃至个人、家族命运的兴衰，只要还有大量普通民众被阻滞在应当享受的生活水平之外，通过各种渠道来影响政府决定，钻政策、法律的漏洞，甚至于冒着违法的风险便不可避免。为了获取这种隐含着经济利益、事关家族兴旺的权力，许多人也会想方设法进入官场。另外，国有资产没有明确的所有人，产权不清晰，使得官员将其作为可供自己随意支配、按个人在交易中的收益决定购买方或租用方的经济砝码，因而涉及人事、国有资产买卖的违法行为众多。

最后，市政府属于一个地方的权力中心，国企也相当于具有一定经济实力的"独立王国"，而且常常在财政和人事上缺乏地方的约束和管控，因而在这两个部门案件多发。正职官员集政治、行政权力于一身。在重资历和上级任命为主的传统力量影响下，经过长年工作的"一把手"负责人对如何规避法规约束十分了解，更加有利于其追求私利，而副职领导不仅相对而言资历尚浅，而且多半也只是听命于正职领导，缺乏部门内的最高决定权，因而正职领导比副职领导更易做出腐败行为，参加工作的时间越长越有机会把持重要权力的高级别职位使得大案要案的腐败官员年龄在50岁以上的人数量最多，来自传统势力对法制的干预以及对官员的包庇，使得腐败案件查处十分困难，犯案的官员也得以继续晋升。

针对以往腐败案件中反映出的特点，在今后的工作中，反腐机构应着力开展以下建设。

第一，在反腐败行动中重点关注受贿行为，加强对官员个人财产的监控，配置以法律、经济、审计人员组成的专业化团队，不定期对官员的财产进行核查。

第二，职位带来的租金是其隐含经济利益的表现。应当打破权力是带来利益的重要因素这一旧格局，通过制度改革带来其他的可以提供经济利益的渠道，从而从根本上改变官员对稀有资源的占有和控制，消减个人通过向少数官员寻租即可获取最大经济利益的动机。

第三，针对正职领导容易在下级"跑官买官"中发生腐败的情况，除加强预防腐败建设外，在今后还应逐步建立多元化的晋升结构，强调基层官员的领导、合作、服务责任，而不仅仅只是服从上级命令的责任，并建立起以这四种责任为基础的民主评议、群众评价、组织审查的晋升模式，改变以往下属主要对上级负责，上级支配下级任免和晋级的情况。

第四，改变以往反腐机构和单位"一对一"配置的格局，构建超越单个部门的反腐败职能单位，使监督机构在职权上独立，在利益上与其他机关分离。杜绝同一系统内官员间形成裙带关系，包庇腐败的机会，尽最大可能不给官员作案后留下持续隐藏，进而继续晋升的时机。不给领导干部，尤其是资历较老的领导干部独断专行的条件。

第五，针对腐败案件逐日上升的情况，应在今后完善预算约束、官员问责、行政信息公开，借此分散职位租金的存在基础，改变过于弹性的职位收益空间，粉碎寻租冲动。

了解腐败案件和案件中的官员特征有助于我们预防腐败，及早发现腐败，减少腐败对经济发展的影响。由于本文数据有限，在今后的研究中，扩大样本规模或是采用更科学的定量分析方法势必会进一步检验、完善抑或是修正本文的结论，以提高本文的普适性。此外，本文针对的是广州市的样本进行分析，仅能将分析结果局限在广州市范围内。日后还可进行其他地区的类似研究，乃至将不同地方的分析结果进行比较。

参考文献

Yin，Robert K.，*Case Study Research*：*Design and Methods*，Sage Press，1994.

公婷、吴木銮：《我国 2000~2009 年腐败案例研究报告——基于 2800 余个报道案例的分析》，《社会学研究》2012 年第 4 期，第 204~220 页。

张国庆：《行政管理学概论》，北京大学出版社，2000。

王习加：《公权力配置资源与预防腐败研究》，博士学位论文，湖南师范大学，2012。

陈刚、李树：《官员交流、任期与反腐败》，《世界经济》2012 年第 2 期，第 120~142 页。

竺乾威等：《公共行政理论》，复旦大学出版社，2008。

网络举证党政官员婚外情的
方式与内容变化及影响[*]

宋　涛^{**}

摘　要： 随着网络问责的发展，公众开始以网络为平台举报党政官员婚外情腐化生活行为，其网络举证方式经历了从最初的"代理人"实名方式，到后期的"第三方"匿名方式和"当事人"亲身经历方式的演变，举证内容经历了文字材料、"日记"、"短信"、"艳照"、视频、"自述"等多种变化，对相关事件的传播及查处，产生了显著的影响。但是，网络举证是一把"双刃剑"，对过度的"娱乐"色彩与"轰动效应"的追求，并非是公众监督正常的走向，其出路在于明晰举证方式与内容的边界，完善制度化举报途径。

关键词： 网络举证　党政官员　婚外情行为

在现代社会，政府官员私生活中的婚姻行为不仅关系到自身的品行和操守，也在一定程度上代表着其所属的政府、政党的形象，因而会受到法纪、道德的约束和社会各方面的监督，政府官员的婚外情行为一旦逾越相关的界限并被曝光，就会受到舆论谴责直至免职惩罚。本文所研究的国内党政官员

---

* 本文是教育部人文社科一般项目"网络问责发展及对公共管理影响研究"（项目编号：11YJA630103）的阶段研究成果。

** 宋涛，管理学博士，深圳大学管理学院公共管理系教授。

的婚外情腐化生活行为，是指当事人与配偶之外的异性保持不正当性关系，通常是指男性官员与妻子以外的女性发生和保持性关系，包括通奸、包养情妇等。近年来，随着网络问责的发展，国内公众以网络为议题设置平台，对党政官员在婚姻生活中通奸、包养情妇的婚外情腐化生活行为的举报大量出现，一些官员因此受到问责处理，成为反腐败的一个重要内容，引起了社会的广泛关注。公众利用网络举证党政官员婚外情腐化生活行为，并期望举证对象受到问责处理，成为一个带有中国特点的社会现象。

问责不仅是一种质询监督方式，更重要的是问责主体期望以翔实的举证内容使得问责对象承受惩罚性的结果。与传统的向组织纪检部门寄送材料进行举报的举证方式相比，公众以网络问责方式对党政官员婚外情腐化生活行为进行举报，其举证方式、内容经历了哪些变化特点？对问责过程及结果产生了什么影响？这些都具有中国自身的特点，也是我们判断未来相似的反腐败行为走向的重要依据，值得予以总结和分析。

为了在可控的范围内观察上述现象，本文将观察范围选定在公众网络问责事件中的相关案例，其逻辑思路是在已经发生并产生结果的网络举证党政官员婚外情腐化生活行为事件中，采用多案例研究方法，通过对典型案例的分析进行类推，对案例内容呈现的特点予以总结，以对上述现象作出描述和解释。在研究中，案例来源于对网络问责事件的抽样，即以一个由网络平台发起，涉及党政部门科级及以上领导干部的，有完整处理结果的网络问责事件为选择对象，以《人民日报》、《中国青年报》和《南方都市报》为抽样单位，对其所刊登的 2003 年至 2013 年的网络问责事件予以整群抽样，共获得 25 个针对党政官员婚外情腐化生活行为的网络问责案例，将这 25 个案例作为样本，予以总结分析。

依据对案例内容的归类，在上述 25 个案例中，公众利用网络对党政官员婚外情腐化生活进行举证的方式、内容及产生的影响，主要表现在以下几个方面。

一　初期的"代理人"实名网络举证方式突破了传统的寄送材料举证方式的限制，问责结果起到了示范效应

2008 年发生的"江苏省徐州市区委书记'一夫二妻'事件"，是公众

·利用网络对党政官员婚外情腐化生活进行举证并导致问责对象受到惩处的首个案例。在"一夫二妻"事件中,直接举报人是徐州市泉山区区委书记董锋之妻睢传侠,根据睢传侠的举证,从 1994 年开始,董锋就先后在外面有多个情妇,最后与董锋一起以受贿罪受审的陈某比董锋年轻 22 岁,他们长期以夫妻名义同居。

　　睢传侠对董锋婚外情腐化生活的举报,一开始是遵循了传统的向组织纪检部门寄送材料的举证方式,1995 年,董锋晋升铜山县委组织部部长,"在董锋担任铜山县委组织部长时,睢传侠多次向县里反映情况,均不了了之"。①组织举报途径没有结果,而董锋的行为愈加放纵。2008 年初,睢传侠找到了当地较为有名的维权人士——中国矿业大学副教授王培荣,提供了关于董锋的经济和作风问题的证据,决心要告倒他。在认为是"铁证"的材料面前,王培荣也选择了传统的向组织纪检部门举报的途径,2008 年 5 月 11 日,王培荣将举报董锋的材料快递给一些纪检机关和领导,在随后近两个月里,王培荣没有等来答复。最终,王培荣决定利用网络进行举报,并在举证过程中采用了实名方式,"7 月 6 日傍晚,他开始在网络论坛发帖,揭发'全国最荒淫无耻的区委书记和全国最牛的黑恶势力',文中描述了董锋的种种劣迹,还公布了此前寄出的举报快件号码,可供网友查询"。②王培荣的网上举报迅速引起了网民和社会的关注,也引起了组织部门的重视,正如后来媒体所总结的:信函实名举报近两月未见答复,网上举报第三天纪委上门调查。2008 年 7 月 11 日,董锋被免职,7 月 17 日,董锋被正式"双规"。

　　2004 年至 2007 年,是网络问责发展的初期,公众利用网络平台举证腐败官员,还处于尝试阶段。"一夫二妻"事件中直接举报人的举证过程和方式变化,与 2004 年网络问责官员经济腐败的"济宁市下跪副市长事件"基本相同。在"下跪副市长"事件中,直接举报人李玉春手中握有副市长李信贪腐的有力证据,却在长达一年半的组织途径举报过程中没有任何效果,李玉春最后选择了"中国舆论监督网"李新德作为"代理人",李新德以实名网络举证的方式,使得李信的贪腐行为引起了社会和组织部门的关注,李信最后受到了问责处理。

────────────

① 张国:《网上曝光区委书记"一夫二妻"》,《中国青年报》2008 年 9 月 1 日。
② 张国:《网上曝光区委书记"一夫二妻"》,《中国青年报》2008 年 9 月 1 日。

在网络问责发展初期，公众利用网络平台举证党政官员婚外情腐化生活行为，主要有几个方面的特点。一是举报人往往是在依靠传统的组织举报途径无效后，转而尝试网络这个新的平台。二是网络平台还是一个较新的事物，当举报人不会使用时，选择了寻找熟悉网络、有一定影响的"代理人"方式。在"一夫二妻"事件中，直接举报人睢传侠对于网络平台了解不多，在沿用传统的组织举报途径无效后，寻找到了有文化、熟悉网络平台的"代理人"——王培荣。三是为了在一个较为陌生的虚拟空间里赢得更多人的关注和信任，网络举证采用了实名方式，以实名在网上发帖举证的方式，增加了举证内容的可信度，容易引起社会关注，并促使组织部门较快介入，获得了期待的问责效果。

二　"第三方"匿名举证方式关注于网络举证内容的"轰动效应"，成为推动相关党政官员受到惩处的重要影响因素

2008 年后，随着网络技术进一步的发展和网络平台应用更大范围的普及，网络举证方式也就受到了更多举报人的关注，在这之后，针对党政官员婚外情腐化生活行为的问责事件开始增多（见表 1）。

表 1　网络问责党政官员婚外情腐化生活行为事件年度分布

年度	问责事件数量	占比（%）
2008	1	4.0
2010	4	16.0
2011	5	20.0
2012	4	16.0
2013	11	44.0
合计	25	100.0

在网络举证过程中，实名举证方式往往成为举报人的主要顾虑因素，这是因为在网上实名举证，举证人要承担后续一系列的配合调查的工作压力和潜在的风险压力。在"一夫二妻"事件中，"代理人"王培荣在事后就感受到了这种压力，并曾遭受过停课的"待遇"，在 2008 年下半年，"学院教师

重新聘岗，他得到的结果是——缓聘。"①网上实名举证的潜在风险和压力，使得后来的举报人采用了常见的方式——借用"第三方"的名义，匿名举证，使得网络举证容易实行。

"第三方"匿名举证方式虽有举证的便利，但也存在其短处：举证内容的可信度容易受到质疑。同时，网络举证内容的大量增加，也带来了公众关注网络信息的"视觉疲劳"。为了增加"第三方"匿名举证内容的可信度和关注度，举证人开始关注于举证内容的"轰动效应"。从 2010 年开始，相关案例的内容显示，对于党政官员婚外情的腐化生活行为，"第三方"匿名举证在寻求内容的"轰动效应"上经历了多种变化。

第一种方式是曝光官员的"日记"内容，以问责对象的自我"写实"材料，"佐证"官员的腐化生活。2010 年 2 月发生的"广西来宾市烟草局长'香艳日记'事件"是其中的典型案例，2010 年 2 月初，广西烟草专卖局法规处处长韩峰部分个人"日记"开始在网上流传，"日记"内容记载了韩峰在任来宾市烟草专卖局局长时，曾与多个女下属、同事有不正当男女关系，同时还有贪污受贿的事实。这篇日记被称为"香艳日记"，在网络上流传极广。2 月 22 日，广西壮族自治区烟草专卖局展开调查，韩峰被停职。在"香艳日记"事件之后，2010 年 11 月发生的"湖北省恩施州公安局长'腐败日记'事件"与其如出一辙。2010 年 11 月 12 日，天涯论坛出现了一篇题为《腐败书记微博》的帖子，发帖的人自称内容是转自某书记微博里面的日记，里面充斥着色情、官商勾结、腐败等内容。"腐败日记"见诸网络后，3 天内吸引了近十万的点击量，帖文所称"主角"指向恩施土家族苗族自治州公安局副局长谭志国，2011 年 1 月 28 日，谭志国被免职。

第二种方式是曝光官员的"短信"留言，增加内容的"可信度"。2010 年 3 月 4 日，一个指向河南省漯河市文化局局长鲁锁印侮辱、调戏女下属的帖子在华声论坛、大河论坛等各大网络社区传播，帖文称鲁某 2004 年任临颍县委副书记时曾强行侮辱县委一女职员，而后在长达 3 年多的时间内，又利用手机短信或电话等形式用污言秽语对受害者进行性侮辱、暗示，帖文中引用了部分短信内容，3 月 25 日，鲁锁印被免职。在漯河市"短信门"事件之后，相似的事件还有 2011 年 10 月发生的"江苏省宿迁市局长暧昧短信事件"，在该事件中，发帖人以"捡到手机"为由，在帖

中附有 8 张手机短信内容图片，主要是一个被称为"潘局"的人和一个女人的暧昧短信，此事随后引起相关部门开展调查，并导致宿迁市宿豫区农机局局长潘某被免职。

第三种方式是以"艳照"、视频为看点，增加举证内容"被围观"的"轰动效应"。2010 年 4 月 11 日，在网上出现了名为"铁岭县国土局副局长陈立岩与情妇开房视频曝光"的帖子，并附有相关的视频，该内容迅速被网友转载至各大论坛，引起关注和评议。相对于以往的文字材料，"艳照"、视频的出现，属于"有图、有真相"的举证，更容易在短时间内被人们所关注，影响更大，因而在后来的举证过程中，成为"杀伤力"极大的一种举证内容，较多地被网络举证所采用，其典型案例及相关内容，可见表 2 所作的归纳。

表 2　以"艳照"、视频为举证内容的典型案例内容归纳

事件名称和发生时间	"第三方"匿名举证内容	问责启动者	问责对象被处理时间及结果
(1)辽宁省铁岭副局长与女网友开房事件——2010 年 4 月 11 日	发帖者在网上发表了名为"铁岭县国土局副局长陈立岩与情妇开房视频曝光"的帖子，迅速被网友转载至各大论坛	铁岭市监察局	陈立岩，铁岭县国土局副局长(4 月 12 日被停职)
(2)云南省昆明市发改委官员"艳照门"事件——2011 年 7 月 31 日	发帖者爆料称，自己无意获得昆明某发改委官员的"艳照"，并随帖子附带了 3 张照片，照片中多名男女赤身裸体	昆明市纪委	成建军，昆明市发改委收费管理处处长(8 月 9 日被开除党籍、行政撤职)
(3)广西质量技术监督局巡视员"床照门"事件——2012 年 1 月 2 日	发帖者同时在猫扑网和百度贴吧发布了一组据称涉及广西壮族自治区质量技术监督局巡视员段一中的床照	广西壮族自治区纪委	段一中，广西壮族自治区质量技术监督局巡视员(正厅级)(1 月 5 日被停职)
(4)安徽省合肥学院不雅照事件——2012 年 8 月 9 日	8 月 9 日中午，新浪微博流出一组尺度火爆的不雅照，短短几小时，被疯狂转载	合肥学院党委	汪昱，合肥学院团委副书记(8 月 10 日被免职)
(5)重庆市区委书记不雅视频事件——2012 年 11 月 21 日	发帖者发布了数张一男一女裸体在床上的不雅照片，并指其为雷政富在宾馆与其长期包养的二奶淫乱的视频截图	重庆市委	雷政富，重庆市北碚区区委书记(11 月 23 日被免职)
(6)上海市法官集体嫖妓事件——2013 年 8 月 1 日	发帖者微博爆料称上海市高级人民法院 5 官员集体召妓，同时上传一段视频	上海市纪委，上海市高院党组	赵明华，上海市高级人民法院民一庭副庭长(8 月 6 日被撤职)，此案还有另外 3 人受到撤职处理

续表

事件名称和发生时间	"第三方"匿名举证内容	问责启动者	问责对象被处理时间及结果
(7)湖北省高院法官开房事件——2013年12月8日	发帖者发布了有关湖北省高级人民法院一法官被指开房嫖娼的监控视频《张军叫小姐》	湖北省纪委,湖北省高院	张军,湖北省高院刑三庭庭长(12月9日被免职)
(8)辽宁省沈阳市卫生局长与医院院长开房事件——2013年12月26日	发帖者上传了一段名为"沈阳再现开房门"的视频。	沈阳市纪委	闫石,沈阳市卫生局局长(12月30日被责令辞职)

从以上三种方式来看,公众以"匿名"方式利用网络举证党政官员婚外情腐化生活,其举证方式和内容的演变过程是受到如何提高网民的"关注度"和"可信度"的引导,并在手段的利用上逐渐跟进和递升。在"铁岭局长视频"事件之后,类似的方式不断被利用,其传播和影响最终在2012年11月发生的"重庆市区委书记不雅视频事件"和2013年8月发生的"上海市法官集体嫖妓事件"中达到了极大化。

三 "当事人"亲身经历举证方式再次推高了网络举证内容的"关注度"与"可信度",使得问责对象无所遁形

网络举证信息的庞杂化,推动举证人围绕如何提高网民的"关注度"和"可信度",不断"创新"新的举证方式与内容的结合。在经历了选择"代理人"和"第三方"匿名举证方式后,举证人再次推出了"当事人"亲身经历举证方式,以事件中的"亲历者"或"受害者"身份在网络平台上发帖举证,以"当事人"的私密经历,并配以图片或视频相关的佐证,使得举证内容兼有"娱乐"效果,将举证内容的"轰动效应"推向了新的高度。2010年12月14日,安徽宿州一名为"张燕"的女网民在天涯、猫扑等论坛发帖举报宿州市计划生育和人口委员会副主任刘晓辉的婚外情及腐败情况,详细介绍了自己和刘晓辉长达3年多时间的婚外情关系,并公布了刘晓辉的照片,其中还有刘晓辉的床上裸照,该贴文和图片被各大论坛网站转载,数百家网络媒体纷纷引用报道和转载,引发网民强烈关注和讨论。在这种举证方式下,无论"当事人"是真还是假,其看似"亲身经历"的内

容和佐证材料，在引发围观效应的同时，使得举证对象无法保持缄默，迫使相关的组织部门要尽快地作出反应。

在"宿州市官员婚外情"被"情人"举报后，相继还有"河南省汝阳县官员床照事件"，2011年7月11日，发帖者以一名女子的身份叙述与汝阳县人大常委会办公室主任田汉文的非正当关系，并附有6张性爱视频截图；"河南省商丘市艳照官员事件"，2013年1月20日，商丘市一周姓女子在互联网上爆料称，商丘市信访局原局长张民强以安排工作、购买成本房之名，长期欺骗与其发生不正当关系，并骗取其钱财几十万元，该周姓女子还公开了张民强与其开房的多张"艳照"及视频；"温州市官员婚外情事件"，2013年3月27日，微博名为"FionaXYZhang"发帖举报温州市委常委、秘书长吴开锋，称自己为吴开锋的情妇。

举报者以"当事人"亲身经历方式举证党政官员婚外情腐化生活行为，以"中央编译局女博士网帖事件"较有典型性。在该事件中，"当事人"的姓名、单位均为实情，常艳在自著的12万字文中书写了自己与时任中央编译局局长、马克思主义理论专家衣俊卿的故事，作为编译局的博士后，常艳想把户籍和档案调到北京，她给"衣老师"送钱，与"衣老师"发生性关系，在双方关系发生冲突后，2012年12月，常艳把12万字的自著发布到了网上，一时舆论哗然。2013年1月17日，衣俊卿因为生活作风问题，被免去中央编译局局长职务。

四　影响与反思

在国内，党政官员的婚外情腐化生活行为，一直为党纪及法律所禁止。《中国共产党纪律处分条例》（2003年）第十四章"严重违反社会主义道德的行为"规定："与他人通奸，造成不良社会影响的，给予警告或者严重警告处分；情节较重的，给予撤销党内职务或者留党察看处分；情节严重的，给予开除党籍处分。"[①] 国家公务员法对此也有相关的规定，《行政机关公务员处分条例》（2007年）第二十九条规定，"包养情人的；严重违反社会公德的行为"，要给予相应的处分。[②]

---

① 本书编写组：《党政领导干部问责制及相关法律法规》，人民出版社，2009，第97页。
② 本书编写组：《党政领导干部问责制及相关法律法规》，人民出版社，2009，第151页。

在党政官员的腐败行为中，官员的婚外情腐化生活行为是其走向腐败的重要诱因。"几乎所有的腐败分子走上犯罪的道路，都是从操守不严、品行不端、生活奢靡、道德败坏开始的。近年来查处的领导干部腐败案件，无一例外地印证了这个规律。"① 十八大以来，中央反腐败的强度呈现不断上升趋势。2014 年 5 月，新华社记者就中央纪委监察部网站上的"案件查处"栏目，检索了该栏目 2012 年 12 月 6 日至 2014 年 5 月 19 日所有包含"立案检查"信息的案例，进行了大数据整理分析，就落马腐败官员的地域、领域、身份、年龄、贪腐原因等要素进行了统计分析，统计显示，"高级领导干部'道德败坏'问题突出"，"所有案例中有 11 例被提及存在'道德败坏'问题，其中 8 例均为省部级领导干部，约占 73%"。② 2014 年 7 月 2 日，中纪委监察部官网通报了 7 名被查处官员的案情，其中 5 人均被提及有"与他人通奸"的行为。"对于'与他人通奸'的具体含义，中纪委官网还专门刊文进行了解释。文章称，'通奸'指有配偶的一方与配偶以外的异性自愿发生性行为，属于违反社会主义道德的行为。"③

腐败行为一般都具有隐秘性，"要成功惩治一个腐败行为，在时间上一般都必然要经过先后三个主要阶段，即发现、调查和判处。由于不是所有腐败案件都会被发现，不是所有被发现的案件都会被调查，也不是所有被调查的腐败分子都会受到相应的有罪判处。因此，惩处概率 k 主要受三个变量的影响：被发现的概率 k1、被调查的概率 k2 和被判处的概率 k3"。④ 由此可见，党政官员婚外情腐化生活能否被相关部门发现、调查和受到惩处，也受到以上三个变量的影响。

按照媒体对中纪委在案情通报中的表述分析，被通报为"道德败坏"的官员，其与多名女性长期保持不正当关系是主要界定尺度之一。"与'道德败坏'相比，'生活腐化'违纪情形稍轻，有'不正当关系'女性的数量较少，多有一名到两名'固定'情妇"，⑤ 婚外情行为属于当事人的私生活，因为受到家庭和社会的谴责，当事人在行为过程中一般非常关注其隐蔽性。

---

① 靳义亭：《对领导干部生活作风问题的理论探析》，《领导科学》2009 年第 23 期。
② 罗争光：《大数据透视中纪委"立案检查"："老虎""苍蝇"们"腐"在哪儿》，新华网北京 5 月 20 日新媒体专电，http://news.xinhuanet.com/lianzheng/2014 - 05/20/c_1110774135.htm。
③ 程姝雯：《中纪委官网刊文解释"与他人通奸"》，《南方都市报》2014 年 7 月 3 日（A05）。
④ 杜治洲：《基于惩治腐败有效性模型的网络监督研究》，《中国行政管理》2010 年第 7 期。
⑤ 王姝：《媒体解读官员道德败坏生活腐化生活糜烂区别》，《新京报》2014 年 4 月 16 日。

党政官员因为身份特殊,对于其婚外情腐化生活行为会更加注重其隐蔽性,也更难于为人发现。而从组织管理看,不可能以制度的方式对所有党政官员工作以外的生活行为进行监管。因此,在现实中,党政官员的婚外情腐化生活行为能否被相关部门发现、调查和受到惩处,首先在发现和取证中就面临着非常大的制约。

党政官员的婚外情腐化生活行为是一种隐蔽的个性行为,能够对其进行有效监管的就是官员身边的知情者,这些人选择举报涉案官员,一般是两种方式,即制度化的组织部门举报途径和非制度化的举报途径。制度化的组织部门举报途径提供了敞开的举证渠道,但是一般要求举报者必须实名,并承担材料举证和协助调查的工作,为一般知情者所顾虑。非制度化的举报途径如口头传播等虽然方便,但一般难以产生期望的影响,在这种情况下,网络平台因其特点,成为公众的有效选择。

针对党政官员婚外情腐化生活行为的举报,公众之所以选择了网络举证方式并不断得以发展,是因为网络举证确实有其自身特点和成效。公众网络举证方式从最初的“代理人”实名方式,演变到后期的“第三方”匿名方式和“当事人”亲身经历方式,对相关事件的传播和查处,产生了显著的影响。

首先,网络举证提供了便利性,增加了举证对象腐败行为被发现的概率,并会产生示范效应。公众在网上设置议题和举证的方式,相比依靠个人向政府部门“呼喊”的方式,最实质的改变是摆脱了话语表达渠道和空间的限制,实现了在传统的官方正式举报途径之外的新突破。在“一夫二妻”事件后,公众发现,网络举证可以增加举证对象婚外情腐化生活行为被发现的概率,因而尝试者逐渐增多,在这之后,随着相关事件问责结果的产生,又会对后来者产生示范效应。例如2010年3月发生的漯河市“短信门”事件,显然是受到了在此前不久发生的“香艳日记”事件的“传播效应”影响,据后来记者的调查,“短信门”中受害的女职员在受辱事件发生后,曾向组织部门实名举报过,但一致没有得到满意的答复,此后女职员在“各大网站论坛发帖,并留下自己邮箱地址,希望借网友的力量找回公道。然后网帖一直没有受到过多的关注”。2010年初,“刚好爆发了广西烟草局局长‘日记门’,‘短信门’因此很快传播开来”。①

---

① 肖莹佩:《河南局长“短信门”真假难测到底谁被调戏?》,《天府早报》2010年3月12日。

其次，随着"艳照"、视频、"亲身经历"等内容的不断推出，网络举证充满了更多的"娱乐"色彩和"轰动效应"，引起"围观"的范围越来越大，迫使管理部门不得不及时介入，提高了举证对象腐败行为被调查处理的概率和效率。在"艳照"、视频、"亲身经历"等充满"写实性"的举证材料面前，网络和社会所引起的"围观"范围会被迅速放大，使得举证对象无所遁形，同时，也为相关管理部门调查取证和处理提供了可用的材料，并且迫使管理部门尽快向社会提供调查和处理结果。从案例内容归纳来看，其明显特点是相关管理部门加快了处理过程，以表2所归纳的"艳照"、视频为举证内容的典型案例来看，在8个案例中，从网络发帖到相关管理部门作出问责处理决定，平均用时约为4天，相比以前的案例，问责效率明显提高。

网络举证有门槛较低、开放充分、匿名安全、参与自由、互动快捷、传播广泛的特点，使得个体到群体的话语权行使能得到充分的释放，是公众监督党政官员的重要渠道，但是，网络言论也的确存在有参与者造谣诋毁、发泄私愤的可能性。目前，有关党政官员个人生活内容的隐私权保护与公开性监督的边界还没有明确的法规界定，就涉案的党政官员来说，一方面因为涉及婚外情腐化生活行为在公共职位范围内被问责处理，属于咎由自取，属于公众监督的正常范围，对于公众的问责行为必须予以鼓励；另一方面，就婚外情形成过程看，也有其复杂性，如果举证的"当事人"从极端的报复目的出发，利用网络的影响任意放大对涉案官员甚至包括其家庭成员正常生活的"人肉搜索"，网络举证也有可能会走向非理性甚至伤及无辜。网络举证是一把"双刃剑"，需要在发展中针对可能存在的问题予以规范，从规范网络举证方式与内容来看，目前尤其需要相关法规界定清楚党政官员个人生活内容的隐私权保护与公开性监督的边界。

鉴于网络举证所产生的影响，公众网络举证党政官员婚外情腐化生活行为的方式与内容，有可能在未来得到进一步扩展，在这个过程中，过度的"娱乐"色彩与"轰动效应"的追求，并非是公众监督正常的走向，因为在以往的经历中，除了非理性因素外，即使从举报者自身观察，也已经看到了个体权利在伸张过程中遭受的无奈与伤害，在漯河市"短信门"事件中，当事人亲属张先生在接受记者采访时说，家人已就此事连续上访多年，一直无果，"为什么一定要使用强行侮辱、色情短信这样吸引人眼球的字眼在网上求助后，才能得到一个结果呢？你要知道，每次使用这种字眼对姐姐及家人都是一种莫大的伤害"。① 以"当事人"亲身经历举证方式为例，在"中央编译局女博士网帖事件"中，常艳的"自传体"似的亲身经历的内容，在实现了"轰动效应"的同时，实际上也走向了"自我毁灭"。这些现象的出现，制度化的组织举报途径存在的缺陷是重要影响因素，可以说，制度化组织举报途径中所存在的官官相护、高举轻放等现象，是推动网络举证发展的重要因素。因此，避免网络举证走向过度的"娱乐"化和非理性化，完善制度化的举报途径和举证方式是另外一个亟待加强的工作内容。

---

① 周清树：《河南短信骚扰女下属文化局长被免职》，《三湘都市报》2010 年 3 月 29 日。

倒置的权力结构重塑：常委会
领导体制的民主调适[*]

房亚明^{**}

摘　要：中共各级常委会是我国政治权力的中枢，在中国革命、建设和改革中起着领导核心的作用。中共常委会体制的运作以民主集中制为基础，由于产生于危机时刻，偏向集中。由于客观环境的限制加上主观因素的影响，实行集体领导而防止个人集权的制度设计初衷没能遏制"一长制"的现象。面对市场化、信息化、城镇化、全球化和现代化的时代变革，常委会领导体制如何克服其权力边界模糊导致的民主困境、从革命党转变为执政党、落实责任政治、弥补法治化不足的制度缺失，不断地规范和约束其权力，与经济社会发展的诉求形成良性互动，有序扩展民主，合理调整权力、利益和责任，是中共实现科学执政、民主执政、法治行政和持久执政必须回应的课题。

关键词：权力结构　常委会领导体制　委员会制　政治发展民主调适

---

* 本文是 2011 年度中央编译局社会科学基金项目"改革完善党委会领导体制研究"（项目编号：11B20）、第 52 批中国博士后基金项目"当代中国民主政治渐进发展的路径和机制：公民权利视角"（项目编号：2012M520335）、国家社科基金项目"科技进步与我国科学发展道路"（项目编号：12BZX029）和广东工业大学"团队平台重大成果培育基金"项目"社会工作介入社会管理创新的模式研究"的阶段性成果。

** 房亚明，中共中央编译局博士后研究人员，广东工业大学政法学院副教授，中国人民大学博士，研究方向：中国政治、民主法治。

一　问题的提出：委员会制的复归

近年来，随着我国改革开放的深入，对于政治发展特别是民主化的研究日益深化，越来越多的人认识到在政党－国家的宏观政治框架内展开民主化，执政党党内民主的发展是其中的关键环节，以党内民主的发展引领人民民主成为共识。换句话说，多数学者认同"体制内民主化"，即认为中国民主化应选择一条理性和渐进的战略，在现行体制框架内平稳地、有序地进行，充分利用和开发民主化的体制内资源，沿着从党内到党外、从体制内到体制外的发展顺序，首先发展党内民主①。而对于如何发展党内民主，也有多种观点，其中老一辈政治学家、国际共运史专家高放教授的观点具有较强的代表性，即主张实行党代会年会制、常任制，恢复党代会的权力机关地位，健全中央监察机关，践行社会主义民主，并且殷殷告诫："执政的共产党如果不能自觉地进行体制内的政治改革，不论先'左'后右或者一'左'到底，结果都必然是转向体制外的政治体制改革。"② 如何开发党内民主的体制内资源，有序拓展社会主义民主，成为我国建设社会主义现代政治必须面对和解决的重大课题。

作为一个以马克思列宁主义为指导的革命型政党，民主是共产党的重要特征和属性。恩格斯在回顾共产主义者同盟历史时指出："支部、区部的领导人和中央委员会的委员全是选举出来的。这种民主制度，固然完全不适用一个策划阴谋的秘密团体，但至少同一个宣传团体的任务是不矛盾的。"③ 1885年恩格斯在回顾共产主义者同盟历史时说："组织本身是完全民主的，它的各委员会由选举产生并随时可以罢免，仅这一点就已堵塞了任何要求独裁的密谋狂的道路……现在一切都按这样的民主制度进行。"④ 作为世界历史上第一个无产阶级专政国家的缔造者，列宁非常注重民主建党，指出："党内的一切事务是由全体党员直接或者通过代表，在一律平等和毫无例外的条件下来处理的；并且，党的所有负责人员、所有领导成员、所有机构都是选举产生的，必须向党员报告工作，并可以撤换……全体党员在选举代表

---

① 胡伟：《体制内民主化：中国政治发展的战略选择》，《探索与争鸣》1999年第7期。
② 高放：《中国政治体制改革的心声》，重庆出版社，2006，自序，第4页。
③ 《马克思恩格斯全集》第14卷，人民出版社，1996，第463~464页。
④ 《马克思恩格斯全集》第4卷，人民出版社，1958，第196、372页。

的同时就整个组织所关心的有争议的问题都能人人独立地发表自己的意见。"① 因此，从理论上讲，民主是各国共产主义政党的基本属性。

在近现代中国革命、建设和改革历程中起着引领作用的中国共产党，一贯以民主作为自己的核心追求之一。作为中共早期的主要领导人，陈独秀对民主有深刻的认知和坚定的信念。他认为："近世国家主义，乃民主的国家，非民奴的国家。民主国家，真国家也，国民之公产也。以人民为主人，以执政为公仆者也。"② 尽管党的一大通过的《中国共产党纲领》和党的二大通过的《关于共产党的组织章程决议案》、《中国共产党章程》中还没有使用民主集中制这一概念，但在以下几点上是很明确的：其一，党的各级领导机构由党员大会或党员代表大会选举产生；其二，少数服从多数，下级服从上级；其三，党员要严格遵守党的纪律。正是具备了这几个基本点，才可以说，中国共产党是按照列宁的民主集中制原则组织起来的。③ 然而，由于建党初期党的生存环境恶劣，加上缺乏领导经验和组织经验，所以，民主集中制蜕变成了家长制统治，大革命的困境让党警惕民主不足的风险，并且强化了集体领导和民主决策。1927 年 5 月党的五大通过的《组织问题议决案》中即提出："中央应该强毅地实行集体的指导，从中央省委以至支部。"④ 随后，在 6 月 1 日的中央政治局会议上，又通过了《中国共产党第三次修正章程决案》。这个章程第一次使用了"民主集中制"的概念，明确规定："党部的指导原则为民主集中制。"⑤ 1928 年召开的中共六大通过了《政治决议案》，提出要实行"真正的民主集中制"，要"尽可能地保证党内的民主主义"，"实行集体的讨论和集体的决定"。⑥

作为中共第一代领导集体的领导人，毛泽东等人也很重视民主建设。1937 年 5 月在延安召开的苏区党代表会议上，毛泽东强调："要党有力量，依靠实行党的民主集中制去发动全党的积极性。在反动和内战时期，集中制表现得多一些。在新时期，集中制应该密切联系于民主制。用民主制的实行，发挥全党的积极性。用发挥全党的积极性，锻炼出大批的干部，肃清宗

---

① 《列宁全集》第 14 卷，人民出版社，188，第 249 页。
② 陈独秀：《今日之教育方针》，《新青年》1915 年第一卷第二号，第 18 页。
③ 张静如、刘洪森：《中国共产党认识和贯彻民主集中制的历史考察》，《北京行政学院学报》2013 年第 3 期。
④ 《建党以来重要文献选编（1921～1949）》第 4 册，中央文献出版社，2011，第 208 页。
⑤ 《建党以来重要文献选编（1921～1949）》第 4 册，中央文献出版社，2011，第 268 页。
⑥ 《建党以来重要文献选编（1921～1949）》第 5 册，中央文献出版社，2011，第 395 页。

派观念的残余，团结全党像钢铁一样。"① 1937 年 5 月 17 日到 6 月 10 日召开的白区工作会议上，刘少奇指出："党的集体领导，也只有在民主基础上才能建立起来。只有广泛地吸收了全体同志的经验与好的意见，才算是真正的集体领导。""党的民主集中制与个人负责制是必须同时采用的。重要问题应该民主决定，但工作的执行则应个人负责。"②

实行民主的重要载体，就是党的各种会议特别是代表大会制度和党委会制度。据张国焘回忆："陈独秀主张中国共产党不采党魁制，如孙中山先生之任国民党的总理。他举出许多事例，证明中国过去各政党因采党魁制而发生了种种流弊。他主张中共采用较民主的委员制，从委员中推举一个书记出来负联络之责；其他委员分担宣传组织等各方面的工作。他认为这种组织方式已由俄国共产党证明其妥善，也适合中国的实际情形。他强调减低书记的职权，遇事公决；这不仅可以确立党内民主的作风，也可以杜绝党魁制的个人独裁及官僚式的流弊。"③ 党的一大经过讨论最终确定"各级组织均采取委员制"，这是组织上对民主的制度保障方式。中共二大党章规定："各组，每星期由组长召集会议一次；各干〔支〕部每月召集全体党员或组长会议一次；各地方由执行委员会每月召集各干部会议一次；每半年召集本地方全体党员或组长会议一次；各区，每半年由执行委员会定期召集本区代表大会一次；全国代表大会每年由中央执行委员会定期召集一次。"此后直到中共五大，党章都坚持党的全国代表大会"每年由中央委员会召集一次"。党代会和党委会制度为民主践行提供了组织保障。

然而，由于建党初期中共所处的环境恶劣，生存风险一直伴随其中，所以，党代会、党委会的运作受到了很大的掣肘。比如说，由于国共战争和抗日战争的缘故，中共六大（1928 年召开）与中共七大（1945 年）相隔十七年才得以顺利召开，这无疑对于党内民主是不利的。为了消解政治环境对党内民主的冲击，中共以党委会制度作为核心的领导体制和组织形式，也取得了良好的效果。然而，由于党委委员因为工作需要经常分散各地，无法正常地集体工作和展开领导，又在党委会内部设立常务委员，所以，真正的权力机关和领导机关变成了常委会，形成了戴辉礼博士所说的"常委会体制"：

---

① 《毛泽东选集》第 1 卷，人民出版社，1991，第 278 页。
② 《刘少奇选集》上卷，人民出版社，1981，第 358 页。
③ 《一大前后》(1)，人民出版社，1980，第 137 页。

"各级常委会是权力的集装器，是中国共产党的核心权力组织体制。"① 由于党委会和常委会内部成员之间事实上的不平等地位，甚至出现了与党内民主不相协调的权力异化现象："党内政治生活经过多年的发展已经形成一种所谓'一把手体制'，正是党内'一把手体制'在挤压党内民主的空间，与党内民主的发展格格不入。"② 如何在全面建设现代化的社会背景下加强党内民主，消解"一把手体制"的风险，改革"常委会体制"，回归委员会制的民主属性，促进党内民主的发展，进而实现党内民主与人民民主的良性协调，是我国政治发展的重要内容和基本方向。

二　中共常委会领导体制的演进脉络

作为对当代中国政治具有轴心作用的中共常委会领导体制及其副产品的"一把手体制"，并不是内生于共产党体中的机制，而是在长期的革命斗争中，在政党与外界环境的互动过程中逐渐产生的历史产物，其中虽有主观选择甚至个人因素的作用，更多的却是各种要素综合作用的结果。如前所述，中共建党之初选择委员会制作为组织形式和领导机制，而从理论上讲，委员会结构实际上是最有利于平等讨论与民主协商的，自然，作为委员会制形式之一的常委会制也应该具有民主合议性③，为何中共的党委制和常委制发生了某种蜕变，出现"常委集权"甚至"书记挂帅"的政治现象？这需要从中共存在的客观环境去寻找原因。所以，追溯常委会的形成、演变、重建及改革有助于认知常委会领导体制形成的逻辑机理。总体而论，中共常委会体制的演进可分为以下几个阶段。

（一）常委会领导体制的衍生

在 1921 年中共诞生之际，党员人数有限，所以中共一大没能设立正式的中央领导机构中央委员会，而只是成立中央局作为临时性的领导机关。中共二大通过的《党章》正式建立了党代会－党委会的权力授受体制，也规定了中央－区－地方三级党的执行委员会领导框架。中共三大通过了《中

---

① 戴辉礼：《中共党委常委会体制研究》，博士学位论文，中国人民大学，2011，第 31 页。
② 肖立辉等：《中国共产党党内民主建设研究》，重庆出版社，2006，第 10 页。
③ 戴辉礼：《中共党委常委会体制研究》，博士学位论文，中国人民大学，2011，第 47 页。

国共产党中央执行委员会组织法》，规定"中央执行委员会以九人组织之。中央委员缺职时应以候补委员补缺。大会后之中央执行委员会第一次会议，即应分配工作，并选举五人组织中央局。其余四人分派各地，赞助该地方委员〈会〉一同工作，每星期将所在地情形报告中央局一次。"此外，该规定明确"中央局以中央执行委员会名义行使职权"，中央局成了事实上的中央最高领导机构，实际上相当于执行委员会的常务委员会，权力集中的程度进一步加强①。为了发扬民主，该法还明确"中央执行委员会常会每四个月开一次，中央局每星期开会一次。中央局自己或经中央执行委员四人之请求，可召集特别会议。在请求书上须说明开会讨论之问题及其理由"。当1924年底中共中央第一次设立驻地方代表机构北方局时，在最后通过的7人委员会名单中，确定了李大钊、张国焘、高尚德（高君宇）、赵世炎4人常驻北方局工作②，有点由此四人组成常设委员会的味道，但毕竟不是正式的组织架构。

在危机时刻召开的中共五大，通过了第三次修正章程决案，其中第二十七条规定："中央委员会，选举正式中央委员一人为总书记及中央正式委员若干人组织中央政治局指导全国一切政治工作，并选正式中央执行委员若干人为中央政治局候补委员。候补政治局委员参加政治局会议时，只有发言权而无表决权，正式政治局委员离职时候补政治局委员依次递补。全体中央委员会议得改组中央政治局；中央政治局互推若干人组织中央常务委员会处理党的日常事务。"这是第一次在党的文件里规定中央政治局及其常务委员会，这在中共历史上具有重大意义，此后这种领导体制经历了发展和演化，成为了中共领导体制的核心组织和机制。而其中第三十四条规定的"省委员会可推举省委员若干人组织常务委员会处理日常事务"及第四十三条规定的"市或县委员会可互推委员三人至五人组织常务委员会，处决临时事务"，确立了地方各级委员会中设置常委会的合法性。常委会领导体制得到了党的最高规范的确认。

（二）常委会领导体制的发展和集权的形成

随着大革命的失败，共产党面临着生死存亡的抉择，常委集权成为应对

---

① 戴辉礼：《中共党委常委会体制研究》，博士学位论文，中国人民大学，2011，第54页。

② 参见中共中央组织部、中共中央党史研究室、中央档案馆《中国共产党组织史资料》第一卷，中共党史出版社，2000，第85页。

危机时刻的组织和领导措施。"八七"会议通过的《党的组织问题议决案》强调："现时主要之组织问题上的任务，就是造成坚固的能奋斗的秘密机关，自上至下一切党部都应如此。各级党部委员会，省委，市委，县委，区委都应该在最近期间改造成下列的方式：每一党部委员会之中，分出三人至八人之常务委员会为指导机关，由其上级党部机关批准；此等常务委员会即应执行各该党部委员会之一切职权。"① 1927 年 11 月召开的临时政治局扩大会议进一步强调要"建立党的民主集权制，使一切工作都集体化于省委员会及其常委中"②。而且，此次会议决定为了实现"集权于常委"的目标，"中央，省委，县委，市委以至大区委，废止设部制度"，以及设立中央派出机关中央局及建立巡视制度。需要明确的是，集权在当时的语境下是与分散、孤立相对应的，而不是独裁或者专断的意思。"八七"会议还特别提到："集权制度不应当变成消灭党内的民权主义。"③"虽然政治的压迫非常之严重，也必须实际实行党的民主主义，使党的政策直到党群众之中讨论；在下级党部建立各级党部集体的工作，以促成集体的指导。"④ 抗战时期，随着党员人数的大幅增长、组织的日益复杂和工作任务的加重，常委会领导体制进一步扩散、巩固和加强了，按照刘少奇的解释，在委员会中组织常委会，是为了进行日常工作，"在常委会中，亦须包括各方面的负责干部，成为当地各种工作的经常的总的领导核心"⑤。尽管在中共六届六中全会后在中央层面以书记处取代了常委会，在中央局及地方党委中，常委会仍然起着领导核心的作用。

随着党的一元化领导的形成，常委会领导体制进一步强化和演进。1942年 9 月 1 日　中共中央政治局作出《关于统一抗日根据地党的领导及调整各组织间关系的决定》。《决定》指出："根据地领导的统一与一元化，应当表现在每个根据地有一个统一的领导一切的党的委员会。"按该规定，中央代表机关（中央局、分局）及各级党委（区党委、地委）为各地区的最高领导机关，统一对各地区党政军民工作的领导；中央代表机关及区党委、地委的决议、决定和指示，同级政府的党团，军队的军政委员会、政治部和民众

---

① 中央档案馆编《中共中央文件选集》（第三册），中共中央党校出版社，1983，第 230 页。
② 中央档案馆编《中共中央文件选集》（第三册），中共中央党校出版社，1983，第 383 页。
③ 中央档案馆编《中共中央文件选集》（第三册），中共中央党校出版社，1983，第 232 页。
④ 人民出版社编《中共党史教学参考资料》（一），人民出版社，1979，第 114 页。
⑤ 《刘少奇选集》（上卷），人民出版社，1981，第 363 页。

团体的党团及党员，均须无条件执行；各级党委严格执行民主集中制，下级服从上级，全党服从中央。党的一元化领导体制的形成大大强化了常委会的权力，也为应对当时的战争环境创造了领导和组织基础。与党的一元化领导体制的形成和加强相适应，党委集权、常委集权倾向进一步强化，"书记挂帅"或者说"一把手体制"逐步获得了合法性和正当性。1942 年 12 月 1日，为了解决"各根据地都是机关庞大，系统分立；单位太多，指挥不便；干部堆在上层，中下层虚弱无力；军区、分区两级有些缺乏领导中心，许多人谁都不服谁，而不能承认一个比较强一点的同志为领导中心"的现象，中共中央发布《中央关于建立各级领导核心的指示》，各中央局、中央分局及其所属的各军区、各分区、区党委、地委都着力建立各级领导核心，而书记是"领导中心"。在 1943 年 3 月召开的政治局会议上，在三位中央书记处成员中，推定毛泽东为中央政治局、中央书记处主席，并且规定书记处会期不固定，随时由主席召集，对书记处会议所讨论的问题，主席有"最后决定之权"①。"常委会体制"发生了蜕变。新中国成立以后，大体上延续了抗战时期形成的"常委集权"和"书记挂帅"体制，并且随着计划经济体制的建立得以加强。

（三）常委会领导体制的扭曲和挫折

1956 年，在距七大召开 11 年后，中共八大召开，新通过的党章重新恢复设置政治局常委会，规定"中央政治局和它的常务委员会在中央委员会全体会议闭会期间，行使中央委员会的职权。"与此相应，将中央书记处的角色调整为"在中央政治局及其常务委员会领导下处理日常工作的机构"。在地方，也设立了书记处。刘少奇在 1955 年 4 月同中南地区各省委负责人的谈话时提到："省委的领导，现在有书记碰头会、常委会和全体委员会。是否把书记碰头会扶正了，组成书记处？我看组成书记处好办事一些，日常事情可以有权处理，重大问题由常委会讨论决定。中央可以通知一下，各省、市凡有条件的都把书记处组织起来。地委、县委，恐怕目前组织书记处的条件一般还不够。"② 1955 年 6 月，中共中央正式发出建立省、市委书记处的决定，自此后各省委、市委纷纷建立书记处。到 20 世纪 60 年代初，很

---

① 戴辉礼：《中共党委常委会体制研究》，博士学位论文，中国人民大学，2011，第 67 页。
② 中共中央文献研究室等编《刘少奇论党的建设》，中央文献出版社，1991，第 627 页。

多地委甚至部分县委都建立了书记处①。书记处的设置表明了在地方政治结构中权力进一步往常委特别是书记们集中的倾向，也折射出党内民主建设的制度困境。而且，根据戴辉礼博士的分析，地方（主要指省、市两级）党委的书记处一般都是由党委第一书记、书记（相当于副书记）以及候补书记等组成，而这些书记都是党委常委，这种交叉任职的体制与中央的权力组织体制是不一样的，地方党委书记处的成员实际上既行使决策权又履行执行权②。

在 1958 年初召开的南宁会议上，毛泽东提出"大权独揽、小权分散"的原则，强调："集中，只能集中于党委、政治局、书记处、常委，只能有一个核心。"③ 1959 年，毛泽东又再次提出："权力集中常委和书记处，我为正帅，邓为副帅。一朝权在手，便把令来行。"④ 在地方，同样为了把权力进一步集中于各级党委手中，不断强化以党委常委会为核心的归口管理制度，在党委常委会中设置工业书记、农业书记、政法书记和文教书记等，强调书记挂帅，重要事务强调第一书记挂帅。总之，1958 年以后，通过中共权力运行体制呈现出了党权（中央层次的党权）高度膨胀、权力不断趋向个人集权与专断化的趋向的双重特征⑤。常委会领导体制日益脱离其民主特性。在二届人大一次会议毛泽东辞去国家主席职位由刘少奇接任后，中共将工作制度分为非正式的一线、二线，而二者之间并无明确职权划分，毛泽东越来越少出席政治局会议和常委会会议，而只是事后听取汇报⑥。随着党内斗争的加剧，在 1966 年 8 月召开的中共八届十一中全会上，根据毛泽东的意见，对自中共八大以来一直保持稳定的中央政治局常委会进行了改组，人数由原来的七人增加到了十一人，主持中央工作的刘少奇在中央政治局常委会中的排名从第二位下降到第八位，林彪成为唯一副主席而取代了刘少奇的地位。"文化大革命"爆发后，中央文革小组事实上取代了政治局常委会，1969 年九大重建了中央政治局常委会，随后 7 年，常委人选经过 6 次变化，

---

①　戴辉礼：《中共党委常委会体制研究》，博士学位论文，中国人民大学，2011，第 71 页。

②　戴辉礼：《中共党委常委会体制研究》，博士学位论文，中国人民大学，2011，第 71 页。

③　逄先知、金冲及主编《毛泽东传（1949～1976）》（上），中央文献出版社，2003，第768 页。

④　中共中央文献研究室编《建国以来毛泽东文稿》（第八册），中央文献出版社，1993，第196 页。

⑤　戴辉礼：《中共党委常委会体制研究》，博士学位论文，中国人民大学，2011，第 73 页。

⑥　从 1958 年南宁会议后，毛泽东就经常不参加中央政治局会议，往往是他在会前提出一些问题让其他成员讨论，会后向他（个人）汇报，他同意了才算数。席宣、金春明：《"文化大革命"简史》，中共党史出版社，2006，第 32 页。

成员更迭频繁，导致政治风险丛生，中国走向错误方向却难以纠正。各地方党委和常委会也逐步陷入瘫痪状态，1968年后，各地陆续建立了"三位一体"的"革命委员会"，取代了党委会和常委会领导体制，高度集权。由于领导体制的扭曲，中国社会也陷入了某种"无政府状态"，混乱代替了秩序，党内民主遭遇了重大挫折。

（四）常委会领导体制的恢复和完善

"文化大革命"结束时，中央政治局常委只剩下叶剑英一人，无法正常运作了。在老一辈无产阶级革命家邓小平、叶剑英以及华国锋等领导人的努力下，1977年党的十一届一中全会选举产生了五位常委，开始恢复集体领导体制。此后，随着党内生活和国家政治的正常化，政治局及其常委会的成员逐步调整，日益稳定。据1982年党的十二大通过的党章，党中央只设总书记，不再设主席、副主席。胡乔木对此作了说明："总书记是中央政治局常务委员会的成员之一，负责召集政治局会议，召集政治局常务委员会会议，主持中央书记处的工作。很明显，召集和主持的作用是不一样的。这样，个人过分集权和个人专断的现象就很难再发生。"他还特别强调："按照新党章（十一届五中全会以来的实际情况也是如此），我们党全部经常工作的领导核心是中央政治局常务委员会。"① 由此可见，党的十二大通过的党章正式确立了中央政治局常务委员会在决策和领导过程中居于核心地位。十二届一中全会选出了新的中央领导集体，在中共十三大上，彭真、邓颖超、徐向前、聂荣臻"四老""全退"，邓小平、陈云、李先念"三老""半退"，为领导人权力交接的平稳推进创造了契机。新当选的中央政治局常委会委员的平均年龄，由十二届一中全会时的73.8岁下降到63.6岁，显示了中国共产党主要干部年轻化的有序推行。与此相应，国家政权机关的领导人也有序进行了更迭，党和国家领导人的权力交接日益规范化、正常化和民主化。特别是，党内民主的主要平台——党的委员会和代表大会自1978年十一届三中全会以后按时召开，对于党内政治生活的正常化、民主化和规范化起了风向标的作用，常委会领导体制的运转也有了较为系统的制度和组织依托。

邓小平等老一代无产阶级革命家高度关注政治体制改革，特别是常委会集体领导制度的建设，其中的一个重要举措就是通过实行民主与法治，建立

---

① 《中国共产党章程汇编（从一大——十七大）》，中共中央党校出版社，2006，第326页。

任期制和退休制等制度进而避免个人专断的出现。1989 年的政治风波促使邓小平更深入地思考中央领导集体的建设问题。6 月 16 日，邓小平在同江泽民等领导人谈话时指出："我多年来就意识到这个问题。一个国家的命运建立在一两个人的声望上面，是很不健康的，是很危险的。不出事没问题，一出事就不可收拾。为此邓小平特别强调，只要有一个好的政治局，特别是有一个好的常委会，只要它是团结的，努力工作的，能够成为榜样的，就是在艰苦创业反对腐败方面成为榜样的，什么乱子出来都挡得住。"① 1989 年特别是 1992 年中共十四大后，老一辈无产阶级革命家陆续退出政治舞台，新的以江泽民为核心的第三代中央领导集体形成，此后在直到 2012 年底的中共十八大，每隔五年就召开一次全国代表大会并且选出新的领导人，而且每年都召开中央全会，政治局会议和政治局常委会也按期召开，党内民主得到了较好的体现。特别是中共十六大江泽民等第三代中央领导集体陆续退休和十八大胡锦涛等领导人"裸退"，当代中国最高权力的交接日益稳健化、制度化和民主化。困扰国际共产主义运动的"接班人困境"在中国大体上得到了解决，为国家政治生活的正常化、规范化、民主化和现代化创造了政治前提，也为经济的繁荣、社会的和谐与文化的昌达提供了基础。2004 年 2 月，中共中央颁布《中国共产党党内监督条例（试行）》，规定中央政治局向中央委员会全体会议报告工作。地方各级党委常委会、纪委常委会分别向委员会全体会议每年报告工作一次；设常委会的基层党组织的党委常委会、纪委常委会分别向委员会全体会议每年报告工作一次。常委会领导体制中的民主协商特性有了较好的机制保障。

　　从中共常委会领导体制的发展演变历程可以看出，其衍生和发展以及变革与社会政治环境密切相关。作为一个危急时刻产生的组织形式和领导机制，常委会的集权取向是非常明显的。而且，由于环境的限制，与常委会相配套的党代会和党委会不能经常召开，这极大影响了常委会的民主特性。尤其是，在严酷的战争环境下形成的"书记挂帅"，导致了"一把手体制"的出现，影响了常委会的正常运作和党内民主的健康开展。新中国的成立，为党内民主的发展和常委会领导体制的正常运作创造了良好环境，而 1958 年以后随着最高领导人日益凌驾于党和国家之上，常委会领导体制日益蜕变，"文化大革命"爆发后更是走向了失灵。在"文化大革命"结束后特别是十

---

① 《邓小平文选》第 3 卷，人民出版社，1993，第 310～311 页。

一届三中全会以后，在邓小平等老一辈无产阶级革命家的推动下，经过江泽民、胡锦涛等领导人的努力，中国特色的权力交接制度得以形成，集体领导体制焕发出了极大的生机，为改革开放的进行和社会主义民主政治的发展创造了契机和开辟了广阔的前景。改革开放 36 年中共常委会领导体制恢复和发展的历程，也是我国民主政治和现代国家建设不断推进的历程，也是共产党的民主本质得以不断实现和扩展的时期。

三　中共常委会领导体制的运行机制

集体领导与分工负责相结合是中共领导体制的主要特征和基本要求，也是民主集中制的具体表现。常委会作为委员会制的一种特殊形式，从其设立起，就以民主集中制作为自身的组织原则和领导机制。中共"五大"通过的《对于组织问题议决案》规定："中央应该强毅地实行集体的领导，从中央、省委以至支部。党内纪律非常重要，但宜重视政治纪律，不应将党的纪律在日常生活中机械的应用。要解决上述二种任务，其重要的先决条件，就是吸引工人到所有党部的指导机关来。"① 委员会和常委会制度正是实行集体领导的组织形式。事实上，"作为一项制度性设计和建设，党委员会制度是以集体领导为根本原则的"。② 1937 年 5 月中共苏区代表会议严格规定，党的委员会必须按期开会，一切重要问题必须经过全会讨论与决定："常委会应该是集体的工作。在严密的分工的个人负责制的基础上，一切工作应经常委会集体讨论与决定。"③ 集体领导与分工负责是民主集中制的一体两面。如中共"六大"通过的《组织问题决议案提纲》强调"加强党的集体领导，实行分工的集体，形成无产阶级指导中坚的工作"。④ 1928 年 1 月 3 日中央通过的《关于组织工作》的第三十二号通告就集体指导与分工负责的关系作了说明："民主集中制与个人负责制是必须同时采用的。重要问题应该民主决定，但工作的执行则应个人负责。"⑤ "集体决定之后，就应分途去执

---

① 中央档案馆：《中共中央文件选集》（1927），中共中央党校出版社，1983，第 67 页。

② 陈丽凤：《中国共产党领导体制的考察》，上海人民出版社，2008，第 24 页。

③ 中央档案馆：《中共中央文件选集》（1939～1941），中共中央党校出版社，1983，第 67 页。

④ 中央档案馆：《中共中央文件选集》（1928），中共中央党校出版社，1983，第 277 页。

⑤ 《刘少奇选集》上卷，人民出版社，1981，第 67 页。

行。"① 当然，民主集中制的领导机制和组织原则在实际运行中受制于主观和客观因素，在党内生活比较正常的时候，会运作得好些，而当党内民主缺乏的时候，就会陷入困境。常委会领导体制的运转，从中共党史来看，主要仰赖以下几大机制的协调运作②。

（一）请示汇报制度

请示汇报制度，也叫报告制度，指共产党的某个组织对在自己职权范围内的问题要独立负责解决，但遇到重大问题或超越自己职权范围的问题，必须请示上级党组织。同时，党的组织必须定期向上级党组织汇报工作，遇到特殊情况，应及时汇报。③ 事实上，请示报告制度是共产党的基本政治组织制度，从建党时起就已经采用了，只是限于当时的交通通信条件，客观上受到极大限制而已。比如在作为派出机构的中央局还没设置时，1923 年 11 月《中国共产党第三届第一次中央执行委员会文件》中就提到了"各委员报告"（包括驻地方和驻青年团组织的委员）。④ 在 1931 年 3 月《中央为建立交通关系及报告制度给各苏区及红军的信》中曾明确指出："苏维埃区域及红军与中央的相互交通关系，到现在依然是极不满意的……各苏区及红军，对中央也保证有关于各地情形的报告，假若没有这种报告，各苏区之间的动作一致是绝对不可能的。中央对各地党组织的领导必将非常之困难。"⑤ 1948 年 1 月 7 日，中共中央发出由毛泽东起草的《关于建立报告制度》的党内指示，要求各中央局和分局书记（自己动手，不要秘书代劳）除向中央作临时的报告和请示外，每两个月向中央和中央主席作一次政策性综合报告；要求各野战军首长和军区首长，除作战方针必须随时请示报告外，每两个月向军委主席作一次政策性综合报告。⑥ 3 月 25 日，中共又发布《中央关

① 《刘少奇选集》上卷，人民出版社，1981，第 363 页。
② 有人从对当代中国集体领导体制展开分析，认为中国特色的"集体领导制"体现在五大机制：集体分工协作、集体交接班、集体学习、集体调研和集体决策。胡鞍钢：《中国集体领导体制》，中国人民大学出版社，2013，内容摘要。
③ 关于"请示汇报制度"的内涵，可参见刘国新《中国政治制度辞典》，中国社会科学出版社，1990，第 600 页。
④ 见中央档案馆《中共中央文件选集》（1921～1925），中共中央党校出版社，1982，第 138 页。
⑤ 中共中央组织部、中共中央党史研究室、中央档案馆：《中国共产党组织史资料》第八卷，中共党史出版社，2000，第 394 页。
⑥ 参见《毛泽东选集》第四卷，人民出版社，1991，第 1264～1266 页。

于建立报告制度的补充指示》，要求各中央局、分局和前委对于下级发出的一切有关政策及策略性质的指示及答复，都要同时发给中央一份。① 1948 年 9 月 8 日~13 日召开的政治局会议，讨论通过《中共中央关于各中央局、分局、军区、军委分会及前委会向中央请示报告制度的决议》，请示报告制度在全党全军普遍建立起来。这种请示报告制度一直延续至今，仍然发挥着作用。

(二) 巡视指导制度

巡视指导制度是保障中共各级组织的方针政策实施的重要制度保障。1927 年，中共中央在"八七会议"后决定建立北方局、南方局、长江局等中央派出机关的同时，还派出巡视员到各地指导恢复与整顿地方组织，切实加强中央对地方、上级对下级的集中指导。1927 年 11 月临时中央政治局扩大会议通过的《最近组织问题的重要任务议决案》决定："应当开始建立各级党部的巡视指导制度。"② 1928 年 10 月 8 日，中共中央发布第五号通告暨《巡视条例》，对巡视工作的目的、职权、任务与工作方法等作出了明确的规定。1932 年 1 月 22 日，在给湘鄂西中央分局和省委的指示信中，中共中央除要求普遍建立巡视制度和固定的经常的巡视员外，还具体指出党的各级常委不要兼巡视员。1938 年中共六届六中全会通过的《关于各级党部的工作规则和纪律的决定》明确提出："各级党的委员会为了了解下面的情况，便利于工作上的指导起见，上级党委得向下级党委派遣巡视员，传达上级党委的意见，考察下面的情形报告上级党委。"③ 在《中共扩大的六中全会关于各级党部工作规则与纪律的决定》中，巡视员的权力比之前受到了很大限制，回归到了巡视制度的应有位置："巡视员对于下级党委有意见时，应该向下级党委建议，由下级党委决定执行与否，巡视员没有决定与强制下级党委执行的权力。但在特殊情况下由上级党委委托，授巡视员此项特权者除外。"④ 巡视指导制度是中共实现中央与地方互动的一种"中间层制度"形

---

① 参见中央档案馆《中共中央文件选集》(1948~1949)，中共中央党校出版社，1987，第 100 页。
② 中央档案馆：《中共中央文件选集》(1927)，中共中央党校出版社，1983，第 384 页。
③ 中共中央组织部、中共中央党史研究室、中央档案馆：《中国共产党组织史资料》第八卷，中共党史出版社，2000，第 513 页。
④ 中共中央组织部、中共中央党史研究室、中央档案馆：《中国共产党组织史资料》第八卷，中共党史出版社，2000，第 513 页。

式，是促进地方工作的重要动力机制，也是民主集权制的辅助制度之一，当然也是保障常委会领导体制运作的机制之一，至今仍然是保障中央和上级的领导权威和组织纪律的重要制度形式。

（三）人事任命制度

这种制度也可以叫委派制度或者说委任制。任命制是中共的组织制度之一，也是常委会领导体制得以运作的基本制度。《中共扩大的六中全会关于中央委员会工作规则与纪律的决定》作了规定和划分："凡各地中央局、中央分局之负责同志，各省委或等于省委之区党委的书记，各参加全国性的政府与部队负责工作之党员，及中央党报委员会的委员之委任，均须经过政治局的决定或批准，在特殊情形下，各中央局中央分局得决定各省委或等于省委之区党委的书记，但必须呈报中央政治局批准。"[1] 1942年9月《中共中央关于统一抗日根据地党的领导及调整各组织间的关系的决定》再次将中央局及地方人事的决定权配置问题作了规定："中央局与中央分局为中央代表机关，由中央决定之。区党委、地委，由军队与地方党组织的统一代表大会选出，经上级批准之。……区党委书记人选，由中央局分局议定，经中央批准之。地委书记人选，由区党委议定，经分局中央局批准之。"[2] 新中国成立后，对于干部管理权限曾经有过变动，但委任制或说任命制一直是中共人事制度的基本底色，当然也是常委会领导体制的重要机制之一。尽管战争年代产生的任命制有很多弊病，但至今仍是中国政治的重要规则。

（四）纪律制裁机制

根据加入共产国际的条件，共产党是按照高度集中的方式组织起来的，"在党内实行像军事纪律那样的铁的纪律"。[3] 中共"二大"通过的第一个党章更是专章规定了"纪律"的内容，其中包括了上下级之间的关系，开除的若干种情形等，其中规定："全国大会及中央执行委员会之议决，本党

---

[1] 中共中央组织部、中共中央党史研究室、中央档案馆：《中国共产党组织史资料》第八卷（上），中共党史出版社，2000，第509页。

[2] 中央档案馆：《中共中央文件选集》（1942～1944），中共中央党校出版社，1986，第124页。

[3] 中央档案馆：《中共中央文件选集》（1921～1925），中共中央党校出版社，1982，第42页。

党员须绝对服从之。""下级机关须完全执行上级机关之命令；不执行时，上级机关得取消或改组之。"① 中共中央及其派出机构在纪律建设方面的一个飞跃是在中共六届六中全会之后。在《中共扩大的六中全会关于中央委员会工作规则与纪律的决定》中，规定"各中央局中央分局的委员，须遵守中央委员会的工作规则与纪律"。"各中央局中央分局的委员如有错误或不称职，由中央政治局、中央书记处决议处理之。"② 六中全会通过的《关于各级党部工作规则与纪律的决定》也为各级党部提供了行为规范和对违纪行为的处理程序和方式。《关于各级党委暂行组织机构的决定》规定"由各中央局决定，在区党委之下，得设监察委员会"，并且列举了监察委员会的职能和设置、工作程序、任职条件等③。新中国成立后，纪律监察工作进一步加强。1949 年 11 月 9 日，中共中央发出由中央政治局通过的《关于成立中央及各级党的纪律检查委员会的决定》，1952 年，针对某些党委对纪律检查工作不够重视的情况，又发出《中共中央关于加强纪律检查工作的指示》，1955 年 3 月 31 日共产党的全国代表大会一致通过了《关于成立中央和地方监察委员会的决议》，此后陆续成立了中央和地方监察委员会，从而使中共党内的监督在组织上和制度上更加完善。改革开放后，中央更加重视纪律监察工作，从严治党，对于维护中央权威和党的团结提供了制度保证。特别是从中央到地方实现了党的纪委和政府的监察机构合署办公，书记一般由常委担任，强化了地位。

　　常委会领导体制的运作制度，还有教育培训、批示命令、整风整党、民主生活等制度和方式。作为一个组织，常委会属于中共组织的一部分，但是其所领导和管辖的组织、事务和区域非常广泛，如何实现对各项工作和所属地方的领导是个难题。所以，必然要多管齐下，而多样化的制度是必不可少的工具之一。以教育培训制度为例，中共各级组织，包括中共中央，都有一套不断发展完善并制度化的教育培训机制，推动党员干部的学习。这种教育培训制度，不仅有助于提高其党员的政策水平和

① 中央档案馆：《中共中央文件选集》（1921～1925），中共中央党校出版社，1982，第62 页。
② 中共中央组织部、中共中央党史研究室、中央档案馆：《中国共产党组织史资料》第八卷，中共党史出版社，2000，第 511 页。
③ 中共中央组织部、中共中央党史研究室、中央档案馆：《中国共产党组织史资料》第八卷，中共党史出版社，2000，第 514 页。

文化知识，对于形成统一的认识，以及政治认同，具有非常重要的意义。也正因此，中共中央及其常委会也非常重视这种机制。比如在抗战时期，中共中央南方局从 1939 年 4 月起，举办过两期党员干部培训班，每期 30 人左右，培养区、县级领导干部，周恩来、博古、董必武、凯丰、邓颖超、蒋南翔、黄文杰等南方局领导人和部门负责人为学员授课。而且，南方各省委、特委、边区委按照南方局指示也都先后举办了党员干部培训班，并着手整顿巩固党的组织。① 而自 1999 年起，除 2001 年和 2009 年没有举行外，省部级主要领导干部专题研讨班已经在中央党校举办十几次，每年举办一次若干期，中央政治局常委多次亲临授课，成为推动政策实施的重要形式。

四　中共常委会领导体制运作中存在的问题

在中共建党九十多年的历史中，常委会在相当长一段时期内是各级党的核心领导机关。特别是改革开放以来，党的各级常委会成为当代中国政治的权力中枢。虽然常委会作为党委制的重要组成部分，其民主特性得到了越来越好的发挥，然而，从其历史演变来看，常委会领导体制有其问题和困境，如果不加以重视和解决，会影响到常委会制度的正常运作和国家政治生活特别是民主化的健康发展。其中最现实的，就是常委会集权倾向和"一把手"权力的规范制约问题。早在 1980 年，邓小平就郑重指出："权力过分集中的现象，就是在加强党的一元化领导的口号下，不适当地、不加分析地把一切权力集中于党委，党委的权力又往往集中于几个书记，特别是集中于第一书记，什么事都要第一书记挂帅、拍板。党的一元化领导，往往因此而变成了个人领导。"② 如何避免集体领导演变成"一把手"政治，强化常委会的民主性、回应性和责任性，是建设中国特色社会主义民主政治和发展党内民主必须要解决的问题。常委会领导体制需要改进的问题③ 主要有以下这些。

---

① 中共湖南省委党史研究室：《中共中央南方局的党建工作》，中共党史出版社，2009，第 74~75 页。

② 《邓小平文选》第二卷，人民出版社，1994，第 329 页。

③ 笔者的同学戴辉礼博士在其博士学位论文《中共党委常委会体制研究》中有精彩论述，本人也参考了其见解，特此感谢。

（一） 党内权力授受关系不清和规则冲突带来的民主缺失

中共二大通过的首部党章对党的权力结构作了规定，即："全国代表大会为本党最高机关，在全国代表大会闭会期间，中央执行委员会为最高机关。"所以，当时全国代表大会是最高机关，只是在其闭会期间，中央委员会是最高机关。中共三大正式确立的常委会，其产生方式是"中央政治局互推若干人"，职能是"处理党的日常事务"。从这规定来看，常委会还没有成为最高决策机关和执行机关的地位。新中国成立后于1956年修正的党章规定："党的最高领导机关是全国代表大会，在地方范围内是地方各级代表大会。全国代表大会和地方各级代表大会选举中央委员会和地方各级委员会，这些委员会向代表大会负责并且报告工作。"而在闭会期间，则是党的各级委员会。"党的中央委员会全体会议选举中央政治局、中央政治局的常务委员会和中央书记处，并且选举中央委员会主席一人、副主席若干人和总书记一人。""中央政治局和它的常务委员会在中央委员会全体会议闭会期间，行使中央委员会的职权。"由此看来，八大规定的党中央的权力结构是，党的全国代表大会选举中央委员会，中央委员会再选举政治局、政治局常委和书记处，中央政治局和常委会在党的全国代表大会及中央委员会闭会期间行使最高领导权。中央政治局及其常委会成为了合法的最高领导机关，改变了新中国成立前的角色定位。此后历次党章修订关于党的机关和权力授受关系的规定大体没变。本来中共的全国代表的产生就经过了多层次间接选举，而政治局及其常委会不是由全国代表大会而是由中央委员会选举，而且是等额选举，其民主性多少会受到影响。此外，作为委员会制的一种形式，常委会的委员应实行集体决策，一人一票，票值相等，然而，实际政治生活中，我们赋予书记过多的责任，动不动就让书记负责，书记挂帅，一切工作责任最终均由一把手承担，责任一重，书记本人必然要权力，书记就成为党委会内部一个特殊职位，与副书记、委员不同。这种现象时间一长，就形成了"一把手体制"[①]，集体领导蜕变成了"一长制"。

（二） 政党机制与国家制度之间衔接不够

在中国这种实行政党－国家体制的社会，政党已嵌入到了国家政治体系

---

① 肖立辉：《书记与县长缘何不一样》，《人民论坛》2006年第20期。

之中。因此，要实现政治生活的规范化、民主化和公共性，党内民主与人民民主的良性调适是必不可少的一个环节。如果两者之间不能有效衔接，政党制度与国家制度不能相互匹配，就会给政治制度的合法性带来麻烦。中国共产党作为执政党，其中的一个重要功能，就是为国家机关培养、筛选和推荐领导人选。如何实现党内民主与人民民主的协调，政党制度与国家制度的匹配，中国走过了很多的弯路，积累了丰富的经验和深刻的教训。比如说，1959 年 4 月，刘少奇在第二届全国人民代表大会第一次会议上当选为中华人民共和国主席、国防委员会主席，按照 1954 年宪法的规定，国家主席是有实权的，而毛泽东尽管没再担任国家主席，却仍然是中共中央主席即党的合法领袖，这种权力安排很容易造成冲突。"文化大革命"结束以后，老一辈无产阶级革命家担任了党和国家的一些重要职务，领导人有"一线"、"二线"之分，只是到 1992 年中共十四大，才正式建立了以中央政治局为核心的"一元权力"结构，不仅常开会，真正成为集体领导决策核心，而且结束了长期以来实际存在的"二元权力"结构①。特别是 1982 年制定的宪法规定了除中央军委主席之外的国家领导职务每届任期五年，连续任职最多不能超过两届即 10 年，江泽民、胡锦涛等领导人严格执行宪法规定，推动了"到点退休"的权力交接制度，中央层面的集体领导体制稳定下来，领导职务终身制和"老人政治"得以彻底解决。但是，对于党内职务的任期，现在还没有明确的规定和限制，缺乏相应的权力退出机制。在依法治国成为时代潮流的今天，中共也要依法执政，依宪执政，使得自身的领导行为合乎规范。发展民主必然会带来挑选和竞争，传统的自上而下的选拔体制将会逐步让位于自下而上的选举。本来很多人是期待"政党建设促进政权建设"、"党内民主引领人民民主"的，现在看来，人民民主对党内民主形成了某种倒逼，需要党的建设特别是制度化、民主化和规范化提速，否则二者容易脱轨，带来政治被动和困境。

（三）责任政治难以体现

现代政治是责任政治，有权必有责是政治现代化的基本要求。如前所述，中共的各级常委会事实上已成为当代中国的权力中枢，而且由于政党已经嵌入国家，行使着巨大的公共权力，如何使常委会及其成员承担起相应责

①　胡鞍钢：《中国集体领导体制》，中国人民大学出版社，2013，第 45 页。

任就是一个重要的问题。如前所述，虽然常委会乃委员会制的一种形式，其成员应该是地位平等的，才能展开合议协商，然而，事实并非如此。在中共历史上，党委和常委内部还有第一、第二、第三书记的等级划分，当下则有书记、副书记、常委和委员之分，而且各自在党内的地位根本不一样，所以，理论上的委员之间的平等在现实政治生活中是根本不存在的。也正是"由于事实上存在权力关系不平等，特别是普通常委与书记之间权力关系不平等，因此也难以形成有效的互相监督"。① 特别是在实际政治生活中，由于常委的产生以任命制为基础，选举只是形式，为权力的腐败留下了空间，这也是组织人事领域腐败高发的制度原因。值得注意的是，在当下的政治生活中，常委会内部讨论的事项，其议程是书记决定的，这与委员会制的意涵格格不入，也背离了平等协商的民主精神。"潜规则"和"显规则"差别明显，对于常委会的健康持久运作是值得深思的。此外，有的常委、委员及党的一些部门，虽然没有承担国家政权机关的职务，却在行使着相关的公共权力，却无须向权力机关人民代表大会负责，显得权责不相称。而且，由于党的全国代表大会五年才开一次（中共九大甚至是时隔八大 13 年之后才召开！），中央委员会一般一年开一次，政治局会议 1～2 个月开一次，常委会行使着巨大的权力，而对这种权力的监管却显得相当薄弱。地方各级党委会和常委会也有此监督制约乏力进而无法建立真正的责任制度之困。

（四）法治化不足带来的正当性困境

从 1921 年诞生至今，共产党已经存在了 93 年，而从 1949 年新中国成立至今，共产党作为中国唯一的执政党已经 65 年，共产党的党员从一大召开时的 50 多人变成了 8500 多万人，增长了 170 万多倍。如何管理比世界上很多国家人口还多的党员及各级党组织，无疑是个世界难题。总的来说，共产党能治理好自身进而管理好国家。然而，面对新的历史环境和社会条件，共产党应该强化自身管理的科学化、规范化和程序化，这就需要以法治化作为保证。党的十一届三中全会以后，总结中共党史和国际共产主义运动的经验教训，邓小平同志多次强调加强民主和法制建设："民主和法制，这两个方面都应该加强，过去我们都不足。没有广泛的民主是不行的，没有健全的

---

① 戴辉礼：《中共党委常委会体制研究》，博士学位论文，中国人民大学，2011，第 132～133 页。

法制也是不行的。"① 他还明确指出："为了保障人民民主，必须加强法制。必须使民主制度化，法律化，使这种制度和法律不因领导人的改变而改变，不因领导人的看法和注意力的改变而改变。"② 改革开放以来，中共自身强化了制度化建设，然而，与经济社会发展的巨大变革相比，党的相关制度的现代化建设显得相对滞后，对党的组织及其权力的规范化不够。考虑到各级党委会及其常委会在党内政治生活和中国国家政治生活中的特殊重要性，有必要专门制定相应的党内法规来规范其产生、职权、任期、责任及其与相关权力主体的相互关系问题。强调常委会运作的法治化和规范化，要求党的执政行为要有法可依，有章可循，这其实对于保障党的执政权是有积极意义的，也可以防止少数党员利用公共权力以权谋私，滥用职权，也是对干部的保护，当然，也是维护党的良好形象的重要途径。

总而言之，作为一个无产阶级政党，中国共产党已经带领中国人民取得了重大的成就。面向全面建成小康社会和全面建设现代化的新使命和新挑战，如何通过加强和改善党的领导引领人民实现中华民族的伟大复兴，是中国共产党需要解决的重大课题。而加强和改善党的领导，其中一个非常关键的方面，就是加强党的各级委员会和常委会的建设，建立一个坚强的领导集体。要解决常委会领导体制面临的时代课题，需要强化其民主特性，加强制度建设。正如邓小平所说的："我们过去发生的各种错误，固然与某些领导人的思想、作风有关，但是组织制度、工作制度方面的问题更重要……领导制度、组织制度问题更带有根本性、全局性、稳定性和长期性。"③ 邓小平的这句话，只到今天，仍然有警示意义。应该说，在中央层面，政治局及其常委会的运作还是比较民主和规范的，地方层面也在不断走向规范化和民主化，然而，与经济社会发展的需要相比，仍然需要改善和加强。

五　变革社会中常委会领导体制的民主调适

民主集中制是中国共产党也是中共各级委员会及其常委会的"元制度"，其他制度是在此制度的基础上衍生出来的。《中国共产党加入第三国

① 《邓小平文选》第二卷，人民出版社，1994，第189页。
② 《邓小平文选》第二卷，人民出版社，1994，第146页。
③ 《邓小平文选》第二卷，人民出版社，1994，第333页。

际决议案》所附的《加入共产国际的条件》规定："加入国际共产党的党，应该是按照民主集中制的原则建立起来的（有的翻译为"必须建筑于德莫克乃西的中央集权的原则之上"，笔者注）。在目前激烈的国内战争时代，共产党必须按照高度集中的方式组织起来，在党内实行像军事纪律那样的铁的纪律，党的中央机关必须拥有广泛的纪律，得到全体党员的普遍信任，成为一个有权威的机构。"① 由于战争连绵、局势动荡的外在环境，当时的民主集中制，以民主为基础，偏向集中。这种民主集中制的导向，也适用于中共常委会的运作机制。这种偏向集中的危机时刻适用的运行机制，由于"路径依赖"的原因，一直影响着中共及其常委会："各级党委常委会很容易成为事实上各级党组织的最高权力机构，从而形成党委常委会－党委全委会－党代会这样一种类似于'倒金字塔型'的权力架构。"② 而且，常委会制度设计的初衷是防止个人集权，所以党的权力往常委会集中是不言而喻的，而制度运作的结果却出现了"一把手现象"。改革开放以来，中共所作的党和国家领导体制的改革，很大程度上是通过加强民主和法治，避免个人专断的发生。而新的经济社会发展形势，要求党不断提高执政能力，市场化、信息化、城镇化、全球化和现代化的社会变迁，要求中共不断地调适自身的组织、政策和功能，渐进有序地扩张民主，以此维护执政地位进而推动国家建设。

（一）保障党员的主体地位和民主权利

作为无产阶级政党，中国共产党一贯将民主作为自己的追求。即使在战争时期的特殊状态，共产党也很重视民主，要求民主和集权并行。"八七会议"通过的《党的组织问题议决案》曾指出："现时秘密状态之中，需要最大限度的集权。但是集权制度不应当变成消灭党内的民权主义。"③ 甚至在面对极端恶劣的生存环境强调集权时，共产党也没有忘记讲民主："在白色恐怖之下党内民主主义仍应尽量的扩大，一切党的政策必须传达到每个同志。并且使他们有讨论的充分可能。"④ 从实际运作来看，在相当一段时期内，由于主观和客观的原因，集权较为充分，民主发展相对不足。反映在党

① 中央档案馆：《中共中央文件选集》（1921～1925），中共中央党校出版社，1982，第713页。

② 戴辉礼：《中共党委常委会体制研究》，博士学位论文，中国人民大学，2011，第58页。

③ 中央档案馆：《中共中央文件选集》（1927），中共中央党校出版社，1983，第232页。

④ 中央档案馆：《中共中央文件选集》（1928），中共中央党校出版社，1983，第106页。

章上，对组织纪律强调的多，而规定党员的权利及其救济的规范较少。1922年中共制定的第一部党章，虽有"党员"一章，但其中却鲜有涉及其权利的内容，1956年中共八大通过的《中国共产党章程》，是新中国建立后的第一部党章，其中规定党员权利的有7个条文，涉及义务的有10个条文。改革开放后于1982年十二大通过的新党章恢复了对党员权利的规定，积极探索保障党员民主权利、疏通党内民主渠道的途径，并取得了积极的成果。1995年中央颁布了《中国共产党党员权利保障条例（试行）》，2004年10月中央正式颁布了《中国共产党党员权利保障条例》，现在的问题是随着形势的发展丰富党内民主形式，探索党员参与党内事务的多元化、常态化、规范化渠道。中共十六大报告指出："党内民主是党的生命。"党员是中共的主体，必须强化党员的主体意识和权利观念。党员主体地位表明党员是党的权力主体，在党内当家作主。各级组织、领导机关包括常委会及其领导成员是党内权力的受托者，其权力来源于相应范围内的党员。为此，必须疏通党内民主渠道，拓宽党内民主途径，丰富党内民主形式，使党员更多地了解和参与党内事务，认真落实党员在民主选举、民主决策、民主管理和民主监督方面的权利。作为世界第一大政党，中共有8500多万党员，如果这些党员能在工作岗位、政治参与、日常生活和精神状态等方面保持积极性、先进性和引领性，对于政治领域的民主化无疑能够产生非常积极的影响，也是党的凝聚力和战斗力的人本基础。

（二）完善党代会和党委会等民主平台和形式

党员主体地位的实现和提升，需要有相应的制度平台和运行机制予以保障。因此，必须健全和完善党内民主平台党代会、全委会、常委会，这些民主组织和形式的多元化、复杂性其实也是政治制度化和现代化的重要标尺，也是衡量政治公共性水平高低的重要尺度。邓小平早在1956年就指出："必须健全党的和国家的民主生活，使党的和政府的下级组织，有充分的便利和保证，可以及时地无所顾忌地批评上级机关工作中的错误和缺点，使党和国家的各种会议，特别是各级党的代表大会和人民代表大会，成为充分反映群众意见、开展批评和争论的讲坛。"[1] 有必要改善党代会和人代会的代表产生机制，增强竞争性和扩大直接选举的范围，实行党代会年会制、常任制等

---

[1] 《邓小平文选》第一卷，人民出版社，1989，第223～224页。

制度，增加全委会和常委会会议的次数，比如在县乡一级，全委会应该一两个月开一次，在省市一级可以两三个月开一次全委会，中央全会也可以一年两次以上。而对于常委会，则应明确一两个星期必须开一次，而且常委会的成员都可以提出相应议程，但需提前几天通报其他常委成员等。此外，还须加强党代表与党员、常委会、全委会与党代表及党员的沟通联系等机制。此外，为了加强党内民主，需要理顺党代会、党委会与常委会的关系，确立党代会的领导机关地位，使党委会对党代会负责，而常委会对党委会及党代会负责并报告工作，接受监督，规范常委会的权力和责任，使党代会、党委会与常委会之间形成合适的分工协作、监督制约关系，避免权力过度集中在常委会特别是书记等个别人身上的情况出现。

（三）探索党内民主与人民民主等民主形式的调适机制

随着经济的发展、文化的发达和党员群众民主意识的觉醒，加上其他国家和地区的民主示范压力，我国的民主化进程必须加快，否则会与经济社会发展的需求形成比较大的张力。在中国政治发展的转型过程中，包括各级党政领导人的产生过程中，必须越来越注意党员和民众参与以及竞争带来的压力和契机，主动地去回应民主化带来的问题和挑战，才能与时俱进。在今后的民主政治建设中，有必要进一步探索和规范党内民主与人民民主的相互关系，让两者之间实现双向的良性互动，互相配合。比如，党组织提名推荐的人选，应该多于应选人数，如果权力机关不认同，则应另有人选，而不是继续提名该人选。此外，对于党提名的领导人选，如果反对票和弃权票过多，则应慎重和警醒并对其中折射的问题予以改进。比如2013年十二届全国人大期间，住房和城乡建设部长、环境保护部长、中国人民银行行长和教育部长的人选，各得逾百张反对票，被民众冠以"反对票四大票王"的雅号，折射出代表对这些民生领域的问题不满。在表决第十二届全国人民代表大会环境与资源保护委员会主任委员、副主任委员、委员名单草案时，反对850票，弃权125票，两者相加接近总票数的1/3，表明了人大代表对环境保护不力的忧虑。可以相信，随着民主化的发展，这种反对票将会不断增加，这要求执政党要加强相关领域的工作，推荐人选也要慎之又慎。特别是，各种形式的民主形态，包括港澳台和其他国家的领导人产生方式，会对中国大陆各级党政领导人的产生机制形成示范压力，适时地改变原来的选拔体制，更多地注入民主因素，是正确的选择。我国的村民自治实践就对基层党支部和乡镇领导人的产生机制形成了某种倒逼，促使基层的选举出现了"两推一选"、"公推公选"、"公推直选"等新形式。党内民主和常委会领导体制的发展，也要随着政治形势的变迁而吸收各种民主形式的合理成分并改善自身的素质。

（四）加强权力监督制约机制

随着党的十八大以来中央加强反腐倡廉的力度，二十多位省部级干部因为腐败问题落马，而其中有两位十八届中央委员，两位候补委员，不少落马高官是提拔不到一年的人，而且还有一批是担任过市委书记的人，表明了尽管高级干部的选择经过了民主推荐、民意测验、民主评议、任前公示制、考察预告制甚至差额考察等环节，仍然难免"带病提拔"、"边腐边升"的问题。此外，1992 年以来三位中央政治局委员先后落马，都曾担任过直辖市的书记，表明对权力加强监督制约极为必要和迫切。腐败的实质是公权私用，以权谋私，而只要有权力的存在，必然有腐蚀的风险。政治权力既来自人民，也只能服务于人民的公共利益。这一点，既决定了政治权力的公共性，也决定了政治权力的边界。政治权力的公共性，则意味着政治权力是公家的而非私人的，所以，人们也把政治权力称为公权力。权力具有公共性，首先就要求权力在运作过程中实现公私分明，反对化公为私。现代民主制度和立宪主义，注重对权力的规范、监督和制约，其本意就是实现权力的非人格化，即防止权力私人化。权力一旦过度私人化，权力就会被滥用，导致权力腐败。现在中国的一些地方腐败案，其根源就在权力私用，权力过度私人化。只有加强对领导干部，特别是各级党委会及其常委会成员的监督制约，才能遏制腐败问题的扩散，实现廉洁政治。如何在市场经济条件下规范和约束公共权力，包括政党权力，是新时期政治发展必须面对的一个重大课题，其中一个方向，就是加强对各级党委常委会成员特别是书记的监督制约。财产公示、任期限制、竞争性选举、权力清单等，都是规范和约束权力的有效措施，需要不断探索新机制并予以规范。值得注意到是，近年发生的湖南郴州李大伦案、广东茂名罗荫国案、四川李崇禧和李春城案等，表明地方各级常委之间的互相监督缺乏效果，甚至形成窝案。

中共常委会领导体制是在战争年代形成和固化的一种非常态体制，其本意在通过集体领导而克服个人专权，这个制度安排对于中共党内的团结和权力整合发挥了非常积极的意义。然而，由于各种各样的原因，在新中国成立后，特别是 1958 年以后，由于主要领导人日益凌驾于党和国家之上，加上共产党已经从革命党变成了执政党，手里掌握的权力、资源和利益大幅扩大，如何为常委会的集中导向注入更多的民主因素成为问题。向常委会集权演化成了个人专权，给党和国家的事业带来了挫折。客观地看待常委会领导体制的利弊，遏制其风险，是当代中国政治发展的必然要求。改革开放以来，民主集中制得到了较好的贯彻，特别是中共十三大后中央建立了中央政治局常委向中央政治局、中央政治局定期向中央全会定期报告工作的制度，强化了集体领导，取得了良好效果。然而，"在实际运作中，由于党代会、全委会、常委会之间的权力界限模糊，党的权力体制呈现常委会—全委会—党代会的权力倒运行模式，使得本应由党代表大会决定的重要事务，却由全委会代为行使，在常委会中往往是几个书记，尤其是'一把手'说了算"，严重损害了党章尊严和党内民主，而且潜藏着巨大的政治风险，就是以权谋私，个人专断。在中国正在走向全面建成小康社会和全面现代化的时代，随着市场经济的发展，公民和党员法治意识和权利观念日益增强的背景下，逐步地扩展民主，规范和约束常委会的权力，强化党代会及其全委会的决策、民主、监督、制约功能，使党代会、全委会和常委会各司其职，回归其应有的位置，并且与其他政权机关形成某种分工协作、良性互动的格局，明确各自的权力边界，中共才能顺利从革命党走向一个以科学执政、民主执政和法治行政为核心特征的现代政党，实现长期执政。

决策问责：行政问责的新发展[*]

谷志军[**]

摘　要： 政府决策失误的严重后果和沉痛代价迫切需要加强对决策失误的问责，建立决策问责制度是行政问责深入发展的必然要求。决策问责是指政府及其公务人员有义务就其决策行为向问责主体进行责任回应并据此接受决策失责惩罚的行为过程，其特征体现在决策问责对象、决策问责内容、决策问责方式、问责参与程度、问责参与范围、问责时间顺序等六个维度方面。作为行政问责的一种特定类型，决策问责制度规范的设计应该包含问责依据、问责原则、问责对象、问责主体、问责内容、责任划分、责任标准、问责方式、问责发起、问责启动、问责程序、问责救济等部分。实现决策问责对于加强责任政府建设以及推进国家治理现代化具有重要的意义。

关键词： 决策问责　行政问责　决策失误　制度设计

中国在现代责任政府意义上的问责实践始于 2003 年的"非典"事件，随后对行政问责的研究就成为一个现实而紧迫的课题。学者们对此进行了大量的研究，并取得了丰硕的成果。从研究内容上看，虽然已有研究涵盖

---

* 本文是教育部人文社会科学研究规划基金项目"决策问责制与决策权制约监督研究"（项目编号：14YJA810001）的阶段性成果。
** 谷志军，管理学博士，深圳大学当代中国政治研究所研究员、管理学院讲师，主要从事责任政府与地方政府治理研究。

了行政问责的内涵、体系、理论来源、意义、存在问题和完善途径等各个方面，但是学者们多从宏观的角度对这些问题进行研究而较少从微观的角度对具体的问责类型进行探讨。从微观层面来讲，根据行政过程的不同环节可以将行政问责分为决策问责、执行问责和结果问责三种类型。其中，决策问责是当前中国行政问责研究深化发展的核心和关键领域，因为民主决策正是为了解决问责研究中"如何使用权力"的问题。对此，党的十八大明确提出要建立决策问责制度。然而在现实中，决策问责作为一个新的问责领域在理论上尚缺乏系统而深入的研究。有基于此，本文旨在系统讨论决策问责的背景、内涵和特征，并在此基础上结合中国的现实回答决策问责制度如何构建。

一　决策问责是应对决策失误的必然选择

新中国成立以来，因政府决策失误引发的事件不断发生，给中国政治、经济、社会和文化所造成的损失无法估量。[①] 从决策过程来讲，决策失误带来了一连串的连锁反应，错误形成了陷阱，而陷阱则带来了失败。有学者的研究表明，决策失误的原因可以归结为决策过程中经常出现的三种错误，即容易导致失败的策略、缺乏缜密思考的判断和可利用资源的滥用，正是这些错误的存在将决策者引向使其难以自拔的七个陷阱。只要决策者落入其中任意一个陷阱，都极易制定出不合理的决策，从而导致决策失误。[②] 由此可知，造成决策失误的原因是多方面的，而与大量的决策失误形成强烈反差的是，很少有对政府决策失误进行相应的责任追究。

现实中，许多人认为决策失误既不是政治问题也不是道德问题，而是一般的工作问题，是"好心办坏事"。因此，在决策失误造成损失之后，相关责任人往往以"集体决策"、"非故意"、"交学费"等借口逃避责任追究。甚至在推行决策科学化、民主化的今天，一些领导干部在决策时依然搞"一言堂"或拍脑袋决策，而且其中很多决策还顶着改革的帽子进行，一旦失误也被认为是"摸着石头过河"所难免的结果。这就必然导致在公共行

---

① 参见殷耀、黄豁、叶建平《决策失误的调查报告》，《检察风云》2011年第9期。
② 〔美〕保罗·纳特：《决策之难：15个重大决策失误案例分析》，刘寅龙、刁勇、冯桂媚译，新华出版社，2003，第28页。

政领域决策失误不断发生，所付"学费"也越来越昂贵。然而，建设责任政府决不能将"好心办坏事"作为决策失误的遮羞布，无论是客观决策失误还是主观决策失误都应该追究责任。事实证明，如不建立相应的决策责任追究机制使决策者对其行为负责，决策失误的顽疾将会愈演愈烈。"因此，要减少或避免决策失误，必须建立决策责任制度，防止决策权力的滥用，加强对决策失误的问责。"[①]

在西方民主国家，行政问责制已经成为政治制度的重要组成部分，对官员决策失误的责任追究也有着比较完善且严格的程序规范。尤其是在西方竞选政治中，在野党往往会对执政党的决策失误等问题进行监督并将其当作参加竞选的筹码。从这个意义上讲，问责制不仅在执政党内部上下级之间发挥重要作用，强化了执政党内部的责任意识，而且还对在野党起到了不可低估的督促作用，强化了在野党的监督意识。可以说，西方竞选政治中的决策问责制度已经发展得比较完备，但相比之下，中国由于缺乏竞争性选举制度，在这样的政治生态中如何实现对决策失误的责任追究就显得尤为突出和重要。有学者通过对中西不同政治生态中的问责研究文献进行回顾和梳理得出："对于中国问责问题的深化研究，需要重点关注于决策问责领域，如何实现决策问责是当前中国问责研究的核心和关键领域。"[②]

然而就目前而言，决策问责无论是实践发展还是制度建设都显得相对滞后。虽然在 2004 年国务院颁布的《全面推进依法行政实施纲要》中就首次提出："要按照'谁决策、谁负责'的原则，建立健全决策责任追究制度，实现决策权和决策责任相统一。"但是有学者的研究显示，在中国的问责实践中，"针对行政结果进行问责的事件占 68.7%，针对行政执行进行问责的事件占 27.7%，而针对行政决策进行问责的事件只占 3.6%"。[③] 对此，党的十八大第一次明确提出"建立决策问责和纠错制度"，这就充分表明，建立健全决策问责制度已经受到党和国家的高度重视。毋庸讳言，"只有健全和完善决策问责制度，通过民主和法治的路径建立有效的决策监督制度，实现廉洁决策、法制决策、责任决策、科学决策和公平决策，才能确保中国决

① 钱玉英、钱振明：《制度建设与政府决策机制优化：基于中国地方经验的分析》，《政治学研究》2012 年第 2 期。
② 谷志军、王柳：《中西不同政治生态中的问责研究述评》，《甘肃行政学院学报》2013 年第 2 期。
③ 宋涛：《社会规律属性与行政问责实践检验》，社会科学文献出版社，2010，第 165 页。

策层的先进性和公信力"。① 遗憾的是，作为一个新的问责领域，决策问责研究至今没有受到学术研究领域的广泛关注。因此，认真研究决策问责问题，进一步加强对决策权力的制约监督，有效防止决策失误和决策腐败，切实提升政府决策质量，是一项十分重要和迫切的任务。

二　决策问责的内涵与特征

问责作为政治学与公共行政学领域的核心概念，已经成为中西方学术界共同关注的焦点，学者们从不同的视角、根据不同的标准对问责进行了分类研究。其中，决策问责作为一个特定的问责类型，虽然已经开始逐渐受到学者们的关注，然而相关成果对这一概念的内涵、特征等基本问题还缺乏深入研究，决策问责仍然是一个有待系统论证的概念。

（一）决策问责的内涵

问责本身是个舶来品，但是近年来已经发展成为一个非常流行的政治概念。学者们从不同的视角对问责进行了解读，尽管存在各种各样的定义，但是问责却被描述为一个模糊不清的、不断扩张的、变色龙般的、臭名昭著的甚至非常难以捉摸的概念。由于问责的概念多种多样并且非常复杂，因此对问责问题的研究就需要一套系统的方法给予指导。在问责研究领域，学者们根据各自研究的需要、采用不同的标准对问责进行了许多不同的分类，这些分类研究丰富和强化了对问责的理解。其中比较有代表性的是罗美泽克和达布尼克（Romzek & Dubnick）以及奥多纳（O'Donnell）提出的分类模型。②

然而，不管是罗美泽克和达布尼克还是奥多纳提出的分类方式，都是从宏观层面的静态权力结构角度对问责进行分类。从微观层面的动态权力运行角度，根据行政过程的不同环节我们可以将问责分为决策问责、执行问责和结果问责。实际上，这一分类方式正是世界银行专家组在对问责概念的界定

---

① 陈国权、谷志军：《非竞选政治中的决策问责：意义、困境与对策》，《经济社会体制比较》2014 年第 2 期。

② 见 Romzek，B. S. & Dubnick，M. J.，"Accountability in the Public Sector：Lessons from the Challenger Tragedy," *Public Administration Review*，1987，47（3）：227 – 238；O'Donnell，G.，"Horizontal Accountability in New Democracies," *Journal of Democracy*，1998，9（3）：112 – 126.

中提出的。他们认为："问责包括对政府决策前所进行的，类似信息通报和论证的前瞻性行为；在政府行为过程中所进行的，对行政遵纪守法和工作表现所进行的评估；以及在政府行政结束后进行的质询。"① 由此可知，决策问责是从决策的角度理解行政问责的一种特定类型，所对应的是执行问责和结果问责。在中国语境下，我们可以将决策问责界定为：所谓决策问责，就是指政府及其公务人员有义务就其决策行为向问责主体进行责任回应并据此接受决策失责惩罚的行为过程。

从定义中可以看出，决策问责包含了以下基本要素：一是惩罚性。从某种程度上讲，"问责即意味着惩罚"②，对于决策问责而言，惩罚性意味着问责主体有能力对问责客体的决策失责行为进行制裁。二是回应性。问责首先要求"政府官员告知和解释他们正在做什么"③，对于决策问责而言，回应性意味着决策主体需要向社会公众公开决策信息并对其中的质疑作出解释。三是强制性。问责的落实需要"问责机构有能力对违背职责的权力使用者施加惩罚"④，对于决策问责而言，强制性意味着当决策主体的决策违背公共利益并出现决策失误时问责主体对其拥有强制制裁能力。四是权威性。问责必须隐含着"问责主体对问责客体拥有支配性的权威"⑤，对于决策问责而言，权威性意味着问责主体对于问责客体的决策失责行为拥有监督的支配权。总体而言，在决策问责关系中，惩罚性、回应性、强制性和权威性等要素构成了决策问责存在的必要条件。

（二）决策问责的特征

决策问责作为一个特定的问责类型，与问责本身一样是一个内容广泛的概念。套用威尔达夫斯基（Wildavsky）的话说："如果问责是一切，那么它可能什么都不是。"因此，为了更好地从总体上把握和区分决策问责的内容

---

① 世界银行专家组：《公共部门的社会问责：理念探讨及模式分析》，宋涛译，中国人民大学出版社，2007，第 12 页。

② Behn, R. D., *Rethinking Democratic Accountability*, Washington, D. C.: Brookings Institution Press, 2001, p. 3.

③ Schedler, A., "Conceptualizing Accountability," in A. Schedler, L. J. Diamond & M. F. Plattner (Eds.), *The Self-restraining State*, Boulder: Lynne Rienner, 1999, p. 14.

④ Schedler, A., "Conceptualizing Accountability," in A. Schedler, L. J. Diamond & M. F. Plattner (Eds.), *The Self-restraining State*, Boulder: Lynne Rienner, 1999, p. 15.

⑤ Mulgan, R., "'Accountability': An Ever–expanding Concept?" *Public Administration*, 2000, 78 (3): 555–573.

实质，就需要对其特征进行系统分析。结合上述对决策问责内涵的分析，以及借鉴国内外学术界对问责的相关研究成果，我们可以总结出六个维度的参数来对决策问责进行分类分析和评价，以了解并把握决策问责的特征。

第一，决策问责对象：行政首长与党委领导。在问责研究中，"对谁问责"是基本的研究主题之一，西方学术界大多数关于"对谁问责"的研究基本上使用或拓展了罗美泽克和达布尼克提出的分类模型，学者们将这个模型应用于其他各种情境中进行分析。在中国语境下，宋涛也借用这一分类模型对中国问责实践进行了分析，他认为不同问责类型的问责关系是不一样的：在等级问责中，问责对象是下一级人员；在法律问责中，问责对象是行政部门及官员；在专业问责中，问责对象是下一级人员；在政治问责中，问责对象是政府官员及行政部门。[①] 同时在已有问责文本中，大多数办法也都规定问责对象主要是政府行政官员。而在中国非竞选政治的问责环境中，对于决策问责而言，由于党和国家并行治理的"政治双轨制"以及中国共产党在国家决策体制中长期处于领导地位的特征，因此决策问责对象除了行政首长之外，还应该扩展到党委领导。只有循着决策路径，追究行政首长和党委领导的决策失误责任，才符合中国公共权力运行的现实。

第二，决策问责内容：规则导向与绩效导向。问责作为实现责任政府的关键机制，其内容与公共管理模式转变中的目标导向密切相关。传统公共管理强调依靠制度规则进行管理，其特征是"行政部门处于政治领导的正式控制之下，建立在官僚制的严格的等级制模式的基础之上，由常任的、中立的和无个性特征的官员任职，只受到公共利益的激励，不偏不倚地为任何执政党服务，不是修饰政策，而仅仅是执行被政治官员决定的政策"。[②] 在此背景下，决策问责是规则导向的，关注决策制定的程序规则。相反，新公共管理强调有效的管理绩效，其要点包括公共政策领域中的专业化管理、绩效的明确标准和测量、格外重视产出控制、公共部门内由聚合趋向分化、公共部门向更具竞争性的方向发展、对私营部门管理方式的重视、强调资源利用要具有更大的强制性和节约性。在此背景下，决策问责是绩效导向的，关注决策制定的结果绩效。从技术术语来看，在两种取向之间存在一个如何平衡

---

① 参见宋涛《中国地方政府行政首长问责制度分析》，载黄卫平、汪永成《当代中国政治研究报告Ⅴ》，社会科学文献出版社，2007，第370~399页。

② 〔澳〕欧文·E. 休斯：《公共管理导论》，彭和平译，中国人民大学出版社，2001，第26~27页。

的问题，决策问责内容实际上包含了程序规则和结果绩效两个方面。

第三，决策问责方式：惩罚机制与回应机制。惩罚与问责联系最为密切，它是问责至关重要的要素之一。从惩罚的视角来看，一个负责任的政府始终暴露在政府监督机构、社会公众和大众媒体的目光之下。对于决策问责来说，问题不在于是否需要惩罚，而在于如何把握惩罚的尺度，因为过度的惩罚往往会使政府官员陷入一种恐惧和麻痹的非正常状态中。"从政府制度化管理的视角看，惩罚机制会产生积极有效的作用，而从政府绩效管理的视角看，惩罚机制则会产生相反的作用。"① 实际上，根据对问责与决策问责的界定，问责的目的不仅在于惩罚，同时还需要回应，即问责客体通过向问责主体告知并解释其行为表现以培养相应的责任意识。在惩罚机制和回应机制之间，目前的决策问责主要还倾向于前者，这是因为我们在观念上已经习惯于将问责与那些对渎职和滥用决策权力的政府官员进行惩罚的活动联系在一起。然而，虽然惩罚机制对于决策问责相当重要，但是对于实现决策问责而言，在加强惩罚机制的同时还应当使其成为"回应社会诉求的基本方式"②。

第四，问责参与程度：外部参与与内部参与。民主政治下的公民之所以能够或说可以参与问责过程，其理由根源于民主政治中的"委托责任关系理论"。③ 按照这一理论，公民参与是问责的核心价值所在。而对于决策问责而言，中国不同发展阶段的决策模式客观上影响了公民参与决策问责的程度。我国传统的行政决策模式属于管理主义模式，在这种模式之下，公众独立的需求和政策偏好缺乏有效的政策输入途径。因此，公众对决策问责的参与程度就处于浅层次的外化状态，我们很难找到社会行动者真正能够深入参与政府决策的案例。随着民主政治的推进尤其是治理理论的发展，政府公共决策的参与式治理模式逐渐兴起，这一模式"在理念上强调公共利益观念与行政机关角色的转型，主张一种协商与合作式的公众参与"④。此时，公众已经不能满足于对政府决策的外部参与，而是希望通过开放式决策、决策

---

① 世界银行专家组：《公共部门的社会问责：理念探讨及模式分析》，宋涛译，中国人民大学出版社，2007，第23页。

② 余凌云：《对我国行政问责制度之省思》，《法商研究》2013年第3期。

③ 陈国权等：《责任政府：从权力本位到责任本位》，浙江大学出版社，2009，第3页。

④ 王锡锌、章永乐：《我国行政决策模式之转型——从管理主义模式到参与式治理模式》，《法商研究》2010年第5期。

听证等形式参与到具体的决策过程中。决策模式的转型使得公众参与决策问责的深度发生了变化，逐渐由外部参与转向内部参与。

第五，问责参与范围：社会精英与社会大众。与问责参与程度相对应，在传统行政决策模式中决策问责的参与者有限，只有社会精英才能参与决策问责活动。从很大程度上讲，造成参与者有限的根本原因在于沟通和价值观方面的问题。在政府官员看来，与社会精英团体进行沟通要比与一般社会公众进行沟通顺利得多。由于受到沟通不畅和价值观不同的影响，政府官员对基层参与者显然怀有不信任的心理，在这种情况下，决策问责的参与者一般是那些与政府官员容易沟通的精英团体。而随着参与式治理模式的兴起，决策问责机制的建设必须逐渐地扩展参与者范围、拓宽对话范围并尽可能地包括更多的参与者。因为，当政府官员不知道社会公众的期望时，公民参与的问责通常更为有效；"行为良好"的社会团体在问责参与中通常也行为良好，因为他们相信政府能有效运作，但是太多的信任则会适得其反；相比于原来经过人工挑选的小范围的参与者，问责提倡的广泛参与所形成的更大范围的利益和意识形态立场更具合法性。① 所以说，决策问责在参与范围上应该容纳更多的参与者。

第六，问责时间顺序：事后问责与事前问责。由于问责被视为是随着时间顺序不断推进的一个过程而非一种状态，因此时间维度是问责的一个重要方面。从时间维度看，问责可分为事前问责和事后问责两个阶段。在问责概念中引入时间的元素是一个相当大的进步，只不过大多数情况下，问责研究几乎完全侧重于事后问责，认为问责只能是在事件产生后才能进行的活动，而我们往往忽略甚至忘记了事后问责是以事前问责的存在为前提。"在问责关系中，无论被视为有能力使别人负责还是自己有能力承担责任，均需要意识和考虑到事前和事后两个维度"②。因此，现代意义上的问责不仅是一种事后的负责任行为，而且还包括"促使或引起个人或部门采取事前负责任行为的组织和政治机制设计"③。对于决策问责而言，事前问责意味着对政

---

① 世界银行专家组：《公共部门的社会问责：理念探讨及模式分析》，宋涛译，中国人民大学出版社，2007，第38～39页。

② Dubnick, M. J. & Frederickson, G. H., *Public Accountability: Performance Measurement, the Extended State, and the Search for Trust*, Dayton, Ohio: Kettering Foundation, 2011, pp. 7 - 8.

③ Dubnick, M. J. & Frederickson, H. G., "Accountable Agents: Federal Performance Measurement and Third-Party Government," *Journal of Public Administration Research and Theory*, 2010, 20 (suppl. 1): i143 - i159.

府决策过程进行评估，事后问责则意味着对已经完成的政府决策结果进行评估。决策问责的目的不仅在于通过事后问责加强对决策失误的惩罚，更重要的是通过事前问责纠正或减少决策失误发生。

三　决策问责的制度设计

政府决策失误的严重后果和沉痛代价迫切呼唤对决策失误的责任追究，而决策失误责任追究的关键又在于决策问责制度的确立。虽然在已有行政问责文本中都明确提出对决策失误情形需要问责，但是目前还没有专门的决策问责制度规范。从制度分析的角度来讲，完整的行政问责制度应当包含"问责的法理依据、问责原则、问责对象、问责发起、问责启动、问责内容、问责主体、责任划分、责任标准、问责程序、追究方式、问责救济十二个部分"。[①] 决策问责作为行政问责制度的一种特定类型，其制度规范的设计必须保证在涵盖上述十二个部分内容的同时保证这些内容符合决策问责的现实需要。总的来说，决策问责制度的基本构架包括以下部分。

第一，决策问责依据。任何一种制度规范的开篇都需要有基础性规定，这些规定主要是为了明确制定该规范的目的以及相应的法理依据和法律渊源。由于中国的公共管理二元体制，决策问责的法理依据和法律渊源应当包括党内纪律规定和国家法律法规两部分。其中，党内纪律规定主要有《中国共产党章程》、《党政领导干部选拔任用工作条例》、《党政领导干部辞职暂行规定》、《中国共产党党内监督条例（试行）》等；国家法律法规主要有《中华人民共和国宪法》、《中华人民共和国公务员法》、《中华人民共和国行政监察法》、《关于实行党政领导干部问责的暂行规定》等。

第二，决策问责原则。一部制度规范的原则不仅决定了该制度规范的内容所遵循的宗旨，同时也表现了该制度规范的内容所共有的特性。决策问责制度内容的有效程度取决于决策问责原则确立的恰当和成熟与否。根据《关于实行党政领导干部问责的暂行规定》以及各地出台的行政问责办法中对于问责原则的规定，问责的根本性原则在于权责一致或权责统一，因此对于决策问责来说，其根本性原则是决策权与决策责任相统一。除此之外，决

① 陈国权等：《责任政府：从权力本位到责任本位》，浙江大学出版社，2009，第 131 ~ 132 页。

策问责还包括过错与责任相适应、问责与纠错相结合、教育与惩戒相结合、问责公开透明、问责程序正当、问责依法有序等基本原则。

第三，决策问责对象。在已有的行政问责规范中，问责对象有作为整体的政府部门和作为个体的政府行政人员之分，其中政府行政人员又分为部门行政首长和其他行政人员。在中国行政体制中，政府部门采取行政首长负责制，行政首长掌握着行政决策权，根据"谁决策、谁负责"的原则，决策问责对象应当是拥有决策权的行政首长。但是行政首长一般又是党委成员，而党委采取的则是集体决策制，如果单是行政首长负责就有可能使行政首长的责大于权。从这个角度来讲，决策问责对象应当扩展到拥有决策权并作出决策行为的党政领导干部和主要负责人员。

第四，决策问责主体。当前行政问责在制度设计方面主要表现为问责主体内部化、充分体现了行政内部主导的特点，这就造成了问责制度在问责主体等核心要素方面制度化推进速度较慢。目前的行政问责规范中对于决策责任追究主体的规定要么非常混乱，要么比较模糊，比如本级政府、政府办公厅、监察厅等，有的制度规范甚至没有明确的问责主体，而是采用"有关部门"笼统地代替之。这种制度设计直接导致实际问责工作中的主体分工缺乏制度规定，而且还有可能造成无主体问责的局面。为此，可以考虑将决策问责主体明确化，统一由纪检监察机关负责问责。

第五，决策问责内容。党政机关领导干部违反决策规定，造成决策失误应当追究决策责任。决策责任追究的情形基本包括：超越法定权限擅自决策；制定、发布与党内法规以及法律法规相违背的决定或命令；制定与人民群众利益密切相关的决策事项，未按照规定通过组织听证会、讨论会等形式听取意见；未按规定程序进行决策，损害公共利益和行政相对应的合法权益；应当公开的决策信息未按照规定公开；违反干部选拔任用规定选拔干部，用人严重失察、失误；因决策失误造成资源浪费、人员伤亡、财产损失、生态环境破坏等严重后果或者不良社会影响；其他违反规定决策或者决策失误的情形。

第六，决策责任划分。既然问责是对政府官员不履行或不正确履行职责进行的责任追究，那么对责任的划分自然应该成为问责制度构建中的关键环节之一。如果决策责任主体应该履行何种责任没有明确，或者不同责任主体之间在责任划分上存在交叉重叠，那么决策问责就难以顺畅进行。明确决策责任划分，不仅要党政职能分开，明确党务系统和政务系统之间的职责划分；而且要责任落实到人，明确党政领导正副职和上下级之间的责任分配。决策责任划分所遵循的是特殊过错推定原则，过错责任可以分为直接责任、间接责任和领导责任三种类型。

第七，决策责任标准。对于决策问责而言，决策责任标准的制定比决策责任的划分显得更加困难。而无论何种类型的决策问责案件，何时从重问责、何时从轻问责以及在何种范围内自由裁量都应当有合理的处理标准。根据暂行规定，当决策问责对象有干扰、阻碍问责调查，弄虚作假、隐瞒事实真相，对检举人、控告人打击、报复、陷害，党内法规和国家法律法规规定的其他从重情节时应当从重问责；而当决策问责对象有主动采取措施有效避免损失或者挽回影响，积极配合问责调查并且主动承担责任的情节时应当从轻问责。

第八，决策问责方式。现有的问责制度中对于决策责任追究的方式都作出了规定，然而在决策问责实践中对于决策责任的追究还存在两大问题。一是现行公务员体制中的退出机制很不完善，官员被追究责任后何去何从并没有明确的规定；二是重大决策失误等公众关注的决策问责事件中会出现代罪受罚的情况，以便安抚社会公众的情绪。因此，决策责任追究方式应当保证不同的责任种类和幅度之间的对接，以及决策责任与执行责任、结果责任之间的衔接。具体来说，决策问责方式包括：责令公开道歉、停职检查、引咎辞职、责令辞职和免职。

第九，决策问责发起。当决策问责主体发现决策问责对象的决策失责行为现象时，就需要向决策问责启动主体提出发起问责的申告。决策问责发起主体和决策问责发起程序是决策问责发起的两个要素。就决策问责发起主体而言，主要包括了上级领导、人大代表、政协委员、司法机关、执法机关、新闻媒体、公民等。就决策问责发起程序而言，包括了体制内部发起的问责和体制外部发起的问责两类，目前的问责发起程序多是体制内发起，而体制外发起问责的数量极其有限，因此应该加强体制外决策问责发起程序的制度性规定。

第十，决策问责启动。当决策启动主体接到决策问责发起主体的问责启动申告后，就需要经过法定程序作出启动问责的决定。决策问责启动主体和决策问责启动程序是决策问责启动的两个要素。现阶段对于决策问责启动来讲，一个关键问题在于决策问责启动主体和决策问责启动程序都缺乏党委部门的有效参与，这样便会造成一个困境，即如果党委书记和政府首长对于是否启动问责产生冲突，那该如何解决。因此，决策问责的启动主体应该设置为地区党政"一把手"，如果是对"一把手"本身的问责则由上级党政"一把手"启动。

第十一，决策问责程序。决策问责制度的实体规定和程序规定相辅相成，决策问责程序制度设计是决策问责实体制度中主客体权利实现的有效保障。因此，为了确保决策问责程序设计中的每个环节都受到相应的制度约束，就需要确定决策问责主体在问责程序中各自所应承担的职责并明确相互之间的关系。然而在决策责任追究程序的规定方面，现行问责制度中普遍给予了问责主体较大的自由裁量空间，为此，需要建立严密的决策问责程序，以规范问责过程和操作流程，约束问责主体的自由裁量权。

第十二，决策问责救济。由于决策责任追究存在上述问题，在决策问责制度中设置问责救济的规定就显得必不可少。如果不重视对决策问责对象的救济，问责对象则可能会由于决策问责过程中出现的偏差和失误而蒙受冤屈，决策责任追究甚至有可能演变成政治斗争的工具。因此，需要在决策问责制度设计中关注问责对象的权利，赋予其充分、平等的陈述和申诉机会，并为其提供应有的救济途径。被问责对象对决策问责决定不服的，可以在规定时间内向问责决定机关提出申诉。

四　结论与讨论

政府决策失误的严重后果和沉痛代价迫切呼唤对决策失误的责任追究，决策问责是应对政府决策失误的制度选择。虽然政策文本已经明确提出要建立决策问责制度，但是在实践操作中决策问责却表现得相对缺乏。决策问责实践的缺乏凸显出理论研究的不足，决策问责仍然是一个有待系统论证的概念。对此研究认为，决策问责作为一个特定的行政问责类型，是指政府及其公务人员有义务就其决策行为向问责主体进行责任回应并据此接受决策失责惩罚的行为过程。根据这一定义并借鉴其他研究成果，论文总结出决策问责对象、决策问责内容、决策问责方式、问责参与程度、问责参与范围、问责时间顺序六个维度的参数来对决策问责进行系统分析，以此了解并把握决策问责的特征。在此基础上，研究重点从制度文本的角度对决策问责的制度规范进行了设计，主要包含问责依据、问责原则、问责对象、问责主体、问责内容、责任划分、责任标准、问责方式、问责发起、问责启动、问责程序、问责救济等部分。研究表明，建立有效的决策问责制度，不仅是减少甚至避免决策失误的需要，同时对于加强责任政府建设以及推进国家治理体系和治理能力现代化具有重要的意义。

政治发展

中国的政治稳定状况：基于相关典型指标的分析[*]

马　奔　李珍珍　郑心遥[**]

摘　要： 政治稳定代表政治系统的秩序性与继承性，政治稳定评估对于认清转型期的中国政治稳定状况具有重要意义。本文在分析国外典型政治稳定评估指标的基础上，对涉及中国政治稳定状况的评价进行总结，研究发现：中国政治稳定程度主要取决于政体特征、冲突与经济社会发展之间的张力，虽然存在冲突，但经济发展、社会治理和国家治理能力的提高等因素有助于中国的政治稳定。

关键词： 政治稳定　政治稳定评估　典型指标

中国正处于社会转型期和改革攻坚期，群体性事件、民族冲突和恐怖主义等对中国政治稳定产生很大影响。究竟如何认识中国的政治稳定状况？对此不能仅仅凭主观感受，在国内还没有系统指标衡量的情况下，国外很多专业机构的政治稳定评估指标也涉及对中国的评估。本文在对国外典型政治稳定评估指标仔细分析的基础上，探讨国际视野下中国政治稳定的状况和评价。

---

* 基金信息：教育部"社会稳定风险评估与社会矛盾预防研究"（项目批准号：11JZD029）资助。
** 马奔，山东大学政治学与公共管理学院，清华大学公共管理学院中国应急管理研究基地（北京市哲学社科规划办资助）；李珍珍，山东大学政治学与公共管理学院硕士研究生；郑心遥，清华大学公共管理学院博士研究生。感谢清华大学公共管理学院彭宗超教授的建议。

当然，由于国外的指标体系有其局限性和存在偏见，只能在一些相对合理的评价方面进行可能的借鉴。实际上自十八大以来，我国推动了全面深化改革，注重国家治理体系和能力的现代化，强调依法治国，主动适应经济新常态，坚定不移反对腐败，有效应对各种风险，这必将有助于中国的政治稳定。

本文认为政治稳定包含两个基本要素：秩序性和继承性；秩序性意味着没有政治暴力、压制或体系的解体；继承性指未发生政治体系关键要素的改变、政治演进的中断、主要社会力量的消失和企图导致政治体系根本改变的政治运动。① 这两个基本要素包含丰富的内容，像社会稳定、暴力冲突、政治风险等因素与政治稳定有很大相关性，因此，本文选取国外典型政治稳定评估指标时，在综合考虑权威性、专业性、公开性和多样性的基础上，选取的指标包括：全球治理指标之政治稳定指数、贝塔斯曼转型指数、国家脆弱性指数、政治不稳定指数、失败国家指数与全球和平指数等 6 个指标。

一 典型政治稳定评估指标以及对中国的总体评价

（一）全球治理指标之政治稳定和不存在暴力

全球治理指标（World Governance Indicators，WGI）是对治理进行分析、研究、评估和监测的重要工具，由布鲁金斯学会的考夫曼等人设计，是有影响力的多国治理数据库，到目前为止，共收录了全球 215 个国家或地区 1996 ~ 2012 年的综合性治理数据。全球治理指标测量治理有 6 个维度：话语权和责任、政治稳定性和不存在暴力、政府效率、监管质量、法治以及腐败控制。治理指标建立在主观或感知数据的基础上，从 31 个不同数据库来源的几百项变量基础上，涵盖了经济、政治和机构等多个层面的治理状况。② 这里选取的是政治稳定性和不存在暴力这一维度，即政府被违宪手段或暴力推翻的可能性，包括具有政治动机的暴力和恐怖主义。

在政治稳定性和不存在暴力的维度中，测量的内容来自 9 个出处，22 个子项，并对每一个指标进行重新赋分，范围为 0 ~ 1，分值越大情况越良

---

① 有关政治稳定的界定与研究，参见邓伟志《变革社会中的政治稳定》，上海人民出版社，1997，第 1 版，第 23 页。

② 参见 Daniel Kaufmann, Aart Kraay, and Massimo Mastruzzi, "The Worldwide Governance Indicators: Methodology and Analytical Issues," *Hague Journal on the Rule of Law* 3 (2011): 220 – 246.

好，如对一个原来为 2 分和分值范围为 1 ~ 4 的得分重新赋分，在其治理指标中得分为（2 - 1）/（4 - 1）= 0.33。[①]

表 1　政治稳定性和不存在暴力指标体系

	出处	测量的内容	分值（重新赋分）
代表性出处	EIU	有序更换	0 ~ 1
		武装冲突	0 ~ 1
		武装示威	0 ~ 1
		社会不稳定	0 ~ 1
		国际紧张局势/恐怖威胁	0 ~ 1
	GCS	恐怖主义给该国造成的成本	0 ~ 1
	HUM	政治谋杀频率	0 ~ 1
		失踪频率	0 ~ 1
		酷刑频率	0 ~ 1
		政治恐怖等级	0 ~ 1
	IJT	安全风险等级	0 ~ 1
	IPD	内部冲突强度：种族、宗教、区域	0 ~ 1
		地下政治组织的暴力活动强度	0 ~ 1
		社会冲突的强度（不包括土地冲突）	0 ~ 1
	PRS	政府稳定性	0 ~ 1
		内部冲突：评估政治暴力及其对治理的影响	0 ~ 1
		外部冲突：衡量外部冲突即评估现任政府以及外来投资的风险	0 ~ 1
		种族紧张关系	0 ~ 1
	WMO	内乱：政治动荡的广泛程度及其对投资者的威胁,示威本身或许不成问题，但其升级成重大暴力则会造成重大混乱，在极端情况下会演化为内战	0 ~ 1
		恐怖主义：该国是否受到持续的恐怖威胁，威胁的来源多少，恐怖主义团体是否针对或影响到商业活动	0 ~ 1
非代表性出处	WCY	政治不稳定风险非常高	0 ~ 1
	WJP	国内冲突得到有效限制（秩序和安全）	0 ~ 1

资料来源：笔者整理。

　　为了使各个指标得分具有可比性，全球治理指标体系利用不可观测成分模型（UCM）建构每一个指标的加权平均数，总分正常范围是 - 2.5 ~ 2.5，分值越高，政治稳定性越好。因为全球治理指标没有对得分进行分级，本文根据 2013 年度的评估结果，对 215 个（其中 3 个国家数据缺失）国家按照

[①]　参见全球治理指数的具体指标设计，http：//info. worldbank. org/governance/wgi/index. aspx# doc，2014 年 2 月 14 日访问。

政治稳定得分划分为 6 个层次，并具体记录每个层次的国家个数、所处百分等级。按照政治稳定性从高到低排列，中国总体得分为 - 0.54，中国在实际测量的 212 个国家中排在第 152 位（WGI，2013）。

表 2　政治稳定性和不存在暴力的总体得分情况

分值层次	国家或地区数量	分数所占百分等级(%)
—, - 2.0	8	0.0 ~ 3.3
- 1.99, - 1.0	29	3.8 ~ 17.1
- 0.99, 0.0	58(包括中国)	17.5 ~ 44.5(中国)
0.01, 1.0	80	45.0 ~ 82.5
1.01, 2.0	37	82.9 ~ 100.0
2.01, —	0	

资料来源：笔者整理。

（二）贝塔斯曼转型指数（BTI）[①]

贝塔斯曼转型指数是贝塔斯曼基金会设计的，评估转型阶段的国家或地区是否正在经历以及如何向民主和市场经济变迁。贝塔斯曼转型指数建立在两个指数上：状态指数（Status Index）和管理指数（Management Index）。一个国家的状态指数从政治转型和经济转型两个维度分析，用来界定它所评估国家或地区的民主法治状况和以社会正义原则为基础的市场经济程度。管理指数评估国家的治理质量，包括决策者在引导政治过程中所表现出来的敏锐性。

状态指数中，政治转型有 5 个评估标准，分别为国家对暴力的垄断和基本的行政组织、政治参与、法治、民主机制的稳定性、政治和社会整合情况。经济转型评估市场经济的发展程度，评估标准包括社会经济发展水平、市场和竞争机制、汇率和物价稳定、私有制、福利体制、经济表现与可持续性等。贝塔斯曼转型指数认为完整意义上的经济发展不仅在于经济增长情况，还要有效减轻贫困并尽量增进公民的行动和选择权。

管理指数关注政策制定者如何有效促进发展、引导转型过程，是用贝塔

---

① 本文虽然把贝塔斯曼转型指数放在政治稳定评估指标中，但是需要说明的是，国家转型会对秩序性和继承性提出挑战。处于转型过程的国家，或者说往市场经济转型的国家，常常会产生更多的社会矛盾，这会对秩序性形成挑战；实际上，国家转型也正是各种社会力量和政治力量之间格局的重塑过程，这也对继承性形成挑战。因此，对于政治稳定而言，转型指数很低的国家可能要比正在经历转型的国家稳定得多，但并不意味着这种没有转型的政治稳定就是可取的。

斯曼基金会收集的数据来分析并比较政府治理的实际表现的指数，具体包括国家政府的管理难度、引导能力、资源利用效率、共识构建以及国际合作五个方面。每一个二级指标由更容易操作的三级指标构成。[①]

表3　贝塔斯曼转型指数指标体系

指数类型	一级指标	二级指标	三级指标	分值范围
状态指数	政治转型	国家性	国家对暴力的垄断	0～10
			国家认同	0～10
			无宗教教义干扰	0～10
			基本公共管理	0～10
		政治参与	自由、公正的选举	0～10
			有效治理	0～10
			结社/集会的权利	0～10
			表达自由	0～10
		法治	分权	0～10
			司法独立	0～10
			滥用公权的起诉	0～10
			公民权利	0～10
		民主机构的稳定性	民主机构的性能	0～10
			民主机构的认同	0～10
		政治和社会整合情况	政党系统	0～10
			利益集团	0～10
			对民主的赞同	0～10
			社会资本	0～10
	经济转型	社会经济发展水平	社会经济的阻碍	0～10
		市场和竞争机制	以市场为基础的竞争	0～10
			反垄断政策	0～10
			对外贸易自由化	0～10
			银行系统	0～10
		货币和物价稳定	抗通胀/外汇政策	0～10
			宏观稳定	0～10
		私有制	财产权	0～10
			民营企业	0～10
		福利体制	社会安全网	0～10
			机会平等	0～10
		经济绩效	产出能力	0～10
		可持续性	环境保护政策	0～10
			教育政策/研发	0～10

[①] 参见贝塔斯曼转型指数的具体指标设计，http://www.bti-project.org/uploads/tx_itao_download/BTI2014_Codebook_01.pdf，2014年4月1日访问。

续表

指数类型	一级指标	二级指标	三级指标	分值范围
管理指数	治理状况	国家政府的管理难度	结构性约束	0 ~ 10
			公民社会传统	0 ~ 10
			冲突强度	0 ~ 10
		引导能力	制定优先政策	0 ~ 10
			执行	0 ~ 10
			政策学习	0 ~ 10
		资源利用效率	对资产的有效使用	0 ~ 10
			政策协调	0 ~ 10
			反腐政策	0 ~ 10
		共识构建	对目标的共识	0 ~ 10
			反民主的行动者	0 ~ 10
			社会分裂/冲突的管理	0 ~ 10
			公民社会的参与	0 ~ 10
			和解	0 ~ 10
		国际合作	有效利用国际支持	0 ~ 10
			公信力	0 ~ 10
			区域合作	0 ~ 10

资料来源：笔者整理。

在贝塔斯曼转型指数中，三级指标取值范围中，分值越高越能反映出一国的转型成功。二级指标对应三级指标平均值，一级指标对应二级指标平均值，得分越高，国家转型就越成功。状态指数得分为政治转型得分和经济转型得分的平均值。在 2014 年发布的评估报告中（BTI，2014），贝塔斯曼转型指数对 129 个国家或地区分别进行了状态指数和管理指数的测量，并将之区分为 5 个等级，排名越靠前转型越成功。

表 4 贝塔斯曼状态指数等级划分

状态指数	国家或地区数量	等级
8. 66 ~ 9. 58	11	高度先进
7. 04 ~ 8. 41	21	先进
5. 50 ~ 6. 85	38	有限
4. 07 ~ 5. 48	37（包括中国）	非常有限（中国）
1. 32 ~ 3. 91	22	失败

资料来源：笔者整理。

在状态指数得分中，最低的是索马里1.32，大部分国家落在中间三个等级中，中国得分为5.01，处于第84位，第四个等级。尤其值得注意的是，状态指数分为两个部分——政治转型和经济转型，中国政治转型得分为3.33，在129个转型国家或地区中排名113；经济转型得分为6.68，排名35。

表5　贝塔斯曼管理指数等级划分

管理指数	国家或地区数量	等级
7.08～7.68	8	非常良好
5.61～6.92	37	良好
4.39～5.55	40（包括中国）	中等（中国）
3.10～4.29	32	脆弱
1.34～2.99	12	失败

资料来源：笔者整理。

在管理指数中，中国得分为4.94分，落在第三等级，在129个转型国家和地区中排名第66位。

（三）国家脆弱性指数（SFI）

国家脆弱性指数是由乔治·梅森大学的系统和平中心和全球政策中心设计的，从有效性与合法性两个维度出发，评估安全、政治、经济和社会这四个方面的脆弱性。安全有效性是衡量总体的安全水平和易受政治暴力的程度，安全合法性衡量国家镇压行为；政治有效性指政体/治理的稳定性，政治合法性指政体/治理类型的包容性；经济有效性量化为国内人均生产总值，经济合法性则是工业成品在出口贸易中所占份额；社会有效性用人力资本发展（如世界银行的人类发展指数）衡量，社会合法性则用人力资本护理（Human Capital Care）（如婴儿的死亡率）来衡量。

表6　国家脆弱性指标体系

指标	一级指标	二级指标	最高分值
脆弱性指数	有效性得分	安全有效性	3
		政治有效性	3
		经济有效性	4
		社会有效性	3

续表

指标	一级指标	二级指标	最高分值
脆弱性指数	合法性得分	安全合法性	3
		政治合法性	3
		经济合法性	3
		社会合法性	3

资料来源：笔者整理。

每一个二级指标的取值范围为0~4：4代表"极度脆弱"（"极度脆弱"只能用于"经济有效性"），3代表"非常脆弱"，2代表"中等脆弱"，1代表"低脆弱"，0则代表"无脆弱"，分值越高，脆弱程度越高。国家脆弱性指数是在计算安全、政治、经济和社会四个维度在效率和合法性上的得分：国家脆弱性指数为效率得分和合法性得分相加，最高分25分；效率得分为安全效率、政治效率、经济效率和社会效率得分相加，最高分13分；合法性得分是安全合法性、政治合法性、经济合法性和社会合法性得分相加，最高分12分。[1]

根据2011年国家脆弱性指数的全球报告[2]，其评估的164个国家或地区分为6个等级，中国总得分为9分（总分0~25，得分越高，脆弱性越高），按脆弱性指数从低到高排名，中国在164个国家中位于第87位（Global Report，2011）。

表7　国家脆弱性指数得分分级

总体得分	国家或地区数量	脆弱性等级
0~3	44	极少/没有脆弱性
4~7	31	低脆弱性
8~11	31（包括中国）	中等脆弱性（中国）
12~15	30	严重脆弱性
16~19	20	高度脆弱性
20~25	8	极度脆弱性

资料来源：笔者整理。

---

① 参见国家脆弱性指数的具体指标设计，http://www.systemicpeace.org/GlobalReport2011.pdf，2014年3月13日访问。

② 系统和平研究中心已经发布了2014年的最新评估报告，但是还没有提供公开下载。

（四）政治不稳定指数（PII）

政治不稳定指数是由英国《经济学家》情报部（The Economist Intelligence Unit）设计的，认为政治不稳定是指社会、政治动荡或巨变对政府或现有政治秩序造成的严重威胁，这种事件发生在国家的议会和制度外，通常伴以暴力和公众骚乱，不一定会导致一个政府或者政权的终结，但是被压制下来的动荡也会造成社会混乱和严重破坏。政治稳定指数一共有15个指标，其中12个测量一个国家或地区政权的潜在脆弱性，另外3个考察经济不景气情况，总体指数是潜在脆弱性指数和经济不景气指数的均值，二者分别从0（没有脆弱性）到10（最高脆弱性）被赋分。[①]

表 8　政治不稳定指数指标体系

	具体指标	评分依据	最高分
潜在脆弱性	不平等	基尼系数	2
	国家历史	独立年份	2
	腐败	经济学家情报部评级	2
	民族分裂	民族分裂指数	2
	制度/机构的公信力	信任议会的人口百分比	2
	少数族群地位	经济和政治歧视	2
	政治不稳定的历史	被 PITF 记载的重要政治动荡事件	2
	劳工动荡的倾向	劳工动荡的风险	2
	社会服务的水平	婴儿死亡率	2
	周边国家	因地缘邻国对本国造成的脆弱性指数	2
	政体类型	政体分类	2
	政体类型和派系斗争	政体类型和政治党派活动之间的相互作用	4
经济不景气境况	收入增长	2009 年人均 GDP 增长	2
	失业情况	失业百分比	2
	人均收入水平	购买力平价基础上的人均 GDP	2

资料来源：笔者整理。

---

① 参见政治不稳定指数的具体指标设计，http：//viewswire. eiu. com/index. asp？ layout = VWArticleVW3&article_ id = 874361472，2014 年 4 月 14 日访问。

政治不稳定指数将潜在脆弱性和经济景气境况的得分简化成 0 为最低分、10 为最高分，政治不稳定总体指数得分取两个标准分的均值。在 2009～2010 年时间段内政治不稳定指数对 165 个国家按照总体指数得分，划分为 4 个等级。中国总分为 4. 8 分（总分 0～10 分，得分越高，政治不稳定程度越高）（潜在脆弱性为 4. 6 分，经济不景气为 5. 0 分），根据脆弱性从低到高的顺序，中国在 165 个国家或地区中排名中位于第 41 名（潜在脆弱性 61 名，经济不景气 25 名）（PII，2009）。

表 9　政治不稳定指数评分等级划分

总体得分	国家数量	等级
1. 2～3. 9	17	低风险
4. 0～5. 7	53（包括中国）	中等风险（中国）
5. 8～7. 4	68	高风险
7. 5～8. 8	27	非常高风险

资料来源：笔者整理。

（五）失败国家指数（FSI）

失败国家指数由美国《外交政策》杂志与和平基金会共同设计，目前拥有 178 个主权国家内部冲突的数据。这里"失败国家"有多重含义，通常指丧失对其领土的实际控制或对暴力使用的合法性的垄断、制定集体决策的合法权力的减弱、无力提供合理的公共服务、无法作为国际社会的正式成员与其他国家互动。国家失败指数的 12 个指标涵盖了各种国家失败的风险因素，如大范围的腐败和犯罪行为、无力征税或争取到公民的支持、大规模人口的非自愿性安置、经济急剧下滑、群体不平等、制度化的破坏或歧视、严重的人口压力、人才外流和环境恶化。国家失败指数包括社会、经济以及政治与军事三个一级指标和四个社会、两个经济和六个政治和军事二级指标，每个二级指标赋值范围为 1～10，得分越低，情况越佳，总分范围为 0～120。[1]

---

[1]　参见失败国家指数的具体指标设计，http://ffp. statesindex. org/indicators，2014 年 3 月 13 日访问。

表10　失败国家指数指标构成

一级指标	二级指标	分值
社会指标	不断增加的人口压力	1～10
	大规模的难民流动或国内流离失所者	1～10
	仇恨的复仇群体	1～10
	长期且持续的高等人才外流等	1～10
经济指标	群体间经济发展不平等	1～10
	急剧或/和严重的经济衰退	1～10
政治和军事指标	犯罪化和国家合法性丧失	1～10
	公共服务持续恶化	1～10
	搁置或任意使用法律条文以及广泛的人权侵犯	1～10
	安全机构成为"国中国"	1～10
	派系精英崛起	1～10
	他国或外部政治势力干预	1～10

资料来源：笔者整理。

　　国家失败指数将得分分为12个等级，前两个代表可持续级别（0～20、20～30），接下来3个为稳定级别（30～40、40～50、50～60），然后为3个警告级别（60～70、70～80、80～90），最后是三个警戒级别（90～100、100～110、110～120）。在2013年度的报告中，中国总分为80.9分（总分0～120，得分越高，脆弱性越高），按照脆弱性从低到高，中国在178个中排在第113名（FSI，2013）。

表11　失败国家指数得分分级

得分	国家或地区数量	级别
0～20	2	可持续
20～30	12	可持续
30～40	11	稳定
40～50	15	稳定
50～60	12	稳定
60～70	18	警告
70～80	38	警告
80～90	35（包括中国）	警告（中国）

续表

得分	国家或地区数量	级别
90～100	19	警戒
100～110	12	警戒
110～120	4	警戒

资料来源：笔者整理。

（六）全球和平指数（GPI）

全球和平指数是由经济与和平研究所设计。全球和平指数的数据是经过对 22 个单独指标的评估得出的（原先是 24 个，分别于 2008 年和 2013 年删除一个），这 22 个单独指标分为内部和平指标和外部和平指标，主要围绕对冲突数量、社会安全和保障的以及军事化程度的衡量。[①]

表 12　全球和平指数指标构成

一级指标	二级指标	占总体比重（%）
内部和平指标	可观察到的社会犯罪程度	4.0
	国内每十万人的治安警官和警察数量	4.0
	国内每 10 万人凶杀案数目	5.3
	每十万人被囚人口数	4.0
	易获得小型武器和轻武器	4.0
	有组织的冲突的级别（国内）	6.7
	暴力示威的可能性	4.0
	暴力犯罪程度	5.3
	政治不稳定性	5.3
	政治恐怖等级	5.3
	每 10 万人中从事武器交易的数额（进口）	2.7
	恐怖主义活动	2.7
	有组织的冲突的死亡人数（内部）	6.7

① 参见全球和平指数的具体指标设计，http://www.visionofhumanity.org/#/page/about-gpi，2014 年 3 月 13 日访问。

续表

一级指标	二级指标	占总体比重(%)
外部和平指标	军事支出占 GDP 的百分比	2.6
	每十万人军事人员数	2.6
	对联合国维和行动的财政贡献	2.6
	核武器与重型武器能力	3.9
	每 10 万人中从事武器交易的数额(出口)	3.9
	难民和流离失所者占人口百分比	5.2
	与邻国关系	16.1
	国际冲突和国内冲突数量	6.5
	有组织冲突的死亡人数(外部)	6.5

资料来源：笔者整理。

全球和平指数将国家和平状态分为五级，分别是非常高、高、中等、低以及非常低。在 2013 年发布的报告中，全球和平指数对 162 个独立国家进行测量和排序。中国在 2013 年的总体分值为 2.142（实际国家得分范围为 1.162～3.440，得分越高，和平指数越低），按照和平等级从高到低，中国在 162 个国家中排在 101 位（GPI，2013）。

表 13　全球和平指数分级

总体得分	国家或地区数量	和平等级
1.162～1.538	26	非常高
1.563～2.005	51	高
2.031～2.444	58(包括中国)	中等(中国)
2.466～2.747	17	低
3.031～3.440	10	非常低

资料来源：笔者整理

二　典型政治稳定评估指标对中国的具体评价

（一）中国政治稳定的趋势分析

为考察中国政治稳定的整体趋势，本研究选取了在时间上连续和在数据上可获取的三组指标进行分析，通过研究中国在各个指标体系中的得分变化，在时间上对中国政治稳定进行整体分析。选取的三组指标分别为全球治理指标之政治稳定与不存在暴力、贝塔斯曼转型指数（包括国家状态指数和管理指数）和失败国家指数。

1. 全球治理指标之中国政治稳定趋势

世界银行的政治稳定指数主要是以针对现有政治系统的暴力事件和恐怖事件来衡量。从中国在全球治理指标的得分来看，1996～2012 年，中国政治稳定程度是在整体上是逐步降低的。世界银行治理指标中一个国的政治稳定治理评估得分的区间为 -2.5～2.5，中国的政治稳定从 1996 年的 -0.17 下降到 2012 年的 -0.54，在 2010 年达到最低 -0.66，之后有少许提高。[①]

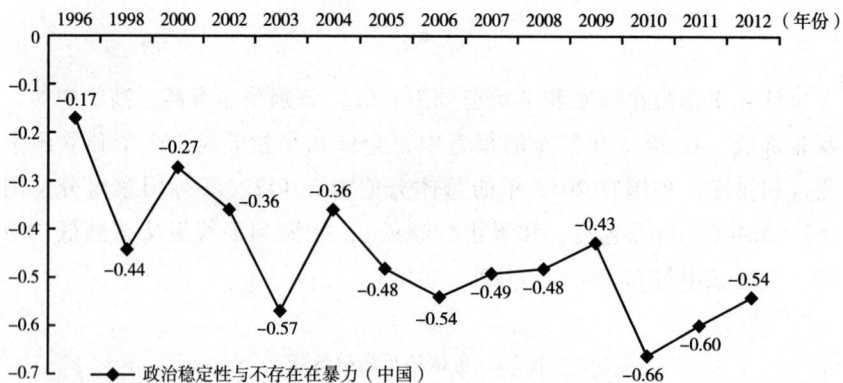

图 1　世界治理指标显示的中国政治稳定

资料来源：笔者整理。

全球治理指标中国政治稳定分数降低也体现为其在 215 个国家或地区中所处的百分位置的变化，百分等级越高，政治稳定情况越良好。从中国政治稳定在全球的排名来看，中国政治稳定在整体上是处于下降趋势，从 1996 年的 40% 左右下降到 2012 年的 30% 左右，在世界上 215 个国家或地区中下降约十个百分点。中国政治稳定排名也相对后移了 20 名左右。

2. 国家失败指数之中国政治稳定趋势

国家失败指数用一个国家存在可能对政体产生威胁的社会、经济和军事因素来衡量。在国家失败指数中，得分越高，国家越脆弱，政治稳定程度越

① 参见全球治理指数历年的统计，http：//data. worldbank. org/data-catalog/worldwide-governance-indicators，2014 年 2 月 14 日访问。

低。中国在国家失败中的表现比较平稳，一直处于 80 分左右，但从可获取的全球平均水平的数据来看，中国的脆弱性要高于全球平均水平。[①]

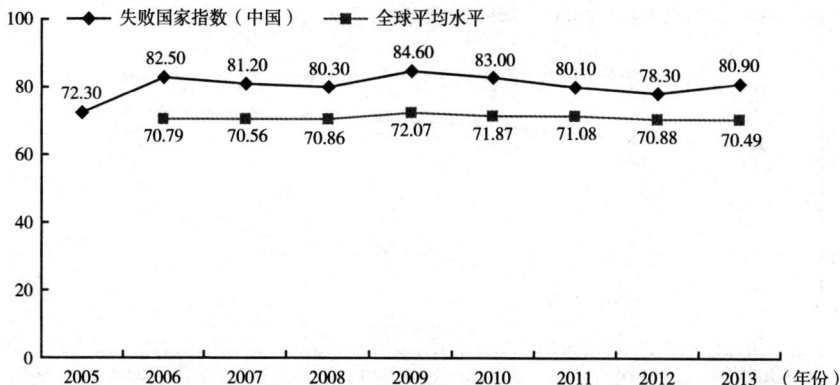

图 2　失败国家指数显示的中国政治稳定趋势

资料来源：笔者整理

3. 贝塔斯曼转型指数之中国政治稳定趋势

全球治理指标政治稳定程度只观察对政治体制的暴力活动，国家失败指数衡量威胁政治稳定的因素，贝塔斯曼从国家状态指数和管理指数两个方面衡量，其指标设计与全球治理指标和失败国家指标有较大不同。国家状态指数衡量政治生活的民主性和经济市场化程度，管理指数考察治理状况。贝塔斯曼转型指数较为"温和"，综合考虑的因素也更多。在贝塔斯曼转型国家状态指数和管理指数中，得分越高，转型越成功，相应政治稳定程度越高。

在国家状态指数中，中国的国家转型属于"非常有限"，甚至低于全球转型国家的评价水平，但在整体上是不断进步，尽管进程缓慢。值得一提的是，状态指数由政治转型和经济转型这两个维度构成，中国的市场经济状态指数从开始测量的 2006 年开始就高于全球转型国家的平均水平，而且逐渐与其拉开差距（2014 年在 129 个转型国家和地区中，排在第 35 位，排名越靠前市场经济状态越佳）。[②] 这说明虽然中国政治体系的转型程度有限，但

---

① 参见失败国家指数历年的统计，http：//ffp. statesindex. org/，2014 年 3 月 13 日访问。

② 参见贝塔斯曼转型指数的历年统计，http：//www. bti-project. de/bti-home/，2014 年 4 月 1 日访问。

市场经济不断改善，中国在社会经济发展水平、市场竞争性、社会福利、经济绩效和可持续性等方面都有显著提高。

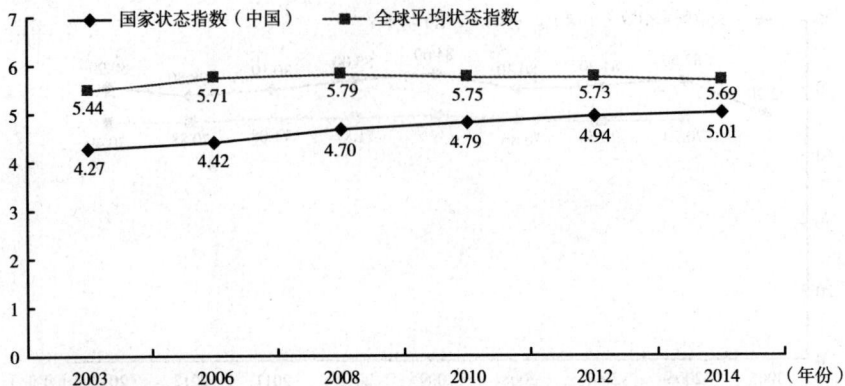

图3 贝塔斯曼国家状态指数显示的中国政治稳定趋势

资料来源：笔者整理。

在管理指数中可见，中国的政府管理指数也是在不断改善的，并逐渐高于全球转型国家的平均管理指数。政府管理指数包括国家的统筹能力、资源利用效率、共识构建和国际合作等，突出国家社会管理能力。

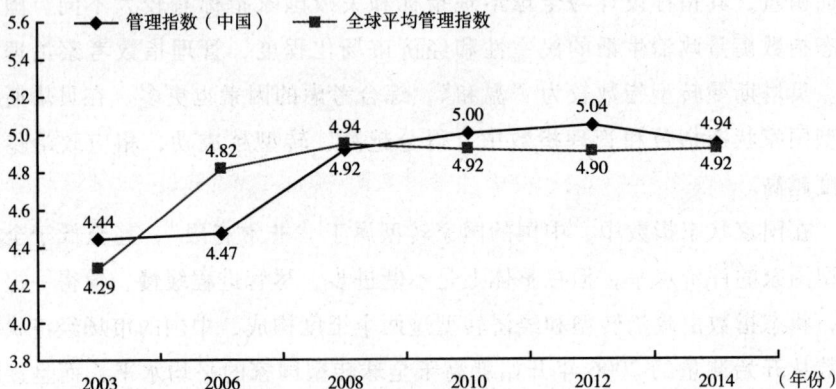

图4 贝塔斯曼管理指数显示的中国政治稳定趋势

资料来源：笔者整理。

综合三个指标看中国政治稳定趋势。单从全球治理指标的中国政治稳定评估来看，中国的政治稳定程度在最近十几年来总体呈下降状态。在失败国家指数中，虽然政治稳定性没有显著下降，但低于全球平均水平并处于"警告"的危险级别。这主要是因为二者对政治稳定的评估主要是考察国家中针对政治系统的暴力事件或者威胁政体稳定的因素，并没有将国家在其他方面（经济发展和社会进步）的情况结合考虑。在中国，近年来群体性事件的激增与经济、社会的快速发展同步发生，虽然针对政治系统的暴力事件发生是一个国家政治稳定程度的重要影响因素，但单从这个角度出发而不考虑其他影响政治稳定的因素显然是不全面的。而贝塔斯曼转型指数是另一个权威性较高、可获取的数据资料较丰富的稳定评估指标体系，相比于世界治理指标政治稳定指数和失败国家指数，贝塔斯曼更综合考虑一国的政治、经济和政府管理水平等情况。根据贝塔斯曼转型指数，中国政治稳定则是在不断提高的。

综合全球治理指标政治稳定指数、失败国家指数和贝塔斯曼转型指数，可以看出虽然中国处于社会矛盾的高发期，针对政治系统的暴力活动比以往易发和多发，但中国的经济状态和政府管理能力也在不断提高，这也从另一个方面反映了中国政治体制的"韧性"。

（二）中国政治稳定的等级和内容分析

对六个政治稳定评估指标对中国测量结果进行收集、比较。若将各个评估指标对各国分析的结果进行政治稳定性从高到低的排名，在不同指标中，中国的排名所处的百分位水平有较大差异。除了中国的政治稳定在"政治不稳定指数"中处于前25%以内，中国在其中指标中的排名大都处于"中下"水平（在政治不稳定指数中排名靠前），如果观察其落入的等级也不容乐观，这说明总体上中国在很大程度上存在比较多的威胁政治稳定的因素。①

表14　政治稳定评估指标反映的中国政治稳定现状

指标	全球治理指标 之政治稳定	贝塔斯曼 状态指数	贝塔斯曼 管理指数	国家脆弱 性指数	政治不稳 定指数	国家失败 指数	全球和 平指数
国家数量	212	129	129	164	165	178	162
中国排名	152	84	66	87	41	113	101
处百分位(%)	71.7	65.1	51.2	53.0	24.8	63.5	62.3
落入等级	—	转型非常有限	中等转型	中等脆弱	中等风险	警告	和平程度中等

资料来源：笔者整理。

————————

① 根据6个指数进行统计比较和分析的结果。

从总体上判断中国政治稳定水平，还需要区分中国在不同类型指标上表现出来的优势与劣势。对各个指标体系的构成进行简单分析，观察中国在不同指标类型的得分，可发现如下规律。①

表 15　政治稳定评估指标与中国表现

评估方面	得分优势/劣势	指标举例
冲突/暴力/社会动荡	劣势	全球治理指标之政治不稳定与不存在暴力、全球和平指数
政治体制/民主化程度	劣势	贝塔斯曼状态指数之政治转型
经济绩效	优势	贝塔斯曼状态指数之经济转型、政治不稳定指数之经济表现
社会管理	优势	贝塔斯曼之管理指数、政治不稳定指数

资料来源：笔者整理。

由于对中国政治稳定的判断是基于评估指标的设计和不同具体指标的权重设置而决定的，为了具体说明，这里对国家脆弱性指数和政治不稳定指数进行简单分析和比较。

政治不稳定指数和国家脆弱性指数评估的国家或地区总数量大致相同，虽然二者的得分没有可比性，但二者对中国的评估排名有很大不同。为了探究其中的原因，必须考察二者的指标设计。国家脆弱性指数从安全、政体、经济、社会发展这四个方面衡量，四者所占比重大致相同（约25%）。安全方面的衡量主要查看一个国家的武装冲突，政治方面则主要看其政体类型，这二者在国家脆弱性指数中占50%的比重，但中国在这两个方面的得分不占优势（中国脆弱性得分为9分，其中安全和政体各为3分）。

政治不稳定指数则将总指数划分为潜在脆弱性和经济不景气情况两个方面，一方面，在衡量潜在脆弱性时，不仅包括了国家脆弱性指数的安全、政体和社会发展因素，还考虑到了一个国家不稳定的历史记录、种族（民主）分裂、治理水平、公共服务的供给等没有被国家脆弱性指数纳入的因素。所以，在政治不稳定指数中，安全和政体的比重被降低，它们与其他平行指标一起构成了潜在脆弱性指标，潜在脆弱性指标占政治不稳定程度的50%。另一方面，政治不稳定指数比国家脆弱性指数更为关注经济发展情况对政治

---

① 根据6个指数进行统计比较和分析的结果。

不稳定的影响，它用收入增长、就业和人均购买力水平来衡量经济景气与否，是评估政治不稳定指数其余50%的依据。

综上所述，对中国政治稳定等级和内容的分析，得出与对中国政治稳定趋势分析相同的结论，即中国政治稳定的判断主要来自两个方面：一是威胁当前政体的直接政治性行动，二是对影响当前政体持续、稳定的其他方面因素，如经济发展、社会管理等，对不同方面指标的纳入可能得出不同的结论。如果政治稳定评估只考察政治冲突行为，那么当前中国的政治稳定无论从现状还是趋势上都是不乐观的。但是基于更全面、综合的指标评估，即将经济发展和社会进步等也纳入政治稳定的重要指标，中国的政治稳定程度相比之下有所提高，根据贝塔斯曼转型指数评估结果，其在时间序列上甚至是逐渐增强的。因此，可以说中国政治稳定程度主要取决于政体特征、政治冲突与经济社会发展之间的张力。虽然中国现阶段的政体转型有限、对政治系统造成威胁的群体性事件多发，但这些都不是不可调和的，促进经济发展和促进社会管理为中国避免政治不稳定提供了一定的缓冲机会。

三　典型政治稳定评估指标评价与对中国的启示

政治稳定对于转型期的中国尤为重要，面对频发的群体性事件和一些恐怖主义活动，国际上这些典型政治稳定评估指标的结果对于把握中国政治稳定状况提供了一种仅供参考视角，当然这些指标有其局限性和偏见，需要在合理评价的方面进行借鉴。

（一）　国外政治稳定评估典型指标的局限性

虽然国外政治稳定评估典型指标对判断一国的政治稳定水平有借鉴作用，但也存在不足，因此，对中国的评价也会存在偏见和误判的情况。首先是效度问题，已有的政治稳定评估指标体系设计更多是从历史经验出发，虽然已有的指标体系能在很大程度上反映现实中一个国家的政治稳定情况，但指标与政治稳定之间模糊的因果关系使得评估结果不够严密、精确。针对这种问题，可以从已有的对政治不稳定的发生、强度和持续等研究中，筛选、更正现有的指标体系。如有研究表明国家能力的缺乏（lack of state capability）、经济状况不良、人口规模、过往的冲突和邻近国家中正在发生的冲突等，都会对一国的政治稳定产生影响①，只有经过验证的评估指标和体系才会得出更具有说服力的评估结论。

其次是信度问题，在对某一评估结果进行验证时，其得出的结论可能会有所差异。这体现在以主观评估为主的指标体系中。当指标赋分是专家根据自己的理解和经验而对其进行主观的评估时，每一个专家理解各异，这就会导致对某一特定对象的评估可能会出现多种结论，这些结论可能是相似的，也可能存在着巨大的差异。评估结果的可比性也受到挑战。

第三，目前的政治稳定评估指标体系侧重于评估已经显现的政治稳定风险，而难以对长期、动态的风险进行测评。尤其是经济绩效和政治暴力行为更多地反映当年的社会稳定状况，而无法对长期的政治稳定风险进行预测评估。

第四，目前的政治稳定评估指标忽视经济、政治、社会以及政治暴力行为之间的交互作用。例如对于经济发展水平和民主政治发展程度有巨大差异的国家而言，对于政治稳定风险的评估是把经济指标和政治指标以不同的权重加总计算，而没有考虑经济和政治之间的交互作用。按照世界银行收入水平划分标准，尤其是低收入国家和中高收入国家，政治稳定风险的影响因素以及政治暴力行为的特点都有不同的侧重。经济发展、社会管理和政治民主之间的关系更是纷繁复杂，绝不仅仅是简单的正相关。已有许多相关文献指出，民主选举的领导者并不一定比独裁者在制定社会政策时更加注重回应公共需求②，民主政治制度也不一定比专制制度更能促进经济的发展。按照同一标准衡量不同国家的政治稳定风险在一定程度上会影响评估的准确度。

（二）国外政治稳定评估典型指标对中国政治稳定的启示

根据国外政治稳定评估指标，政治不稳定行为（冲突、暴力、社会动荡）、国家体制（政治体制、民主程度）、经济绩效和社会管理是影响一个国家政治稳定的四个重要因素。而对中国而言，不同的政治稳定评估都显示中国的经济进步、国家治理水平的提高不仅是重要的，还是关键和决定性的，因为它可以在极大程度上调和政治不稳定因素和冲突对政治稳定的影

---

① 参见 Daniel Lambach and Dragan Gamberger, "Temporal Analysis of Political Instability Through Descriptive Subgroup Discovery," *Conflict Management and Peace Science* 25 (2008): pp. 19 – 32。

② 参见 Casey B. Mulligan, Richard Gil and Xavier Sala-i-Martin, "Do Democracies Have Different Public Policies than Non-democracies?" *Journal of Economic Perspectives* 18 (2004): pp. 51 – 74。

响，综合考虑社会经济等指标的评估结果与单纯评估政治暴力和政治冲突评估结果之间存在着不一致。本文仅仅根据以上一些相对合理的指标来进行判断，认为中国未来要实现政治稳定必须在以下方面有所改进。

首先，中国对得分劣势的指标需要作出回应，即限制破坏政治稳定的直接行为。转型期中国不可避免地面临群体性事件和恐怖主义的威胁等，如何减少此类事件则需要新的执政智慧和执政方式。冲突是一种诉求表达类型，说明了一种不畅的国家和公民间的关系，而回应需要调和执政者和公民之间的关系，要关注冲突过程中所表达出的诉求，使公民诉求以一种稳定、合理的方式得到有效表达，并及时作出回应，而不至于走到对峙的状态。十八大以来，我国在推进国家治理体系和治理能力现代化、听取民意和依法治国等方面作出了部署，国家治理品质的提升在于以良法行善治和以人民利益为依归，这样有助于创新各种治理机制，从而更好地维护中国的政治稳定。其次，要适应我国潜在增长率下降和经济增速放缓的新常态，进一步保持经济绩效。正如从贝塔斯曼转型指数中得到的结论，人均收入提高与充分就业是经济发展领域对政治稳定的重要影响因素，需要继续凭借经济绩效的合法性，提高人均收入并保持合理的物价水平。最后，从其他的一些指标看，中国如要保持政治稳定，需要提高国家治理能力，改善公共产品供给，提高公共服务质量，同时也需要建立国家的引导能力，控制腐败以及加强国家与社会之间的共识构建。十八大以来的反腐力度前所未有，已经取得了明显的效果，这对于中国的政治稳定有很好的促进作用。

网络社会：通向自由抑或奴役[*]

何　哲[**]

摘　要： 网络社会的到来是人类历史上发展的重大转型，是人类社会新的强连接组织方式和新的生产生活存在方式。一种盲目乐观的观点认为，网络社会一定促使人类社会更加自由，然而这种观点忽视了网络社会作为技术文明的高峰对人类自由本身的侵蚀。本文认为，网络社会在便利人们生产生活和重构社会组织方式的同时，也在很大程度上从经济上、政治上、社会上、思想上等各个方面剥夺了人作为个体的社会存在基础。这就直接导致了个体自由根基的丧失。因此，网络社会不一定必然通向自由王国，反而在很大程度上有通往新的奴役时代的可能。为了保障网络社会能够真正促进人类的自由发展，需要从对技术使用的限制、对个体权利的保障和私权与公权的平衡角度来实施有效的制度保障。

关键词： 网络社会　人类自由　社会发展

伴随着网络技术的发展，人们在享受网络技术所带来的沟通便利时，人

---

* 基金项目：国家社科基金"网络社会的基础特性及其公共治理策略研究"（项目批准号：14BGL110）。

** 何哲，陕西西安人，博士，现为国家行政学院副研究员，研究方向包括网络社会治理；行政体制改革；国家发展战略；经济与制造业服务化等。

类社会本身也以全新的方式进行着重新的塑造和构建。一种典型的乐观观点认为，网络社会是人类新的自由形态，网络社会注定会使得人类通向更大的自由。这种观点集中体现在约翰·巴洛在网络社会独立宣言中所公开声明的："工业世界的政府们，你们这些令人生厌的铁血巨人们，我来自网络世界——一个崭新的心灵家园。作为未来的代言人，我代表未来，要求过去的你们别管我们。在我们这里，你们并不受欢迎。在我们聚集的地方，你们没有主权……我们正在创造一个世界：在那里，所有的人都可加入，不存在因种族、经济实力、武力或出生地点产生的特权或偏见。我们正在创造一个世界，在那里，任何人，在任何地方，都可以表达他们的信仰而不用害怕被强迫保持沉默或顺从，不论这种信仰是多么的奇特。你们关于财产、表达、身份、迁徙的法律概念及其情境对我们均不适用。所有的这些概念都基于物质实体，而我们这里并不存在物质实体。"[①]

巴洛的表述实际上代表了网络社会理想主义的极致，即认为无论在思想、财产、表达、身份、迁徙等各个方面在传统社会中所受到的桎梏，都因为网络社会的形成从而消解，在网络社会中人类社会整体将进入新的自由形态之中。然而，无论从理论和现实来看，这种观点显然在各个方面忽略了网络社会本身所蕴含的削减人类社会自由程度因素的增长。

如果进一步研究，可以发现，网络社会由于其在形成时所蕴含的本质属性，从而内在具有自由与不自由两种因素和趋势。因此，网络社会是否能带给人类更大的自由，取决于网络社会内在两种程度的此消彼长和人类在保障网络社会制度建设方面的努力程度。

一　网络社会的内在本质和属性

关于网络社会的概念界定有很多，大体而言，存在两种界定和三种视角。两种界定是从广义和狭义的角度进行概念界定。其中狭义的界定认为网络社会是由于使用网络终端，通过互联网体系而连接在一起的社会组成，即将网络社会严格界定在数码空间所形成的虚拟社会。而广义的界定，认为网络社会不仅是指虚拟的数码社会，而是包括虚拟与现实社会的人类社会的整体[②]。

---

① 约翰·P. 巴洛、李旭：《网络空间独立宣言》，李小武译，《清华法治论衡》2004 年第四辑。

② 郑中玉、何明升：《"网络社会"的概念辨析》，《社会学研究》2004 年第 1 期。

　　针对网络社会的存在属性，有三种基本的视角[①]，一种是网络社会的虚拟社会视角，其核心是认为网络社会是严格意义上的虚拟社会，与现实世界存在明显的界限和不同，并认为网络社会由于与现实社会的本质不同，从而天然具有自由的内在属性。第二种视角是网络社会的现实社会延伸视角。这种观点认为，网络社会并不是什么虚拟社会，无论从网络社会的主体、网络社会中的行为等看，网络社会都是现实社会在数码空间的投影，因此，网络社会只是现实社会的延伸，并没有什么特殊的属性。这种视角的核心是否认网络社会的独立性，强调网络社会与现实社会的高度一致性。第三种视角是综合的视角，即认为网络社会既不是严格意义上的纯虚拟社会，也不是完全的现实社会的延伸，而是跨越了现实空间与虚拟空间的混合体系。这种观点的核心是既承认网络社会具有与原有的现实社会不同的特性，又承认网络社会与现实社会的巨大联系。并认为，网络社会是人类社会在现实存在与虚拟存在的连续统一体。网络技术的最终发展会使得人类的网络存在与现实存在高度混合，从而形成完整的新的人类社会形态的整体。更进一步，网络社会的虚拟现实混合视角认为，正如同工业社会并不是仅指工业系统内部的循环而是指以大规模、高效组织的工业生产为核心生产方式和社会组织方式的人类社会形态；网络社会也并不是仅指计算机互联网所形成的虚拟社会组成，而是指以互联网作为核心生产生活与社会组织方式的新的人类社会形态。

　　以上三种视角，其核心在于界定网络社会与现实社会的距离和关系，只是不同的视角下认为网络社会与现实社会的距离有所不同。更进一步，网络社会作为一种新的社会形态，其内在本质是什么？这是值得认真去探索和追问的。

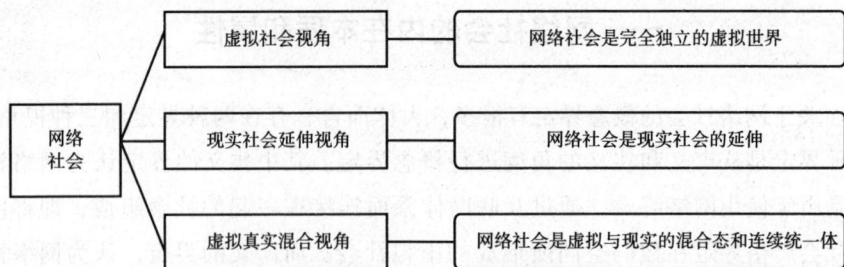

图 1　对网络社会本质的三种视角

---

　① 何哲：《网络社会治理的若干关键理论问题及治理策略》，《理论与改革》2013 年第 3 期。

　　结合网络社会技术本身的特性以及网络社会对现实社会的巨大重构作用，可以发现，网络社会的核心本质是两个，一是网络社会是人类历史上前所未有的人类社会组织强连接形态；二是网络社会是人类社会新的存在和运作形态。网络社会对人类社会产生的种种巨大作用乃至人类自由的影响，均是从这两个本质特性中来源的。

1. 网络社会是人类历史上前所未有的社会的强连接组织形态

　　人类社会之所称为社会，就在于作为个体之间形成了稳固的社会连接和社会组成，而正是这种社会连接和关系也塑造了人类本身。所以马克思认为，"人的本质是社会关系的总和"。而综观整个人类历史，人类历史发展的本身，就是不断改进和完善连接方式的过程。例如在农业时代，人与人之间的连接是通过原始的通信与交通工具。而工业社会演化和发展出了电报、电话、汽车、飞机等现代化的连接方式。在网络时代，人类社会实现了高速、便捷、低成本的普遍连接状态。在这种连接状态下，人类社会中的任何个体之间都可以方便轻易地建立有效的直接连接，整个人类社会的距离被极大地缩短。一个典型的描述理论即六度空间理论，即认为任何两个个体之间只需要不超过六个个体就可以建立连接，这称之为六度分割理论或者小世界理论①。以这种形式，网络社会以更加紧密的形态重构了整个人类社会结构。

　　当人类社会在网络时代形成了前所未有的强连接后。两种相应的结果就自然而然地产生，首先，作为个体，其所面对的其他人类个体的数量和范围被扩展到了整个人类社会。这就极大增加了个体与整个社会的沟通能力。而能力的扩大是个体自由的重要基础，或者说个体能力本身就是自由的组成部分。而能力愈强的个体，也自然而然地在社会中拥有更大的自由，反之亦然。

　　然而，另一方面，由于社会的强连接，人与人之间的距离也被自然地严重缩短了。在网络时代，传统社会中对单一个体存在未知社会领域的状况也被彻底改变了。随着网络的发展，可以预想，任何连接在网络中的个体都存在与整个人类社会其他个体的连接，因此，原先受制于地理文化等自然限制而形成的社会未知领域都将会暴露在其他个体的观察之中，并与其他个体形成密切的互动。这就产生了一个自然的后果，任何个体与其他

---

① 参见 J. Guare, *Six Degrees of Separation: A Play*, New York: Vintage Books, 1990。

个体的精神距离都被拉近了，这就必然限制个体自由意志的独立精神
空间。

2. 网络社会是人类社会新的运作和存在形式

除了强连接外，网络社会还重新提供了人类社会的存在和运作方式。这
种改变首先体现在网络社会作为人类的新的存在和运作方式。一般而言，作
为个体的存在，首先是通过个体感官对物理空间时间的感知，形成了对客观
存在和主体客体之间的概念，并进一步形成自我的存在感，这可以称为个体
的感知存在；第二种存在的层面是通过个体之间的交互和社会关系，使得单
个个体形成自身在社会中的定位，并通过社会交互形成社会存在感。这可以
称为个体的社会存在。

以上的两种存在，在网络社会时代，都产生了深刻的变化和重构。一方
面，网络社会通过个体之间的强连接状态提供了人类个体的社会存在。在网
络时代，由于人与人之间通过网络构建了新的强连接形态，传统基于现实渠
道的大量政治、经济、社会行为都能够以网络形式进行重构，例如网络经
济、网络政治、网络社会组织等，并且由于网络不断推广到社会的各个层
面，从而使得几乎所有的社会交际行为都能够以前所未有的方式在网络上得
以呈现，这就充分提供了个体的社会存在感。而在另一方面，新的计算机技
术，特别是虚拟仿真技术的出现，还能够进一步为人类的个体感官提供个体
感官的感知存在感。通过虚拟仿真技术，可以通过对空间时间的技术模拟提
供给个体相当真实的感知水平，这就提供了个体的新的存在感。并且通过虚
拟仿真技术，还进一步加强了个体之间的交互。因此，通过提供社会存在与
感知存在，网络社会提供了人类新的存在形式。在网络作为新的存在形式的
基础上，人类的各种社会行为都能够在网络存在，并且结合网络技术以新的
形态进行充分的发展和创新。

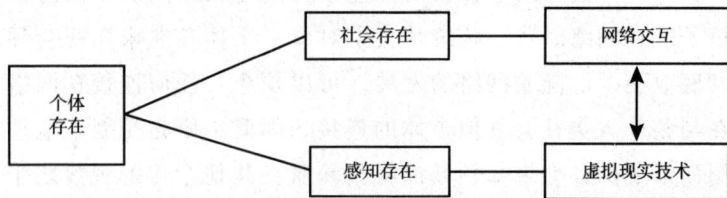

图 2　网络社会提供了新的个体存在方式

二　网络社会与人类自由的一般关系

以上分析了网络社会的几种理解视角和网络社会的本质，在此基础上，就可以进一步探索网络社会的发展是如何影响到人类自由的。这可以从以下几个层面进行理解。

1. 人类社会自由的影响要素

要探讨网络社会对人类自由的影响，不仅需要理解网络社会的属性，也需要理解人类自由的各个层面的影响要素。可以说，在人类提出的种种概念范畴中，自由是最为难以界定的概念。通常而言，自由可以表述为，在法律界限内，个体按照自我意志行为的状态。在这一表述下，还可以延伸为两种自由，即"积极自由"与"消极自由"①。积极自由是指按照自我意识行为的自由；而消极自由是指个体避免受到其他个体干涉的自由。而无论是积极自由和消极自由而言，自由的核心都在于两个层面，即在一定界限内的自我意志的独立和按照自我意志的行为。因此，自由存在精神层面的自由和身体行为层面的自由两个层面。

从自由的主体而言，自由还由于主体的不同存在个体自由与群体自由的差别②。作为个体自由，强调的是个体独立的意志和行为状态，而所谓群体自由强调的是作为一个群体所具有的在个体独立的一致和按照意志行为的状态。虽然，个体自由与群体自由存在确定的一致性，例如当群体能力增强时，群体内的个体自由也会相应增长；然而，在很多时候，个体自由与群体自由之间并不是一致的关系，并且往往在群体自由增长时，由于内部的整合从而损害了个体自由的自主性，从而削弱了个体自由。

从影响自由的要素来看，自由的要素体现在两个方面，一是独立；二是活动的范围。具体在精神层面，体现在个体精神的独立程度和精神活动的范围；其次体现在行为层面的个体行为的不受干涉（独立程度）和实现自我意志的行为的范围。独立体现为不受其他主体的影响，而范围往往受个体所

---

① 关于自由的概念，参考 Isaiah Berlin, *Four Essays on Liberty*, Oxford：Oxford University Press, 1969；John Stuart Mill, *On Liberty*, Cambridge：Cambridge University Press, 2011。

② 高玉：《从个体自由到群体自由——梁启超自由主义思想的中国化》，《学海》2005 年第2 期。

具有的能力的影响。也就是说，当个体具有更大的能力时，也就能够在更大程度上实现自我意志的行为化。

2. 社会组织与技术的发展必然会关系到人类自由

在探讨网络社会的发展与人类自由的关系时，必须要从更高的层面来俯瞰，否则不能理解网络社会为什么会影响到人类的自由。从人类历史的发展来看，人类社会组织制度和技术的发展与人类自由的关系探讨并不是一个新的问题。每一次技术的出现和社会结构的变化，都会引起这种技术的进步对人类自由影响的思考①。总体而言，存在两种基本的观点。一种观点认为，人类的技术发展极大地增加了人类的个体和群体能力，从而使得人类的个体与整体都具有了更大的自由。而另一种观点认为，虽然技术增加了个体和群体的能力，然而也正是因为能力的增加却反过来使得人类本身更加依赖于技术而丧失了人类个体的独立性，从而削弱了人类的自由本身。与之相似的另一种解释认为，技术的发展使得人类在具有对客观物质世界更加强有力的利用能力时，也隔绝了个人精神与自然和宇宙的联系，因此使得人类在精神上的活动空间更加狭窄，也自然限制了人类的个体自由。

以上的两种视角，每当技术有新发展时，都会反复讨论和交锋。较近的例子是后现代主义对工业文明的反思，认为以大规模、批量化、格式化、精准标准化为核心特征的工业时代在便利人类物质自由的同时，也极大限制了人类精神的自由和个性的解放。因此，强调反对工业文明的规则化和精准化等。而在网络社会时代，由于网络社会是对人类社会前所未有的新的组织和存在方式，因此也值得我们进一步去探索网络社会与人类自由的关系。

3. 网络社会的本质属性对人类自由的影响

结合如上的分析，可以发现，网络社会对人类自由的影响可以体现为多个层面：首先，从技术能力角度，网络社会极大扩展了人类社会的组织能力和提供了新的存在方式。这极大提高了社会在各个领域的组织和运行效率。因此，从群体自由的范围，网络社会必然增加人类社会生存和发展的能力，使得人类社会整体在改造自然上具有更大的能力。从这个意义而言，网络社

① 陈俊：《技术与自由——论马尔库塞的技术审美化思想》，《自然辩证法研究》2010 年第3 期。

会一定增加了人类社会作为有机整体的群体自由。

　　然而，当视角从群体自由转为对个体自由的影响时，可以发现网络社会的发展对人类社会中个体的自由的影响却是多方面的。一方面，从积极的意义而言，网络社会由于其强连接性和提供了个体的新的存在、沟通和活动方式，从而也极大扩展了作为个体的能力。而当个体能力提升时，个体也就具有了更为强大的实现自我意志的能力；例如，通过网络社会，个体可以实现便捷的跨越物理限制的异地沟通，这就实现了个体的沟通意愿；个体可以通过网络购物，实现更为广泛的市场获取物质和精神需求的意愿；通过虚拟组织等形式，可以实现异地工作和生产等，这就使得个体不必受工作场所的限制，扩大了个人的行动范围自由；通过虚拟现实的空间构造，可以使得个体在更大的虚拟活动范围内活动，这就从另一层面拓展了个体的活动范围（例如可以不经实体到达而实现对某一区域的探索和游览）；通过各种网络平台发表自己的言论，这就拓展了个体的表达自由等。

　　然而，另一个方面，网络社会由于其本质的特性，也蕴含本身导致人类社会不自由的影响因素。如前所述，网络社会的本质体现为两个层面，一是人类社会的强连接性；另一种是人类社会的新的存在方式。由于强连接性，引发了人与人之间距离的缩短，这种缩短不是体现在实际物理空间的缩短，而是交流与精神距离的缩短，从而使得原先由于物理隔绝产生的思想的自由被迫在网络社会由于更多个体（根据六度空间理论，事实上具有与整个人类社会任何个体互动的可能），从而导致任何个体思想都直接与其他个体思想产生碰撞和融合。这种互动结果就是从思想范围的角度，限制了思想意识的自主性。

　　因此，可以看出，网络社会对人类的自由存在多方面的影响，其核心在于网络社会内在的两个本质所带来的不同影响，一方面，作为社会新的存在和运作方式的网络社会的形成，网络社会帮助人们在获取精神与物质资源时克服了物理空间的限制，从而提高了人类自身获取精神与物质资源、表达自己和实现自我意愿的能力，这必然带给人们更大的自由；而另一方面，作为人类社会前所未有的强连接组织方式，在扩大个体与其他个体沟通和表达能力的同时，也缩小了作为个体之间的精神距离，直接影响到了个体的人格独立，这就削弱了个体的精神自由基础。

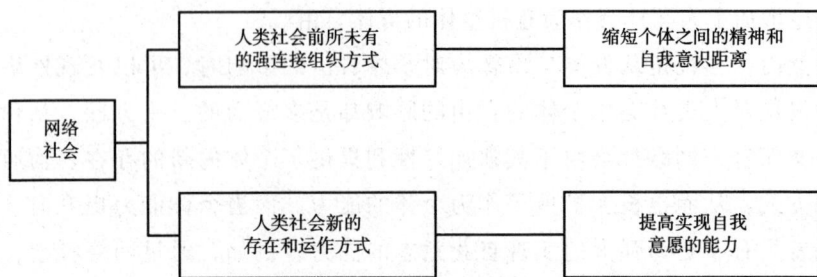

图 3　网络社会的属性及对个体自由的影响

三　网络社会发展对个体自由侵害的若干可能因素

在探讨完网络社会与人类自由的一般关系后，可以进一步从现实和未来的发展来探讨网络社会将对人类社会的自由产生何种影响。网络社会对于提高个体和群体的能力从而扩大人类的个体自由与群体自由这一方面的影响，已经没有什么疑问。然而，对于网络社会伤害个体自由的一面，往往还没有被充分的认识，而这是值得警惕和关注的。一种貌似激进的观点是如果不慎，网络社会带给人类社会的有可能不是更为自由的未来，而是失去个体自由的未来。

1. 网络社会消除了个体自由存在的自然基础——人的独立存在

作为个体的独立存在是一切个体自由的自然基础。如果没有个体的独立存在，就谈不上个体的自由。尽管在学术探讨中，对什么是人的独立存在一直都有所争议，然而，一个基本的趋势却是明显的，即当个体在与其他个体存在密切的互动和更为依赖的关系时，尽管群体的独立生存能力可能更强，然而由于对其他个体依赖性的增强，个体的独立性却是下降的。并且随着社会整合和分工的力度越大，这种独立性的下降越明显。一个不争的事实是，人类的发展历程，同时也是一个不断加强社会内部联系和整合从而减弱个体独立性和完整性的过程。在农业时代自给自足的经济下，虽然整体的生产力不高，然而处于其中的单个个体却具有较强的自我生存能力；在工业时代下，分工的充分发展，使得作为人类的单个个体被牢固地束缚在了整个市场分工链中，个体仅是这一链条中极为有限的一小环节。而到了网络社会，单个个体被更为彻底地融入整个网络社会中，无论从思想的吸收还是从物质产品的获取，以及未来劳动的提供，都被融入了网络之中。这就使得作为人类的单个个体最终成为了整个网络的一个自主节点而已。这就消除了人类自由的自然基础，即个体的独立性。

2. 网络社会消除了个体自由存在的核心——个体的隐私

隐私是个体自由的核心，在维护个体自由的诸多权利中，隐私权处于核心位置①。当网络社会消除了个体作为独立存在的自然基础后，另一个更为重要的影响是网络社会由于其网络设备的广泛性，网络行为的可追溯性、可关联性和可分析性，一方面，使个体的思想和行为被直接记录和暴露在网络中；另一方面，通过个体行为之间的关联可以进一步推出个体隐含的精神状态与思想意识。这就直接摧毁了个体的隐私。如果将网络时代与之前的时代相比，在农业时代，由于个体活动的自给自足性和技术能力的薄弱，任何个体都很容易在他人面前隐匿自身的行为和思想意识；在工业时代，尽管个体行为被束缚到大工业链条，然而思想活动和价值取向依然是可以隐匿的。而在网络时代，作为社会个体的任何行为和思想状态都被暴露在其他人面前（唯一所区分的只是自我是否知情）。即便是个体在网络上没有明显主动地暴露自己的行为和思想，也将会被其他个体、设备或者分析工具有效地识别出来并暴露在网络上。因此，在传统时代，是可以做到保证其他个体的行为、思想、意识的隐私的，至少做到别人不知道我在想什么；而在网络时代，对于我在想什么这一问题，也很难做到不被暴露在公众中。

3. 网络社会消除了个体自由存在的关键——个人意志的独立自主

除了以上两个方面，网络社会对个体自由更为深刻的影响是直接影响到了个体的思想与意志的独立。尽管在网络时代，隐私和个体独立生存的基础都被严重削弱，然而这种过程是社会整体发展的自然延续。而对个人意志的独立自主的影响却是网络社会所直接带来的。归根结底，网络社会是以计算机网络为载体的由网络主体共同的思想意识所形成的空间。网络中的互动行为均是思想意识直接作用的结果。并且由于网络社会的广泛连接性，任何个体的思想无时无刻都与其他个体的思想进行交流和碰撞，从而直接影响了个体意志的自我独立程度。这种影响存在两种情况，一种是显性的影响，即当个体自我意识在与其他主体意识互动后，由于网络社会的广泛连接性，任何主体都将遇到大量的与自己不一致的观点和想法，因此在剧烈的碰撞中自我

---

① 马特：《无隐私即无自由——现代情景下的个人隐私保护》，《法学杂志》2007 年第 5 期。

否定和改变自我主体的独立性；另一种是隐性的影响，即虽然不是明显的改变，然而通过在大量的互动中隐性地接受社会的主流观点并以为是自己的独立思想产物，这种改变是更为广泛和明显的。

4. 网络社会加剧了现实社会中权利和力量对比的不平等

以上几个方面，都是在网络社会发展所自然而然带来的对减少个体自由的因素，然而在实际的网络社会也好，真实社会也好，自由的获取一方面取决于社会本身的属性，另一方面也取决于实际社会运行中所产生的社会中个体之间的关系。这种关系核心表述为权利（力）和力量对比的平等。这种权利（力）与力量对比的不平等体现在各种社会组织形态中，无论是农业社会、工业社会和网络社会，在任何社会中，拥有权利（力）和力量更大的一方就拥有更大的自由并且直接侵害着相对弱势方的自由。一种乐观的观点认为，网络社会必然带来权力从少数精英向大众的转移，从而形成权利（力）与力量的相对均势，从而带给个体更大的自由。然而，这种观点忽视了网络社会的形成在促进权力的分散时，由于网络社会的自身特点，也更加容易形成力量的重新积聚，从而扩大优势方的权力和控制力，产生新的不平等，并最终损害整个网络社会的大多数个体的自由。这种不平等体现在以下几个方面。

首先，网络社会扩大了技术力量的不平等。一种观点认为，互联网中，少数个体可以拥有更大的技术优势，从而改变传统社会个体与大的集团在力量上的不平衡。然而，这种情况仅是出现在互联网发展初期，随着互联网技术的更进一步发展和技术规模，例如动辄以亿计的代码和上万的人月工作量（人月是衡量技术研究工作的规模的单位，表示一个标准开发人员工作一个月的工作量），以及网络检索监控攻击等需要的大规模运算能力，这些都远远不是单个个体凭借个人的天分就可以弥补的。因此，整体而言，真正拥有技术优势的依然是强有力的大规模利益集团。并且网络社会越发展，这种利益集团所累积的技术优势就更为明显。

其次，网络社会也扩大了舆论力量的不平等。通常认为，网络社会中的个体由于在言论发表领域不需要经过传统媒介的审批和时间成本等，增加了公民的表达权，从而促进了舆论的多元化。然而，由于网络社会对个人意志独立性的影响以及大众传播的渠道更为通畅，拥有优势一方的利益团体，可以通过动员形成对网络各个方面的舆论覆盖。并且可以使用现实社会的力量来巩固这种覆盖，由于网络社会中个体与网络的高度依附性，强势团体的舆论覆盖将更容易到达整个网络社会和实现其舆论效果。

最后，网络社会也加速了权利的不平等。网络时代，由于技术力量积聚和舆论力量的不平等，从而加剧了权利上的不平等，并且由于这种不平等，以及强势团体利用技术手段对弱势的一方进行监视、分析以及其他各种惩罚和威胁措施等，由于相对弱势的普通个体缺乏对强势团体的监控和反制手段，因此，弱势的普通个体的基本权利包括隐私权、言论自由权、财产权等将会受到更大的威胁。

由上可见，网络社会对个体自由的侵害将成为一种可以预见的风险。这种风险将进一步威胁到个体思想和行为独立，从社会进步的角度，缺乏个体的独立特别是思想独立将直接影响到整个社会的思想繁荣和创新机制。因此，尽管网络社会能够通过社会整合来加强社会的群体自由，然而一旦个体自由丧失，也必将带来群体发展和创新能力的下降，最终伤害到群体自由。因此，必须在网络社会发展的初期，就对网络社会侵害人类自由的一面予以预防和限制。

四 通过制度措施在网络社会中保障人类自由

无论是什么样的社会，东方还是西方，都不否认自由对个体和社会的重要意义。所区别的是对自由的理解和实现自由的方式不同。正如马克思所言，人类发展最终的目的是"实现人类解放和全面发展"，并最终从"必然王国进入到自由王国"。对于网络社会的发展而言，一旦认识到了网络社会有可能通过侵害个体自由从而侵蚀整个人类社会群体的自由，就必须要通过制度构建来确保将这种风险降到最低，具体而言，就是要完善保障网络社会自由的基本运行规则。这可以体现为以下三个方面。

1. 通过立法，严格保障网络社会中各个主体的基本权利界限

权利是自由的边界，无权利则无自由。只有通过法律体系，严格界定网络各参与主体的权利，才能有效保障在权利边界内的个体自由。这种权利规范，既包括个体之间的权利关系，也包括网络中私权与公权的权力边界。

2. 严格保障普通公民的隐私权

如前所述，隐私是自由的核心和基础，失去隐私的个体也谈不上有什么自由。必须要通过立法，严格限制和保护公民在网络上的个体隐私，以及限制利益团体通过技术手段对公民隐私的窃取和谋利；对于提供基本公共服务的政府而言，对于公民隐私的数据收集和调查也必须通过合法的法律授权和程序才能进行，特别是要警惕以安全为名，不分良莠和未经立法机关授权即对公民进行大规模监视计划（例如美国及其他一些国家对公民开展的大规模监控计划），这将直接损害自由的基础。

3. 在个体权利保障的基础上形成网络技术与政治力量的平衡

在现代社会中，社会存在和稳固的基础在于力量的平衡，由于网络社会具有天生的加剧力量对等不平衡的特点，因此要特别注意在发展中保障网络社会各方面力量的平衡。这种力量平衡体现在一方对另一方不存在绝对的技术优势和权力优势。具体而言，尽管作为单个个体的公民在网络社会上将成为技术和力量劣势的一方，但一旦某些集团试图通过侵害公民权利的方式谋利，则公民能够通过合法的程序实现力量的聚合，从而对侵害行为进行反制。对于政府而言，政府要特别强调保证网络社会中的技术和力量平衡，要为技术和力量的劣势方提供法律的救济和技术的援助。同时，对于政府的网络行为，公民也有合法的渠道进行了解，对于某些政府违法的行为通过法律渠道进行纠正。因此，整个网络社会要形成"公民－群体－政府"之间的多元力量平衡。

以上几个方面，是保障网络时代人类自由的核心基础，在此基础上，其他的努力还包括通过广泛的教育普及消除网络主体之间的技术鸿沟；保证网络社会信息的多向充分流动等，然而权利是自由的边界，对自由的保护其关键在于权利的确立和围绕权利（力）所形成的互相制约和平衡。因此，必须要尽快在网络社会形成初期建立起以上的运行规则。

五　结语

网络社会的发展，在便利人类，加速人类发展的同时，也反过来限制了人类本身的自由。能否在网络社会发展初期，就对网络社会侵害人类自由的风险给予关注和控制，从而在未来的发展中，更为积极地利用网络社会所带来的优势，这是网络社会能否真正造福于人类的关键。在人类的历史上，任何技术的发展，都将产生积极与消极的不同影响，作为人类发展终极目标的自由，从来都不是自然而然就可以得到的，也并不意味着技术的发展一定会通向更大的自由。而网络社会，由于其自身的强连接性，由于是具有众多新特点的人类的新的社会存在和组织方式，在超越了物理空间时间的制约后，也更加直接作用于人类的精神和意识。因此，网络社会在发展初期，一旦没有做好规划，其对人类自由的伤害将如同它所带来的便利和进步一样，是巨大和深远的。因此，网络社会究竟会帮助人类获取更大的自由，还是使其陷入新形态的奴役之中，取决于人类自我本身的努力和制度建设。本文抛砖引玉，希望能够引发在这一领域的更多思考和更完善的制度建设。

当代中国制度文化建设：意义和向度

张西山*

摘　要： 人类政治文明包括政党文明、制度文明、公民文明的三维结构。我们思考新时期政治社会面临之"成长的烦恼"和"转型的阵痛"，就必须重视制度文化建设，将社会主义制度文明提高到与物质文明、政治文明、精神文明、社会文明、生态文明同样的高度。制度文明建设是国家体制改革的核心内容和价值依归。文化孕育制度，制度选择文化。政治社会有其自身的逻辑，而制度文化常常成为一种政治经济社会变革的"路径依赖"。制度文化建设未来的方向就是从总体来说要更多地从制度文化要素的建设转向制度文化体系的建设。提升制度执行力和文化软实力是当代中国制度文化建设的双重向度。

关键词： 制度文化　制度执行力　文化软实力

现代政治的构成一般包括三个要素：公民、政党、公共权力。政党作为沟通民众与公共权力的桥梁工具，在现代政治生活中发挥着重要作用。后发展国家的政党具有推进政治参与、创造政治合法性、整合国家、政治社会化等功能。发展政治学的有关研究表明，一个强大的政党对于后发现代化国家的稳定和发展至关重要，中国共产党的坚强领导和执政能力以及强有力的政府权威体系，是中国改革开放和现代化建设得以顺利进行的政治前提和制度

---

* 张西山，深圳大学社会科学部编审，法学博士，从事政治思想、政治发展研究。

基础。邓小平指出，"搞好中国的事情关键在党"。30 年改革开放，我们成功创造了"中国模式"，胜利开辟了"中国道路"，积累了丰富的"中国经验"。今天，我们探寻中国奇迹的制度文化之谜，思考新时期制度文明建设面临之"成长的烦恼"和"转型的阵痛"，就应该重视制度文明建设，将其提高到与社会主义物质文明、政治文明、精神文明、社会文明、生态文明同样的高度。

一　制度文化建设的意蕴

制度文化是人类在政治生活和制度安排过程中所结成的各种思想观念的总和，包含着制定制度的原则、价值和理念等。作为制度体系的重要组成部分，在制度安排、制度选择和制度变迁中呈现的"基本倾向"通常被称为"制度文化"或"制度精神"。文化是制度的内化，制度是文化的凝固。文化孕育制度，制度选择文化。文化是生活方式形式的镜像和内化，而制度则是文化在现实社会的固化和外化。政治有其自身的逻辑，而制度文化常常成为一种政治经济社会变革的"路径依赖"。制度文化则是政治文明建设的基本价值维度，是制度的理念、灵魂和生命，政治文明的最终标准是现代政治制度的文明。制度文化决定民主政治制度的最终确立和"良序"运作。对于未来中国的制度走向，制度文明治理的目标秩序应当十分清楚，这就是：民主、法治、公平、责任、透明、廉洁、高效、和谐、人权等。市场经济制度文化的内涵是：秩序和供给、效率和公正、信用和资本；思想文化的最高境界是文明、和谐、幸福、尊严。

布莱克在《现代化的动力》一书中曾如此论证："现代化的核心问题，是一个社会将固守于传统系统的政治领导转变为热心于彻底现代化的政治领导的过程。"我们要像新加坡一样，需要政治上集中的一党执政，通过一党执政的比较优势，谋求政治的稳定和社会的安定，来顺利地完成我们这个民族和国家的现代化进程。建设社会主义制度文明，就是要建立一个以现代核心价值理念为灵魂，以市场经济、民主政制和公民社会为基本支撑的现代文明秩序。

人类政治文明包括政党文明、制度文明、公民文明三维结构。其中，政党文明是灵魂、制度文明是支撑、公民文明是基础。从一定意义上说，政党文明是制度文明的灵魂和枢纽。研究认为，人类政治的历史可分为神意政治、君主政治、政党政治、人民政治四个时代。政党文化建设的经验告诉我们，执政党必须解决领导国家的制度文化转型问题。在过去空前伟大的 30 多年社会变革中，中国共产党体现了可贵的制度文化理性和自觉。由邓小平的"不争论"到胡锦涛的"不折腾"，体现着我们党制度文化建设方面的历史性进步。"政党创造出民主政治，现代民主政体不容置疑地与政党制度互栖共生。"① 政党政治的核心内容是政党权利，政党政治过程即政党权利的实现过程。政党权利的表现形式是政党之政，实践形态是政党之治。对于新时期中国政治文明而言，中国特色社会主义政治发展是一种"政治驱动型的后发现代化模式"，"政治领导的决定性作用"才是"中国道路"、"中国模式"的核心因素。

中国共产党是中国道路的开拓者和中国模式的塑造者。始终坚持中国共产党的领导，建设社会主义政党文明，并在实践中不断加强执政党能力建设，保持其自身的先进性和理性执政，这是中国特色社会主义政治文明成功的关键。中国制度文化转型为政党推动型，中国共产党的政党推动是其主要动力。我国制度文化最根本的性质，是在人民当家作主的制度文化体系中有中国共产党的政治领导。中国共产党的坚强领导，以及它所确立的社会主义制度文化体系，决定了中国"社会主义现代化"的性质和方向，是现代化建设得以顺利实施的政治前提和制度基础。转型中的中国政治社会是一个观念和制度冲突与博弈的时代，中国制度文化是一个古老文明向现代文明转型的过程，这决定了中国现代化历程的艰难性与独特性。"中国特色社会主义"走的是一条"政党缔造国家、国家引领社会、社会再造文明"的独特道路，作为执政精英的中国共产党的政治整合和动员能力非常重要，这也是独特的制度文化遗产。中国共产党的坚强领导和执政能力以及一个强有力的政府权威体系，对于中国这样超大规模的社会治理来说，意义比一般国家来得更为重要。马克思主义在中国的成功与否，不仅取决于马克思主义理论的科学性以及对中国实践的有效性，而且还取决于作为马克思主义的组织载体——中共组织的合法性和有效性。中国共产党是中国特色社会主义的领导核心，是中国人民创造社会主义制度新模式、建设新生活伟大历史作用的最高表现，是建设中国特色社会主义的根本政治保证。办好中国的事情，关键在党。没有中国共产党就没有新中国，就没有中国特色社会主义。学者邹东

① 迈克尔·罗斯金：《政治科学》，华夏出版社，2001，第 216 页。

涛认为，我国成功的最基本经验是强有力的政党和党领导下的权威政府，以及诱致性制度变迁和渐进式改革。中国取得现代化成就的根本原因和经验就在于中国共产党的敏锐把握、适时推动和及时决断，形成了经济市场化、政治民主化、文化多元化、社会世俗化和人的现代化的良性互动，生成出以现代性制度为核心和要求的制度生态。共产党的坚强领导是中国最大的政治优势，是创造"中国奇迹"的政治保证。"中国模式"走向成功，就是因为中国共产党始终牢牢坚持并不断发展的执政兴国、以人为本的制度文化理念，就是中国特色社会主义的旗帜、道路和理论体系所蕴含的价值内涵和制度框架，展示出中国特色社会主义所蕴含的影响力、生命力和创新力。新时期取得成功的得天独厚的条件——我们有以人民利益为宗旨，以民族复兴为己任，有着广泛社会基础、组织纪律严整、思想高度统一、社会动员能力强大的中国共产党。中国共产党既坚持社会主义方向，又具有解放思想、实事求是、与时俱进、开拓创新的品格，这些造就了"中国模式"的成功。

二　制度、制度建设、制度执行力

所谓制度（Institutions），是指规范人类偏好及选择行为的各种规则的总和，是人们要求共同遵守的、按照一定程序办事的规范或行为准则，它包括法律、规章以及各种政治政策等。也有人译为制序、体制、建制等。"制度"一词最早出现在《商君书·壹言》："凡将立国，制度不可不察也……制度时，则国俗可化而民从制……"《礼记·礼运》、《论语·尧曰》、《左传·昭公六年》等都有关于制度的精当论述。制度是用来规范、约束和调节人们的社会行为及其相互关系的规则。制度具有可靠性和稳定性，既能够凝聚共识，统一认识，更能够成为行动依据和行为准则。制度建设中的"制度"不仅包括遏制腐败行为而制定的一系列制度，还包括一切与市场经济体制相适应的正式和非正式制度，如法律制度、影响领导干部行为选择的社会规范等。

现代社会的一个重要表征，就是它的科层结构和制度网络。制度是用来调节组织关系，指导组织（社会）生活，规范组织行为，维持组织（社会）秩序的，是实现组织整体意志的保障。制度是人们追求秩序化的一种方式，是人类文明的重要组成部分。好的制度创制，是一种伟大的创造。在影响和制约经济、政治、社会生活的诸因素中，制度"更带有根本性"。就规范经济、政治、社会生活秩序而言，在制度、文化、心理等诸因素中，制度是纲，是牛鼻子。在现代社会经济政治生活中，科学有效的制度能够为行为主体确定合理的行动边界，在全社会形成共同的制度精神及价值观，减少人们的机会主义行为。建立健全科学规范的制度，组织的工作才能有序有效地开展，组织和成员的行为才能正确有效的规范，各种违纪的行为才能严格有效地约束。建构一套科学、平衡、公正的制度是实现执政效益的根本。

一个发达而进步的国度必基于一种昌明而伟大的制度；一个和谐而文明的社会必基于一种和谐而文明的制度。好的制度犹如好的道路，可以规范人的行为，创造社会和谐，促进社会文明。实现社会主义的制度文明，制度建设更具有根本性、全局性、稳定性和长期性。邓小平同志曾一针见血地指出："我们过去发生的各种错误，固然与某些领导人的思想、作风有关，但是组织制度、工作制度方面的问题更重要。这些方面的制度好可以使坏人无法任意横行，制度不好使好人无法充分做好事，甚至会走向反面。"① 早在200多年前就已经有人认识到，"一切有权力的人都容易滥用权力，这是万古不易的一条经验。有权力的人们使用权力一直到遇有界限的地方为止"，"要防止滥用权力，就必须以权力制约权力"②，这已经不是什么新的发现了。制度变迁的理论常识告诉我们，理想化的制度安排同现实社会政治生活的差距使得秩序优良的社会总是难以建构。转轨国家中的制度运行的环境总是难以准确评估，这种不确定性和随机性使得计划模式（旧体制）向市场模式（新体制）转轨过渡的进程总是伴随着权力的专断、沟通的阻滞、利益的失衡和效率的缺失。文森特·奥斯特罗姆认为：公共精神作为人类社会构造的思想基础，既来自于利他主义的公益心也来自于利己的个人私利。"当事人是自己利益的最好判断者"，个人之间的互动关系得以使互惠成为制度设计的基本原则，这就是所谓的"麦迪逊原则"。

改革开放说到底就是制度的变革。中国转型期的"过渡"形态所呈现的是旧体制（存量）继续维持，新体制（增量）日渐生长的"双轨制"演化形态。从当前改革的现实境遇来看，我们最奢望和稀缺的恰是科学合理的制度安排和系统高效的制度设计。而现行的制度弱化、制度断裂正成为制约中国社会快速发展的最大瓶颈。我们当下要建构一个秩序优良、权力规范、

---

① 《邓小平文选》第二卷，人民出版社，1994，第333页。
② 孟德斯鸠：《论法的精神》，张雁深译，商务印书馆，1982，第154页。

结构合理、运转高效的现代化社会，我们必须扎扎实实地推进制度的建设和发展，不断优化和提升制度运行的软环境，从真正意义上发挥制度的效能，让制度有尊严地切实运转起来。30 年来我们也进行了很多的制度变革与体制创新，并且取得了相当的成绩。但是，制度变革、体制创新是一个系统工程，需要的是方方面面的协调配套，各个环节的有机协同。我们应以更高的价值理念来推进这些制度的转型和制度的创新，以更为优良的制度体系和程序过程来规范个体的自利行为，约束政府公共权力的行使。改革制度设计要更好地体现社会的公平、正义，使社会成员均等享受改革开放的成果，必须对社会权力的结构进行科学配置。要考虑怎样让政治体制与经济体制更加适应，让民主体制跟法制体制更加配合，让政府与社会、市场与政府、中央与地方、国企与民企的关系更加和谐。总之，制度创新的总体目标是保证制度的公平正义。改革开放后形成的"中国模式"要作重大调整，进行新的制度安排和制度创新。

制度建设和体制创新是一个永无止境的过程。制度建设未来的方向就是从总体来说要更多地从制度要素的建设转向制度体系的建设。制度变革、体制创新是一个系统工程，需要的是方方面面的协调配套，各个环节的有机协同。在今后的改革开放进程中，仍然要注重制度建设和体制创新，构建实现科学发展、社会和谐的制度文化体系。改革开放 30 年和新中国 60 年的成就，充分显示了中国特色社会主义高效的组织力、动员力，巨大的凝聚力和向心力，卓越的领导力和强大的战斗力。王长江认为，我们缺乏的不是条例、规定、要求，我们缺乏的是具有联动作用的制度体系。制度建设里面最重要的，不是要素建设，而是制度体系的建设。社会公平正义是社会发展和谐稳定的基本条件，制度是社会公平正义和谐幸福的根本保证。最好的、最合理的制度一定是符合人性，以人为本，体现制度公正。构建社会主义和谐社会必须进行制度建设，制度能够提供和保证秩序，提供和保障稳定，提供和保证激励；必须加紧建设对保障社会公平正义具有重大作用的制度，保障人民在政治、经济、文化、社会等方面的权利和利益。大力推进制度创新，把中国特色社会主义建设体现在制度之中，实现制度正义。特别是注重顶层设计和总体规划。在政治层面，积极稳妥地推进政治体制改革，加快中国特色民主政治建设，完善宪政制度，确定和保障公民平等的基本权利与自由，实现政治正义，充分体现社会主义民主的优越性，不断强化人民对社会主义的认同感。在经济和社会层面，改革完善利益分配制度，让全民共享改革发展成果，实现分配正义，促进社会和谐。新加坡国立大学的郑永年在 2009 年 2 月 3 日的新加坡《联合早报》上发表《中国在危机中重新寻找发展模式》一文，认为目前的金融危机如果应付得好，的确可以成为千载难逢的国家制度建设的好机会。今后必须大力加强社会主义制度文明建设，建立规范权力运行的长效机制，公平、公正的社会分配体制和有效的利益诉求和调解机制，让社会各阶层真正共享经济发展的成果，保证人民群众既享受发展带来的物质成果，又充分享有民主权利，充分调动人民群众的积极性，在利益均衡的基础上维护社会稳定，这是实现社会和谐的基础。胡锦涛同志2010 年 1 月 12 日在中国共产党第十七届中央纪律检查委员会第五次全体会议上强调，要着力在领导干部特别是高中级干部中树立法律面前人人平等、制度面前没有特权、制度约束没有例外的意识，教育引导领导干部带头学习制度、严格执行制度、自觉维护制度。温家宝总理曾表示，最大的危险在于腐败，而消除腐败的土壤还在于改革制度和体制。他说，国之命在人心，要实现人民的愿望就必须创造条件，就是让人民批评和监督政府。习近平总书记提出，"把特权关进制度的笼子里"，使人"不敢贪、不能贪、不必贪"；既打"老虎"，又打"苍蝇"。他进一步强调，必须以更大的政治勇气和智慧，不失时机地深化重要领域改革，攻克体制机制上的顽瘴痼疾，突破利益固化的藩篱，进一步解放和发展社会生产力，进一步激发和凝聚社会创造力。

国家制度建设是当代中国体制改革的核心内容和价值依归，是我国体制改革的出发点和立足点。制度是第一生产力。改革开放说到底就是制度能力的变革，有效的制度能力是制度文化建设的前提条件。从制度文化的层面看，党和政府能力的发挥需一系列有效的制度安排和合理的制度架构。在现代政治运作过程中，制度化的安排水平决定整个政治运作的水平。制度能力以执政的制度化安排为底蕴，一个体制安排的制度化水平高低，往往就代表了制度的建设水平，并相应代表了制度运作的可能状态、规范程度、稳定性质、公正公平、认同情形。制度是社会的"黏合剂"，它能有效地增进社会秩序，引导社会生活有序化、规范化、合理化。正如波兰的社会学者彼得·什托姆普卡在阐释社会变迁过程中民主制度的功效时指出，制度能帮助建立规范的确定性、社会组织的透明度、社会秩序的稳定性、权力的责任性、权利和义务的设定、职责和责任的强制性，以及人们个人的尊严、正直与自制。制度的规范与理性和社会的安定与和谐息息相关。现代、有序、有效的制度化模式，可以确保社会的稳定和秩序化转型，实现社会良序化的治理。

制度能力的高低，与一个执政党的执政理念、执政基础、执政方略、执政体制、执政方式、执政资源、执政环境诸因素关联在一起。加强国家制度能力建设，包括开发人力、权力、权利、文化、信息等资源；提升秩序维护、政策创新、政府竞争、危机管理能力；建构政治生态文化、形成路径依赖、实现帕累托最优。研究认为，一个有效国家应该具备履行几项基本职能的能力，即维护国家安全与公共秩序（强制能力），动员与调度社会资源（汲取能力），培育与巩固国家认同和社会核心价值（濡化能力），维护经济与社会生活秩序（规管能力），确保国家机构内部的控制、监督与协调（统领能力），以及维护社会分配正义的能力（再分配能力）。① 社会主义制度框架的约束给中国的改革提供了一个制度边界，因此思考中国制度文化改革的趋势和走向，一定不能忽视其动力、理性、机遇和资源等制约性条件。应优化我们原有的制度设计，挖掘原有制度的潜力资源并充分利用；应根据不断发展的需要实行制度创新，实现原有制度的增量发展。

制度建设的关键在于执行力。制度只有执行，才有生命力。制度是公信力的根本保障，制度执行力是公信力的现实体现。从现实情况看，制度的完善固然重要，但制度的执行更为紧迫。"提升制度执行力，领导干部必须牢固树立制度意识。制度的效用取决于制度的执行。不抓制度执行，制度就没有效果；不抓制度落实，就等于没有制度。有了制度不执行，就会形同虚设，甚至产生比没有制度更坏的效果。""有制度不执行，比没有制度危害还要大。"300多年前，英国哲人培根的话至今发人深省。我们要通过制度安排和设计绘就社会公正的蓝图，并通过有力的执行将社会公平的蓝图落到实处。如何解决制度的虚化、软化、弱化的问题，凸现制度的治本性、长效性、稳定性，是当前提升制度执行力的关键因素。"制度写在纸上、贴在墙上、念在嘴上"，制度执行不严、落实不到位的现象在一些单位还不同程度存在，必须强化依法管党治党观念，着力提高制度执行力，切实形成用制度规范工作、用制度管权管人管事、用制度解决问题的局面。现实生活中有两个主要原因影响了制度执行力：一是由于执行的主体或人不理解或曲解制度，使制度成为"一纸空文"、"形同虚设"，所谓"歪嘴和尚念歪经"；二是一些制度本身、政令本身存在缺陷，先天不足的制度导致执行难。这就是

---

①　王绍光：《祛魅与超越——反思民主、自由、平等和公民社会》，中信出版社，2010，第174页。

所谓的"良法""恶法"、"善政""恶政"的问题。在新的历史条件下，如何按照市场经济的要求，通过制度建设，进一步转变政府职能，保证市场对资源配置的基础性作用；如何按照科学发展的要求，建立促进经济发展方式转变的宏观调控体制；如何按照构建社会主义和谐社会的要求，建立保障社会公平正义的体制机制；如何按照统筹城乡发展的要求，建立有利于逐步改变城乡二元结构的体制；如何按照完善基本经济制度和保障公平竞争的要求，进一步加快垄断行业的改革，在毫不动摇地巩固和发展公有制经济的同时，毫不动摇地鼓励、支持、引导非公有制经济发展；如何加快上层建筑领域的改革，实现经济体制、政治体制、文化体制和社会体制改革相协调等，这些都是摆在我们面前迫切需要解决的制度文化建设任务。

三 文化、软实力、文化软实力

"文化"一词，在中国古代原指"以文教化"。《周易》曰："观乎天文，以察时变，观乎人文，以化成天下。"文化即文而化之，是人类创造的物质产品和精神产品的总和。今天所说的"文化"，大约是 19 世纪末从日文转译而来的，其源出于拉丁文 cultural，原有加工、修养、教育、文化、礼仪等多种含义。文化有广义与狭义之分，广义文化包括人类创造的一切，而狭义文化只是指观念形态的文化。本文分析所说的文化，主要指社会上占主导地位的价值观、信念和态度等。其根本属性是"以文化人"，中国文化的价值认同，即"以文载道"的文化价值观和"以文化人"的文明传承方式和表现方式。

文化是民族的灵魂，文明的基石。文化既是一种社会生活方式，又是一种精神价值体系。文化是民族精神存在的基本方式，是一个民族的精神和灵魂，文化是民族凝聚力和创造力的重要源泉，是综合国力竞争的重要因素，是经济社会发展的重要支撑。文化是一个政党一个国家的精神旗帜，它体现着一个民族最深层的精神积淀，反映着一个政党的理想追求。所谓综合国力的竞争，本质上是文化的竞争。党的十七届五中全会再次强调，要"提升国家文化软实力"。未来学家托夫勒曾预言："我们正进入一个文化比任何时候更重要的时期。"

一个社会完整的制度体系不仅包括正式制度，而且也包括非正式制度。非正式制度主要指社会形成的传统、习俗、观念、思想意识形态等软实力建设。"软实力"的概念一经约瑟夫·奈提出，就立刻引起国际社会的关注。这一概念强调，一个国家的综合国力不仅包括经济、科技、军事等"硬实力"，而且包括文化、教育、意识形态、政治价值观、国民素养等"软实力"。文化软实力的实质就是包含在文化中的社会发展理念、价值观念、民族精神的力量。与"硬实力"的威慑性和强制性相比，"软实力"最重要的特征是非强制性，即通过吸引、感召、同化等获得认同感、亲近感和归属感，从而维护和实现自己的利益。

在当今这个全球文化交流、交融、交锋日益深入的时代，一个大国的软实力主要表现在其政治价值观、政治理念、政治制度和政治理论是不是具有合理性和共享性。有人提出"文化力"的概念（高占祥），文化力是软实力的核心，是推动社会进步的永恒动力。文化和经济发展、民生幸福、社会和谐等息息相关。联合国教科文组织提出："发展最终应以文化概念来定义，文化的繁荣是发展的最高目标。"恩格斯说过："文化上的每一进步，都是迈向自由的一步。"胡锦涛在中国文联第八次全国代表大会、中国作协第七次全国代表大会上的讲话说："人类社会的每一次跃进，人类文明的每一次升华，无不镌刻着文化进步的烙印。"习近平指出，要凝聚全国人民实现中华民族伟大复兴的"中国梦"的思想基础和文化力量。

中国特色社会主义政治文明建设中，文化引导社会、教育人民、推动发展的作用越来越重要。如何有效地把文化软实力转化为现实的文化生产力、文化竞争力和文化影响力，让中国文化软实力"硬起来"，是当前的主要任务①。软实力，对外包含吸引、感染和影响别人的能力，以及国家高层的洞察力、沟通能力等；对内包括国民的凝聚力、向心力和创造力，以及领导者的感召力、组织能力等。非正式制度建设的主要内容包括社会核心价值体系建设、公民道德和公民文化建设，以及传统道德、习俗的引导和改造。我们要大力宣传社会主义的公平、正义、民主等核心价值观念，使其成为中国特色社会主义的题中应有之义，成为社会主义核心价值观，以促进社会公平和谐的实现。文化的核心是价值观。文化软实力具有鲜明的意识形态属性。研究中国文化软实力，必须坚持以马克思主义为指导，以社会主义核心价值体系为灵魂和根本。要把建设社会主义核心价值体系作为中国文化软实力研究的根本。文化凝结着全民族共同的价值追求，推进社会主义制度文化建设必

---

① 张贺：《中国文化软实力如何硬起来》，《人民日报》2010 年 7 月 23 日。

须构筑社会主义核心价值体系，价值观本身是否具有吸引力和感召力是决定文化软实力的关键。

文化是人类文明的历史积淀，我们的社会主义先进文化必然体现我们民族对文化发展的自觉、自信与自强，即以客观的姿态对自身优秀文化的肯定和坚守，以开放的胸怀对外来文化的吸纳。在当代中国，就是在马克思主义指导下，在中华民族的长期文化交流、融合、传播和相互学习、相互借鉴的过程中，既吸收中国传统文化中的精华，也吸取世界文明的成果所形成的具有普遍性、民族性、时代性和先导性的价值共识和先进文化。中华民族优秀传统文化蕴涵着民族发展的核心理念和思想基因，积淀了中华民族最深层的精神追求，内核中修身养性、诚信仁爱、和谐中庸、崇尚正义、注重民本等思想，不仅为中华民族的伟大复兴、发展壮大提供了丰厚滋养，也为人类文明进步贡献了智慧和力量，因而成为中华民族安身立命、生生不息的精神根基。我们也要以科学的态度、开阔的视野、宽广的胸怀对待西方文化，积极参与世界文化的对话与交流，大胆吸收借鉴一切反映人类文明发展规律的、有利于我国文化繁荣发展的优秀成果。

社会主义核心价值体系是社会主义意识形态的本质体现，主导着社会价值取向和个人追求方向，突出中国共产党的执政理念，反映我国优秀的文化传统和人类文明的进步成果。社会主义核心价值观是社会主义的灵魂，社会主义核心价值观是社会主义制度的本质体现。社会主义核心价值体系是社会主义制度在价值层面的本质规定，它反映了社会主义制度的本质要求，是社会主义制度的内在精神之魂。建设社会主义核心价值体系是社会主义制度自身的内在要求，也是中国特色社会主义建设的题中之义，它贯穿于中国特色社会主义发展的整个历史进程。从建设和谐社会的角度来看，我们需要建设起一种闪烁人文主义光辉、饱含终极价值关怀的先进文化，加强社会主义先进文化建设，以自强不息的民族文化精神塑造社会主义制度文化体系。在当代中国，社会主义先进文化的主要表现就是社会主义核心价值体系。中国文化软实力发展在国际上面临着难得的发展机遇，也面临着严峻的挑战。世界上有众多优秀文明和优秀文化给我们发展文化软实力提供了很好的借鉴，而以美国为首的政治文化团体每时每刻都在以文化软实力的形态对我国进行经济、政治制度、文化及意识形态的渗透。社会主义先进文化是社会主义社会的精神支柱，是我国各族人民团结奋斗的共同思想基础，是占支配地位的主流意识形态。一个党、一个社会、一个国家，是靠其成员普遍认同的价值体系来维系的，而在其中居于核心地位、起主导作用的，则是作为维系社会团结和谐的精神纽带和共同思想基础的核心价值体系。社会主义核心价值体系认同，就是要通过形成价值共识和完成价值整合，以增强凝聚力、团结力和创造力；就是要积极应对西方"价值输入"，进而实现社会主义"价值输出"，以提高影响力、辐射力、亲和力和吸引力，最终提升国家文化软实力。提高国家文化软实力，推动社会主义文化大发展大繁荣，使人民基本文化权益得到更好保障，使社会文化生活更加丰富多彩，使人民精神风貌更加昂扬向上，建设中华民族共有精神家园，促进了社会主义先进文化的蓬勃发展，是中国特色社会主义制度文化建设的重要使命。只有增强社会主义核心价值体系的吸引力和感召力，使马克思主义中国化的最新成果为全体人民所信服和掌握，使中国特色社会主义成为全社会共同的奋斗理想，才能从根本上提高中国文化的软实力。

著名学者费孝通先生对文化发展有精辟的概括，即"各美其美，美人之美，美美与共，天下大同"。具体到先进文化而言，就是要弘扬优秀传统文化，吸收世界先进文化，建设社会主义先进文化，努力做到文化自觉、文化自信和文化自强。

港澳台政治

香港弹劾制度初论

——以立法权与行政权的互动关系为核心的探讨*

秦前红　涂云新**

摘　要：由香港现任特首私宅僭建而引发的 2012 年末至 2013 年初的弹劾案无疑是《基本法》在弹劾制度上的一次最初尝试，本文从香港《基本法》构架下行政权与立法权的互动关系角度尝试理清香港弹劾制度的法理意义。香港的弹劾制度植根于普通法系下的政治制度架构，体现了《基本法》近年来"立法吸纳行政"的新的政治发展趋势，本文认为香港的弹劾制度实际上对香港传统的"行政主导制"形成了挑战和冲击，其本质在于《基本法》框架下立法权和行政权的二元互动，这种政治权力配置的变化实际上反映了民主政治力量对比关系的变化，该种互动机制应该被纳入法治化的轨道，从而一方面确保香港特区政府的稳定运转，另一方面推动香港民主政治的进一步发展。

关键词：香港　《基本法》　弹劾　立法权　行政权　行政主导制　宪法设计

---

* 本文系国家社科基金重点项目"香港基本法框架下立法权与行政权互动关系研究"（项目批准号：13AFX004）的阶段性研究成果。

** 秦前红，武汉大学法学院教授、博士生导师，主要研究领域为宪法学原理、比较宪法、地方制度；涂云新，复旦大学法学院讲师，法学博士，奥斯陆大学（University of Oslo）LL. M，主要研究领域为比较宪法学、行政法学、人权法。

一　问题的提出

1990 年 4 月 4 日，中华人民共和国第七届全国人民代表大会第三次会议依据《中华人民共和国宪法》第三十一条通过了《中华人民共和国香港特别行政区基本法》（以下简称《基本法》），它落实了"一国两制"的政治构想，成为确立香港特别行政区政治、经济、文化等基本制度的宪制性文件。《基本法》不仅厘定了中央与香港特别行政区之间的政治与法律关系，更重要的是它也规定了特别行政区政府各权力之间的关系及运作规则。传统观点认为《基本法》体现了"行政主导模式"的宪政设计，而随着《基本法》实施进程的推进和香港社会十五年来的政经力量对比的变化，立法权扩权的趋势渐渐明显，香港立法会出现了"对抗吸纳制衡"的制度难题。香港弹劾制度的尝试集中体现了立法权和行政权在《基本法》框架下的一系列重大的宪法制度上的问题。在 2012 年 12 月 19 及 20 日举行的香港立法会会议上，议员就根据《立法会（权力及特权条例）》动议的一项有关委任一个专责委员会，以调查香港特别行政区行政长官梁振英先生位于山顶贝路道 4 号及 5 号屋的违例建筑工程及有关事宜的拟议决议案进行辩论。① 至 2013 年 1 月 9 日举行的立法会会议上，立法会处理了四个事项，其中第二项便为：审议一项由二十七位议员根据《基本法》第七十三（九）条联合动议，并由梁国雄议员作为议案动议人的议案，该议案的核心内容在于根据《基本法》之规定启动对于香港特别行政区现任行政长官（以下简称"特首"）的弹劾程序。② 根据新华网的消息，此次香港部分议员弹劾特首梁振英的动议在香港立法会遭到了否决，③ 根据香港《大公报》的报道，此次弹劾经过约八小时的辩论，有关动议在功能界别以 9 票赞成、23 票反对，地区直选 18 票赞成、14 票反对，未能通过分组点票而被否决。④ 此次弹劾程

---

① 参见香港立法会会议记录，http://www.legco.gov.hk/yr12-13/chinese/counmtg/agenda/cm20121219.htm，2013 - 10 - 11 最后访问。

② 参见香港立法会会议记录，http://www.legco.gov.hk/yr12-13/chinese/counmtg/agenda/cm20130109.htm，2013 - 10 - 11 最后访问。

③ 参见新华网，http://news.xinhuanet.com/gangao/2013-01/10/c_124213500.htm，2013 - 10 - 11 最后访问。

④ 参见大公网，http://news.takungpao.com.hk/hkol/topnews/2013 - 01/1378472.html，2013 - 10 - 11 最后访问。

序之启动是香港自 1997 年 7 月 1 日回归祖国以来首次通过立法会的法定程度针对特首的弹劾动议。该弹劾之动议系依据《基本法》第七十三条第九款以及《立法会（权力及特权）条例》而在香港立法会进行了激烈的辩论，其社会影响颇大①。

我国学者对香港基本法构架下的弹劾制度有所研究，但主要是将其放在立法权与行政权互动关系下进行的，所以研究香港的弹劾制度必须从《基本法》框架下立法权与行政权的二元互动关系开始。我国老一辈著名学者如王叔文先生在《香港特别行政区基本法导论》、许崇德教授在《香港基本法教程》、肖蔚云教授在《论香港基本法》等论著中进行了基础理论方面的阐发，《基本法》经过十五年的实施，香港立法权与行政权的互动关系（LegCo - ExCo Relationship）研究则是一个较为新颖和迅猛发展的论域，它是一个涉及《基本法》在权力配置和运作上的重大理论和实践问题，从《基本法》的制定、解释到实施，立法与行政的关系始终牵引着香港政治制度的发展，纵观中国大陆、香港地区、澳门地区关于这一问题的研究，主要集中在以下方面：第一，港澳地区立法与行政关系的一般化理论，鄢益奋等港澳法学者认为港澳地区实行的行政主导制，既强调立法会和行政长官之间的制约关系，又强调两者的配合关系。然而，在港澳回归后的政治运作过程中，由于过于强调配合关系，澳门特区的立法会在一定程度上陷入"配合吸纳制约"的制度困境。反观立法与行政关系在香港特区的实践，由于香港政党政治的强烈对峙，香港立法会在近年则出现了"对抗式制约吸纳配合制衡"的制度困境。赵馨认为，在当前情况下，要促进行政与立法关系的良性协调发展，就必须回到《基本法》所确立的行政主导的框架。青年学者田飞龙则认为，《基本法》过分偏重立法与行政控制，而轻视司法控制。第二，"双普选"条件下香港立法与行政关系的新发展研究。全国人大常委会也已于 2007 年 12 月 29 日作出决定，同意于 2017 年先行普选产生行政长官，立法会全部议员的普选随后进行。郝建臻等学者们敏锐地意识到在"双普选"的条件下，如何体现和巩固行政主导更是一个不容回避且对香港政治发展意义重大的问题。禚宏德认为由于行政及立法两权为国家政治之重

---

① "Pro-democracy Hong Kong Lawmakers Fail in Impeachment Try Against Beijing-backed Leader," *Washington Post*, January 10, 2012; "Hong Kong Leader Survives Bid Against Him", *Wall Street Journal*, January 10, 2012.

心，两者良性之运作，攸关行政效率与政局稳定。朱维究认为，实践中香港
立法会不断地扩张自己的权力从而改变行政主导的权力配置架构。郝建臻从
"普选行政长官，提高其认受性"、"保留功能议席，保持均衡参与"、"正视
政党存在，建立执政联盟"、"落实沟通管道，加强议行协调"四个方面提
出了有利于巩固行政主导原则的可行途径。第三，关于香港立法会质询权和
提案权研究，质询权和提案权是香港特区基本法规定的立法机关的一项重要
职权，对于立法会这两项重要权力的研究，徐加喜和姚魏认为质询权在执行
过程中发生了异化，导致补充质询过多过滥，严重影响了行政主导体制的运
作，这就使特区政府举步维艰，行政主导体制有滑向立法主导体制的趋势。
对于立法会的提案权，有学者认为，行政长官在裁定是否通过立法会的提案
时缺乏明确的标准，进而建言立法会议员和行政长官之间的"对话"应该
更有加效，议员更好监督政府的工作，应该给予议员更广泛的发言空间，以
便议员的提案能充分发挥其自身价值，得到合理的评审和采纳意见。第四，
立法会对行政长官有弹劾权研究由香港现任特首私宅僭建而引发的 2012 年
末至 2013 年初的弹劾案无疑是《基本法》在立法权与行政权关系上的一次
重大实践，其核心要义仍在于经由《基本法》落实二者之间的良性互动关
系。关于弹劾制度，我国学者的论述集中在弹劾的一般理论和域外法比较研
究上，例如李秋高在 2007 年第 6 期《求索》上发表了《弹劾制度要素论
纲》。统而观之，我国学界虽然有关于弹劾制度的一般性研究，但是还暂时
缺乏对香港特首弹劾制度的专门论著。

　　海外关于基本法框架下立法权与行政权关系的研究近年来也从不同的方
面展开，关于香港立法权与行政的研究我们不难发现大量的英文文献，总揽
国外学者的研究，其集中关注的问题有以下几个方面：第一，香港民主化诉
求对"立法权－行政权"关系的影响。例如加拿大籍学者 Ian Scott 认为
1997 之后的香港政治制度与殖民时期发生了显著的变化，民主潮流使得
《基本法》在 20 世纪 80 年代设计的"立法权－行政权－司法权"分立制衡
的结构出现了"坡足"（slope foot），很多情况下香港立法权和行政权的运
行不平衡（uncoordinated）甚至功能失常（dysfunctional）。意大利政治学家
Giovanni Sartori 认为若采用与总统制类似的行政主导的宪政体制，那么其宪
法设计必须满足三个条件：（1）行政首脑必须是普选产生的；（2）行政首
脑不能通过议会投票而轻易被解职；（3）行政首脑任命其内阁成员。而香
港学者 Lau Siu-kai 根据 Giovanni Sartori 的理论认为香港行政主导的制度构架

存在的问题之一便是特首并非普选产生，而中央政府的任命其实不利于解决香港行政权和立法权之间的关系。第二，人大释法制度对"立法权－行政权"关系的影响。例如华盛顿大学圣路易分校学者 Ricky Y. H. Fong 关注到了人大常委会对基本法的解释其实也会间接影响到香港立法权和行政权的关系，行政机关提请人大释法实际上已经到牵涉到中央和香港的关系，若此时释法请求仍由行政机关提出，那么有可能会造成的一个隐忧是：立法会与中央政府意见不一致。(4) 香港选举制度对"立法权－行政权"关系的影响。澳大利亚学者 Phil C. W. Chan 认为特首和立法会议员的双普选后，香港现行的"行政主导模式"将会有可能被"议会主导模式"取代，并且在 2017 年之后的香港，立法会的权力将会超过行政特首的权力从而形成立法对行政的制约。

综上所述，国内外关于香港《基本法》框架下立法权与行政权关系的研究虽然已经有了一定的成果，但是大多还属于介绍性、个别性、权宜性的发掘，学界至今仍然缺乏对香港立法权和行政权互动关系的具有综合性、系统性和深入性的研究。学界针对香港的弹劾制度研究鲜见专门化和体系化的论述，更遑论香港居民以及大陆公民对这一制度有较为科学的认知，故香港 2013 年年初的弹劾动议不但开香港基本法实施 15 年余载之先河，也是《基本法》框架下弹劾制度的"初试婴啼"，对之进行专门论述和法理阐发不但可以明辨制度构建之得失，亦可以启发民智。同时，只有学术界从《基本法》更深一层次的法理基础来探究立法与行政的关系，才能有效应对香港弹劾制度的尝试以及回应香港社会近年来民主政治的新发展。基于上述情况，本文试图对这一问题进行初步的探讨。

二　普通法系弹劾制度之鸟瞰

1. 何为"弹劾"

探析普通法系的弹劾制度，必须先对"弹劾"一词有一定了解，然后对其制度设计有一概览。弹劾在君主时代一般指担任监察职务的官员检举官吏的罪状，《金史·雷渊传》中有"弹劾不避权贵"的提法。《旧唐书·职官志三》中记载："凡中外百僚之事，应弹劾者，御史言于大夫。"这些史书记载说明弹劾一词为中文中所固有，其基本含义是指监察机关对于官员罪状的揭发、核实、查办。然而，弹劾一词的现代法律含义却是中国在近代化进程中从域外法引进的，近人章炳麟在《五无篇》中讲到："官吏受贿，议院得弹劾而去之，议院受贿，谁弹劾而去之?"这说明代议制度下的弹劾在清末民初就引入中国，章氏所探讨自然基于权力分立架构下对议员的弹劾该由谁为之，但探究这个词在西方语言中的词源，弹劾对译为英语是impeachment，而impeachment又来自古代法语empeechier，该法语词又可以溯源到拉丁语impedicare，其本义为"抓获"（catch）、"束缚"（fetter）、"使之陷入"（entangle）。法理意义上的弹劾最初出现在14世纪的英格兰，1376年爱德华三世（Edward III）时期的"善良议会"（Good Parliament）通过了英格兰历史上首例针对政府行政人员的弹劾案，随后弹劾在17世纪40年代变成了一种专门针对行政机关的法律追诉。及至十八世纪美国联邦宪法第一条第二款明定国会中众议院的权力范围时指出："只有众议院具有提出弹劾案的权力。"接着，联邦宪法第二条第四款规定："合众国总统、副总统及其他所有文官，因叛国、贿赂或其他重罪和轻罪，被弹劾而判罪者，均应免职。"① 张寒剑等在《中华民国监察院之研究》一书中认为："弹劾权者，乃监察机关或民意机关，为典正法度，维持官纪，对违法或失职之公务员依法向有权管辖机关举控，使负公法责任，而儆效尤及来兹之权力也。"② 弹劾制度在普通法系的实践起初限于针对行政人员，而后扩及司法人员（例如美国联邦或州的法官）和代议机关代表（例如英国上议院的议员、美国参议院的议员），该制度在大西洋两岸实践频率迥异，在美国200多年的历史中，联邦层面的弹劾议案只有19次，而且绝大部分并未真正有效通过，而英国上议院历史上存在大约60多次的弹劾议案，其弹劾成功的概率高于美国，其中的原因也许是美国宪政制度设计的精致，其政治权力的博弈系借由"权力分立"制度可以有效制衡。

2. 普通法弹劾启动之程序

英格兰奠定和塑造了普通法系的弹劾制度，弹劾程序的启动要素在于：第一，弹劾议案的提议权归于下议院，由下议院确定弹劾的具体对象并找到其弹劾理由。第二，下议院充当"检察官"的类似角色向上议院提交弹劾案件。第三，上议院收到下议院的弹劾申请时组成一个类似法院构架的审判

---

① United States Constitution, Article II, Section 4: "The President, Vice President, and all civil Officers of the United States shall be removed from Office on Impeachment for, and Conviction of, Treason, Bribery, or other High Crimes and Misdemeanors."

② 参见李秋高《弹劾制度要素论纲》，《求索》2007年第6期。

庭和陪审团，对弹劾案件进行审理。①

美国的弹劾程序系仿效英格兰的弹劾制度，但结合其联邦主义、三权分立体制的特点又与英国有诸多不同。美国的弹劾程序在联邦和州两个层面上展开。此处仅以联邦层面的弹劾程序为例说明。首先，众议院议员以简单多数通过弹劾条款（articles of impeachment）或者弹劾决议（impeachment resolution），该弹劾条款/决议中必须含有具体被弹劾的物件、指控的内容、指控的证据。其次，参议院扮演类似审判法官的角色对弹劾案进行审判，审判由联邦最高法院的首席大法官或者参议院主席来主持。最后，在审判阶段参议院听取"原告"（众议院）和"被告"（被弹劾的物件）双方的现场辩论，由参议院的议员进行投票来认定是否通过弹劾，若参议院中的三分之二多数认定众议院的弹劾证据充分有效，则判定被弹劾人员有罪，从而通过弹劾案。

纵观英美弹劾制度之内部程序构造，不难发现，弹劾的成功在英美两国的难度是不同的，显而易见，美国弹劾制度的门槛极其高，尤其是众议院的简单多数结合参议院的三分之二条款使得其弹劾的难度仅次于修宪。例如，1999年2月12日，参议院对克林顿弹劾案进行宣判，宣判采取2/3多数的表决方式，最终只有45名参议员（在全部100名中）认为克林顿的伪证罪成立，50名参议员表决认为他妨碍司法公正的罪名成立，均未达到2/3多数。因此，参议院宣判克林顿无罪。② 弹劾究其外观而言类似于一个临时的超大规模的司法审判，而这个司法审判具有相当大的政治重要性，尤其是针对首相或者总统的弹劾案，更涉及整个宪政体制下权力的重组，若弹劾成功，对于英国而言，议会需解散，对于美国而言，大选需要重新进行。故弹劾的政治重要性决定了作为最弱分支的司法机关难以当此重任，而司法机关主审弹劾案件也明显违背"政治问题不审查"原则。

三 弹劾制度的法理基础

本文认为弹劾制度的宪法基础在于权力分立原则。经典的权力分立理论

---

① David Lidderdale, *Erskine May's Treatise on the Law*, *Privileges*, *Proceedings and Usage of Parliament*, London: Butterworth, 1976, p. 66.

② Peter Baker, Helen Dewar, "The Senate Acquits President Clinton," *The Washington Post*, February 13, 1999.

已为学界和公民熟知，英国自然法学家洛克首先提出立法权、行政权和外事权分立，法国自然法学家孟德斯鸠受洛克影响提出立法权、行政权、司法权的分立，这一制度在美国的宪政制度中体现得最为典型。现代分权理论从传统的"形式论"（注重权力之互不干涉与独立）逐步发展到"功能论"（强调三权间的制衡，政府的组织设计只要不危及各权力的核心功能或权力，应允许将各权力予以混合）。① 而这种现代的分权理论又紧密地与"权力制衡理论"联系起来，促成现代国家各个分支权力配置的强度和力度上相互牵制、维持平衡。②

表 1　现代宪政模式下的权力分立与争衡体制

机构	立法机构	司法机构	行政机构
权力	立法权	司法权	行政权
人事	立法会议员	法官	行政人员

下面本文以英国和美国为例来作一个简要的概括，具有浓厚普通法传统的英国和美国立法权与行政权在宪政体制下的分立与制衡可以用图1、图2表示。

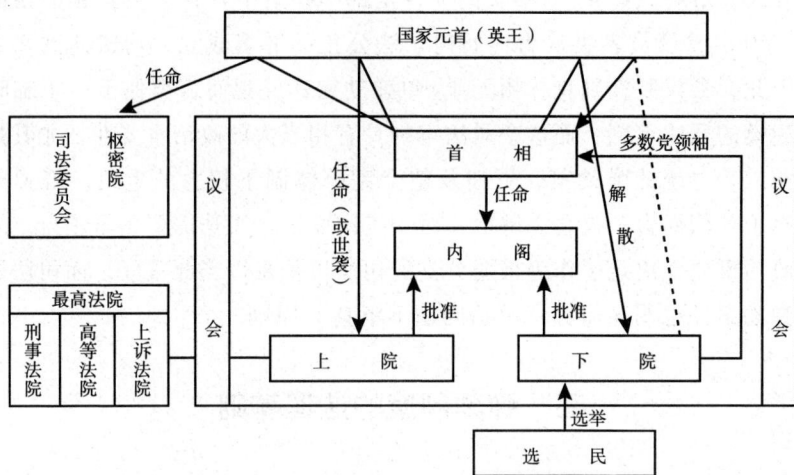

图 1　英国宪政制度下的权力分立体制

---

① 林子仪：《权力分立与宪政发展》，月旦出版社（台北），1993，第137～140页。
② 李文郎：《监察制度之法理基础》，博士学位论文，台湾政治大学，2005，第36～38页。

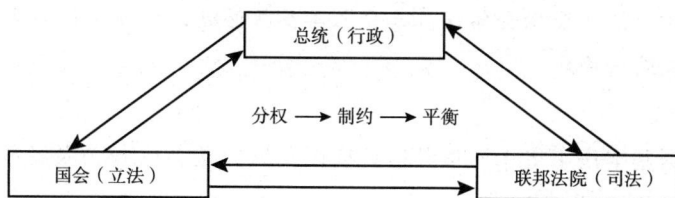

图 2　美国宪政制度下联邦层面的权力分立体制

在立法权与行政权的二元互动模式下，无论是英国还是美国的弹劾制度都可以被认为是代议机关和行政机关之间的一种制约和平衡的权力配置调整，当行政权的行使偏离其正常的轨道时，代议机关作为民意之代表本于对人民负责的精神和态度对行政首脑进行限制，由于行政机关首脑在一国政治生活中的重大影响力，此时的权力制约极易演化为议员所在政党的政治斗争，而这种政治权力相互打架的问题又是司法机关所难以承受的，故对于权力争斗的法治化制约必须在代议机关内部进行消化，两院制正好提供了这种解决问题的场所，由下议院充当起诉方，由上议院担任审判方，并邀请法官参与诉讼来化解和缓和权力配置中的失重现象成为一种现实的选择。

四　《基本法》对于弹劾制度的宪法设计

1. 弹劾案的法律依据及程序

《基本法》的制定实现了大陆和香港的"一国两制"，我国宪法除了规定罢免制度外尚未明确规定弹劾制度，香港深受英美法系的影响，在英治时期就建立了弹劾制度，而自 1997 年 7 月 1 日香港回归祖国后，《基本法》开始在香港适用，根据"一国两制"的制度安排和《基本法》，香港仍然实行普通法制度。香港的弹劾制度也在此种背景下得以保存和延续，《基本法》第七十三条第（九）款规定了香港立法会针对特首的弹劾制度，其原文如下：

香港特别行政区立法会行使下列职权：

　　　　如立法会全体议员的四分之一联合动议，指控行政长官有严重违法或渎职行为而不辞职，经立法会通过进行调查，立法会可委托终审法院首席法官负责组成独立的调查委员会，并担任主席。调查委员会负责进行调查，并向立法会提出报告。如该调查委员会认为有足够证据构成上述指控，立法会以全体议员三分之二多数通过，可提出弹劾案，报请中央人民政府决定。

又根据基本法第七十三条其他款项以及《立法会（权力及特权）条例》（Legislative Council（Powers and Privileges）Ordinance）的相关规定，立法会及其议员在行使其弹劾权的时候享有以下特权：

（1）议员发言、呈请书、条例草案、决议、动议不得在任何法院或立法会外的任何地方受到质疑。

（2）议员出席会议时，可免逮捕。

（3）如立法会大会分组点票通过，可传召任何人作证或出示其所管有或控制的任何文件。证人拒绝出席时可由员警拘捕强迫列席。

（4）立法会、主席及职员行使职务，不受任何法院干涉。

故在《基本法》框架下，香港的立法会拥有监督和弹劾特区政府首脑的强大权力，立法会启动对特区首脑的弹劾案必须符合一定的程序要件，如下：

第一，动议阶段：需有立法会全体议员的四分之一以上的提出对特首的弹劾意向。

第二，弹劾动议必须含有具体的指控和相应的证据。

第三，立法会委托终审法院首席法官负责组成独立的调查委员会对指控进行事实调查。

第四，独立的调查委员会向立法会提出报告。

第五，立法会全体议员针对报告对弹劾议案进行投票。

第六，立法会需三分之二多数通过才可提出弹劾案。

第七，立法会将弹劾案报请中央人民政府决定。

2. 香港弹劾制度的案例分析

2012 年 12 月由何俊仁等 27 名议员联合动议，并由梁国雄议员作为议案动议人提出了针对现任特首梁振英的弹劾动议，该弹劾动议由三大部分组成，分别为议案措辞、附表（三项指控）和附录（三个附录），其中附录二是关于现任特首违建的事实宣告（共 23 段）。① 该议案措辞如下：

---

① 参见香港立法会网，http：//www. legco. gov. hk/yr12－13/chinese/counmtg/papers/cm0109-ag-app-c. pdf，2013 年 10 月 11 日访问。

鉴于立法会全体议员有不少于四分之一之联合动议，指控行政长官梁振英先生有严重违法及/或渎职行为（有关详情一如本议案附表及附录所述），并拒绝在一个合理的时间内辞职，本会根据《基本法》第七十三（九）条委托终审法院首席法官组成独立的调查委员会，并担任该委员会的主席，以调查有关严重违法及/或渎职行为及向本会提出报告。

附表中的三项指控分别为：向立法会蓄意地作出虚假陈述及回应，以渎职行为；作出一连串严重违法《基本法》第四十七条第一款①的行为；作出严重违法的公职人员行为失当的行为，指令、促使、授权或容许候任行政长官办公室在回应民众查询时作出虚假及/或误导陈述。

在 2012 年 12 月 19 及 20 日举行的立法会会议上，立法会针对由李卓人议员根据《立法会（权力及特权）条例》，就有关委任一个专责委员会，以调查香港特别行政区行政长官梁振英先生位于山顶贝路道 4 号的 4 号及 5 号屋的违例建筑工程及有关事宜进行了辩论。到 2013 年 1 月 9 日举行的立法会会议上，立法会对该弹劾动议进行了投票，投票结果是：有关动议在功能界别以 9 票赞成、23 票反对，地区直选 18 票赞成、14 票反对，未能通过分组点票而被否决。

3. 宪法设计上的考虑

从香港立法会针对特首私宅僭建事件的首例弹劾案来看，《基本法》框架下香港的弹劾制度与传统的英美法系的弹劾制度存在着一定的差别。这种差别体现为：第一，立法会委托终审法院首席大法官组成独立调查委员会对弹劾动议案进行调查；第二，立法会绝对多数通过的弹劾案需提交中央政府决定。造成这种差别的原因不外乎有二：其一，香港并非实行两院制，而对于相对狭小、人口较为集中的地区一院制就足以满足其现实的政治需要，宪政涉及不宜过于复杂。其二，香港特首的产生方式经过立法会选举产生报中央政府批准，对其弹劾也必须经过立法会通过并报中央政府决定。

在"刚果金诉 FGH 公司案"（Congo v. FG Hemisphere Associates LLC）判决书中，香港终审法院非常任法官梅师贤爵士指出，香港成功地从英国殖民地过渡为中华人民共和国"一国两制"原则下的特别行政区，这是众所公认的。成功要素之一，在于事实上这是一个坚守法治、同时具备司法独立及尊重三权分立的社会。香港特别行政区的法治，建基于为落实"一国两

---

① 《基本法》第四十七条第一款：香港特别行政区行政长官必须廉洁奉公、尽忠职守。

制"原则订定体系架构的《基本法》。《基本法》中许多条款，均致力确立在特区内的政府行政、立法及司法各部，据以行使高度自治的独立制度，维护本地居民及其他人士的基本权利、自由和生活方式。《基本法》中其他条款，确立香港的身份地位为中国不可分离的部分，即"一国两制"原则中的"一国"基础。①《基本法》第一条开宗明义地指出："香港特别行政区是中华人民共和国不可分离的部分"。第十二条则阐明香港特区的地位："香港特别行政区是中华人民共和国的一个享有高度自治权的地方行政区域，直辖于中央人民政府。"若把特首弹劾制度放在中央政府与特区政府权力垂直分立的角度考虑，那么就不难理解为什么对特首的弹劾也必须报中央政府决定。

4. 立法会与中央政府不一致之隐忧

从理论上讲，假若针对特首的弹劾案在立法会通过后，中央政府既可以作出同意的决定也可以作出不同意的决定。而进一步推理就会发现在特首制度的宪政设计中存在着立法会决议与中央政府决议不一致的隐忧，假若真正出现了这种隐忧，中央政府又该如何面对香港社会日益高涨的民意需求呢？此时一方面似乎应该更加强调弹劾制度司法性的一面，另一方面应该处理中央立法权与香港立法权之间垂直分配的问题，而后者又恰恰涉及"中央政府与特区政府之间的关系"，参照之前全国人大常委会的释法制度，此时，应该由香港立法会向全国人大提出释法请求。在"吴嘉玲诉入境事务处处长案"中（Ng Ka Ling v . Director of Immigration）② 中，香港终审法院裁定，如案件符合以下两项条件，香港终审法院有责任根据第一百五十八条第三款作出提请：

（a）"类别条件"：如有关的《基本法》条文

（i）涉及属于中央人民政府所负责的事务；或

（ii）涉及中央与特区之间的关系

（（i）和（ii）称为"除外条款"）

（b）"必要性条件"：如终审法院在审理案件时须对除外条款进行解释，而有关解释会影响案件的判决。③

---

① 刚果金诉 FGH 公司案判决书第 181 段；（2010）FACV Nos 5, 6 & 7，para. 181。

② （1999）2 HKCFAR 4；参见刚果金诉 FGH 公司案判决书第 396 段；（2010）FACV Nos 5, 6 & 7，para. 396.

③ 刚果金诉 FGH 公司案判决书第 396 段；（2010）FACV Nos 5, 6 & 7，para. 396.

在"刚果金诉 FGH 公司案"中，香港终审法院接着裁定，只要案件符合类别条件和必要性条件，而有关理据又是"可争辩的"而非"明显地拙劣"，香港终审法院便有责任作出释法的提请。[①] 同样类比，当香港立法会在处理弹劾决议的时候，只要符合类别条件和必要性条件，而有关理据又是"可争辩的"而非"明显地拙劣"，香港立法会便有责任作出释法的提请。

五　结论

弹劾制度在权力分立体制下，其实就是代议机关和行政机关之间一种制约和平衡的权力配置调整，当行政权的行使偏离其正常的轨道时，代议机关作为民意之代表本于对人民负责的精神和态度对行政首脑进行限制，由于行政机关首脑在一国政治生活中的重大影响力，此时的权力制约极易演化为议员所在政党的政治斗争，而这种政治权力相互打架的问题又是司法机关所难以承受的，故对于权力争斗的法治化制约必须在代议机关内部进行消化。《基本法》在香港实施已有十五年，实践的素材已经有了相当的累积，而实践中存在的问题和挑战仍然值得宪法实务和学理的深刻检讨和严肃应对。由香港现任特首私宅僭建而引发的 2012 年末至 2013 年初的弹劾案无疑是《基本法》在弹劾制度上的"初试婴啼"，其核心要义仍在于经由《基本法》落实香港民主法治的路径探索，本文不揣浅陋认为一方面我们应该在尊重香港普通法系的传统上进一步推进香港的民主实践，使得香港特首的民意基础不断得到强化，另一方面，弹劾制度所牵涉的立法会与特区政府、立法会与中央政府、中央政府与特区政府三组复杂的关系又直指中央和地方权力的垂直分配，全国人大常委会再次释法应该直面这个问题，为香港进一步的民主政治发展提供更加广阔的空间。

---

① 刚果金诉 FGH 公司案判决书第 398 段；(2010) FACV Nos 5，6 & 7 of 2010，para. 398.

论我国特别行政区制度运行的内在机制

摘　要： 特别行政区制度的顺利运行直接关系着我国的政治稳定和统一。制度能够长期存在并不意味着它是有作用的，只有内在功能转化为外在的作用效果，制度才是有作用的。我国特别行政区制度的运行实际存在着政治整合、社会稳定和文化融合三种内在机制，通过政治整合机制实现区域的统一，通过社会的稳定机制实现平稳发展，通过文化的融合机制取得"一国共识"的建设，在上述三种内在机制的作用下，特别行政区制度实现顺利、有序的运行和发展。我们只有发现特别行政区制度运行的内在机制，并且从内容体系的设计上去完善和分析，才能使特别行政区制度运行平稳和发挥积极作用。

关键词： 特别行政区制度　政治整合机制　社会稳定机制　文化融合机制

特别行政区是指在中华人民共和国领域内，由全国人大设立的享有高度自治权、保持原有资本主义制度和生活方式的地方行政区域。设立特别行政区的基本指导方针是"一国两制"。所谓"一国两制"，即"一个国家，两种制度"，是指在统一的社会主义国家内，在中央的统一领导下，经全国人

---

* 邓剑光，湖北崇阳人，汕头大学地方政府发展研究所执行所长，法学院教授，法学博士，硕士生导师，研究方向：宪法与行政法。本文是汕头大学学术创新团队建设项目"特别行政区制度在我国国家管理体制中的定位研究"（项目批准号：ITC11003）的阶段性成果。

大决定，局部地区由于历史的原因而不实行社会主义的政策，依法保留不同于全国现行制度的特殊制度。"一国两制"是中国为解决历史遗留问题、和平实现祖国统一而确立的重大方针，因而也是设立特别行政区的基本指导方针。特别行政区制度有利于实现祖国统一，保持国家主权与领土的完整；有利于运用和平方式解决历史遗留问题，保持台、港、澳地区的稳定与繁荣，促进国家的社会主义现代化建设，并且特别行政区制度的创建和发展为和平解决国际争端提供了范例，具有世界历史意义；丰富和发展了建设中国特色社会主义的理论，是对马克思主义国家学说的重大发展。① 在特别行政区内实行的制度依照实际情况，由全国人民代表大会用法律加以规定，其中特别行政区与地方政权体系、享有的权力、受中央政府的干预程度不一，以及实施的法律与内地均有所不同。

可见，特别行政区相对于中央政府而言具有高度的自治权，尤其是"一国两制"写进作为国家根本大法的宪法后，它就上升成了国家意志，具有了最高的法律效力。这种宪法性安排，从法律的高度承认了一个国家主权之下容纳两种截然不同的社会制度的合法地位。这必然导致整个国家政治、经济、社会和文化资源的重新配置，包括国家权力的再度分配和体制性格局的二次划分，作为如此独立的区域行政系统体系，那么如何保证特别行政区制度能够正常运行？从功能主义视角看，制度运行的内在机制是制度的内在属性，因此内在机制的存在才意味着制度能够发挥正常功能，故道格拉斯·C. 诺思就认为制度能够长期存在并不意味着它是有作用的，只有内在功能转化为外在的作用效果，制度才是有作用的。② 这也就说明，我们只有发现特别行政区制度运行的内在机制，并且从内容体系的设计上去完善和分析，才能使特别行政区制度运行平稳和发挥积极作用。

一　特别行政区制度运行中的政治整合机制

政治整合是指占优势地位的政治主体，将不同的社会和政治力量，以协商的方式有机地纳入一个统一的中心框架的过程。用协商来解决人类政

---

① 焦洪昌主编《宪法学》，中国人民大学出版社，2010，第92页。

② 〔美〕约翰·N. 德勒巴克、约翰·V. C. 奈：《新制度经济学前沿》，张宇燕译，经济科学出版社，2003，第3页。

治问题和政治冲突，协调政治行为，实现政治整合，已成为现代民主社会的共识。法国思想家卢梭曾论述了公民之间的协商对政治社会的意义。在民主政体的政治生活中，协商是政治决策的基础性环节，协商的结果是代议机关进行决策的重要依据。在现代民主政治中，政治权力系统通常通过在立法与行政机关之间、行政机关内的不同部门之间、执政党内部及政党之间、中央政府与地方政府之间、政府与利益集团之间协商来行使权力。①政治整合通过建立一体化的政治体系消除政治紧张与不安因素，增强政治向心力，加强中央统治的过程或状态。政治整合的实质是加强社会一体化力量，即取得公民对他们生活所在的政治单位的服从与奉献，实现政治体系内部实质上和程序上的共识。政治体系中的共识愈大，政治体系的整合也就愈强，政治也就愈加稳定。往往不同政治主体的交流或沟通的潜力；多元化的程度；政治权威集中化、强制化的潜力能够衡量一个政治体系的整合状况。

西方国家运用政治整合机制开始国家管理的工作历史和经验都比较悠久，尤其是以个人为本位的近代宪政制度的建设、代议制度的发展以及后来福利国家的形成，大大加强了西方国家的政治整合能力，同时也极大地促进了国家与公民之间关系的发展。在这方面，国家一方面直接地把公民作为自己保护和管理的对象，另一方面它通过制度的建设和各种利益表达机制，使人从对各自群体的隶属中解放出来，以公民的身份介入到民主政治生活中去，可见最初西方国家的政治整合机制是对个人发挥作用。西方近代国家将人从对各种隶属群体中解放的过程，是在对弱小族群的强制性同化或征服中实现的。国家的建立不能没有文化上的支持，制度上的统一和文化上的同质化构成近代国家两个不可分割的方面。②西方国家在冷战结束后，民族问题成为政治中的重要问题，多民族国家内部族际关系与国家政治整合转而又成为了当代西方政治学界的重点，西方国家同时也将政治整合的重点放在民族问题上，政治整合机制的实施主要是在移民输入国建立一种超越族群界限、具有跨族群政治整合功能的国家认同，这样就会使输入国社会各个族群逐渐将族群归属降低为处于国家认同之下的亚文化认同。继而既可以保持各族群独特的语言、文化等身份特征，又可以在国家认同这一精神纽带的紧密联系

---

①　李仁彬等：《中国协商民主理论与实践探析》，四川大学出版社，2011，第196页。

②　常士闿：《异中求和》，人民出版社，2009，第461页。

下保持国内政治团结。① 可见西方国家在政治整合上，主要着眼于对人的整合及对地域差别的整合，在宪政层面上的制度化主要有五种，这五种模式，以及它们各自的原型分别是：以议会为中心，但少数党派无否决权及共同执政权的反对模式；以议会为中心，但少数党派有很强的否决权及共同执政权的反对模式；议会—总统政治反对模式；分权政治反对模式；直接民主反对模式。② 但是相对于既在地域上有不同、同时所在地域所属政治制度又有不同的特殊情况，西方国家并没有先进的经验可供参考，而我国特别行政区制度的创设恰恰是针对后面一种情况，所以其所蕴含的政治整合机制也是一种具有中国特色的独特机制。

　　首先，特别行政区制度运行中的政治整合机制通过提出"一国两制"的方式用于解决主权问题，极大地缓解了政治改革和制度冲突的压力。我国大陆地区和特别行政区之间政治结构、经济结构、文化结构、社会结构等各方面均迥然不同，如果强行推进二者之间的一致性，则两种制度系统的和睦共处面临崩溃的危险。"一国两制"为解决中国的政治整合的构想提供了新的思路，这种新构想突破了传统的思维方式，尤其是对于一个国家内部不同制度的区域间的关系，一切传统的思维方式的目标都是用一种制度取代另一种制度，以达到国家内部区域间的政治整合。因为按照传统思维方式，制度的统一与国家内部区域间的统一是一致而不可分割的，无论采取武力解决的方式还是采取和平解决的方式，结果都是如此。第二次世界大战以后，东西德国、南北越南、南北朝鲜及中国的大陆与台湾、香港、澳门都面临着同一问题。南北越南通过武力达到了社会主义制度的统一和区域间的政治整合，而东西德国通过和平演变达到了资本主义制度一统天下和区域间的政治整合。邓小平在思考解决中国统一问题时，独辟蹊径，把国际和平共处原则用于解决国内区域间的政治整合问题，通过"一个国家，两种制度"来达到国家统一，体现出高度的灵活性。不仅如此，邓小平还强调了这种灵活处理的长期性。③ 正是在特别行政区制度运行中的政治整合机制中，设立

①　田源：《移民与国家安全——威胁的衍生及其条件研究》，世界知识出版社，2010，第155页。

②　卢德格尔·赫尔姆斯：《西方国家政治整合的五种途径》，邵明阳译，《经济社会体制比较》2007年第1期，第113～120页。

③　陈福今、唐铁汉：《实践创新与理论创新：以江泽民同志为核心的第三代中央领导集体对邓小平理论的实践与发展（下册）》，国家行政学院出版社，2001，第584页。

特别行政区，在一个相当长的时期内保持原有的资本主义经济制度和生活方式，不实行社会主义制度和政策，特别行政区依照法律享有高度自治权，但特别行政区的高度自治来源于我国中央政府的授权。因此，虽然它是特殊的地方政权，却仍然是中华人民共和国不可分离的一部分，它的存在并不影响中国的单一制国家结构形式。相反，特别行政区的创置，为我国通过和平手段解决历史遗留问题，维护国家统一提供了一种有效的途径。① 在这个意义上，特别行政区作为我国一种特殊类型的政区，同样发挥着十分突出的政治功能，这种以求同存异为基础的政治整合机制就缓解了政治改革和制度建设的压力。在该机制的运行过程中，特别行政区内的民众诉求在体制内往往得到首先的回应，即使不能得到满足，特别行政区体制外的规则还可以提供更大的制度柔性空间。

其次，特别行政区制度运行中的政治整合机制通过赋予高度自治权的方式，完善了特别行政区的政治系统，极大地发挥了特别行政区的制度潜能。香港和澳门基本法规定，香港和澳门特别行政区自己管理授权范围内的事务，即享有行政管理权、立法权、独立的司法权和终审权。因其享有的权力之大，为我国其他行政区域和其他单一制或联邦制国家的地方政府权力所无法比拟，因此被称为"高度自治权"。② 其中特别行政区的高度自治权范围是特别行政区地方国家机构根据基本法而享有的一切权力，自治权正当性的基础在于作为最高国家权力机关的全国人大授予，因此，只要特别行政区权力的运用在内容上和程序上符合基本法和特别行政区的法律，就可以根据现实的需要作出相应的制度安排，正是特别行政区制度运行中的政治整合机制极大地发挥了特别行政区的制度张力，例如特别行政区有权依照基本法的有关规定自行处理有关行政事务，包括特别行政区的经济、财政、金融、贸易、工商业、土地、航运、民航、教育、科学、文化、体育、宗教、劳工、社会服务等事项；特别行政区的立法机关有权依据基本法的规定，制定适用于特别行政区的法律；特别行政区法院有权独立进行审判，不受任何干涉；在特别行政区内发生的任何案件，以特别行政区终审法院为最高审判机关，特别行政区终审法院的判决即是最终判决，甚至可以自行处理有关对外事务

---

① 周克瑜：《走向市场经济——中国行政区与经济区的关系及其整合》，复旦大学出版社，1999，第35页。

② 焦洪昌：《港澳基本法》，北京大学出版社，2007，第104页。

的权力，对特别行政区的政治系统的完善有利于特别行政区制度能动性的发挥，有利于保持港澳台地区的社会稳定、经济繁荣和居民安居乐业，也有利于保持和发展中国同有关国家的关系，这些功能的实现也是特别行政区制度运行中的政治整合机制作用顺利发挥的结果。

二　特别行政区制度运行中的社会稳定机制

根据社会学的基本理论，社会稳定机制应该在制度的运行过程中发挥自主的平衡作用，起到消弭社会对立情绪以及和谐社会的作用，并且应当具有自然、高效、公平、发展的属性特征。具体表现为当社会矛盾产生和聚积后，稳定机制可以自动启用并运转；通过稳定机制的运作，使需要解决的矛盾可以在短时间内得到应对，及时找到解决问题的方式、方法，最终缓解或化解社会矛盾；在社会稳定机制运转过程中保障市民权利的平等性，保障机制运转中城市各社会主体地位的一致性，保障市民享有相同的知情权、参与权、表达权、监督权；同时社会稳定机制对社会发展具有相应的促进性，即通过矛盾疏导来促进社会的文明与进步，而不是维护落后、制造消极的和解现象。① 从社会发展而言，社会动力机制与社会稳定机制，是在人类社会中起推动作用的两种根本作用力。从根本上来说，只有社会动力机制与社会稳定机制协调一致，共同发挥正向作用力，才能促进社会在动态平衡中积极向上发展。社会动力机制，也可以说是社会发展机制，是努力使社会高速发展，直接对社会发展起推动作用的社会机制。这就是直接从事经济活动、为社会创造物质财富的各个领域与系统，如计划系统、市场系统、经营系统、各类生产系统等。社会稳定机制，也可以说是社会制衡机制，它是直接使社会稳定，间接对社会发展起推动作用的社会机制。这就是一切为经济活动、为创造物质财富服务的各个领域与系统，如控制系统、管理系统、调节系统以及其他各种生产服务系统等。社会动力机制与社会稳定机制，是相互联系、互为作用、互相依存、缺一不可的共同作用于社会的两种作用力。

国外社会学家对于社会稳定的研究主要产生于二战之后，因为战争创伤带来的对社会秩序和稳定的重视也直接反映在社会学界。值得一提的是，当

---

① 潘允康：《在人与区位的互动与结合中整合城市社会：建设和谐城市的民生视角》，天津社会科学院出版社，2008，第 313 页。

时社会稳定的重要问题主要集中在关于各国政治稳定的问题上，不少亚非拉国家的政治动荡不安，政权频繁更迭，西方发达国家也同样陷于政治动荡之中。① 在诸多的世界国家中，马来西亚的社会稳定机制应该值得借鉴和推广。马来西亚是一个多元族群社会，主要由马来人、华人、印度人三大族群组成，彼此之间存在着宗教、语言和文化的差异。面对错综复杂的局面，存在多元差异的马来西亚，利用民主政治的疏导管道和精英层面的协商沟通，以及对政治文化的引导和重构创建了全面、系统的社会稳定机制。实践证明，这套机制对维持马来西亚国家制度的平稳运行起了重要的作用。② 该国的成功经验也说明只要有合适的社会稳定机制，制度的顺利运行应该具有现实性和稳定性。由此可见，借鉴国外经验，完善和发展特别行政区制度运行中的社会稳定机制，也有利于特别行政区制度的发展和运行。

维护大陆地区和特别行政区的社会稳定，是特别行政区制度运行的基本要求和重要功能。邓小平同志不仅反复强调大陆地区在实行改革开放和现代化建设中要特别重视维护社会稳定，而且强调特别行政区也要稳定。以维护香港特别行政区的社会稳定为例，他说："香港要稳定。在过渡时期要稳定，中国恢复行使主权以后，香港人执政，香港也应该稳定。这是个关键。"就维护特别行政区社会稳定问题来说，中央人民政府和特别行政区政府担负着不同的任务。香港特别行政区成立以来，总体看，社会是稳定的。据香港警方统计，香港特别行政区成立后的第一年，香港社会的整体犯罪率是24年来最低的一年，全年刑事案件比上年下降15%。③ 这也说明在特别行政区制度的运行中，由于公众参与、民主监督等内在的社会稳定机制发挥了积极作用，使得特别行政区也保持了继续的稳定和可持续发展。首先，特别行政区制度在运行中十分注重公众参与，从而促进特别行政区管理的民主化。特别行政区的发展要求社会管理不断扩大民主，实现管理的民主化，特别行政区公众在社会管理中的广泛参与是社会管理民主化的重要标志，也是落实"一国两制"的重要内容。通过《基本法》和特别行政区自身的法律框架，公众积极参与特别行政区的社会管理，将有利于促进特别行政区政府的科学决策，增强决策的透明度，制定出科学、公平的社会政策，并通过政策的实施化解社会矛

---

① 　陈小君等：《涉农信访与社会稳定研究》，中国政法大学出版社，2011，第292页。
② 　黄云静等：《发展与稳定——反思东南亚国家现代化》，时事出版社，2011，第150页。
③ 　陈道华主编《"一国两制"与国家理论》，中共中央党校出版社，2002，第103页。

盾，减少社会动荡。扩大特别行政区的公众参与，还能够培养公众的地域心理归属感，建立公众与特别行政区的双向沟通渠道，及时传递交流信息，保证公众对特别行政区管理从决策、实施到监督的全过程参与。公众的广泛参与可以将各种社会问题化解在最小的范围之内，减少特别行政区制度运行中政府和社会公众的隔阂与对立，从而促进特别行政区制度的平稳运行。其次，特别行政区制度在运行中十分注重协调社会利益，从而强化特别行政区制度运行的社会凝聚性。在形成特别行政区社会发展诉求的同时，社会凝聚性机制也在孕育着政治发展所需要的社会政治基础。人是社会的出发点、目的和归宿。人们从事经济、政治、文化活动无不出于对利益的追求，没有利益，人们从事社会活动就丧失了目标，特别行政区制度发展也概莫能外。因此，特别行政区发展的中心就是要让不同利益主体全面享受特别行政区发展的成果，亦即利益共享。① 如特别行政区制度鼓励不同的行业协会、社会团体等非政府组织的大量涌现，丰富了特别行政区原有的社会组织基础，同时特别行政区在制度运行和建设中重视不同主体利益关系的协调，通过整合不同利益关系，协调利益矛盾，实现特别行政区的利益共享，通过利益共享增强特别行政区制度运行中的凝聚性，从而避免让特别行政区制度的发展仅仅使少数人受益，而让多数人的利益受损。如果造成这样的结果，那么特别行政区的发展便失去了最为基本的意义，甚至威胁到特别行政区的稳定发展。

三　特别行政区制度运行中的文化融合机制

文化制约着人们对制度的选择和法律、政策的制定，文化的核心是价值观，不同的价值观和思维方式在社会发展中起着不同的导向作用。如在单纯以经济增长为主导思维方式的发展观指导下，人类崇尚以对自然的开发征服和经济的片面增长来证明人类自身的发展和进步；而在科学发展观的指导下，人类不再仅仅关注对自然的利用和经济的片面增长，而是把人与自然的和谐关系作为发展的前提，走可持续发展的道路。② 所以说，任何一个政治社会都是浸润在历史文化传统的积淀之中的，政治的发展离不开特定文化背

---

① 洪远朋等主编《利益关系总论——新时期我国社会利益关系发展变化研究的总报告》，复旦大学出版社，2011，第550页。
② 童萍：《文化民族性问题研究》，人民出版社，2011，第19页。

景的支持。当与政治系统相适应的特定文化背景发生变化时，必然孕育出政治发展所需要的文化动力，直接或间接地推动政治的发展。由于特别行政区和大陆文化模式存在着明显的不同，彼此在文化发展程度上也存在一定的差别，这势必对不同文化交流的定位和结果产生较大的影响。[①] 因此，特别行政区制度的平稳运行需要相应的文化融合机制作为不同制度可能造成摩擦的润滑剂，让所有公众形成稳定的社会文化共识，保证在特别行政区制度的运行中能够求同存异，从而维护体制和制度的稳定化发展。

首先，文化融合机制使得特别行政区制度运行顺利、有效。特别行政区制度运行中的文化融合机制所促进的文化进步特别是公民文化的发育和发展，日益强化着不同地区人民对各自政治制度的理念、基本原则、基本要求的认识、理解和接受，从而为以"一国两制"为核心的政治发展塑造了必要的支撑力量。从实践意义上看，特别行政区制度结束了西方在中国的殖民统治，坚持"港人治港"、"澳人治澳"、高度自治，有利于港澳地区和大陆地区的共同发展、繁荣与稳定。特别行政区制度为大陆的改革开放和现代化建设提供和平稳定环境和有利条件，有利于大陆与港澳之间多方面的交流、合作与经济互补，有利于引进港澳地区的资金、技术，学习其先进的管理经验。另一方面，港澳地区可获得祖国大陆的广阔市场，为经济发展与繁荣提供更好的机遇与条件，并在获得巨大经济利益的同时也获得极大的政治利益，从而有力地促进港澳地区的发展与稳定。在这其中，作为特别行政区制度运行的文化基础必须得到同步发展，只有文化融合机制的存在才能使得特别行政区制度保持平稳运行。

其次，文化融合机制推动特别行政区制度向前发展。文化是一种历史现象，从本质而言，作为意识形态的文化，是一定社会的政治和经济的反映，同时又反作用于一定社会的政治和经济。[②] 文化积累和创新是推动人类社会进步的根本动力，人类社会是在人类自己创造的文化基础上向前发展的。人类先是创立了文化，然后对已有的文化进行积累；在文化积累到一定程度的基础上创新，创新的结果使人类社会产生飞跃，迈进到新的社会形态。所以，特别行政区制度向前发展不能欠缺文化的推动作用，但是不同类型的文化推动方向和力度均有所不同，如果特别行政区保持原来的文化发展状态，势必可能造成制度的运行

① 舒扬：《当代文化的生成机制》，中央编译出版社，2007，第132页。
② 李斗万：《社会学概论》，延边大学出版社，1987，第257页。

与"一国两制"的精神要求格格不入，因此，必须让不同的优秀文化有所融合，取长补短，充分利用文化融合机制形成一种新的文化形态并且推动特别行政区制度向前发展。这样，特别行政区和大陆地区的先进文化，就会通过融合，互相内化于不同的文化结构和社会生活方式中，无论是在形式上还是在内容上真正为所有公众彻底吸收，充分渗透于特别行政区公众的社会公共活动中，并成为公众的主导价值取向。存在共同的社会文化共识，以"一国两制"为核心的特别行政区制度运行就会平稳顺畅地向前推进。

最后，文化融合机制是特别行政区制度运行的最终保障基础。特别行政制度运行的文化融合机制是和风细雨、润物无声的，其目标是要让公众不论族群和原有文化背景，都认同中华文化。其中以香港为例，香港作为岭南文化核心区域，文化同归还有必要追溯回岭南传统，而为了特别行政区制度实现更好的发展，就要求香港在文化建设上继承发扬中国传统，同时吸收全人类文明成果，创造中国的现代文化。特别行政区作为经济发展的国际化区域，首先必须是文化之都，一个成熟的文化之都，可以容纳各式思想与生存方式；但一个不成熟的国际化区域，虽容纳了各式思想与生存方式，但缺乏相应的文化融合机制，多元化的后果却是庸俗与混乱。所以，特别行政区制度的平稳运行必须通过文化融合机制能从多元化之中取得创新与凝练，从而保证制度运行的稳定性，甚至于在不同制度出现碰撞和抵触时，能够充当社会的稳定因素。中央给予特别行政区的"一国两制"，意味着发展与机遇，但也意味着矛盾与张力。特别行政区要发挥"一国两制"之功效，必须合理利用文化的融合机制，既充实完善其既有内涵，又在继承与创新中发展。特别行政区的文化融合机制，最终目的就是超越历史时期的局限，要完成整体的、综合的、深度的现代化，就要有广阔和深远的世界视野，其中包括建立属于中华民族的文化价值体系。

从目前来看，大陆地区与特别行政区的文化融合机制已经体现在特别行政区制度的建设和发展中。特别行政区基本法也已经为特别行政区制度运行的文化融合机制预设了相应的张力和发展潜力。首先，按照基本法的规定，香港、澳门特别行政区政府，有权自行制定适用于港澳两地的文化政策。基本法规定的文化政策，是指港、澳两地在文化、艺术等方面实行的政策，包括文学创作、新闻、出版、电影、电视、音乐、舞蹈、美术、图书馆、博物馆及其他文化娱乐场所等各个方面的政策。香港、澳门特别行政区政府，对发展和促进特别行政区的文化事业，负有重要责任。为此，特别行政区政府，应当根据两地的实际情况，确定两地文化事业发展的目标和方向，确定对其采取的基本政策，并采取切实有效的实际措施，推动和促进香港、澳门两地文化事业的发展；其次，香港基本法对院校的自主性、学术自由等作了相应的规定，例如各类院校均可保留其自主性并享有学术自由，可继续从香港特别行政区以外招聘教职员和选用教材。宗教组织所办的学校可继续提供宗教教育，包括开设宗教课程。学生享有选择院校和在香港特别行政区以外求学的自由。该规定的中心是贯彻办学、学术、招聘等事项均享有自由，宗教组织也有继续办学的自由，学生上学校以及出外求学都有自由；最后，在文化交流及合作上，香港特区政府在过去致力促进香港与各国的文化联系，以推动文化艺术的发展。这些联系及交流有助集思广益和经验交流，从而有利于香港文化艺术界百花齐放、蓬勃发展。在角色定位方面，强调对中华传统文化的研究、继承和发扬，建立自己的文化特色；并面向国际，增强与世界各地的交流。在对外文化交流中，既重视传统的英语国家，也顾及亚洲邻近地区和欧洲大陆等地，开展全面交流。在对内文化交流中，既与珠江三角洲有更紧密的互动合作，成为珠江三角洲对外文化交往的门户，更以城市为文化交流的核心，着重"城市与城市"之间的交流。[1] 可见，特别行政区制度运行中的文化融合机制立足国情、面向世界、取长补短，在立足国情和改造现实的基础上，批判地对待文化遗产，将中西文化的精华结合起来。[2] 通过文化融合机制创造出不同地区公众的共同精神文化生活的空间，具有公共利益上的一致性，这就为达成共识创造了条件。文化共识的获取是特别行政区制度成功运转的关键性目标，因为通过城市社会各阶层、群体的有效沟通，会极大促进阶层、群体之间的相互理解，有利于消除隔阂和对立，缓解社会矛盾关系，同时还会促进公众对"一国"公共利益的认识和认同，强化公众的爱国责任意识。

四 结论

特别行政区制度作为一项特殊的政治制度，不仅适合我国"一国两制"的实际，而且也为国际具有相同形势的地区提供了可行的初始制度条件，对

---

① 何志平、陈云根：《文化政策与香港传承》，中华书局，2008，第30页。
② 严家明等：《社会机制论》，知识出版社，1995，第148页。

我国特别行政区的政治、社会、文化建设发挥着积极的推动作用。我们已经为特别行政区制度的运行创造了良好的条件，但是作为制度本身而言，制度的不完善使得制度功能的发挥受到限制。当制度的外在刚性使得制度不能得到及时调整的时候，我们必须依赖于特别行政区制度运行的内在机制，在稳定、顺利发展的前提下，进一步发挥制度功能，推动特别行政区实现"良性之治"。总之，通过政治整合机制实现区域的统一，通过社会的稳定机制实现平稳发展，通过文化的融合机制取得"一国共识"的建设，在上述三种内在机制的作用下，特别行政区制度实现顺利、有序的运行和发展。

澳门特别行政区政治体制研究的反思

叶海波*

摘 要： 针对香港基本法确立的政治体制，基于特定的政治考虑，理论和实务上形成三权分立论、行政主导论两种对峙性的观点。这种二元对立的思维在澳门延用，澳门行政的主导地位被特别强调，澳门社会政治生态、港澳基本法关于政治体制规定的差异等被忽视。与回归前相比较，香港政府的权力实际上被限缩，行政并非必然能主导香港的政治过程，而澳门政府的权力则被强化，行政相对集权，必然主导澳门治理。澳门政治体制的研究应当回归现行宪法和澳门基本法，识别并立足于澳门行政相对集权的基本事实，区别中央主导权与澳门内部三权关系，全面理解澳门的政治体制，并特别强调行政权的监督以及行政与立法的配合。

关键词： 政治体制　行政主导　三权分立　基本法

一 引言

特别行政区基本法究竟确立了何种类型的政治体制，各方的认知颇有分

---

* 叶海波，汕头大学地方政府发展研究所研究人员，深圳大学港澳基本法研究中心、法学院副教授，主要研究宪法学、港澳基本法。本文为汕头大学地方政府发展研究所开放基金项目"澳门特别行政区制度实施问题研究"的阶段性成果。

歧，并大致存在两种对峙性的传统观点。一种是行政主导论。① 所谓行政主导，肖蔚云先生认为是指行政长官在特别行政区政治体制中，法律地位要高，职权要广泛，享有较大的决策权，在特别行政区政治生活中起主要作用，② 而许崇德先生则进一步认为，行政主导是指行政长官可以驾驭三权。③ 一种是三权分立论。④ 这种观点强调三权间的分立和平等法律地位，否定任何一权的凌驾地位。亦有学者对这种非此即彼的理论解读提出批评。⑤ 理论研究者习惯性地采用行政主导制来指称特别行政区的政治体制，但这并非是对特别行政区政治体制模式形成共识的例证，而毋宁是基于描述便利性

---

① 参见肖蔚云《香港基本法》，北京大学出版社，2003，第 829 页。许崇德：《略论香港特别行政区的政治制度》，《中国人民大学学报》1997 年第 6 期。傅思明：《香港特别行政区行政主导政治制度》，中国民主法制出版社，2010。肖蔚云、傅思明：《港澳行政主导政治体制模式的确立与实践》，《法学杂志》2000 年第 3 期。吴邦国：《认真总结澳门特别行政区基本法实施经验把"一国两制"的伟大实践不断推向前进——在纪念中华人民共和国澳门特别行政区基本法实施 10 周年座谈会上的讲话》，全国人大常委会澳门基本法委员会办公室编《纪念澳门基本法实施十周年文集》，中国民主法制出版社，2010，第 5 ~ 6 页。吴邦国：《深入实施香港特别行政区基本法，把"一国两制"伟大实践推向前进——在纪念中华人民共和国香港特别行政区基本法实施十周年座谈会上的讲话》，全国人大常委会香港基本法委员会办公室编《纪念香港基本法实施十周年文集》，中国民主法制出版社，2007，第 6 ~ 7 页。《乔晓阳指出澳政治体制最大特点是行政主导》，《华侨报》2010 年 7 月 14 日。陈弘毅：《行政主导概念的由来》，香港《明报》2004 年 4 月 23 ~ 26 日。朱孔武：《行政主导：〈基本法〉对香港政府体制的民主安排》，《岭南学刊》2008 年第 1 期。Anthony B. L. Cheung, "Executive-Led Governance or Executive Power 'Hollowed-Out'——The Political Quagmire of Hong Kong," *15 Asian Journal of Political Science* 1 (2007), pp. 17 - 38. Chui, EWT, Ng, MK, From Colony to SAR, "Advocacy Planning in the Executive-Led Polity of Hong Kong," *20 The Asian Journal of Public Administration* 2 (1998), pp. 173 - 202. 等等。

② 肖蔚云：《略论实施澳门特别行政区基本法的主要经验》，《依法治澳与特别行政区发展》，澳门特别行政区法务局、澳门基本法推广协会，2004，第 18 页。肖蔚云《论香港基本法》，北京大学出版社，2003，第 829 页。

③ 参见许崇德《行政主导就是要特首驾驭三权》，《大公报》2004 年 4 月 30 日。

④ 参见陈祖《香港回归十年来的变化与未来发展方向》，《中国评论》2007 年 7 月号，第 1 页。余若薇：《行政主导无名无实》，香港《明报》2007 年 6 月 12 日。《图收紧立法会权力》，香港《明报》2007 年 6 月 7 日。香港法院在判决中亦不时宣扬三权分立的观点，如香港高等法院夏正民（M. J. Hartmann）在梁国雄诉立法会主席一案的判决中便认为"三权分立是香港基本法的神圣原则"（The Basic Law enshrines the separation of powers）。Leung Kwok Hung Vs. The President of The Legislative Council of The Hong Kong Special Administrative Region, HCAL 87/2006, Para. 66. 等等。

⑤ 参见胡锦光、朱世海《"三权分立"抑或"行政主导"——论香港特别行政区政体的特征》，《河南省政法管理干部学院学报》2010 年第 2 期。

的选择。① 事实上，特别行政区政治体制的争论呈现有趣的区域之别，香港地区更多坚持三权分立论，内地和澳门则主张行政主导制。澳门基本法在香港基本法之后制定，二者在结构和内容安排方面高度相似。在香港社会激烈反对行政主导论之时，澳门社会自然地接受了行政主导论，亦十分强调行政在政治过程中的主导地位。然则，在现实中，澳门政府一权独大，立法会等功能未能全面发挥，行政并非不能主导，毋宁有行政专断的危险。② 这表明，澳门政治体制的理论研究步入误区，本文试图对此作一反思性的探讨。论文第一部分分析了三权分立论和行政主导论产生的政治背景，认为政治认同困境是产生两种对立观点的政治原因，关于特别行政区政治体制的解读混杂着政治上的意图。第二部分认为，将上述三权分立论/行政主导论的二元对立思维模式直接套用于分析澳门政治体制，明显忽视了港澳社会政治生态、两部基本法的根本区别，亦可能强化困扰澳门社会已久的行政专断。第三部分进一步地比较了港澳政治体制中的根本性区别，与回归之前相比较，香港行政一枝的权力事实上被弱化，不足以保证行政长官的主导地位，澳门则实际上形成行政集权，必然导致行政独大，这些差别进一步表明，盲目地在澳门强调行政部分的主导，必然误解澳门的政治体制。第四部分提出澳门政治体制的研究应当摆脱香港的影响，回归现行宪法和基本法的框架，从中央主导权和特别行政区内部权力三分的角度研究特别行政区的政治体制，强调澳门政治体制中权力制约的法治和民主机制，推进澳门政府与立法会的合作，建立议员与政府合作提出法案的法定机制。

二　特别行政区政治体制论争的政治背景

　　三权分立论和行政主导论的提出，并非基于基本法的精细规范分析的结果，而是特定政治背景下的理论反应。

---

① 笔者亦是如此。参见叶海波《澳门宪政发展与行政主导制的完善》，《暨大学报》2012 年第 8 期。叶海波：《香港基本法实施中的权力冲突与协调》，《当代法学》2012 年第 1 期。叶海波：《香港立法会调查权的法律界限——政治制度的视角》，《港澳研究》2011 年冬季号。叶海波：《香港基本法第二十三条的法理分析》，《时代法学》2012 年第 4 期。

② 参见曹其真《立法会主席十年工作情况的总结报告》，澳门立法会网站，http：//www. al. gov. mo/download/Balanco-c. pdf, 2010 年 12 月 4 日访问。

（一）政治恐惧、价值维护与三权分立论

何以在香港地区，三权分立被特别强调？有学者作如是的解读："很大程度上是因为他们想当然地认定'港人治港'下的'高度自治'是完全自治，'充分自治'，凡事皆在香港本地自行解决，某种程度上排斥中央的主权机关管辖地位，其极端者甚至把地方自治权与国家主权切割对立开来，声称全国人大常委会释法侵犯了特别行政区的高度自治权，甚至要求两制相互隔绝封闭。造成这样的集体认知，有意识形态尖锐对立和经济利益相互博弈的原因，有政策宣传上片面极端导致的虚幻感觉。"[①] 这段分析认为，香港社会对三权分立论的坚守，旨在谋求更大限度和自治权，而意识形态的对立亦被认为是原因之一。事实上，基于资本主义和社会主义的区别，三权分立论实际源于香港社会对中央政府的一种普遍不信任的情感和恐惧，[②] 亦是双方缺乏政治承认的必然结果。[③]

众所周知，香港回归谈判之时恰是社会主义阵营与资本主义阵营对抗的冷战时期，加之中国内地 1989 年发生的"反革命暴乱"[④] 和东欧剧变，在

---

① 许昌：《为什么不宜用"三权分立"来概括香港特别行政区政治体制的模式特征》，《基本法研究》2013 年第 4 期。

② 刘兆佳教授曾言明："香港人认为自己面对着一个他们普遍认为是拥有压倒性力量及难控制……的未来宗主国，而他们同时又觉得自己所处身的形势是由历史所决定的并且是不可扭转的。他们因此变得宿命、恐惧、惶惑及悲观，并受到一股使人沮丧的无能感所操纵。在缺乏安全感的情况下，人们变得内向。"刘兆佳：《后过渡期中英分享权力的趋势——殖民地统治末期》，《广角镜》1991 年 3 月号。

③ 政治承认理论将自我认同与他者承认联系在一起，认为获得他者承认是自我认同的一个重要因素，未获他者承认的主体便会产生关于自我与他者关系的认同困境。香港社会与中央之间存在承认障碍，香港社会对中华人民共和国的认同感一直较弱，社会暗藏一股反社会主义政权的情绪。这是香港社会的文化心理特征。关于政治承认的理论参见〔加〕查尔斯·泰勒《承认的政治（上）》，董之林、陈燕谷译，《天涯》1997 年第 6 期。

④ 此处采用 1990 年李鹏总理在政府工作报告中的表述。刘兆佳认为，"香港华人——特别是那些认同自己是'香港人'的人——深为'六四事件'所震撼。他们充分感到彼此有着共同的政治命运，而这个政治命运又被看成是不明朗及悲哀的。在中国大陆所发生的突然变故，使他们不单对中国政府彻底失望，也使他们对中国政府对香港的承诺失去信心。香港华人，特别是'香港人'，在情感上及政治热情方面的突然流露，可以理解为一种香港认同感的生动反映。即使那些认同为'中国人'的人，也在相当程度上与'香港人'有共通之处。1989 年因此可以被视为香港华人的地方意识形成过程中的里程碑。"刘兆佳：《后过渡期中英分享权力的趋势——殖民地统治末期》，《广角镜》1991 年 3 月号。

对中国的敌视性宣传下，① 中国恢复对实行资本主义制度的香港行使主权的问题，被简单化为资本主义与社会主义的对抗，并进一步地被歪曲为中国意图剥夺香港居民由港英政府手中获取的自治权及香港居民的自由权利。② 香港居民不得不关注香港回归及香港前途问题，香港社会明显政治化，加之"冷战"思维的遗毒和错误舆论的误导，③ 香港社会对即将回归社会主义中国普遍存在一定的恐惧及不信任心理，对未来缺失信心，④ 并酿成回归过程中的"信心问题"⑤ 和身份认同问题。香港人对"香港人"的身份特别珍视，"人们对中国国内政治的厌恶，才是形成香港华人的身分认同的最重要因素"⑥。总之，"香港内部有着一股强烈反对中国社会主义政权的情绪"，这股情绪"成为香港华人身分认同的一个核心部分"⑦，实质是一种"恐共、疑共、拒共、反共的情绪"⑧。

---

① 《财富》杂志先后于 1995 年和 2002 年发表两篇文章《香港已死》和《谁还要香港?》，引发甚至加剧了中外人士对香港回归后的信任危机。但该杂志在 2007 年不得不发表纠错性文章《香港未死》，承认"我们错了"，并认为除亚洲金融风暴和 SARS 外，香港表现良好。参见鲁平口述、钱亦蕉整理的《鲁平口述香港回归》(中国福利会出版社，2009，第 187 ~ 188 页)。

② 最典型的事例是"民主派"的代表人物李柱铭对香港回归抱持极端抵触情绪，在"九七"香港回归以前已经开始不喝茶，开始为"九七"香港回归以后"艰苦的监狱生活"作长期准备。参见《曾钰成愿陪马丁坐监》，《苹果日报》(香港) 2001 年 7 月 13 日。

③ 诋毁香港回归后中国政府将全面干预香港的言论举不胜举，如 Jamie Allen, *Seeing Red: China's Uncompromising Takeover of Hong Kong*, Singapore: Butterworth-Heinemann Asia, 1997. Mark Roberti, *The Fall of Hong Kong: China's Triumph and Britain's Betrayal*, New York etc.: John Wiley & Sons, Inc., 1994. Louis Kraar, "The Death of Hong Kong," *Fortune*, June 26, 1995; "The Sinking of An Island," *Express News*, May 6, 1997, A2. Bruce Bueno de Mesquita, David Newman and Alvin Rabushka, *Red Flag over Hong Kong*, Chatham, N. J.: Chatham House Publishers, Inc., 1996.《外国媒体的预言失灵了》，《明报》1998 年 6 月 16 日 A6 版 (CNN 香港记者站主任 Mike Chinoy 当时甚至认为，李柱铭在香港回归后有可能被解放军逮捕)。等等。

④ 参见刘兆佳《"香港人"或"中国人"：香港华人的身份认同 (1985 ~ 1995)》，《二十一世纪》1997 年 6 月号总第 41 期。

⑤ 香港大学民意研究计划关于香港居民对香港前途信心有长期的调查。鲁平曾提出在中立国瑞士为香港人设立政治保险，由该保障理赔香港企业因回归而遭受的政治损失，以缓解香港人和国际社会对香港回归的信心危机。参见鲁平口述、钱亦蕉整理的《鲁平口述香港回归》(中国福利会出版社，2009，第 89 页)。

⑥ 刘兆佳：《"香港人"或"中国人"：香港华人的身份认同 (1985 ~ 1995)》，《二十一世纪》1997 年 6 月号总第 41 期。

⑦ 刘兆佳：《"香港人"或"中国人"：香港华人的身份认同 (1985 ~ 1995)》，《二十一世纪》1997 年 6 月号总第 41 期。

⑧ 刘乃强：《变了质的香港民主运动》，《中国评论》2006 年 2 月号总第 98 期。

在这种历史情绪的控制下，诉诸基本法确立的高度自治制度，在香港和内地设立隔离墙，成为香港社会的下意识选择，①而坚守香港价值成为香港身份进一步获得确证的行动。2004 年香港近三百名香港超党派学者和专业人士联署发表《维护香港核心价值宣言》，将香港核心价值定义为"自由民主、人权法治、公平公义、和平仁爱、诚信透明、多元包容、尊重个人、恪守专业"，②对"一国"的核心价值只字未提。③ 这些核心价值的维护需要借助香港基本法确立的法定机制。不难理解，具备独立性的司法机关和具有民主因素的立法会被香港人士寄托厚望，特别是前者，④而行政长官系由特定的选举委员会选举产生，由中央任命，被认为缺乏民主政治性基础，因而不是被寄予厚望的对象。⑤三权分立论强调的正是这二者相对于行政长官的法定独立性，进而是其维护香港核心价值的法定地位和功能。不言而喻，三权分立论是一种以自由民主价值为核心取向的政治理论。

（二）中央管治、主权维护与行政主导

作为一种与三权分立论对峙的观点，行政主导论亦是一种政治理论，其背后的政治意图可从前引论者对三权分立论的分析中倒推而得。⑥ 中央作为主权的代表和行使者，维护主权统一及由此而生的管治权，乃天经地义。行政主导论提出的直接原因是香港管治面临严重挑战，行政长官权威未立，但

① 如鲁平先生所言，香港有些人主张不要和大陆靠得太近，要和内地有个"隔离带"。如粤港谈判，广东省很积极，提出很多建议，当时负责这些方面的香港官员不予理睬；如筹委会曾提出要建设港珠澳大桥，香港同样不予理睬；如深港河套地区建立科技基地的方案提出很久，香港亦无兴趣；等等。参见鲁平口述，钱亦蕉整理的《鲁平口述香港回归》（中国福利会出版社，2009，第 96、118 页）。

② 《凤凰周刊》2006 年 2 月 15 日。

③ 参见《明报》2004 年 6 月 7 日、《苹果日报》2004 年 6 月 7 日。

④ 1999 年全国人大常委会就居港权案释法后，香港社会一直认为这是对香港法治的侵蚀，至今这一观点并未有太大改变。刚果（金）案后，亦有人认为香港的法治传统已经被改变。见 Tony Carty, "Why are Hong Kong Judges Keeping a Distance from International Law, and with What Consequences? Reflections on the CFA Decision in DRC v FG Hemisphere (2011)," HKLJ Vol. 41 Part 2, pp. 401 –410。

⑤ 行政长官选举被称为"鸟笼民主"，民主正当性不足亦被认为是行政主导不力的原因。参见许由《不要鸟笼民主，争取自由提名的全面普选》，《先驱》2003 年季刊总第 70 期。陈弘毅：《行政主导概念的由来》，《明报》2004 年 4 月 23～26 日。

⑥ 许昌：《为什么不宜用"三权分立"来概括香港特别行政区政治体制的模式特征》，王禹主编《基本法研究》2013 年第 4 期。

其深层因素则是一系列复杂的政治考虑。

一方面，作为中国的一个地方行政区，中央政府对特别行政区的管治需要借助行政长官的管道方能实现。基本法中明确列举了中央政府的诸多权力，诸如基本法修改权、国防及外交事务权、行政长官和主要官员任命权、基本法解释权、香港原有法律及立法会立法审查权、适用于香港的全国性法律确定权、紧急状态决定权、国家行为司法管辖豁免权以及禁止叛国等行为立法的监督权，除此之外，中央政府亦拥有香港基本法尚未明示的权力。① 从形式上看，中央管治特别行政区的法律手段多种多样，但实际上主要依赖于行政长官和主要官员的任命机制。通过这一机制，中央政府可以有效地实施对港政策。② 行政长官及其领导的政府能否主导香港的政治过程，自然是中央政策能否落实的关键。行政主导论的提出是中央管治权行使的需要。③

另一方面，香港面临的特殊国际环境也是行政主导论产生的原因。香港是国际性都市，英美等国家十分关注其在香港的利益。在香港回归之前，英国便采取代议制改革、扶植亲西方政治团体、扩大享有英国居留权居民范围等手段，试图"将行政主导改成立法主导，通过提高立法机构的权力和地位来制约行政机构，并最终将回归中国后的香港变成一个'独立实体'，与祖国隔离开来，以利长期维护英国在香港的经济和政治利益"。④ 除通过关于香港的多个法案外，

---

① 《香港政治体制发展绿皮书》明确指出："中华人民共和国实行单一制国家结构形式，而香港特别行政区是单一制国家结构形式下的一个地方行政区域。香港特别行政区实行的制度是由全国人大通过《基本法》加以规定的，香港特别行政区所享有的高度自治权是由全国人大通过《基本法》授予的。换言之，特别行政区行使的各种权力都是来自中央的授权，特别行政区没有'剩余权力'。"《政治体制发展绿皮书》第 2.07 段，2007 年 7 月，http://www.cmab.gov.hk/gb/issues/electoral4.htm. 吴邦国委员会长亦明确指出这一点。参见吴邦国《深入实施香港特别行政区基本法，把"一国两制"伟大实践推向前进——在纪念中华人民共和国香港特别行政区基本法实施十周年座谈会上的讲话》，载全国人大常委会香港基本法委员会办公室编《纪念香港基本法实施十周年文集》，中国民主法制出版社，2007，第 3~17 页。

② 2004 年 3 月 12 日，在纪念香港基本法颁布十四周年的座谈会上，港澳办副主任陈佐洱明确指出："特别行政区政治体制必须以行政为主导，除了这种制度是经实践证明行之有效外，最重要的是，只有行政主导的政治体制，才能做到'基本法'规定的行政长官对中央负责。无论是立法主导还是三权分立的制度，都无法做到这一点。"转引自陈弘毅《行政主导概念的由来》，《明报》2004 年 4 月 23~26 日。

③ 陈弘毅教授认为："强调行政主导是与肯定中央政府对香港的权力相关的。"陈弘毅《行政主导概念的由来》，《明报》2004 年 4 月 23~26 日。

④ 钱其琛：《外交十记》，世界知识出版社，2003，第 329 页。

美国亦一直十分关注香港的具体事务。① 这种情况在香港回归之时便存在，并在近十年来引起中央的高度注意，党的十八大报告明确要求"防范和遏制外部势力干预港澳事务"。② 邓小平就此提出的应对性策略是"爱国者治港"，即港人治港必须以爱国者为主体，"爱国者的标准是，尊重自己的民族，诚心诚意拥护祖国恢复行使对香港的主权，不损害香港的繁荣和稳定"。③ 由爱国者掌控基本法确立的政权机制是实践爱国者治港的关键，可资利用的法律机制自然不可能是具有独立性的司法，而主要是行政长官。行政长官享有特殊的法律地位和广泛权力，是爱国者治港策略实施的关键。事实上，中央历来将"爱国"视为行政长官人选的条件之一。④ 行政长官若不能主导香港政治，爱国者治港的策略事实上无法进行。⑤ 这是行政主导论的另一政治背景。

总之，行政长官事实上被中央视为管治特别行政区的"抓手"⑥ 和着力点，行政主导论正是基于这些特殊的政治背景而形成。

---

① 美国于 1989 年和 1990 年先后通过《增加香港向美国移民配额的修正案》，为香港亲美势力提供"保护伞"，并于 1992 年通过《香港政策方案》，其目的是"使美国将香港当作一个独立地区看待，于九七后，不用通过中国政府，维持独立关系"（李昌道：《香港政治体制研究》，上海人民出版社，1999，第 77～78 页）。1994～1995 年，美国国会相继通过 3 个法案，其中的《香港政策法修正案》要求国务院定期向国会报告有关香港《基本法》和《中英联合声明》的执行情况、香港立法会选举的开放程度、行政长官的选举公平程度等情况。1996～1997 年，在香港回归前的过渡期，美国国会通过了一系列法案，要求克林顿政府加强监督"中国政府对香港的所作所为"。香港回归后，美国参议院通过第 38 号共同决议案，要求中国重申"确保香港自治，保护人权，民主选举特别行政区政府"。2003 年 7 月 8 日，众院共和党政策委员会主席考克斯推动众院通过《表达对香港自由的支持》议案。同年 6 月 26 日，美国众议院通过第 277 号决议，以"将削弱香港居民的基本自由"为由，呼吁中国政府和香港特别行政区政府撤回《基本法》第 23 条立法草案。美国政府、部分议员及美国驻香港总领事馆领事屡次就无证儿童案、《公安条例》修改、"法轮功"邪教、第 23 条立法、香港政治体制改革发表评论，而其国会、智库及反华势力则不仅积极向民主派政府面授机宜，还在《亚洲华尔街日报》等媒体上公然宣称"香港是独特实体"，号召香港市民"推倒《基本法》，另立政府"。等等。参见刘乃强《变了质的香港民主运动》，《中国评论》月刊 2006 年 2 月号，总第 98 期。唐勇、童宜：《参众两院指手画脚　情报人员四处活动　美粗暴干涉香港事务》，《环球时报》2004 年 9 月 17 日。

② 胡锦涛：《坚定不移沿着中国特色社会主义道路前进　为全面建成小康社会而奋斗——在中国共产党第十八次全国代表大会上的报告》（2012 年 11 月 8 日）。

③ 《邓小平文选》（第三卷），人民出版社，1993，第 61 页。

④ 近日全国人大政协发言人再次提到这一条件。参见《文汇报》2013 年 3 月 5 日。

⑤ 近日，俞正声进一步明确指出要保证爱国爱港力量长期执政。参见《俞正声提五点希望：爱国爱港力量须长期执政》，星岛环球网，2013 年 3 月 7 日。《各界支持依基本法预选特首候选人》，《文汇报》2013 年 3 月 11 日。

⑥ 此为深圳大学当代中国政治研究所张定淮教授的用语。

(三) 特别行政区政治体制之争的政治取向

"一国两制"是为着解决港澳台的统一而提出的方针政策,试图在维护一国主权统一的前提下保障这些地方基于历史原因而形成的制度、生活习惯和特殊利益。"一国两制"的本质是以授予特别行政区更多的中央对一般行政区管治权的方式(行政管理权、立法权、独立的司法权和终审权),策略性地实现国家统一,最终形成一种具有特殊内容的中央地方关系。"一国两制"中"一国"与"两制"、主权与高度自治权的关系应当在现行宪法和基本法的框架下展开讨论,形成共识。殊为遗憾的是,在基于特殊的历史,互不承认的政治现实,① 以及复杂的国际环境,本应依据基本法而展开的特别行政区政治体制解读,演化成为双方基于政治需要的政治话语。无论是三权分立论,还是行政主导论,都有浓厚的政治取向,成为无法说服对方的口水战。其中的一个例证是,双方都诉诸基本法起草过程中的讨论和亲历者的讲话,而得出的结论却完全相反。② 或许由于档案公开的原因,双方都没有考察起草委员会委员的意见和国家领导人的指示如何得以在基本法草案中贯彻执行的,这种贯彻执行是否彻底。除此共同点之外,双方均一致宣称对方的

① 爱国者治港是关于承认的政治标准。香港社会对中华人民共和国的不承认和中央对非爱国者的不承认完全一致,对社会主义中国的承认成为香港回归后承认政治的症结。

② 香港公民党党魁、资深执业大律师余若薇认为,香港特别行政区的政治体制应当以基本法中条文为主,香港基本法中并未有"行政主导"四字。同时,余若薇指出,香港基本法起草委员会主任姬鹏飞所作的《关于提请全国人大常委会审议〈中华人民共和国香港特别行政区基本法(草案)〉及有关文件的报告》中亦未提出"行政主导"的字眼,反而明确说明"香港特别行政区行政机关、立法机关和司法机关之间的关系,应该是行政机关和立法机关既互相制衡又互相配合;司法机关和检察部门则独立进行工作,不受任何干涉。为了保持行政效率,香港特别行政区行政长官要有实权,同时,又应受到监督。"据此,余若薇否定香港有所谓的行政主导制,主张三权分立的观点。参见余若薇《行政主导无名无实》,香港《明报》2007年6月12日。许昌教授则认为,基本法起草委员会政治体制专题小组的报告记载的内容"委员们认为,在'一国两制'的原则下,香港特别行政区的政治体制原则上采用'三权分立'的模式,虽然有的委员会主张三权分立、行政主导,有的委员会主张三权分立、立法主导,但对于司法独立,行政机关们和立法机关既互相制衡,又互相配合的原则,小组会上没有人提出异议",以及"委员们同意原则上采用'三权分立'的模式,使行政机关和立法机关既相互制衡又互相配合;还同意行政长官有权签署并分布法律","在肯定'三权分立'的同时,又提出了'行政主导'的概念","客观忠实地反映出基本法起草者在起草最初阶段对相关问题的认识",并进而引用邓小关于香港不搞三权分立的讲话,否定特别行政区制度为三权分立制。参见许昌《为什么不宜用"三权分立"来概括香港特别行政区政治体制的模式特征》,《基本法研究》2013年第4期。

观点难以成立。在这种政治取向式的解读中，基本法中的具体规定事实上完全被忽视了，政治上的大词代替了基于基本法的精细规范分析，"一国两制"事实上没有被全面准确地理解，或者过于强调自治，或者过于强调"一国"。总之，在解读特别行政区政治体制的过程中，政治思维而非法律思维居于主导，三权分立论和行政主导论是政治意图的学术表达，本质上仍是政治语言。

三　澳门特别行政区政治体制解读的误区

在三权分立论与行政主导论处于激辩之时，澳门社会完全接受行政主导论。这种不作分析地套用三权分立/行政主导的对立思维模式，忽视了澳门及其基本法的特点，对澳门政治体制的解读步入误区而不自知。

首先，套用这种认知模式忽视了澳门与香港社会和政治生态的区别。如前所述，行政主导论是因应香港管治的特殊局势而提出的政治主张，对应的是香港社会复杂的政治环境，而澳门社会与香港完全不一样。在身份认同方面，澳门居民向来认同自己的中国人身份，并形成爱国的悠久传统。中华总商会会长马万祺曾提出："'爱国爱澳'是澳门同胞的光荣传统"，"'爱国爱澳'是澳门社会政治生活的永恒主题。"[①] 吴邦国委员长在"纪念澳门基本法实施十周年座谈会上的讲话"中亦指出："澳门同胞素有光荣的爱国主义传统，始终与祖国人民血脉相连、心心相印。"[②] 新近的一份调查显示，爱国爱澳已经成为澳门社会的"第一核心价值"。[③] 这种国家和政治认同上的特点，与香港明显有别。[④] 在国际环境方面，虽然中央在党的十七大代表大会报告中提出"坚决反对外部势力干预港澳事务"，[⑤] 并在十八大报告中

---

① 马万祺：《"爱国爱澳"是澳门社会政治生活的永恒》，人民网，2000 年 12 月 15 日。
② 吴邦国《在纪念澳门基本法成功实施十周年座谈会上的讲话》，全国人大常委会澳门基本法委员会办公室编《纪念澳门基本法实施十周年文集》，中国民主法制出版社，2010。
③ 参见《调查称爱国爱澳成澳门社会第核心价值》，中国新闻网，2009 年 12 月 16 日。
④ 参见郑宏泰、黄绍伦《身份认同：台、港、澳的比较》，《当代中国研究》2008 年第 2 期。《澳门日报》和《新华澳报》都认为爱国者治澳在澳门得到很好的实施。参见《务实奋进表达爱国爱澳》，《澳门日报》2004 年 2 月 21 日。《宜根据澳门实际情况落实爱国者标准涵义》，《新华澳报》2004 年 2 月 21 日。
⑤ 胡锦涛：《高举中国特色社会主义伟大旗帜　为夺取全面建设小康社会新胜利而奋斗——在中国共产党第十七次全国代表大会上的报告》（2007 年 10 月 15 日）。

提出要"防范和遏制外部势力干预港澳事务",① 但"港澳"被并列提及并非意指澳门如同香港般是外部势力极度活跃的地方。② 总之,澳门特别行政区不是香港特别行政区的复制,有其独特的历史和政治生态。简单套用行政主导论,必定是模糊澳门与香港政治生态的差异。

其次,套用这种认知模式将难以服众的政治思维导入澳门问题的思考,导致对澳门基本法的片面理解和对澳门政治现实的忽视。三权分立论和行政主导论在特定的政治环境下产生,内在逻辑与隐藏的政治意图联系在一起,论者多求证于基本法制定的政治过程和政治决定,并未以基本法的文本作为相关观点的直接支撑。即便引用基本法中的条文作证据,亦存在着逻辑上的裂缝。论者在论述行政主导时,列举行政长官的多种权力,但并未详细分析这些权力是如何可能使得行政长官主导特别行政区的政治过程。③ 行政长官拥有广泛的权力显然不等同于行政长官的主导地位。④ 实践显示,在香港,行政长官未能主导,⑤ 而在澳门,行政长官领导的政府居于绝对强势地位。这种差别为行政主导论者所忽视。另外。论者在探讨澳门的政治体制时,多从与香港相同的角度加以论述,并未重视澳门基本法与香港基本法关于政治体制规定的具体区别及其现实意义。⑥ 与香港基本法相比较,澳门基本法赋予行政长官一些独特的权力,如委任立法会议员和制定并颁布执行行政

---

① 胡锦涛:《坚定不移沿着中国特色社会主义道路前进 为全面建成小康社会而奋斗——在中国共产党第十八次全国代表大会上的报告》(2012 年 11 月 8 日)。

② 澳门的形势大概是无近忧但有远虑。在澳门开放赌权后,超过半数的博彩持牌机构为美资所控制,美国拉斯维加斯的赌业巨头经营了目前澳门最大的赌场如"金沙"、"永利"和"威尼斯人","美高梅金殿"则是与美国的合资机构。据美国花旗银行的研究显示,2008年上半年,"金沙"、"永利"、"美高梅金殿"等多间外资控制或参与的赌场的总市场占有率达到 61%,雇用的员工人数占澳门博彩业从业人员的 60%,外资赌场的收入则超过赌场总收入的半数,并有日益扩大之势。美国会越来越关注澳门。

③ 这种论证模式在关于行政主导制研究中随处可拾,笔者亦曾采用而不自知。

④ 陈弘毅教授研究认为,香港的政治体制之所以可以称为行政主导,是因为这种制度可成为一种强势的政府,也可以成为一种弱势的政府,取决于行政长官能否建立稳定的管治联盟,形成共识民主。参见陈弘毅《行政主导概念的由来》,《明报》2004 年 4 月 23~26 日。

⑤ 香港政治体制发展专责小组第二号报告指出:"行政与立法机关每每只能互相制衡,但不能做到充分互相配合的情况,加上在现行制度下,行政长官在立法会中没有固定的支持,以致对于行政主导及施政效率造成不良影响。"政治体制发展专责小组《政治体制发展专责小组第二号报告:〈基本法〉中有关政治体制发展的原则问题》,《中华人民共和国全国人民代表大会常务委员会公报》2004 年第 4 期。

⑥ 参见李略《港澳特别行政区政治制度相同点分析——"一国两制"和行政长官制》,《"一国两制"研究》2009 年第 1 期。

法规。港澳基本法在权力配置方面的区别，使得澳门行政与立法的关系呈现出别样的形态。澳门立法会前主席曹其真尖锐地指出："毫无疑问，特别行政区政府无论旨在决定政府的政策，还是在决定提出法案方面，均处于主导性地位，并为此享有非常大的权限，但这种主导性地位绝不意味着排斥立法机关的参与，无须听取立法会的意见和建议甚至批评；也绝不意味着政府在具体工作安排上可以不考虑立法会的实际情况和工作安排，将立法会视为程序上的表决器和政府的附庸，而恰恰应当是相反。但令人遗憾的是，回归十年来政府在很多重大决策上并没有与立法会进行充分的沟通与协商，在某些方面甚至连事先的知会和通报都没有做到，很多重大政策的制定和出台，只是政府向传媒和社会公开之后，立法会才了解内情和政府的动向。"① 显然，对这种现实情形，"行政主导"不是一个精确的用语，"行政独断"或许更为合适。然而，在澳门政治体制的研究中，这一点并没有被鲜明地揭示。

最后，套用这种认知模式也可能进一步导致行政一权独大。一般认为基本法在特别行政区建立了"行政主导，司法独立，行政和立法既相互配合又相互制约"② 的政治体制。这一理论总结显然并非对特别行政区政治实践的客观描述，而是抽取了特别行政区政治体制中的一条根本性规范，因此应作规范性的理解，其基本含义是："行政应主导，司法应独立，行政与立法应既相互配合又相互制约。"将澳门的政治体制总结为行政主导制，同样包含着规范性的内涵，即行政应当主导，而现实的情况是行政不仅仅是居于主导，而是呈现权力过度集中、监督不力的情状。理论上不作区别的套用行政主导论，必然滑向进一步地强化行政权的一端。相对于理论研究，实务部门似乎对澳门政治体制有相对清醒的认识。如在纪念澳门基本法颁布二十周年启动大会上，特首崔世安提出要继续"维护及推进基本法规定的行政主导政治体制，促进行政与立法的相互制衡、互相配合，确保司法独立"③，特别强调要促进"行政与立法的相互制衡、互相配合，确保司法独立"。

总之，澳门政治体制的理论研究简单套用三权分立论/行政主导论的思维模式，忽视从基本法的具体规定考量澳门政治体制基本特征的自主意识，

---

① 曹其真：《立法会主席十年工作情况的总结报告》，澳门立法会网站，http：//www.al.gov.mo/download/Balanco-c.pdf，2010 年 12 月 4 日访问。

② 许崇德：《略论香港特别行政区的政治制度》，《中国人民大学学报》1997 年第 6 期。

③ 《澳门：崔世安推基本法护行政主导》，《澳门日报》2013 年 2 月 22 日。

理论研究脱离了澳门的政治现实。事实上，澳门政治实践中呈现的行政法规与法律的位阶之争、行政法规的司法审查之争以及法院行政法规审查权之争，与一直纠缠香港的政治体制改革问题不同。这些问题基本上不涉及中央与特别行政区的关系范畴，而是在特别行政区内部三权关系的框架下展开。政治现实的逻辑早已对理论研究的僵化模式提出了无声的挑战。

四　澳门政治体制的特色

香港政治体制的发展被捆绑在民主化的议题上，澳门政治体制的发展遵循与之不同的逻辑，主要在法治的框架下展开，行政权的法律控制是重点。个中原因，概源于两部基本法在政治体制规定方面的差异。港澳基本法"在大政方针和基本框架上几乎是一致的，都体现了'一国两制'方针，彼此不分轩轾。只不过《澳门基本法》制定在后，充分借鉴了《香港基本法》的经验，但又不是全盘照搬，而是更加切合澳门的历史和现实情况，因而在制度设计方面更加有利于'一国两制'方针的实施，更加彰显澳门特色"。[1]澳门基本法中"澳门特色"的部分可以从港澳基本法关于行政长官的权限规定的差异中窥见一斑，而这种差异则铸就了澳门政治体制的特色。

初步统计，香港基本法授予行政长官的权力约有 26 项，澳门基本法亦规定了行政长官的广泛权力。在上述权力中，澳门行政长官亦享有且港澳基本法的表述完全一致的共有 15 项，上述 26 项权力中，澳门行政长官亦享有但港澳基本法相关表述有别的共有 11 项。除了这 11 项差别外，澳门特别行政区行政长官还享有香港特别行政区行政长官所不享有的一些权力，即澳门行政长官可以制定行政法规，委任七名立法会议员，可以依法颁授澳门奖章和荣誉称号。[2]实质性地影响港澳特别行政区行政与立法间的关系并且直接导致港澳政治体制实践呈现差异的主要有两项，一是澳门特别行政区行政长官有权制定并颁布行政法规，二是澳门行政长官有权任命立法会七名议员。这些均是香港特别行政区行政长官不享有的权力，亦是澳门政府居于强势的原因。

首先，议员委任权强化了行政长官的政治动员能力，促成立法对行政的

---

① 饶戈平：《基本法与"一国两制"的澳门模式》，《"一国两制"研究》2009 年第 1 期。
② 参见澳门基本法第 50 条（五）、（七）、（十六）。

高度配合。众所周知，政府法案若要在立法会获得通过，行政长官必须能够协调立法会议员的立场。在这一点上，香港行政长官面临着更大的挑战。香港立法会的议员人数较澳门立法会的议员人员多出一倍有余，且由不同的政治阵营控制，澳门立法会的构成情况相对简单，且议席主要由政府的支持者所占据。除此之外，澳门行政长官还手握一利器，可以任命近三分之一的立法会议员，而香港行政长官对立法会议员无任何选择权。议员产生机制的差异，导致行政长官的谈判任务和难度明显不同。澳门立法会对政府的法案提案给予了相当程度的程序配合。前立法主席曹其真的报告指明："回归十年来，无论是对于政府法案的审议工作，还是对政府施政方针以及重大政策的制定与完善，对政府财政预算案的审议通过，对政府的日常工作进行监督等方面，立法会均全力配合政府施政。"①。

其次，法案提案权和行政法规制定权进一步地强化了行政权。根据澳门基本法的规定，行政长官领导的政府享有法案的提案权，立法会议员只能提出有限的法案，立法会制定、修改和废除法案，行政长官签署、公布法案，经由这些程序，法案生效。在澳门特别行政区，行政长官及其领导的政府与立法会分享立法权，立法会并不享有完整的立法权，行政长官与立法会只有相互配合，才能制定法律。与此同时，港澳基本法规定行政长官可以制定并颁布行政法规，独享行政法规的制定权。在澳门，行政法规为澳门基本法创立的用语，澳葡政府时期澳督制定的法律被称为法令。根据1976年《澳门组织章程》，澳门成立了立法会，与总督分享立法权。在成立的初期，为土生葡人所控制，土生葡人意图将立法会发展成为澳门的政治中心，与澳门总督多生龃龉。后华人议员增多，协调双方，澳门政治体制的争斗方才归于平静。通过任命议员，兼任立法会主席，分享较大的立法权，② 澳门总督成为澳门的政治中心。根据澳门回归前总督与立法会分享立法权的实际情况，回归后，澳门行政长官通过制定行政法规，行使了大量的立法权。③ 回归十余

---

① 曹其真：《立法会主席十年工作情况的总结报告》，澳门立法会网站，http：//www. al. gov. mo/download/Balanco-c. pdf，2010年12月4日访问。

② 除了《澳门组织章程》授予总督的立法权外，回归前的较多法律亦授权总督以立法权。从1976年至回归前，澳门总督制定法令1783件，发布训令为6611件，而立法会制定的法令只有340件，前二者分别为后者的5.24倍和19.44倍。以澳门总督为首的政府才是澳门真正的立法者。参见《有关完善立法会选举制度的分析研究》，《廉政公署2006年年报》。

③ 回归前十年，澳门总督制定的法令有791件，立法会制定的法律只有164件，回归后十年，澳门行政长官制定的行政法规有312件，立法会制定的法律只有133件。

年来，澳门立法与行政的关系成为争论的重点，重中之重则是立法权的分配问题，《关于订定内部规范的法律制度》正是解决此一问题的初步议案。这部法律承认了行政长官的立法权。港澳行政长官均手握法律提案权，但香港行政长官必须提出法案，并仰赖立法会支持政府政策，通过其法案，才能运用法律手段施政，而澳门行政长官则可自行制定行政法规，并可能利用提案权控制立法会的立法权——减少提案，[①] 使得立法权事实上向行政部门倾斜，产生行政法规替代立法会法律的结果。[②] 因此，尽管澳门基本法规定澳门特别行政区立法会是澳门的立法机关，但行政长官事实上既控制着行政权，控制并实际行使立法权，权力集中的特征十分明显。

基于澳门行政相对强势的传统和当下特殊的政治生态，若以行政能否在主导现实政治过程为标准，澳门与香港的政治体制便呈现本质性的区别。具体而言，香港基本法建立的是一种行政权弱化的"相对行政主导制"。[③] "相对行政主导"包括两层含义：一是与港英政府时期的港督相比较，行政长官的权力大为减少，而立法机关与司法机关的权力则有扩张。"相对于港英统治时期而言，特别行政区的政治体制是在权力分立基础上的相对行政主导，这种行政主导体制与港英时期港督所享有的行政主导有天壤之别。虽然在《基本法》的制定过程中立法人员出于继续保持行政主导考虑而在对特别行政区不同部门的权力配置上更多地倾向于行政权力，但此时的行政主导仍然无法达致彼时行政主导时权力集中的程度，只能算是在中央政府领导下的以行政长官为首的相对行政主导。"[④] 二是与前一方面相关联，行政长官在现实中可能无法主导香港的政治过程。陈弘毅教授认为，香港可能出现四种政府形态，第一种是特首领导的政府获得立法会大多数政党或政治联盟的大力和稳固的支持，此时形成最强势的政府，第二种是立法会出现了反对特

---

① 曹其真指出："议员行政立法提案权的空间相当有限，相反，政府所享有的提案权的范围却非常广泛，几乎不受限制。"澳门回归后至 2009 年，议员提出的法案有十多个。参见曹其真《立法会主席十年工作情况的总结报告》，澳门立法会网站，http://www.al.gov.mo/download/Balanco-c.pdf，2010 年 12 月 4 日访问。

② 该法规定规范性文件包括立法会制定的法律、行政长官的独立行政法规和补充性行政法规。在该法第六条规定的事项之外的其他事项，行政长官可以制定行政法规。由于行政长官控制着法律的提案权，行政长官仍可以通过提案权架空立法会的立法权。

③ 参见张定淮《香港的"行政主导"体制：性质、困境与发展》，载陈广汉主编《香港回归后社会经济发展的回顾与展望》，中山大学出版社，2009。

④ 参见张定淮《香港的"行政主导"体制：性质、困境与发展》，载陈广汉主编《香港回归后社会经济发展的回顾与展望》，中山大学出版社，2009。

首领导的政府的大多数政党联盟，此时形成最弱势政府，第三种是特首领导的政府能和立法中大多数议员维持合作的关系，并组成松散的联盟，而立法会中占大多数的政党或政治联盟，愿与特首领导的政府合作，在个别政策中协商、讨价还价，分离政治权力，此时形成中度弱势政府。第四种是立法会中并没有任何占大多数的政党或政治联盟，而只有不同的小型政党和独立议员，政府须在个别政策上进行游说，争取到多数议员支持，此时形成中度强势政府。① 质言之，在香港行政可能主导，而非必然主导。

与香港不同，澳门可以称为"行政集权制"。在回归之前，澳门立法会与澳督均可以制定具有法律效力的规范，其中立法会制定的为法律，澳督制定的为法令，澳督颁布及命令公布立法会的法律。回归后，澳门基本法规定立法会为立法机关，掌控立法权，② 亦未明确授权行政长官以立法权，但行政长官享有提出法案的权力、签署法案的权力以及行政法规制定权。因此，立法会事实上不享有独立的立法权，而行使长官则控制着立法程序的启动权。与回归之前相比较，立法会形式上独掌立法权，权力有所扩展，但实际上受制于行政长官，立法权事实上被严格限制。与澳督相比较，行政长官名义上失去了立法权，但换得了行政法规制定权，尽管行政法规不是严格意义上的法律，法律效力在立法会制定的法律之下，但在立法会立法权被严格限制的情形下，加之行政法规同样具有法源意义，行政法规制定权便具有立法权的实质意义。终审法院第223/2005号案判决强化了这种权力。在全面梳理中国大陆及葡萄牙关于行政法规的相关规定及理论后，终审法院认为：③ "行政法规需要一项预先法律给予授权的要求是没有法律依据的；同样，不能从《基本法》的任何规定中得出行政法规不能设定针对个人的义务或限制的结论；因此，结论是，在《基本法》规定保留以法律规定的事项以外以及不违反法律优先原则（行政法规不得违反高位阶的法律规范，尤其是基本法和法律，也不得违反包括行政法一般原则在内的法律一般原则）的情况下，行政长官可仅以《基本法》为依据核准行政法规，亦即'不必有一项授权法之后才能有独立的行政法规'。"④ 回归之后，行政长官的权力是

---

① 参见陈弘毅《行政主导概念的由来》，《明报》2004年4月23～26日。

② 参见王禹《法律、法令和行政法规的争议再思考》，法治政府网，http://blog.sina.com.cn/s/blog_4d89b8340102e2as.html，2013年2月7日访问。

③ 第28/2006号案判决，第39页以下。

④ 第223/2005号案件判决书（重审），第63页。

变相扩张了，行政权与规范形成权相当程度上集于行政长官及其领导的政府。可以说，澳门基本法更全面地贯彻了行政长官有实权，主导政治过程的立法意图。这种立法意图规范化之后，在澳门的政治过程中得到全面的实施，这一点无须赘言，前立法会主席曹其真的立法会十年工作报告是一个直白的注脚。①

总之，澳门基本法立足于澳门的社会现实和政治传统，具有本身的特色。这一特色体现在政治体制层面，便是行政长官确实享有实权，且这权力广泛到足以主导政治过程，最终在澳门形成一种"行政集权"、"行政绝对主导"的政治现实。

五　澳门政治体制研究的展望

理论上关于澳门政治体制的研究陷入三权分立论/行政主导论的对立思维中，其结果是完全未抓住澳门政治体制的行政集权特征，导致实践中无的放矢的进一步地强调行政的主导地位。本文认为，未来关于澳门政治体制的研究应当注意如下几点。

（一）回归宪法和基本法，完整地理解澳门政治体制

"政治体制所要解决的主要是政权机关之间的职权划分、权力的行使与监督、权力与责任的关系等问题。"② 任何主权国家的权力划分必然包括各个层次的横向的立法、行政与司法间的权力关系，亦包括纵向的中央与地方，或者联邦与组成单位间的权力关系。特别行政区是中国的一个地方行政区和特别行政区，其政治体制的内容自然应当包括横向的立法行政与司法三权的关系和纵向的中央与特别行政区的关系。尽管特别行政区基本法仅在第四章使用了"政治体制"一语，且其内容仅包括特别行政区内部各机关的关系，但特别行政区政治体制的内容显然不以此为限，第二章"中央与特别行政区的关系"以及其他章节中涉及权力分配的条款，都是特别行政区政治体制内容的规范来源。三权分立论和行政主导论事实上各执一端，前者

---

① 参见曹其真《立法会主席十年工作情况的总结报告》，澳门立法会网站，http://www.al. gov. mo/download/Balanco-c. pdf，2010 年 12 月 4 日访问。

② 王叔文：《香港特别行政区基本法导论》（第三版），中国民主法制出版社、中共中央党校出版社，2006，第 210 页。

从三权关系的角度探讨特别行政区的政治体制，后者形式上从行政权与其他权力的关系，实质是从中央与特别行政区的关系的角度确定特别行政区的政治体制，均含有科学的一面，但显然均只抓住了基本法中的一些条款。① 特别行政区是中国的一类行政区，应当在宪法和基本法的框架下讨论其政治体制。作为中国行政区划的一种，中央与特别行政区间是单一制下中央与地方的授权关系，同时，在中央与地方的关系中，中央居于主导地位。这种关系又具体表现为基本法所规定的国防、外交权的保留、法律备案权、基本法解释权和行政长官及主要官员的任命权等。在这一关系中，中央与特别行政区的立法、行政和司法全面发生关系，并非行政长官才是中央行使权力的"抓手"。这恰是行政主导论所忽视的地方。特别行政区与其他一般行政区的明显区别是，一般行政区实行人民代表大会制度，其他国家机关对人民代表大会负责，而特别行政区的三机关在法律上相互独立，地位平等，实质上遵循了三权分立的一般原理，但在两个特别行政区，三权间的配置又具体有别。总体而言，特别行政区的政治体制既源于现行宪法，亦源于特别行政区基本法。② 中央的主导权与特别行政区自治权是特别行政区政治体制中的根本关系。通常，特别行政区的政治体制被认为是"行政主导，司法独立，立法与行政既相互制约又相互配合"，并未强调中央的主导权，或者试图以行政主导涵括中央的主导权，忽视了基本法确立有中央与特别行政区关系的其他机制，并不准确。因此，如何准确地概括特别行政区的政治体制，仍是理论研究的重点。本文认为，为了引导一种立足宪法和基本法分析特别行政区相关问题的研究进路，不妨将这种政治体制称为"特别行政区制"，其具体内容为中央主导，三权分立，相互制约。在澳门，行政相对集权亦是内容

---

① 张定淮教授认为行政主导制包括如下内容："……第四，香港的行政主导还表现为，在涉及中央管理的事务及中央与特别行政区关系的事务上，中央政府处于主导地位。集中表现为除国防和外交由中央直接管理外，中央还要求行政长官代表特别行政区对中央政府负责，中央政府对行政长官和主要官员具有实质任命权，全国人大常委会对基本法具有解释权，对其他法律具有备案权等。"张定淮《香港的"行政主导"体制：性质、困境与发展》，载陈广汉主编《香港回归后社会经济发展的回顾与展望》，中山大学出版社，2009。这一论述十分敏锐地注意到中央与特别行政区关系亦是特别行政区政治体制内容的一部分。

② 参见韩大元《中华人民共和国宪法与香港特别行政区基本法共同构成香港宪制的基础》，全国人大常委会香港基本法委员会办公室编《纪念香港基本法实施十周年文集》，中国民主法制出版社，2007。骆伟健：《宪法和基本法是特别行政区的宪制基础》，全国人大常委会澳门基本法委员会办公室编《纪念澳门基本法实施十周年文集》，中国民主法制出版社，2010。

之一。更为重要的是，这一思路将中央主导权与澳门内部的三权关系作分开的处理，将为澳门行政权的监督开放出较大的空间。

（二）行政权的有效监督

澳门基本法授权行政长官及其领导的政府以广泛的权力，行政相对集权，全面主宰政治过程，虽然实现了行政主导的政治效果，但亦留下权力滥用的隐忧。强化行政权的监督，是澳门管治的当务之急。一是建立法治机制。行政行为的司法审查和立法机关的监督，是基本法确立的显性机制，应当用足这些法律手段。[①] 二是建立民主机制。[②] 澳门基本法并未规定普选立法会和行政长官的民主目标，但这显然不能被解释为基本法禁止澳门的政治民主化。事实上，澳门基本法在附件一和附件二中许诺澳门在 2009 年后可依需要对两个选举办法进行修改，澳门亦于 2013 年完成这两个选举办法的修改，推进了政治民主化。在行政极为强势的情形下，公众的民主参与以及责任政府的建立，是有效的权力制约机制，澳门在此应当根据本地需要作出规划。

（三）立法与行政的合作机制

澳门回归后，立法会对政府配合有加，但正如前立法会主席曹其真所言："讲立法与行政之间的配合，从来都是双向的而不是单向的。毫无疑问立法会应服从并服务于行政主导的大局，尊重并维护行政长官及其领导下的特别行政区政府所具有的权威与职权，全力配合政府施政，但另一方面，特别行政区政府同样要尊重立法会所享有的职权，尊重立法会所应有的独立性和法律地位，主动配合立法机关的工作，只有这样才有利于发挥立法机关的职能。"[③] 显然，政府在这一方面有待加强。[④] 针对这一情况，曹其真建议

---

① 参见叶海波《澳门宪制发展与行政主导制的完善》，《暨大学报》2012 年第 8 期。李燕萍：《澳门行政法规的法律控制问题研究》，《"一国两制"研究》2009 年第 1 期。刘德学：《论行政主导制下立法会的监督制约职能》，《"一国两制"研究》2009 年第 1 期。

② 参见朱孔武《行政主导与澳门民主治理模式》，《当代港澳研究》2010 年 1 期。刘倩：《行政主导与治理的民主性——以澳门特别行政区政治实践为视角》，《"一国两制"研究》2009 年第 1 期。

③ 曹其真：《立法会主席十年工作情况的总结报告》，澳门立法会网站，http://www.al.gov.mo/download/Balanco-c.pdf，2010 年 12 月 4 日访问。

④ 于政府而言，在面对与立法会配合不足的批评时，不能赌气似地将相关工作甩给立法会。在目前情况下，立法会的人员配置事实上无法胜任多数工作，但这不是急于配合的理由。

建立制度化的沟通机制以加强相互配合，并建议统筹规划立法事宜并共同制定立法规制。① 本文认为，除此之外，立法会议员与政府间的法案合作提案机制亦是应予以强化的方面。

《关于订定内部规范的法律制度》确立了法律保留制度，限定行政法规的规范范围，但亦授权行政长官"得就法律没有规范的事宜设定初始性的规范"。在行政长官领导的政府手握法案提案大权的前提下，"法律没有规范的事宜"的范围实际上取决于澳门政府是否积极行使提案权。澳门基本法第 75 条规定，凡不涉及公共收支、政治体制或政府运作的议案，可由立法会议员个别或联名提出。凡涉及政府政策的议案，在提出前必须得到行政长官的书面同意。依此条的规定，议员在获得行政长官书面同意的前提下可以提出关于政府政策的议案，可以提出"不涉及公共收支、政治体制或政府运作的议案"。议员可否提出"涉及公共收支、政治体制或政府运作的议案"？澳门终审法院坚持政府对于这些事项的专属提案权，认为"这些事项只有在政府提出法案的情况下才可以作为法律的标的"。② 终审法院的见解更强调行政与立法制约的一面，但行政与立法的合作亦是澳门行政主导制的应有之义。我们认为，澳门应当依托第 75 条建立立法会议员与政府协作提案的机制。③

---

① 参见曹其真《立法会主席十年工作情况的总结报告》，澳门立法会网站，http：//www. al. gov. mo/download/Balanco-c. pdf，2010 年 12 月 4 日访问。

② 第 28/2006 号案判决，第 97 页。

③ 更详细的论述参见叶海波《澳门宪制发展与行政主导制的完善》，《暨南学报》（哲学社会科学版）2012 年第 8 期。

澳门特别行政区行政主导制的检讨与再论

——基于政权组织形式的诠释

祝　捷[*]

祝　捷[*]

　　摘　要：澳门的行政主导制是概括澳门政权组织形式方面居于通说地位的概念。但是，传统观点对于行政主导制的论述未能完全揭示出澳门政权组织形式的特点，且存在诸多不足。运用正当性传递这一构造政治权力的原理分析澳门基本法有关行政与立法的关系，澳门的行政主导制更接近于半总统半议会制（双首长制），但又有所不同。而从澳门政治实践加以考察，由于立法会的相对弱势，以及澳门并不成熟的议会政治，导致立法会对行政长官和特区的监督和制约作用比较有限，行政主导制在实践中体现出"行政威权"的特点。在行政主导制之下强化立法会对行政权的监督与制约，因而成为未来澳门政治改革的重要议题。

　　关键词：行政主导制　澳门特别行政区　政权组织形式

　　澳门特别行政区的政治体制是学界研究特别行政区制度和澳门问题的核心问题之一。学界在政策话语的引导下，已经形成了基本共识，亦即澳门特

---

　　* 祝捷，武汉大学法学院副教授，硕士生导师，武汉大学"珞珈青年学者"。本文系周叶中教授主持之教育部哲学社会科学重大攻关项目"特别行政区制度在我国国家管理体制中的地位与作用研究"的阶段性成果。

别行政区的政治体制，是以行政长官为核心的"行政主导制"。① 本文虽赞同"行政主导制"的提法，但认为依循权力构成背后的政治逻辑解读澳门特别行政区基本法，并从澳门特别行政区制度之实践面向考察，传统有关"行政主导制"的观点稍显不足，需要检讨并同时澄清澳门行政主导制之意涵。为此，本文用更加具体的"政权组织形式"，取代失之过宽的"政治体制"，构建分析特别行政区权力配置与运行的理论框架，从而对"行政主导制"进行符合澳门特色的新诠释。

一　传统"行政主导制"研究之再思

对于"行政主导制"的概括对象，多数学者认为，"行政主导制"所概括的是澳门的"政治体制"。政策话语亦有"澳门特别行政区实行以行政为主导的政治体制"的提法。② 也有学者认为，行政主导制所概括的是特别行政区的"政府体制"，简称"政体"。③ 本文认为，"政治体制"在描述一国或地区的权力构成方面有着很强的概括力，但未免失之过宽：政治体制除了可以统摄类似于行政主导制、三权分立等描述静态权力构成的概念外，还可以统摄诸如决策机制、精英选拔机制等描述动态权力运行的概念，甚至能够容纳诸如意识形态、多党制、社会管理体制等已经超出政府权力的概念。而政体在宪法学上一般又指对于一国或地区宏观上的政权架构，偏重于权力的组织过程和基本形态。④ 考虑到行政主导制所描述的主要行政与立法之间的相互关系，着重于说明特别行政区高度自治权的实现机关及其之间的关系，因而本文使用更加偏重于微观的、具体的政权构架的"政权组织形式"概念，来统摄行政主导制及其所描述的政治现象。

梳理当前论述行政主导制的文献，学界对于行政主导制的研究集中于三个方面。第一，关于行政主导制的内涵。萧蔚云的观点居于通说地位，即行政主导，是指在行政与立法的关系中，行政长官的法律地位要高，行政长官

① 参见张德瑞《澳门基本法导论》，知识产权出版社，2011，第152页。
② 吴邦国：《在纪念中华人民共和国澳门特别行政区基本法实施十周年座谈会上的讲话》，《中华人民共和国澳门特别行政区宪政法律文献汇编》，澳门理工学院，2010，第242页。
③ 参见胡锦光、朱世海《三权分立抑或行政主导——论香港特别行政区政体的特征》，《河南省政法管理干部学院学报》2010年第2期。
④ 参见周叶中主编《宪法》，高等教育出版社，2011，第209页。

的职权广泛而且要大，在政治体制中有较大的决策权，行政长官在特别行政区的政治生活中起主要作用。① 第二，关于行政长官在行政主导制中的地位与作用。多数学者认为，行政主导制集中体现为行政长官的主导地位，行政主导制又可以被称为"行政长官制"。② 第三，关于行政主导制下行政与立法的关系。多数学者认为，行政主导是相对于立法主导所提出的概念，③ 行政主导制所描述的实际上是立法与行政的关系，其特征就是行政对于立法的优位性。

不可否认，行政主导制已经构成从学理上联结行政长官、特别行政区政府和立法会的关键范畴，在政治实践中也为维护和强化特别行政区行政长官的权威起到了推动和保障的作用，对行政主导制的论述也已形成固定且获广泛共识的结构与话语，但有关行政主导制的观点绝非已臻完备。事实上，由政策话语奠定的、为多数学者所论证和认同的传统观点，因其在对行政主导制概念定位的缺憾，以及对澳门政治之历史与现实的关照不足，因而在描述澳门政权组织形式上有所不足。

首先，行政主导是世界范围内权力配置的发展趋势，任何政权组织形式都呈现行政主导的特点，传统的"行政主导制"观点仅仅强调行政权具有主导地位和对立法优位性，并不足以突出澳门政权组织形式的特点。早有学者指出，行政主导制既可以理解为一种政治体制，也可以理解为一种政治现象。④ 由于权力关系在运行中更加偏向行政、社会的变迁导致政府功能加强、立法机关结构性不足等原因，⑤ 行政权对于立法权的优位性已经成为二战后世界各国权力配置的普遍现象，行政权的扩张便成为一种世界性趋势。⑥ 即便传统以"议会至上"为特征的英国，"议会主权"也受到来自于首相及政府的极大挑战，首相凭借对政党和议会议题的控制，成为英国政治的核心。在其他本来就以行政为核心的国家和地区，行政权更加呈现主导的

---

① 萧蔚云：《略论实施澳门特别行政区基本法的主要经验》，载萧蔚云《依法治澳与特区发展》，澳门法务局，2004，第18页。
② 萧蔚云：《行政长官制是单一制下新的澳门特别行政区地方政权形式》，载骆伟建等主编《澳门人文社会科学研究文选》（基本法卷），社会科学文献出版社，2009，第222页。
③ 参见王振民《一国两制与澳门基本法》，澳门立法会，2008，第20页。
④ 参见宋小庄、何曼盈《"一国两制"澳门模式下的行政立法关系》，《一国两制研究》（澳门）2011年第7期。
⑤ 参见骆伟建《论行政主导的权力设定、结构设计及其他》，骆伟建等主编《澳门人文社会科学研究文选》（基本法卷），社会科学文献出版社，2009，第234页。
⑥ 参见周叶中主编《宪法》，高等教育出版社，2011，第61页。

态势。基于比较法的结论，各种政权组织形式在现代政治生态中都有着行政主导的特征，传统"行政主导制"的观点固然可以描述澳门行政对于立法优位地位的现象，但如若用以概括澳门的政权组织形式则缺乏精准性，不足以体现出澳门政权组织形式的特点。

其次，行政主导制并不是与三权分立相对的概念，传统观点却将行政主导制与三权分立对立起来，因而并不准确。考察基本法的历史，行政主导制毋宁是为因应三权分立而提出的概念。起草香港基本法之初，起草委员会政治体制专题小组曾提出"原则上采用'三权分立'的模式，使行政机关和立法机关既互相制衡又互相配合"的意见，[①] 但是，邓小平随即提出特别行政区不搞三权分立的政治决断。[②] 在这一背景下，行政主导制被赋予了对抗"三权分立"的功能，对于行政主导制的强调多伴随着对三权分立的否定。[③] 亦有学者注意到行政主导和三权分立之间的非对抗性。如胡锦光等提出，三权分立是相对民主集中而言，行政主导是相对立法主导而言，全面概括特别行政区政治体制的特征，应是三权分立基础上的行政主导制。[④] 这一试图调和两者关系的观点虽遭到主流观点的质疑，但毕竟注意到行政主导制与三权分立在特别行政区的论域内并非格格不入。在学理上，三权分立是指权力划分为立法、行政和司法三种，互相牵制、互相制约，并不包含何种权力居于优越地位的意涵。由此可见，三权分立实际上是一种权力配置的学说，而行政主导是对权力分立后彼此间相互关系的一种描述，两者并非处在一个说理层面上。

再次，与学理上注重用行政主导制描述行政与立法的关系不同，政策话语的行政主导制还具有诠释中央与特别行政区关系的作用，而不独为描述特别行政区政权组织形式的概念。原全国人大常委会澳门基本法委员会副主任李成俊曾提出，澳门特区政府的权限来自于中央政府，特区政府代行中央政

---

① 转引自许昌《为什么不宜用"三权分立"来概括香港特区政治体制的模式特征》，《基本法研究》（澳门）2013 年第 4 期。

② 《邓小平文选》（第三卷），人民出版社，1993，第 220 页。

③ 行政主导制与三权分立的对抗性，不论是政策话语还是理论话语上都有所体现。政策话语的典型代表，参见张晓明《为什么说澳门不是实行"三权分立"的政治体制》，《一国两制研究》（澳门）2011 年第 10 期；理论话语的典型代表，参见许昌《为什么不宜用"三权分立"来概括香港特区政治体制的模式特征》，《基本法研究》（澳门）2013 年第 4 期。

④ 胡锦光、朱世海：《三权分立抑或行政主导制——论香港特别行政区政体的特征》，《河南省政法管理干部学院学报》2010 年第 2 期。

府的管治权，因此澳门采用行政主导的模式，澳门特区政府运用中央政府授予的权力，符合基本法的规定和核心精神。① 国务院港澳办原副主任陈佐洱也曾提出："特区政治体制必须以行政为主导……只有行政主导的政治体制，才能做到《基本法》规定的行政长官对中央负责，无论是立法主导还是三权分立的制度，都无法做到这一点。"② 由此可见，行政主导制实际上是中央透过行政长官治理特别行政区的一项制度保障。透过权力相对集中的行政机关治理，在效果上的确比透过立法机关或多机关治理更佳，对此，澳门宪制史上不乏其例。1783 年葡萄牙女王玛利亚一世颁行的《王室制诰》，赋予澳门总督"一切必要权力"，并使之超越原本体现澳门"社群共治"特征的议事会，全面介入澳门地区的一切事务，代表葡萄牙中央政府对澳门行使"管辖"。③ 此一历史事件实为澳门"行政主导制"之滥觞。澳门当前的行政主导制亦延续传统，有着方便中央政府管制澳门的意涵在内。由此，行政主导制并非仅仅具有描述特别行政区政权组织形式的功能，还是理解中央与特别行政区关系的重要范畴。

　　最后，对特别行政区行政主导制的论述，有着"港澳同质化"的倾向，而两地政治生态有同有异，不宜混淆。目前对特别行政区的研究仍以香港为主，行政主导制的内涵、行政长官的地位、行政与立法的关系等研究议题都首先并主要在香港问题的论域内获得讨论，政策话语中描述香港行政主导制的提法也被直接迁移至研究澳门的行政主导制。因此，对香港行政主导制的结论也被运用于解读澳门的行政主导制，造成"港澳同质化"的研究倾向。不可否认，对香港行政主导制的研究不论在深度还是广度上都强于对澳门行政主导制的研究，但这只能说明在对香港行政主导制研究中所使用的研究方法、分析对象和论证逻辑可以为研究澳门行政主导制所借鉴，而并非意味着两者有着共同的结论。港澳行政主导制在起源、设计思想、基本法的规定乃至于政治实践上虽有相同之处，但相异之处更多，两者并不能一概而论。如香港由于立法会直选议席比例较高以及反对派政党的存在，因而行政主导更多的是表面性的而不是实质性的。澳门基于行政长官委任议员制度、爱国爱

---

① 参见李成俊《相信澳门会更好推进"一国两制"事业发展》，http://www. chinanews. com/ga/ga-gaynd/news/2009/12 – 24/2036147. shtml，最后访问日期：2013 年 3 月 21 日。

② 转引自冷铁勋《论澳门政制发展中的行政主导保障》，《一国两制研究》（澳门）2012 年第 13 期。

③ 参见何志辉《从殖民宪制到高度自治——澳门二百年来宪制演进述评》，澳门理工学院，2009，第 8 页。

澳社团对澳门社会的整合力度较强等原因，则难以产生类似于香港的现象。①

　　传统"行政主导制"观点在描述澳门的政权组织形式上有所不足，因而必须重新审视澳门基本法以及澳门政治实践中行政与立法、政府与社会的关系，对于澳门的行政主导制，从更加符合澳门特色，更加符合宪法学、政治学知识谱系的方面加以新诠释。

二　澳门行政主导制观察面向之一：基本法上的行政与立法的关系

　　曾有学者对澳门和西方主要国家的政权组织形式进行比较研究，试图在政权组织形式的坐标上定位澳门的行政主导制。② 如澳门学者郑伟认为，特别行政区的行政主导制吸取了议会内阁制中政府向议会负责的制度，与总统制和法国的半总统半议会制也有相似之处。③ 澳门学者鄞益奋则认为澳门的行政与立法关系是总统制和议会内阁制的混合体。④ 此种比较颇具启发意义，但两位澳门学者所作的比较研究，偏重于制度外观的形式对比，而缺乏对政权组织形式之构成逻辑的关照。因此，对行政与立法关系的观察，应当深入到行政与立法关系构成的政治逻辑中。立基于基本法的文本，运用政权组织形式背后的政治逻辑，本文认为澳门的行政主导制在政权组织形式上更接近于半总统半议会制（双首长制），但又有所不同。

（一）正当性传递的逻辑对传统观点的检视

　　政权组织形式是表征权力构造及被分立权力之间相互关系的概念。考察总统制、议会内阁制、半总统半议会制三种主要政权组织形式，可以发现：在三种政权组织形式中，立法权的正当性都本源于人民，因而三种政权组织形式的区别，集中于行政权的正当性来源以及因行政权正当性来源的不同，

---

① 参见鄞益奋《澳门宪政体制中的立法行政关系》，《一国两制研究》（澳门）2010 年第 3 期。
② 学界在政权组织形式如何分类上的观点并不统一，本文按照学界具有相对通说地位的四分法，即总统制、议会内阁制、半总统半议会制（双首长制）和委员会制。参见周叶中主编《宪法》，高等教育出版社，2011，第 211 页。
③ 参见郑伟《对港澳基本法政治体制及其实践的探讨》，骆伟建等《澳门人文社会科学研究文选》（基本法卷），社会科学文献出版社，2009，第 212 ~ 213 页。
④ 参见鄞益奋《澳门宪政体制中的立法行政关系》，《一国两制研究》（澳门）2010 年第 3 期。

而与立法权之间产生的复杂关联。可以说,以行政权为观察点的正当性传递,是隐藏在权力构造及其关系背后的一条政治逻辑。

基于人民主权原则,任何权力的正当性都寄托于人民的同意。由于各国立法机关和行政机关的产生方式有所不同,因而导致立法机关和行政机关因正当性是否直接来源于人民而产生复杂的关联。如议会内阁制,人民直接选举产生议会,由议会多数党或政党联盟负责组阁,内阁的正当性因而直接来自于议会且透过议会来自于人民。当议会对内阁提出不信任案时,即表明内阁正当性丧失,内阁必须总辞职或提请解散议会,通过重新选举议会获取来自于人民的直接正当性。如遭逢议会改选,则该内阁要么因本党或政党联盟败选而"义务性总辞职",要么虽本党或政党联盟获胜但基于对新议会的尊重而"礼貌性总辞职"。① 又如总统制,由于总统和国会同为人民选举产生,因而各自的正当性来源相对独立,总统无权解散国会,国会也无权对总统进行不信任投票。再如法国的半总统半议会制,② 总统和国民议会分别由人民选举产生,因而有着类似于总统制的效果,但除总统外,总理亦为行政首长,后者虽由总统提名,但需国民议会同意,因而总理之正当性基础亦有一部分来自于国民议会。观察法国自 20 世纪 80 年代以来的政治实践,总理得否就任的决定权更偏向于国民议会,法国历史上三次"左右共治"的特殊政治现象即源自于此。③ 当然,研究澳门的政权组织形式,仅仅借助上述正当性传递的理论并不充足,原因是澳门是主权国家内依授权实行高度自治的特别行政区。④ 因此,考察澳门的政权组织形式,除需从人民主权原则的角度考量正当性传递外,还需立基于授权法的角度考量正当性传递的问题。

文本规范上澳门行政与立法的关系,有着两个研究面向:其一,突出强调行政长官对立法会的优越地位,具体主要包括行政长官领导特别行政区政府,有权制定行政法规,可以委任一定数量的立法会议员,议员提出的涉及政府决策的议案需经行政长官同意,行政长官有权签署或发回立法会通过的

---

① 参见李鸿禧《宪法意见书——以"副总统"不得兼任"行政院长"为主题》,《月旦法学杂志》1996 年第 17 期。

② 与总统制和议会内阁制不同,半总统半议会制类型众多,此处限于篇幅仅能以最为典型之法国为例分析之。参见苏子乔《哪一种半总统制?——概念界定争议的厘清》,《东吴政治学报》2011 年第 4 期。

③ 参见张峻豪《左右共治的类型研究》,《东吴政治学报》2011 年第 4 期。

④ 参见张德瑞《澳门基本法导论》,知识产权出版社,2011,第 63 页。

法案，并有权在一定条件下解散立法会等。其二，论述立法会对行政长官和特别行政区政府的监督与制约，主要包括特区政府对立法会负责，立法会有权听取特别行政区政府的施政报告，有权对特别行政区政府的工作提出质询，有权弹劾行政长官，在一定条件下可以迫使行政长官辞职等。以上观点主要专注于权力构造的外在形式，而缺乏对正当性传递这一权力构造逻辑的关照：首先，以上观点虽借助行政主导的概念，但执着于行政与立法的二元化，并未立基于行政长官和特区政府的观察点，导致分析结论多是基本法相关条文的总结与罗列；其次，没有揭示出行政长官、特区政府、立法会的正当性来源及其围绕正当性传递所产生的复杂联系。立基于现有研究的缺憾，本文拟按照正当性传递的逻辑，以行政长官为观察点，从基本法文本入手，对澳门政权组织形式进行探讨。

（二）澳门政权组织形式：立基于行政长官的观察

行政长官是澳门政治体制的核心。依基本法第 47 条，行政长官由澳门本地通过选举或协商产生，由中央人民政府任命，因此，行政长官的正当性基础主要由本地民选的正当性和中央任命的正当性构成。这一二元正当性来源体现了"一国两制"的精神，是澳门行政主导制作为中国地方政权组织形式的表现之一。

值得讨论的是行政长官的双首长身份，以及行政长官基于政府首长身份与立法会的关系。根据基本法第 47 条和第 50 条的规定，行政长官不仅是特别行政区的首长，代表特别行政区，而且是特别行政区政府的首长，领导特别行政区政府。[①] 依基本法第 50 条和第 15 条，澳门特区政府由行政长官提名并经中央批准后任命，因而行政长官所具有的本土民选正当性得传递至特区政府，而经中央的批准行为，特区政府具有了直接的中央任命正当性。据此，澳门行政长官和特区政府的正当性与立法会并无关联，反而由于部分立法会议员由行政长官委任，而导致立法会的部分正当性来自于行政长官。此种地区代表和政府首脑双首长集于一身的制度设计，与美国的总统制相类似。[②] 吊诡的是，基本法却设置了两种类似于议会内阁制的制度，亦即为第

---

① 张晓明：《为什么说澳门不是实行"三权分立"的政治体制》，《一国两制研究》（澳门）2011 年第 10 期。

② 参见鄞益奋《澳门宪政体制中的立法行政关系》，《一国两制研究》（澳门）2010 年第 3 期。

65 条规定的特区政府对立法会负责制度和为第 52 条和第 54 条规定的不信任投票制度。这两项制度使得行政长官和特区政府需获得立法机关之足够信任方可施政。复考察澳门宪制史上澳门总督与立法会的关系，自 1783 年《王室制诰》到经 1996 年第三次修订后的《澳门组织章程》，澳门总督的施政至少在法理上从来不需征得立法会的信任，亦不需向立法会负责。① 由此可见，澳门基本法是将总统制和议会内阁制的因素进行了机械地合并，既无历史上的依凭，也未考虑两种政权组织形式背后的政治逻辑。从观察者的角度猜测，这或许是因为基本法试图透过构建立法权对行政权的牵制关系，推动回归后澳门政治的本土化和民主化。

综上所述，如果在政权组织形式的坐标系中加以定位的话，澳门政权组织形式可能更加贴近于半总统半议会制，而不似前文所引两位澳门学者的观点。半总统半议会制以行政权分属总统和总理为显著特征，又被称为"双首长制"，② 法国是双首长制的典型国家。然而，澳门的政权组织形式却与法国式双首长制有所区别。两者外观上的区别是法国有总统和总理两位首长，而澳门只有一位身兼双首长角色的行政长官，而非真有"双首长"。更具实质性的区别在于：法国双首长制下的总理虽由总统提名，但仍需国民议会同意方可担任，政府之正当性因而与立法机关有着莫大关联，而澳门行政长官和特区政府的正当性基础唯独与立法会无关。事实上，澳门的行政主导制更加接近于台湾地区的"修正的双首长制"。③ 根据台湾地区 2005 年通过的"增修条文"，台湾地区领导人和立法部门分别由台湾地区人民选举产生，亦在领导人之外另设行政部门首长，这些特征与法国的双首长制类同。但台湾地区行政部门首长虽由台湾地区领导人提名，却不需立法部门通过，因而呈现行政部门之"正当性"与立法部门无关的局面。更有趣的是，台湾地区行政部门虽与立法部门无"正当性"的瓜葛，但立法部门可对行政部门提起不信任案，④ 与澳门特区政府和立法会的关系极为类似。虑及此，

---

① 参见何志辉《从殖民宪制到高度自治——澳门二百年来宪制演进述评》，澳门理工学院，2009，第 8、126 页。

② 参见苏子乔《哪一种半总统制？——概念界定争议的厘清》，《东吴政治学报》2011 年第 4 期。

③ 参见周叶中、祝捷《台湾地区"宪政改革"研究》，香港社会科学出版社，2007，第 141 页。

④ 参见周叶中、祝捷《台湾地区"宪政改革"研究》，香港社会科学出版社，2007，第 142 页。

澳门的行政主导制除在"双首长"的特征上与台湾地区"修正的双首长制"有所区别,在立法与行政之关系上已经极为接近了。对此,不妨仿照"双首长制"的命名方式,将其称为"单首长制"。

三　澳门行政主导制观察面向之二:澳门的政治实践

不同的政治实践,对于相对固定之政权组织形式有着改造作用。从政权组织形式的角度,考察澳门的行政主导制因而理应与澳门的政治实践相结合。事实上,在研究香港行政主导制的问题时,已有学者将香港政治实践作为考量因素之一,[①] 但在研究澳门行政主导制时,此类研究尚付阙如。本文将澳门的政治实践作为观察澳门行政主导制的面向之二,试图揭示澳门行政主导制在实践面向的特点。

吴邦国提出:"(澳门)依法实行行政主导制,正确处理行政、立法和司法三者的关系,自觉维护行政长官的权威,全力支持行政长官的工作,行政、立法、司法机关恪守定位、各司其职、各负其责,实施良好管治,共同推动澳门各项事业向前发展。"[②] 从回归以来的实践表明,澳门行政与立法比较平稳和良好的关系印证了上述观点。这并不意味着澳门行政与立法的关系达致行政主导制所期望的状态。由于立法会在行政长官面前的相对弱势,以及澳门并不成熟的议会政治,导致立法会对行政长官和特区的监督和制约作用比较有限,以至于行政主导制在实践中有了"行政威权"的特点。

(一)行政长官对立法会立法权的架空

行政长官通过制定行政法规的权力在一定程度上架空了立法会的立法权。基本法第 50 条规定,行政长官得制定并执行行政法规。与殖民地时代澳门总督与立法会分享立法权的"双轨立法制"相比,[③] 立法会获得比较完整之立法权,行政长官之立法权已经降阶为次一级的立法权。但基本法并未

---

① 参见朱世海《论香港的政党演进与政治发展的关系》,《中央社会主义学院学报》2010 年第3 期。

② 吴邦国:《在纪念中华人民共和国澳门特别行政区基本法实施十周年座谈会上的讲话》,《中华人民共和国澳门特别行政区宪政法律文献汇编》,澳门理工学院,2010,第 242 页。

③ 参见何志辉《从殖民宪制到高度自治——澳门二百年来宪制演进述评》,澳门理工学院,2009,第 137 页。

明确规定法律与行政法规之间的关系，在实践中曾产生争议。

在《禁止非法工作章程》（第 17/2004 号行政法规）系列案、《地方公共总章程》（第 28/2004 号行政法规）案和《保安部队军事化人员通则》（第 9/2004 号行政法规修订）案中，澳门中级法院曾以未经法律授权为由，否定上述行政法规之效力，试图将行政立法权纳入立法会之立法权的框架下，坐实法律对行政法规的优位性。但这些判决都未获得澳门终审法院的支持。后者认为，行政长官可以在基本法规定的法律保留事项范围之外和不违反法律优先原则的情况下，仅以基本法为依据制定行政法规，包括没有任何法律（除基本法外）具体授权的独立行政法规。①

2007 年和 2008 年，立法会在特区政府的提议下，通过《关于法律与行政法规的规定》和《关于订定内部规范的法律制度》二法，用法律形式明确了立法会和行政长官的立法权限划分。此二法尽管明确了法律对于行政法规之优位性，但保留五个诸如"制定与执行政策"、"管理各项公共事务的制度和办法"、"公共部门的设立、调整和撤销"、"行政违法行为和有关处罚"等范围极广的事项，允许行政长官"作出独立规定"，从而使得行政长官可以凭借行政立法权在一定程度上架空立法会的立法权。

（二）立法会监督权能的空转

除立法权外，立法机关传统的重大决策、预算监督、质询等制约行政权的手段，在澳门立法会也未充分发挥作用。曾担任澳门立法会主席的曹其真曾言："政府在很多重大事项的决策上并没有与立法会进行充分的沟通与协商，在某些方面甚至连事先的知会和通报都没有做到，很多重大政策的制定和出台，只是到政府向传媒和社会公开后，立法会才了解内情和政府的动向。"② 此种行政对立法的不尊重，以及立法在监督重大决策上的无力，在世界范围内都是罕见的。

在预算监督方面，澳门仍沿用制定于殖民地时期的《财政预算纲要法》，殖民地时期有利于总督操纵预算的制度，如政府在预算执行过程中可不经立法会许可直接修正预算等继续有效。因此，政府预算虽需由立法会审

① 参见常浒《澳门特别行政区行政法规制定权限争议及其解决》，《一国两制研究》（澳门）2010 年第 6 期。

② 曹其真：《立法会主席十年工作情况的总结报告》，第 13 页，http://www.al.gov.mo/download/Balanco-c.pdf，最后访问日期：2013 年 3 月 24 日。

议通过，但政府却可通过修正预算之方式绕开立法会的监督，导致预算监督这一制约政府最为直接和有效的手段沦于空转，立法会在某种程度上无力对政府财政的运用进行有效的监督制约。① 追加预算中的监督缺失，导致2006年欧文龙贪腐案，严重影响了澳门特区政府的形象和公信力。② 此外，立法会对特区政府的质询也未获得重视。特区政府对立法会的质询，常常采取消极应对的态度，导致出现拖延推诿、避重就轻的现象，有些议员的质询得不到回复，有些回复采取形式主义的态度。③

（三）委任议员对行政长官的扈从

由于澳门立法会的产生采取直接选举、间接选举和行政长官委任相结合的方式。第四届立法会三种方式分别产生12名、10名和7名议员，可见，立法会中间接选举和行政长官委任的议员总数多于直接选举的议员数，因而导致立法会所代表的直接民意并不充足，对于行政长官的监督与制约也显得难堪其任。行政长官可以凭借间接选举和委任的议员，对立法会施加影响。

如在2008年有关公共汽车服务加价的争论中，由关翠杏和吴国昌两位议员提出的质疑政府加价过高辩论和提请政府应不予批准加价辩论两项动议，均因与特区政府政策有所冲突而遭立法会否决，其中委任议员全部投反对票，而直选议员则全部投赞成票或弃权票。④ 由于委任议员与特区政府的意见保持高度一致，导致立法会对特区政府的监督经常无法奏效。一些立法会议员对此现象也表达过遗憾，并对立法会未能有效监督政府以满足澳门市民的诉求提出批评意见。⑤

（四）澳门社团对行政长官的普遍支持

澳门并未形成成熟的政党政治，各类社团充当着民众向政府表达民情的机制。新中国成立伊始，澳门就存在着一批受进步思想影响的社团，这些社

---

① 曹其真：《立法会主席十年工作情况的总结报告》，第16页，http://www.al.gov.mo/download/Balanco-c.pdf，最后访问日期：2013年3月24日。
② 参见宋小庄、何曼盈《"一国两制"澳门模式下的行政立法关系》，《一国两制研究》（澳门）2011年第7期。
③ 曹其真：《立法会主席十年工作情况的总结报告》，第17页，http://www.al.gov.mo/download/Balanco-c.pdf，最后访问日期：2013年3月24日。
④ 《澳门特别行政区立法会会刊》第Ⅲ-109期，第19~20页。
⑤ 《澳门特别行政区立法会会刊》第Ⅲ-109期，第20页。

团以"支持新中国"、"抵御外侮"、"互助团结"为共同目标，在澳门社会有着较大的影响力。[1] 1966 年发生的"12·3 事件"，是澳门社团发展的一个重要节点。自此以后，澳门的"亲台"社团被逐出澳门，受内地影响较大的社团成为华人社团的主流，澳门的华人社团也从此开始稳定地接受内地的影响。1999 年澳门回归后，澳门社团基本保持了原有的格局，并未出现大的变动。澳门首届立法会的 7 名委任议员全部来自于澳门社团，[2] 一方面体现出澳门社团对澳门政治的巨大影响，另一方面也体现出澳门社团与行政长官的密切合作关系。

由于爱国爱澳社团占据澳门社团的主流，因而澳门社团对于行政主导制和行政长官施政亦呈现普遍性支持的态度，因而未如香港出现反对政党强烈抵制香港特区政府施政的局面。在澳门宪制史上，澳门华人社团对澳门行政当局有着较大的支持力度，而澳门土生葡人社团基于民主诉求，常常站在行政当局的对立面上。1984 年，土生葡人社团试图挑战澳门总督的立法权，导致了澳督在澳门华人社团支持下提请解散立法会的极端事件发生。[3] 回归后，澳门华人社团逐渐成为澳门社团政治的核心，普遍性支持行政当局的宪制传统亦转移至对行政长官和特区政府的支持上来。因此，即便是澳门直接选举产生的立法会议员，也大多与特区政府持支持和合作的态度，较少出现类似于香港立法会普遍性反对行政长官和特区政府的现象。尽管澳门也有声称"坚定的反对党"的社团，但未获得澳门民众的普遍认同。[4] 由于澳门社团政治的特点，导致了澳门难以出现类似于香港的行政长官与立法会的双元政治格局，行政长官在社团的普遍支持下，得以累积和保持单一的权威性，并未出现"双权力中心"的现象。

澳门政治实践中，行政长官和立法会因权力失衡而导致立法会监督不力的现象，并非是行政主导制的设计者所期望的后果。行政主导制所表明的行政对立法的优位性，也绝非排斥立法对行政的监督和制约。正如曹其真曾提

---

[1] 参见伍成昌《澳门的政党政治和民主发展的局限》，余振、林媛主编《澳门人文社会科学研究文选》（政治卷），社会科学文献出版社，2010，第 98 页。

[2] 参见庄金锋《从澳门社团的特殊性看"一国两制"的澳门模式》，《一国两制研究》（澳门）2010 年第 6 期。

[3] 参见何志辉《从殖民宪制到高度自治——澳门二百年来宪制演进述评》，澳门理工学院，2009，第 142 页。

[4] 参见娄胜华《竞争与均衡：第四届立法会直选活动及其结果透析》，《一国两制研究》（澳门）2009 年第 2 期。

出的那样，"行政主导决不意味着行政独大甚至是行政专断，决不意味着行政机关可以不要立法机关的监督制约，恰恰相反，越是实行行政主导，越是要强化立法机关的监督制约力度"，"否则必将导致权力运行上的失衡和无序"。① 实践表明，澳门的行政主导制已经表现出与香港行政主导制迥异的"行政威权"特征。

四　结语

总结起来，澳门的行政主导制在文本上表现出类似于"单首长制"的特点，而在政治实践中，又体现出"行政威权"的特点。如果说前一特点因立基于澳门基本法而得出，在港澳基本法文本未有太大出入的情况下，尚且为香港行政主导制兼具的话，那么后一植根于澳门政治实践的特点则为澳门所独有。澳门的行政主导制从根本上符合澳门社会的特点和澳门经济适度多元化发展的需要，同时也有利于中央对澳门特别行政区的管治，是澳门政治的独特优势。然而，澳门行政主导制又的确呈现对行政长官监督不力、民主化有所欠缺的弊病。因此，如何在行政主导制之下强化立法会对行政权的监督与制约，是未来澳门政治改革的重要议题。

---

① 曹其真：《立法会主席十年工作情况的总结报告》，第 15 页，http：//www. al. gov. mo/download/Balanco-c. pdf，最后访问日期：2013 年 3 月 24 日。

互联网与政治参与在台湾之发展

殷 俊[*]

摘 要： 互联网，特别是近年来新兴的社交媒体，已经在全球范围内成为政治参与的重要平台。本文旨在通过对台湾网路政治发展的分析，探讨作为情境之民主化与民主巩固过程如何决定互联网与政治参与之关系。笔者将台湾的网路政治发展分为三个阶段，通过分析 2008 年二次政党轮替以来网路政治发展的新特点，发现政治制度发展与政治参与之间的适应与矛盾，是决定网路政治发展的决定因素。虽然台湾已经经历了二次政党轮替，但两党对立的常规政治过程无法回应新的政治、经济、社会问题，使得借助互联网进行非常规政治参与愈来愈重要，网路政治愈来愈具有冲突性和影响力。

关键词： 台湾 互联网 政治参与 政治发展

研究缘起

互联网（Internet）之诞生及在全球社会之普及，是 20 世纪末至 21 世纪初人类社会最重要的技术革新之一，并带来了政治、经济、社会、文化、军事等各领域的深远变化。因为其开放、实时、互动的特征，互联网成为民众获得和分享信息的重要平台，其中自然也包括了对于政治信息的获取、分享与讨论。随着网络技术的发展，出现了社交网络服务（Social Network

---

* 殷俊，中山大学（台湾）中国与亚太区域研究所博士候选人。

Service，SNS），使得互联网使用者能基于兴趣、观点和立场形成虚拟的网络小区，其互动性更加显著，从而发展出网络上的结社、集会、抗议等政治参与，并有可能与线下的政治参与互动。①

台湾的互联网（在台湾称为网际网路）始于 20 世纪 90 年代初，至 2003 年便基本普及。② 台湾社会很早就认识到互联网对于政治的可能影响。早在 20 世纪末，台北市等地方政府就开设了"市长电子信箱"，利用信息技术加强与市民的沟通。在社交网络服务（SNS）兴起后，许多政治人物、党派团体都开设了社交媒体账号，利用互联网进行宣传。在这一方面，台湾表现出与多数西方国家相似的特点。

但是，2008 年大选也就是第二次政党轮替以来，台湾互联网与政治的关系发生了新的变化。不仅许多传统的公民团体也利用互联网进行宣传、招募、交流和动员，以扩大自己的影响，倡导相关议题，乃至对政策施加压力，甚至有一些新型的团体完全是基于互联网而产生和壮大。在特定情况下，网民可以利用社交媒体自发组织起大规模的集体行动。一个典型的例子便是由洪仲丘之死引发的白衣军运动，几乎完全是由网络平台发起并组织，其规模之大超乎预期。

与西方成熟民主国家以及亚洲的日、韩等国家相比，互联网在台湾的政治影响有其相似的一面，例如政党普遍利用互联网进行选举动员，公民团队对于社交媒体的重视等。但是其又有独特的表现，特别是互联网政治的冲突性，以及社交媒体具有的巨大动员能力，在西方国家中很少看到。

如果说台湾既有的政治制度已经提供了相当多的政治表达和参与空间，为何还能由网络平台萌生出新的参与形式，并迸发出巨大的力量？这种新的政治参与与传统政治参与存在何种关系，其在线、线下之间又是何种关系？这些都是值得研究的课题。

本文的目的是通过分析台湾互联网政治的发展过程，特别是第二次政党轮替以来台湾网路政治参与的扩大和重组，探求其背后的政治、经济、社会因素，借以研究转型社会中互联网政治特殊的规律，并加深对台湾政治发展

①　Bruce Bimber, A. J. Flanagin & C. Stohl, "Reconceptualizing Collective Action in the Contemporary Media Environment," *Communication Theory*, Vol. 15, No. 4, November 2005, pp. 365 – 388.

②　台湾网路资讯中心（TWNIC），《2013 年"台湾宽频网路使用调查"结果公布》，2013 年 9 月 26 日，http://www.twnic.net.tw/NEWS4/129.pdf。

的认识。本文将从政治发展理论出发，以政治参与为中心，将互联网政治的发展与台湾民主转型、巩固的过程相结合进行分析，其核心思想是：民主转型过程孕育了新的政治参与需求，而巩固中的民主制度并不能完全适应政治参与的增长和升级，从而刺激了互联网政治作为一种新的政治参与形式而扩大。

从这一角度出发的分析，对于认识中国大陆的互联网政治及网络治理亦有重要的参考意义：由于经济转型和政治、社会的发展，中国大陆同样出现了政治参与需求急剧增长而现有政治制度无法完全满足这种需求的现象，这种矛盾一定程度上也通过互联网政治而表达出来，如何通过制度变革适应这种现象，是值得深思的一个问题。

下文第一部分将首先回顾关于互联网政治的相关文献；第二部分将对台湾互联网政治发展过程作简要介绍，并从政治发展角度将其分为三个阶段；第三部分从政治发展的角度分析台湾政治参与需求与制度空间之间的矛盾；第四部分将对台湾互联网政治的特点提出理论解释；最后得出本文的结论。

一　文献回顾

对于互联网的政治影响，欧美学界已经有诸多研究与讨论。比如，查德威克（A. Chadwick）认为，互联网带来了八大政治议题：去中心化、参与、社区、全球化、后工业化、理性主义、治理和自由主义。[1] 其中互联网对于政治参与的影响备受研究者关注。对互联网之政治影响持乐观态度者认为，互联网通过促进那些本来对政治冷感，或者缺乏参与渠道的人进行在线的政治参与，增加他们的政治话语权，可以促进政治参与的平等，互联网"鼓励更多的公民参与公众舆论表达、公共治理及决策"。[2]

首先，互联网因为传播的低成本和高速度，可以提供大量的容易获取的政治信息，有助于提升公民对政治的认识，从而提升公民的政治兴趣和

[1] Andrew Chadwick, *Internet Politics: State, Citizens, and New Communication Technologies*, (Oxford: Oxford University, 2006), pp. 27-43.

[2] Heather Savigny, "Public Opinions, Political Communication and the Internet," *Politics*, Vol. 22, No. 1, 2002, pp. 1-8.

促进政治讨论。① 其次，网络的匿名性可以降低使用者直面政治的恐惧感，从而增加其内部政治效能感。② 最后，互联网有助于政治动员③，特别是社群媒体的出现，对于在传统政治中相对缺乏资源的群体而言，即给它们提供了突破传统媒体门槛、增加能见度的管道，④ 更可以用于组织线下抗议活动⑤。

而另一派学者则认为，互联网只是映射、甚至强化已有的政治参与的不平等。首先，利用网络搜寻政治资讯、表达政治观点的，往往正是本来就积极参与政治的人，⑥ 因此网络参与对于政治参与的扩大和平等没有什么帮助。其次，因为获得网络资源的不平等，和利用网络资源所需要的能力差异，而带来新的数据鸿沟（Digital Divide），⑦ 反而可能加大政治参与的不平等。⑧ 再次，互联网会使得个人停止从传统媒介获得公共信息，而更关注于较私人的信息，带来政治疏离感。⑨ 最后，因为互联网参与政治讨论的门槛极低，使得难以形成有效的公共讨论。⑩

在互联网进入台湾的早期，最早引起政府关注的是其能够快捷、低成本地传递信息。因此，除了在政府内部增加网络的使用，也有地方政府鼓励民众更多地使用电子媒介与政府沟通。对台北市市长电子信箱的研究发现，网路资讯传播科技对公民的直接参与有促进作用，并通过与政府的互动增加公民

① Michael X. Delli Carpini, "Youth, Civic Engagement, and the New Information Environment," *Journal of Communication*, No. 17, 2000, pp. 341–349.

② Michael Cornfield, "Adding in the Net: Making Citizenship Count in the Digital Age," in D. M. Anderson & M. Cornfield, Eds., *The Civic Web: Online Politics and Democratic Values* (Lanham: Rowman & Littlefield, 2003), p. 106.

③ Karen Mossberger, Caroline J. Tolbert, & Ramona S. McNeal, *Digital Citizenship: The Internet, Society, and Participation* (Cambridge: MIT Press, 2008), p. 85.

④ A. Boyd, "The Web Rewires the Movement," *The Nation*, Vol. 277, No. 4, 2003, pp. 13–18.

⑤ Tom Postmes & Suzanne Brunsting, "Collective Action in the Age of Internet," *Social Science Computer Review*, No. 3, 2002, pp. 290–301.

⑥ Pippa Norris, *A Digital Divide: Civic Engagement, Information Poverty, and the Internet in Democratic Societies* (New York: Cambridge University Press, 1999), p. 231.

⑦ William P. Eveland, & Dietram A. Scheufele, "Connecting News Media Use with Gaps in Knowledge and Participation," *Political Communication*, Vol. 17, No. 3, June 2010, pp. 215–237.

⑧ Robert J. Klotz, "The Sidetracked 2008 YouTube Senate Campaign," *Journal of Information Technology and Politics*, No. 2, May 2010, pp. 110–123.

⑨ Nicholas Negroponte & Ewan Sutherland, "Being Digital: The Roadmap for Survival on the Information Superhighway," *Telecommunications Policy*, Vol. 19, No. 7, July 1995, p. 589.

⑩ Loveland T. Matthew & Delia Popescu, "Democracy on the Web," *Information, Communication & Society*, No. 5, February 2011, pp. 684–703.

的外部政治效能感。① 在选举方面，研究也发现，虽然网路无法预测投票行为，却可以显著预测选举参与：愈常阅读网路选举新闻，就愈会参加选举造势活动，并且这种显著是各种媒介里唯一的。② 选举期间社群媒体的使用，可以促进政治参与行为。③

除了可以为传统的政治动员提供新的工具，互联网亦为新的，或原本在政治结构中相对边缘的人群，提供了进行政治倡议和动员的平台。在台湾，这首先表现为社运团体对互联网的运用。首先，互联网可以帮助社运团体突破主流媒体相关报道之限制，并达到动员和互动沟通之效果。④ 对于主流媒体而言，诸如性别、环境保护、土地正义等社运议题，往往缺乏报道的价值，只有发生戏剧性的事件或者有明星人物参加才会吸引眼球——即使在这种情况下被突出的也往往不是议题本身。但是借由互联网社运团体可以自主地进行议题倡导，并动员潜在的支持者，如在大埔农运、"反国光石化"等事件中那样。⑤

其次，通过网路得以集结和累计公民力量，为社运提供低成本的动员工具。⑥ 例如，萧远对 2008 年"野草莓运动"的研究发现，网路媒体可以降低潜在支持者进入的门槛。⑦ 对于许多强调平等、自主参与的社会运动而言，相较于层级分明的组织结构，由网络动员产生的扁平式组织更适合其理念。而对于在传统社会中受排斥的一些议题，如同性恋群体，网络的匿名性更为其提供了安全的交流平台。⑧

但亦有研究发现互联网对社运的影响是有限的。首先，社运使用互联

---

① 黄东益、萧乃沂、陈敦源：《网际网路时代公民直接参与的机会与挑战——台北市"市长电子信箱"的个案研究》，《东吴政治学报》第 17 期，2003 年 6 月，第 144 页。

② 王嵩音：《网路使用与选举参与之研究——以 2004 年立法委员选举为例》，《台湾民主季刊》，第三卷第四期，2006 年 12 月，第 94 页。

③ 王泰俐：《"脸书选举"？2012 年台湾总统大选社群媒体对政治参与行为的影响》，《东吴政治学报》，第 31 卷第 1 期，2013 年 3 月，第 1～52 页。

④ 何明修：《社会运动概论》，三民书局（台北），2005，第 222 页。

⑤ 陈平轩：《从网路到街头：反国光的动员经验、成效与反省》，《台湾社会研究》第 85 期，2011 年 12 月，第 437～450 页。

⑥ 郑国威：《社会媒体与网路动员》，《台湾社会研究》，第 85 期，2011 年 12 月，第 451～482 页。

⑦ 萧远：《网际网路如何影响社会运动中的动员结构与组织形态——以台北野草莓学运为个案研究》，《台湾民主季刊》，第八卷第三期，2011 年 9 月，第 57～58、65 页。

⑧ 成忠一：《网际网路在同志平权运动中的角色之研究——以台北市常德街事件为例》，《性别与空间》第 5 卷，1998，第 145 页。

网的程度与方向，受到现实社会因素——被大众媒体边缘化程度、现实的集体空间性、运动诉求对象的政经地位——的制约，不同群体之间的对立与不平等同样延伸到网路上。① 其次，互联网在降低某些门槛的同时，又可能带来新的门槛。例如长期受到资金不足困扰的原住民时报，在建立电子版后很快就停办了平面刊物，结果是其真正的原住民读者锐减，因为多数原住民在 20 世纪 90 年代还不具备上网的条件。最后，由于网路门槛较低，容易出现许多假议题或针对个人而非建制的耸动性议题，形成所谓"乡民正义"。②

二　台湾网路政治的发展阶段

从以往的研究可以发现，台湾互联网与政治参与的关系和西方社会一样，存在两面性，极可能对政治参与有着积极的影响，也可能存在消极影响。而要深入认识这种关系，就需要脱离就网论网，而从政治出发来探讨互联网的政治影响。而从正如 Wolfsfeld 等人对阿拉伯之春中社交媒体的作用所作研究所指出的，不是媒体，而是政治参与的需求促进了对媒体的政治使用，政治既是分析的起点，也是变化的起点。③ 为此，就需要考察台湾网路政治的发展阶段。

台湾的互联网（台湾称网际网路）始于 1991 年 12 月，至 2013 年上半年上网人数已经达到 1798 万人，占所有人口的 77.09%，比例在亚洲仅次于韩国（82.7%）和日本（80.0%），④ 可上网家庭比例达 84.81%，可以说互联网在台湾已经高度普及。目前，台湾的行动上网人数仍在迅速增加，2013 年达 854 万人，比前一年增加 319 万人。⑤

社交媒体（台湾称社群媒体）在台湾也很普及。2005 年诞生的

---

① 郑陆霖、林鹤玲：《社运在网际网路上的展现：台湾社会运动网站的联网分析》，《台湾社会学》第 2 期，2001 年 12 月，第 77 页。

② 王维菁、马绮韩、陈钊伟：《网际网路时代的社会运动：以台湾环境运动组织为例》，《资讯社会研究》第 25 期，2013 年 7 月，第 16 页。

③ Gadi Wolfsfeld, Elad Segev & Tamir Sheafer, "Social Media and the Arab Spring: Politics Comes First," *International Journal of Press/Politics*, Vol. 18, No. 2, March 2013, pp. 119-121.

④ 台湾网路资讯中心（TWNIC）：《2013 年"台湾宽频网路使用调查"结果公布》，2013 年 9 月 26 日，http://www.twnic.net.tw/NEWS4/129.pdf。

⑤ 同上。

Facebook 在 2006 年对公众开放，2008 年推出了包括台湾正体在内的三个中文版本。最新统计表明，超过 65%（1500 万）台湾人每月使用 Facebook，[①]在 Facebook 上"签到"已经成为许多台湾人日常生活的一部分。而来自中国大陆的新浪微博在 2013 年已经成为最多台湾网友使用的微博（weibo，台湾称微网志），使用人数达到 108.3 万人，[②] 同样来自中国大陆的微信（WeChat）也在台湾迅速成长。

台湾财团法人资讯工业策进会（资策会）自 1996 年 6 月开始定期调查台湾的经常上网人口（指调查时仍有登录网路账号并仍在使用中之用户），第一次调查结果为 36 万 5000 人。从经常上网人口（见下图）出发，可以将台湾互联网发展分为两个阶段：2001 年之前的迅速成长阶段和 2002 年以后的普及阶段。1996～2002 年，台湾经常上网人口大幅增加了约 13 倍，从不到 60 万人增加到 800 多万人，年均增加 100 万以上。在 2002 年，台湾互联网普及率达到 50%，经常上网人口超过 800 万人，而与此同时增长也开始放缓：2002～2012 年年均增长不到 25 万人。

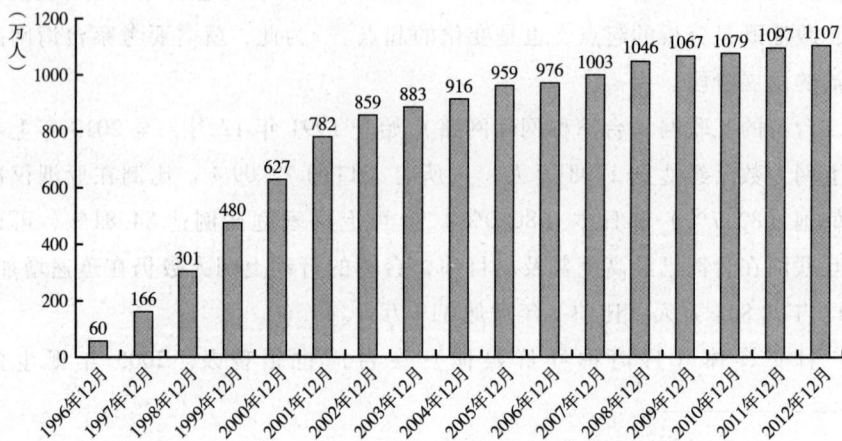

台湾经常上网人口（1996～2012 年）

资料来源：资策会 FIND 网站（2006/09，2013/08）。

---

① http：//www. chinatimes. com/realtimenews/20140624006374 – 260410.

② http：//www. insightxplorer. com/news/news_ 05_ 22_ 13. html.

但本文关注的不仅仅是作为整体的互联网发展，而是作为政治参与平台的互联网之发展。这里的政治参与泛指"一般民众影响或试图影响政治运作与结果的行为"①，即广义的政治参与，其中既包括合法、常规的参与方式，如投票、参与政党、合法表达意见、联络政府官员或民意代表，也包括非常规的集会、游行、示威乃至消极抵制、集体不服从、暴力抗议、革命等参与方式。从政治现代化理论出发，政治参与的扩大被认为是政治现代化的最主要特征，而能否容纳扩大的政治参与则是衡量政治发展的重要标准。②1992 年以来的 20 多年，既是台湾社会经济快速变迁的 20 多年，也是政治制度转型的主要时期，政治参与与政治发展之间的互动自然也就影响了互联网被用于政治参与。若将这一时期台湾的政治发展与互联网发展列表对比，更可清楚地看出这一关系（见表 1）。

表 1　台湾的政治发展过程

年代	政治制度转型	政治参与发展	互联网发展
1990 年代	民主化	迅速扩大	互联网进入
2000 年代	第一次政党轮替	稳固扩大	互联网普及
2009 年以来	第二次政党轮替	重组扩张	社交媒体兴起

资料来源：笔者整理。

从这个角度出发，可以将台湾网路政治的发展进一步细分为三个阶段。

第一阶段为 2001 年之前，互联网在台湾处于迅速发展的阶段，网路政治也还处于萌芽阶段。这一阶段的重要事件包括：1990 年台湾学术网络（Taiwan Academic Network，TANet）诞生。1992 年中山大学成立台湾第一个 BBS 站，第一个大规模的电子报"南方电子报"也在该年诞生。1993 年，台湾第一个搜索引擎"蕃薯藤"成立。1995 年，第一家网络媒体中时电子报成立，同年 10 月台北设立了台湾第一个政府电子

---

① Max Kasse & Marsh, A., "Political Action: A Theoretical Perspective," in Samuel Henry Barnes, ed., *Political Action: Mass Participation in Five Western Democracies* (Beverly Hills: Sage, 1973), p. 45.

② Samuel P. Huntington, *Political Order in Changing Societies* (New Haven: Yale University, 1968), p. 93.

信箱。

总的说来，这一时期上网人口还不是很多，互联网的使用也存在严重不平衡，特别是 44.4% 的上网人口为学生，且大多集中在大台北地区。① 这就使得网路的传播和动员效果较为有限，大多只能在本已存在的圈子内部流通。各种网络政治参与在逐渐成形，但是主要形式为电子报、BBS 讨论、Email 等，还不足以取得传统的政治参与。即使市政府电子信箱这种基于 E-mail 的政治参与，也只能算是传统政治"陈情"的一种升级，主要是具有成本上的优势，但并非全新形式的政治参与。

第二阶段为 2002~2008 年，互联网在台湾达到普及阶段，经常上网人口接近 1000 万。愈来愈多的媒体进入网络，使得政治信息的获得更加快捷；博客（blog，台湾称部落格）成为风靡的网络媒体，使得许多民众可以利用这一方式来进行政治讨论。许多社运团体也开始使用互联网作为主要的宣传和动员方式之一，以突破传统媒体的门槛限制。但是网路直接用于政治动员还不属于主流。以常规的选举动员威力，在 2004 年台湾经常上网人口已经接近 1000 万，但是对 2004 年立法委员选举的调查发现，只有 23% 的受访者使用网络获得选举信息，远低于大多数传统媒体。② 2006 年台北、高雄市长选举，已经有不少候选人开设了竞选网站，但是浏览人数仍然偏低。③

第三阶段为 2009 年以后，互联网与政治参与关系更加密切，不仅被广泛用于竞选和政治宣传，也兴起了许多基于互联网的非常规政治动员。

一方面，各政党和政治人物愈来愈多地使用互联网进行宣传和动员。2012 年选举中，两名主要候选人都开设了自己的 Facebook 粉丝专页，其粉丝都达到上百万人之多。即使在选举结束之后，大多数竞选专页都保留下来，继续发挥作用。诸如马英九、蔡英文、苏贞昌等主要政治人物，以及台湾加油赞（原为 2012 年大选马吴竞选专页，现由国民党文传会运作）都持续保持更新（见表 2）。许多立法委员、县市长、县市议员等也都开设了自己的社交媒体账号。

---

① 番薯藤：《台湾 98 网际网路使用调查》，http：//survey. yam. com. tw/98/98usage. htm。

② 刘义周：《2002~2004 年选举与民主化调查三年期研究计画：民国 93 年立法委员选举大型面访案 IV》，"行政院"国家科学委员会（台北），2005。

③ 王嵩音：《台湾选民媒介使用对于候选人形象与评价之影响》，《传播与管理研究》第 10 卷第 1 期，2010 年 7 月，第 10 页。

表 2　主要政治人物 Facebook 专页统计

专页名称	粉丝人数
马英九"总统"	1558322
蔡英文	1122769
苏贞昌	613431
台湾加油赞	254370
宋楚瑜决胜 2012	7126

资料来源：笔者统计。[①]

　　另一方面，民间团体和个人也更多地使用互联网进行政治倡导和动员。一方面，愈来愈多的不同领域的社运组织开始更广泛地使用网络进行宣传、资源募集和动员，几乎所有社运团体都开设了自己的网站、博客或论坛。另一方面，这种宣传和动员的形式也有新的发展，而其对象也愈来愈面向一般的受众。

　　在此阶段，借由互联网发起之社会运动数量愈来愈多，规模也愈来愈大。而更值得关注的是相关运动对常规政治之冲击，一方面诸如大埔事件、反国光石化等运动使得以往被忽略的"都更"（都市更新）环保议题得以进入主流媒体；另一方面，一些运动虽然和主流的政治叙述密切相关，却又在一定程度上跳脱了蓝绿对立的政治结构。此类运动被一些学者称为"新公民运动"。

三　政治发展与政治参与之矛盾

　　通过前面的讨论可以发现，台湾网络政治参与的发展，无论是从常规政治还是非常规政治角度看，都经历了三个发展阶段。其中，第二个阶段开始于 21 世纪初，第三个阶段开始于 2009 年左右，恰好与台湾第一次（2000年大选）、第二次政党轮替相重合。这其中自然有着互联网发展的背景：1996 ~ 2002 年正是互联网在台湾迅速成长、达到普及的阶段。而 2009 年左右正是新的网络媒介—社交媒体—蓬勃发展的时代。但是仅仅从技术背景出发并不能全面理解台湾网络政治发展的规律，而需要从台湾政治发展的阶段性，特别是政治参与扩大与政治制度变迁之间的关系来分析。

---

　　① 　均为 2014 年 7 月 26 日北京时间 17 时统计。

在 20 世纪 80 年代末到 20 世纪 90 年代，台湾的政治发展经历了民进党成立、解严、"立法院"直选、"总统"直选等重大事件，迅速改变的政治环境使得民间的政治参与大大增加，特别是各种类型、各个领域的公民团体如雨后春笋般成长起来。仅以注册的"全国性"社会团体计，即从解严前的七百多个发展到 2012 年底的一万多个。2000 年，民进党的陈水扁赢得大选后，由于民进党传统上与环保、人权、劳工等社会运动关系较为密切，社运团体有了更大的发展。

2008 年，国民党重新夺回政权，台湾进入二次政党轮替。按照亨廷顿的理论，和平的二次政党轮替可以看作民主巩固过程完成的一个标志，即所谓 two-turnover-test。① 依照这个标准，台湾可以说迈入了成熟民主社会的门槛。此后政治制度应该趋于稳定，政治参与也将纳入制度化的框架。但是我们看到，在二次政党轮替后，台湾的政治参与，无论是在边缘性的议题上，还是传统上主导政治的议题上，都更具有非常规性和冲突性。一个典型的例证是，在因为两岸服务贸易协定引发的"太阳花学运"中，两大政党都被排斥在过程之外。这一看似矛盾之处已经引起了许多学者的关注。例如曾建元认为，这"一方面只能孕育在自由民主的土壤上，另一方面又是因为民主制度暂时失灵无法反映新兴的社会价值与公共需求所致"。②

笔者认为，这一现象的背后，仍然是政治参与与政治发展之间的矛盾。台湾政治发展的一个独特之处在于，虽然已经经过两次政党轮替，形成了较稳固的两党制，但是两党竞争的核心——"国家定位"以及两岸关系——具有较强的对抗性，却并非自身政治发展所能解决。这就使得台湾的政治出现这样的特点：一方面两大政党因为赢得选举的需要，在多数经济、社会议题上可以淡化差异，另一方面两党之间在主要议题上又持续恶斗，对立日益严重。③ 这种蓝绿对立也影响到媒体、民间团体等方面。

台湾特殊的"双首长制"和领先者获胜的选举制度进一步加剧了两党之间的对立，使得行政－立法部门之间和"立法院"内部都出现严重的协调问

---

① Samuel P Huntington, "Democracy's Third Wave," *The Journal of Democracy*, Vol. 2, No. 2, Spring 1991, pp. 12 – 14.

② 曾建元：《由群众走向公民：台湾新公民运动的冲击与影响》，《两岸公评网》，2014 年 4 月，http：//www. kpwan. com/news/viewNewsPost. do? id = 897。

③ 张传贤、黄纪：《政党竞争与台湾族群认同与国家认同间的联结》，《台湾政治学刊》2011 年第 15 卷第 1 期。

题。无论是民进党执政时期，还是国民党全面执政时期，都面临着这样的问题。

但是，2000 年以来台湾又面临着新的政治、经济、社会问题。首先，由于各种因素的作用，台湾经济一直增长乏力。2000 年以后的 GDP 年度增长率，除 2010 年外，一直低于 6.2%，甚至在 2001 年和 2009 年两次出现负增长，最新的年增长率数据（2013）也只有 2.09%，在亚洲四小龙排名末尾。[①] 平均薪资的增加更少，贫富差距则不断扩大：根据"行政院主计处"统计，最贫穷与最富裕的 20% 家庭的平均可支配收入差距已从 1991 年的 5 倍增加到 2009 年的 6.3 倍。

其次，之前经济迅速增长的部分副作用，如环境问题、能源困境、少子化等也开始呈现。例如，作为岛屿经济体的台湾，经济增长对能源依赖很大，但是民众提高的环境意识对传统的核电构成挑战，此一经济与核安全之间的矛盾使得民进党和国民党都受到困扰。

最后，全球化与两岸关系的变化也带来了新的问题，如两岸贸易带来的产业冲击和收入分配问题。这虽属经济分配议题，却与阶级、地域乃至政治认同相结合，对政治构成影响。[②]

面对这些新的问题，政治结构与制度的问题使得许多议题都难以得到充分的审议和及时的回应。这就使得民众对于常规政治制度——政府、立法部门、政党乃至某种意义上的传媒——愈来愈不信任。由表 3 可以看出，对于越与民众政治参与相关的机构（立法院、政党、媒体），民众的信任度越低。

表 3　台湾民众对政治制度的信任度

单位：%

政治机构	信任度	政治机构	信任度
"法院"	39.1	政党	32.9
"行政院"	45.9	总统	45.5
"立法院"	28.3	媒体	21.7

资料来源：游清鑫（2008）[③]。

---

① 资料来自中华民国统计资料网，http://www1.stat.gov.tw/point.asp? index = 1。
② 林宗弘、胡克威：《爱恨 ECFA：两岸贸易与台湾的阶级政治》，《思与言》2011 年第 49 卷第 1 期，第 95～134 页。
③ 游清鑫，《台湾的公民意识：理论与实践计划》，"国立"政治大学选举研究中心（台北），2008。

四 互联网与政治参与

政治参与和政治发展之间的矛盾在民进党执政末期便已经显露端倪。2006 年的"百万人民反贪倒扁运动"便是例证。这一规模巨大的运动,其起因是陈水扁陷入贪腐疑云,泛蓝阵营提出罢免案未果,陈水扁则拒绝辞职下台。对比这一运动与之前的大型群众运动,可以发现其有几个特点。

首先,运动的主旨是反贪腐这一本身不涉及统独的议题,运动的组织者和参与者包括了蓝绿不同阵营。

其次,运动的发起与组织并非经由传统的政党或团体渠道,而是通过媒体号召自发形成。

最后,产生这一运动的背景是建制的失灵。陈水扁上台后,由于"野大朝下",行政与立法部分之间严重对立,"监察院"长期空转。陈水扁贪腐案曝出,使得许多因为厌恶黑金政治而支持民进党的选民大为失望,但是政治体制却又对在任最高领导人无法进行有限制约,制约民众的不满以集会抗议的形式表达出来。

如果说倒扁运动还是通过传统的媒体(特别是电视媒体)进行宣传动员,2008 年末的"野草莓学运",则是通过网络媒体进行动员的滥觞。首先,虽然运动的导火索是海协会会长陈云林到访时泛绿民众抗议引发的警民冲突,但是运动的诉求却并非统独问题,而是集会游行法的修改。其次,虽然集会参与者显然具有较强的泛绿背景,但是活动并非由政党主导,而由民间学者发起。最后,活动的发起完全通过网络(PTT 论坛)渠道,而没有经由传统的动员管道。

所以说,虽然台湾的政治参与已经有了很大的法律空间,但是建制提供的实际管道已经不能完全满足民众的参与要求。在此情况下,具有开放、互动性的互联网无疑提供了一个另外的选择。特别是当新的社群媒体进入后,更是为不同议题的政治与社会运动提供了快速宣传、动员的工具。不仅传统的运动形式得以借助网路进行宣传动员,而且衍生了一些基于网路的新的运动形式——例如反媒体垄断运动中各地网友上传持牌相片声援,"太阳花学运"中通过网络进行直播等。从而,通过表 4 可以看出互联网发展对于社运议题和形式的影响。

表 4　台湾 2008 年以来政治社会运动的议题和形式

时间	运动	议题诉求	主要形式
2008 年 11 月~2009 年 1 月	野百合学运	反中、修改集游法	网络发起,现实集会
2012~2013 年	反媒体垄断	媒体垄断	网路抗议,现实集会
2013 年 7 月	白衫军运动	军中人权	网路发起,现实集会
2014 年 3~4 月	太阳花学运	两岸关系	现实集会,网路直播

资料来源:笔者整理。

　　社交媒体的兴起在一定程度上也满足了政党对于新的动员手段的需求。台湾政治的另一特点是选举的频繁性和激烈性,即使是在合并了若干选举后,还是每两年就有一次大规模的多合一选举,几乎一次结束后不久就进入另一次的预备阶段,而地方的狭小和传媒的高度发达使得每次选举都成为整个社会的焦点。这种激烈性使得主要政党需要利用一切可能的手段进行宣传和动员。

　　国民党在执政时期,利用其长期执政的优势,建立了严密的组织体系,累计了庞大的党产,并和地方派系结合建立了大量的"桩脚",因此组织动员成为其选举动员的主要手段。但是这一优势在民进党执政后迅速流失,包括国民党自身的分裂,许多地方势力转投民进党,以及党产问题,都使得传统的动员方式受到制约。另一方面,失去政权的国民党虽然努力转型,但在和公民社会的结合以及街头动员方面还是无法和民进党相比。

　　正是因为如此,国民党比民进党对新兴的社交媒体表现出更大的兴趣。2012 年大选中,马英九阵营大量利用社交媒体进行宣传。这种新的宣传动员方式有着明显的优势:首先,这使得政治团体和人物可以突破传统媒体的限制,既能及时自主地发布信息,又可避免被媒体删减和扭曲;其次,信息可以近乎零成本地迅速到达数以万计的受众,并且形式生动多样;最后,对关注者而言,社交媒体上的政治信息获得相对于传统的网站而言更简单易行。例如,马英九的粉丝专页粉丝人数超过 150 万,每条信息都有数以万计的"按赞"、数以千计的评论和数以百计的分享。

　　但是,网络媒体的兴起更主要的还是给非常规政治提供了空间,从而冲击了两党的原有格局。将在 2014 年年底举行的地方选举,作为最大反对党的民进党最后不推出候选人,而让没有政治经验的无党派医生柯文哲参选,再次反映了在新的政治参与世代,两党格局面临的挑战。①

---

　　① 参见吴典蓉《柯文哲的难题,民进党的困境》,《风传媒》2013 年 12 月 23 日。

　　所以，2008 年以来台湾网路政治参与的特点是，一方面常规政治积极利用互联网进行宣传动员，网路政治也愈发表现出对立和对抗性。另一方面，网路政治参与也演变出一定的独立性，从而成为两党政治之外的一种新生力量。

　　当然，2009 年以来的非常规政治参与绝大部分是倾向于反对国民党政府，但这很大程度上只是因为国民党正在执政。如果与 2006～2008 年的政治发展结合起来看，就会发现更深层次的原因还是对于常规政治的不满日益增加。

五　结论

　　综上所述，台湾网络政治的发展经历了三个不同阶段，而这三个阶段既有着互联网技术发展的背景，更和台湾政治发展的过程密不可分。更具体地说，是政治民主化、制度化的过程，与政治参与扩大的过程之间的矛盾，决定了台湾网络政治发展的过程，使得其与成熟民主国家以及其他转型地区相比都表现出了不同的特点。

　　特别是 2008 年二次政党轮替以来，台湾虽然形成了稳定的两党政治，但是这种政治结构既无法解决台湾政治的固有矛盾，又对许多社会、经济议题缺乏足够的回应能力，从而无法满足已经大大扩大的政治参与需求。在此情况下，不断发展的网络媒体为民众的参与提供了新的空间，从而网路政治参与大大增加，并体现出更多的对抗性和非常规性。

　　当然，台湾的网路政治参与还无法摆脱两党政治格局的束缚。即使在非常规的政治动员中，也依然存在政党的影子。所以，这种网路政治将如何与既有的政治结构互动并能否最终在一定程度上改变台湾的政治结构，是未来值得关注和研究的议题。

《当代中国政治研究报告》
约 稿 函

尊敬的教授/博士：

　　您好！

　　《当代中国政治研究报告》为广东省高校人文社会科学重点研究基地——深圳大学当代中国政治研究所主办的系列学术出版物，是国内最早以"当代中国政治"为主题的学术集刊，迄今已连续出版 12 辑，在国内外政治学与行政学界产生广泛影响，成为研讨中国政治改革、发展与变迁的重要学术刊物，入选 CSSCI 来源辑刊（2008 - 2009），为中国知网数据库和人大复印资料索引期刊，被哈佛大学、剑桥大学等国外著名高校图书馆收藏。

　　《当代中国政治研究报告》长期秉持"探讨真问题、运用真方法、发表真文章"的办刊宗旨，专门关注中国政治发展中具有重大现实意义的理论问题和具有重大理论意义的现实问题的研究成果，尤其是建立在广泛实证和调研基础上的理论研究成果。

　　鉴于您在"当代中国政治"研究方面的深厚功底和丰硕成果，诚邀您为《当代中国政治研究报告》撰稿。本报告只刊登未公开发表的稿件，不接受一稿两投，实行匿名评审制度。来稿字数一般在 8 千到 2 万字之间，参照社会科学文献出版社的技术规范，应有摘要和关键词（附：社会科学文献出版社稿件要求与体例规范）。文章电子版请发至 ccpri_ szu@ 126. com；电话：0755 - 26958062；执行主编：陈文（收）。

　　研究报告公开出版后，将向作者支付优厚稿酬。欢迎国内外政治学

（行政学）界的专家学者赐稿支持。

主编：黄卫平　汪永成　执行主编：陈文

深圳大学当代中国政治研究所

二〇一四年二月一日

附：社会科学文献出版社稿件要求与体例规范

本社出版物的引文出处、注释，采用当页页下注的方式；一般不采用书后注及夹注。中文书刊出处标引次序，除古籍、经典应与所据版本一致外，一般应为著者（译者），书名，出版者，年份，版次，页码。

如：

①×××（作者）：《××××》（书名），××××（出版社），×××（年份），×××（版次），第×页。

②×××（作者）：《××××》（文章名），《××××》（期刊名）××年第×期。

③×××（作者）：《××××》（文章名），××年×月×日第×版《××××》（报纸名）。

④〔国籍〕×××（作者）：《××××》（书名），×××译，××××出版社，×××（年份），版次，第×页。（译文选自期刊、报纸，体例同②、③）

⑤〔朝代〕×××（作者）：《××××》（书名），××××（出版社），××××（年份），第×页。

⑥×××（作者）：《××××》（书名）卷×（用汉字），×××版。（标引线装书）

⑦×××（作者）：《××××》（书名），第×页，××××出版社，×××（年份）。（新出古籍的注释格式）

⑧×××（作者）：《×××》（文章名），《×××》（书、刊名），×××（出版社），×××（年份）。

⑨特例：篇章、作者的解释用"＊"。

需注意，年份只用数字表示，不用写上"年"字，如年月日连用，则"年、月、日"三字应写全；如作者名之后有"著"、"编"、"编著"、"主编"、"编译"等词语时，则不再加冒号，作者姓名前有"见"、"参见"者也不加冒号。如：

①×××（作者）编《××××》（书名），××××（出版社），×××（年份），第×页。

②参见×××（作者）《××××》（书名），××××（出版社），×××（年份），第×页。

外文出处，保留原书编排风格，按原文项目次序排列，其中书名（刊物名）排斜体（俄文书名用正体排加书名号，刊物中的论文题目加引号用正体），编辑加工时在原文书名下方划横线，加以标示，并允许文中见引注等编排。章末或书后所附参考文献标示项目及顺序大体相同，但字体要与正文有所区分，序号不用圈码。

原则上外文的注释应尽可能译成中文，将外文的原文标注在后，并用"（）"括起。作者、书名、篇名应尽量译全。

1. 参考文献为书籍时，按照：作者名，书名（斜体），（出版社所在城市：出版社名，出版年代），引用页码。

例如：Wendy Doniger, Splitting the Difference (Chicago：University of Chicago Press，1999)，65.

（1）参考文献为书籍中的某个篇章时，按照：作者名，"所引用篇章名"，所在书籍的书名（斜体），ed. 该书编辑姓名（出版社所在城市：出版社名称，出版年代），引用页码。例如：Yamamoto, Tadashi, "Emergence of Japan's Civil Society and Its Future Challenge." Deciding the Public Good：Governance and Civil Society in Japan, ed. Tadashi Yamamoto (Tokyo：Japan Center for International Exchange，1999)，97 - 124.

（2）当两个引文出处一致时，第二个引文使用"Ibid."代替。

2. 参考文献为期刊时，按照：作者名，"所引用篇章名"，期刊名（斜体）卷次（出版年代）：引用页码。例如：Douglas D. Heckathorn, "Collective Sanctions and Compliance Norms：A Formal Theory of Group Mediate Social Control," American Sociological Review 55 (1990)：370.

"公元"在公元前的要写完整，公元后1000年以内的要用"公元"二字。帝王在位年代要标示清楚，如（1001～1008年在位）。

图书在版编目（CIP）数据

当代中国政治研究报告. 第 13 辑/黄卫平，汪永成主编；深圳大
学当代中国政治研究所编. —北京：社会科学文献出版社，2015.1
　ISBN 978 - 7 - 5097 - 7068 - 9

　Ⅰ.①当…　Ⅱ.①黄…　②汪…　③深…　Ⅲ.①政治改革 - 研究
报告 - 中国 - 现代　Ⅳ.①D62

中国版本图书馆 CIP 数据核字（2015）第 019399 号

当代中国政治研究报告（第 13 辑）

编　　者／深圳大学当代中国政治研究所
主　　编／黄卫平　汪永成
执行主编／陈　文

出 版 人／谢寿光
项目统筹／王　绯　李　响
责任编辑／李　响

出　　版／社会科学文献出版社·社会政法分社（010）59367156
　　　　　地址：北京市北三环中路甲 29 号院华龙大厦　邮编：100029
　　　　　网址：www. ssap. com. cn
发　　行／市场营销中心（010）59367081　59367090
　　　　　读者服务中心（010）59367028
印　　装／三河市尚艺印装有限公司

规　　格／开　本：787mm × 1092mm　1/16
　　　　　印　张：20.25　字　数：343 千字
版　　次／2015 年 1 月第 1 版　2015 年 1 月第 1 次印刷
书　　号／ISBN 978 - 7 - 5097 - 7068 - 9
定　　价／80.00 元